Hegels Ästhetik als Theorie der Moderne

Herausgegeben von Annemarie Gethmann-Siefert,
Herta Nagl-Docekal, Erzsébet Rózsa und Elisabeth Weisser-Lohmann

WIENER REIHE

Themen der Philosophie

Band 17

Herausgegeben von Cornelia Klinger, Herta Nagl-Docekal,
Ludwig Nagl und Alexander Somek

Hegels Ästhetik als Theorie der Moderne

Herausgegeben von Annemarie Gethmann-Siefert,
Herta Nagl-Docekal, Erzsébet Rózsa
und Elisabeth Weisser-Lohmann

in Zusammenarbeit mit dem
Istituto Italiano per gli Studi Filosofici

Akademie Verlag

Gedruckt mit Unterstützung der Fritz Thyssen Stiftung.

Bibliografische Information der Deutschen Nationalbibliothek
Die Deutsche Nationalbibliothek verzeichnet diese Publikation in der Deutschen Nationalbibliografie; detaillierte bibliografische Daten sind im Internet über http://dnb.d-nb.de abrufbar.

Ein Wissenschaftsverlag der Oldenbourg Gruppe

www.akademie-verlag.de

Einbandkonzept: hauser lacour
Einbandgestaltung: pro:design, Berlin, unter Verwendung einer Zeichnung von KAFRI
Satz: Frank Hermenau, Kassel
Druck und Bindung: Beltz Bad Langensalza GmbH, Bad Langensalza

Dieses Papier ist alterungsbeständig nach DIN/ISO 9706.

ISBN 978-3-05-006108-5
eISBN 978-3-05-006363-8

Inhalt

Teil III: Die Spannung zwischen Individualität und Allgemeinheit am Ort der Kunst

Teil IV: Ästhetische Theorie im Kontext der Moderne

Herta Nagl-Docekal und Elisabeth Weisser-Lohmann

Einleitung
Hegels Ästhetik als Theorie der Moderne

Es ist eine häufig übersehene These der Hegelschen Ästhetik, dass die künstlerische Arbeit ein Ort der Selbstverständigung einer Gesellschaft ist. Schon in seinem ersten Hauptwerk, der *Phänomenologie des Geistes*, sind Hegels Überlegungen zur Kunst eingebunden in den Versuch einer Bestimmung der Moderne, und auch in den späteren von Hegel publizierten Texten sowie in seinen Berliner Vorlesungen zur Philosophie der Kunst ist die Deutung der Geschichte der Kunst integraler Bestandteil seiner Theorie der Moderne. Hat die Standortbestimmung, die Hegel im Blick auf die Kunst seiner Zeit formuliert, auch für das heutige Selbstverständnis Relevanz? Dieser Frage gehen die Beiträge dieses Bandes nach, wobei die Autorinnen und Autoren vier Themenfelder fokussieren.

Teil I nimmt Hegels vielzitierte, und vielfach missverstandene, These vom „Ende der Kunst" in den Blick. *Annemarie Gethmann-Siefert* thematisiert unterschiedliche Anknüpfungen an Hegels Ästhetik im rezenten Diskurs, wobei sie u.a. die indirekte Relevanz Hegels „als Folie postmoderner Dekonstruktion" erläutert, um sich dann auf Arthur C. Dantos Kunsttheorie zu konzentrieren. Sie zeigt, wie Danto paradoxerweise gerade durch seine Anleihen bei Hegel zur reduktionistischen Konzeption einer „Kunst für Kenner" gelangt, die auf ein „Kunstghetto" hinausläuft, aus dem „Laien" ausgeschlossen bleiben. Demgegenüber macht Gethmann-Siefert geltend: „Nicht die These vom Ende der Kunst garantiert Hegels Aktualität als Theorie der Moderne, wohl aber seine Bestimmung der kulturellen Rolle der Kunst." Unter dieser Perspektive unterstreicht sie, dass die Philosophie bei Hegel nicht so dargestellt ist, als würde sie die Kunst entmündigen: „Kunst verweist als Anschauung auf Reflexion, sie wird durch Reflexion nicht abgelöst, sie wird durch Philosophie nicht ersetzt." Die Aufgabe der Philosophie besteht für Hegel vielmehr darin, in einer Konzeption der „formellen Bildung" die Rolle der Kunst „in der und für die Kultur der modernen Welt" aufzudecken. Von hier aus gilt es im Weiteren zu sondieren, welche Lebensbedingungen es sind, die sich für Hegel in den avanciertesten Kunstformen seiner Zeit artikulieren.

Wie *Francesca Iannelli* hervorhebt, ist für Hegel die entfaltete Subjektivität das zentrale Signum der Moderne. Sie erläutert, wie Hegel diese Pointe per negationem im Blick auf die antike Skulptur herausarbeitet und zitiert aus seiner Vorlesung von 1820/21: „Das Prinzip der Subjectivität ist noch nicht vorhanden in der Sphäre d[er] Skulptur." Im Weiteren lenkt sie das Augenmerk darauf, dass für Hegel die Situation des modernen Subjekts durch Brüche gekennzeichnet ist: „Die Moderne ist für Hegel die Epoche der Entzweiung und der äußersten Zersplitterung". Damit ist ein Thema in Sicht gebracht, das in den folgenden Beiträgen des Bandes aus unterschiedlichen Perspektiven erörtert wird.

Eine der Problemstellungen betrifft die Positionierung der Kunst in der Gegenwart. Während Iannelli die Auffassung vertritt, dass Hegel zufolge der Kunst der Moderne die Aufgabe zukommt, „durch die Dissonanz auf das hinzuweisen, was nicht mehr ideal ist", macht *János Weiss* geltend, dass Hegel in seinen Überlegungen zum Roman – der für ihn die paradigmatische Kunstform seiner Zeit darstellt – in auffällige Schwierigkeiten gerät und daher zu keiner ausgearbeiteten Theorie des Romans gelangt. Doch könnte man, so Weiss, vermuten, „dass die Theorie des Romans das Unbewusste der ganzen Hegelschen Ästhetik ist". Um dieser ungeschriebenen Theorie auf die Spur zu kommen, hebt Weiss hervor, dass für Hegel der Roman „eine zur Prosa geordnete Wirklichkeit voraussetzt", die sich einer Stiftung von Einheit im Medium der Fantasie widersetzt: „Der Roman ist also ein Kunstwerk, das gegen den ‚eigentlichen Charakter des Kunstwerkes' gerichtet ist." Auf diese Weise gelangt Hegel, wie Weiss erläutert, „zu einer unerhörten ästhetischen Entdeckung: Die Kunstwerke der Moderne sind gegen die Kunst selbst gerichtet." Ungeachtet ihres fragmentarischen Charakters stellt sich Hegels Auffassung so als „die erste und einzige Romantheorie für den denkenden Kopf" dar.

Hat die Selbst-Negation der Kunst der Moderne auch Folgen für Religion und Philosophie? Dieser Frage geht *Teil II* des vorliegenden Buches nach. *Erzsébet Rózsa* nimmt Hegels These, dass die „unendlich subjektive Freiheit" das Prinzip der Moderne ist, zum Ausganspunkt ihrer Überlegungen: „In der Moderne hat jeder Mensch ‚seinen Lebensweg für sich zu machen, eine Wirklichkeit sich zu erarbeiten und zu erhalten'". Sie rekonstruiert Hegels Sicht dahingehend, dass die Kunst eben dadurch an ihr Ende kommt, und zwar in zweifacher Form: Der einzelne ist entweder „rechtschaffener Bürger" und damit ein langweiliger „Philister", oder ein extrem-subjektiver Charakter, der nur für die Komödie tauglich ist. Doch macht Hegel, so Rózsa, darüber hinaus deutlich, dass die einzelnen in der Gegenwart mit einer „enormen Spannung" konfrontiert sind. Die Prosa des endlichen, kontingenten, fragmentarischen Lebens entlastet die freien Individuen nicht von der Auseinandersetzung mit dem Absoluten, kann ihnen aber "ein höheres Fundament" nicht vermitteln. Dies bringt die Kunst in Form einer Verkehrung zum Ausdruck: „Wenn das Absolute auf positive Weise nicht mehr dargestellt werden kann, kommt es auf negative Weise zurück: das Absolute tritt *ex negativo* in das moderne Leben ein" – das moderne Subjekt kann „nur eins tun: sich selbst zum Absoluten zu erheben", wie Hegel etwa anhand der Bedeutung der Ironie in der Literatur seiner Zeit erläutert. Rózsa sieht hier weitreichende Konsequenzen angelegt: „Hegels Konzept zieht letztlich auch das Ende der Religion und der Philosophie nach sich."

Dass es heute gilt, am Denkort der Interrelation von Kunst/Religion/Philosophie die Hegelschen Synthesen zu verlassen, ist die Auffassung von Charles Taylor, mit dessen Überlegungen zu „Hegel today" *Ludwig Nagl* sich kritisch auseinandersetzt. Im Blick auf das Phänomen, dass die Suche nach Transzendenz heute keineswegs im Verschwinden ist, plädiert Taylor für eine von Hölderlin und Heidegger inspirierte hermeneutische Wende. Was aus Hegel zu lernen war, so fasst Nagl Taylors These zusammen, wandert indirekt ein in die pluralismussensible, hermeneutisch-narrative Erkundung geistes- und sozialgeschichtlicher Konfigurationen. Taylor konstatiert „in den (vor dem Hintergrund der beschleunigten Säkularisierungsprozesse rekonfigurierten) religiösen Erfahrungen selbst eine (Neu-) Aufwertung der ästhetischen Erfahrung", wobei er vor allem der Literatur, „den neuen, subtileren Sprachen der nachromantischen Poetik" eine signifikante Rolle zuschreibt. Demgegenüber erhebt Nagl die Frage, ob Taylors generelle Distanznahme vom Projekt einer angemessenen philosophischen Thematisierung von Religion nicht zu weit geht. Nagl erinnert daran, dass sich eine „neue, subtile Sprache" auch innerphilosophisch – „dialektisch/postdialektisch" – entwickelt hat, und verweist dabei u. a. auf die Erkundungen von Religion bei Adorno, Levinas und Vattimo sowie auf die „posthegelsche Lesart der Dialektik von endlich und unendlich" bei Josiah Royce, die Taylor „zu einer positiven Re-Evaluierung zentraler Elemente der Hegelschen Religionsphilosophie führen" könnten.

Gerrit Steunebrink gibt zu bedenken, dass Hegel seinerseits die Kunst der Moderne als einen Ort von Religion betrachtet. Paradigmatisch ist für ihn Hegels Verteidigung der holländischen Genremalerei gegenüber einer klassizistisch orientierten Kritik. Indem Hegel die detailreichen bürgerlichen Interieurs auf den holländischen Mut und den calvinistischen Freiheitsgeist rückbezieht, schreibt er ihnen religiöse Tiefe zu, wie Steunebrink unter Berufung auf Hegels These erläutert, wonach es „dem Protestantismus allein zukommt, sich ganz in die Prosa des Lebens einzunisten". Steunebrink hält fest: „Diese moderne, säkular erscheinende Kunst ist ihrem Wesen nach religiös, weil sie die äußerste Konsequenz der Inkarnation, der Menschwerdung Gottes ist, der Einnistung des Geistes in die Endlichkeit". Doch tritt, so Steunebrink, an diesem Punkt auch eine Ambivalenz hervor: Dass Hegel in der Zuspitzung der Subjektivierung das innerhalb der Kunst artikulierte Ende der Kunst sieht, bedeutet, dass sein Begriff der Kunst letztlich doch am klassischen Ideal orientiert bleibt. Im Blick darauf moniert Steunebrink, dass Hegel im Grunde keine plausible Theorie der Kunstgeschichte zu entwickeln vermochte, sondern dass es für ihn außerhalb der klassischen Kunst lediglich zunächst „Kunst auf dem Wege zur Kunst" und schließlich – in der Moderne – Kunst als „Überschreitung der Kunst", d. h., „Kunst, die keine mehr ist" gab.

Die Beiträge in *Teil III* untersuchen gesellschaftstheoretische Elemente der Hegelschen Ästhetik und deren Verknüpfung mit rechtsphilosophischen Schlüsselbegriffen, wie Handlung, Sittlichkeit und Staat. Zunächst wirft Elisabeth Weisser-Lohmann die Frage auf: „Welche Korrelation besteht für Hegel zwischen den Gestalten der Sittlichkeit und den künstlerischen Gestaltungsformen – bringen bestimmte Gestalten der Sittlichkeit bestimmte Kunstformen hervor?" Dass Hegels Ausführungen eine klare Bejahung dieser Frage zulassen, erläutert Weisser-Lohmann anhand seiner These, wonach der Moderne die Gattung des Homerischen Epos ebenso verwehrt ist wie die der griechischen Tragödie. Während die klassischen Gattungen eine Begebenheit darstellen, in der sich das „wahrhafte und absolute sittliche Verhältnis" ausdrückt, gilt für die Moderne, dass „Subjektivität und Innerlichkeit an die Stelle eines handelnden Allgemeinen" getreten sind. Weisser-Lohmann liest Hegel dahingehend, dass nunmehr aufgrund der Vielfalt der berechtigten Interessen „die anschauliche Darstellung einer sittlichen Ordnung unmöglich geworden" ist, und dass der Ort, an dem die Gestalten der Sittlichkeit vergegenwärtigt werden, in der Philosophie des Rechts liegt. Dieser Grundzug der Moderne wurde inzwischen seinerseits zum Thema künstlerischer Bearbeitung: dies macht Weisser-Lohmann anhand der Begegnung Vergils mit Kaiser Augustus in Hermann Brochs Roman ‚Der Tod des Vergil' einsichtig.

Auch *Klaus Vieweg* unterstreicht, dass „das Recht der subjektiven Freiheit" für Hegel „den Wendepunkt in dem Unterschiede des Altertums und der modernen Zeit" ausmacht. Den spezifischen Fokus dieses Beitrags bildet, wie Hegel die Moderne durch einen entfalteten Begriff von „Handlung" kennzeichnet, und wie er die einzelnen „Kernkomponenten" dieses Begriffs in literarischen Werken aus Antike und Gegenwart veranschaulicht sieht. So erläutert Vieweg, dass sich in Hegels Deutung der Erinnyen, der Figuren des Ödipus und des Orest, des ‚Ödipus auf Kolonos' und schließlich der Goetheschen

‚Iphigenie' die „fortschreitende Bestimmung des Begriffs der Handlung", wie sie auch in den ‚Grundlinien der Philosophie des Rechts' ausgeführt ist, nachlesen lässt. Im Unterschied zum heroischen Charakter, so zitiert Vieweg, „nimmt der heutige Mensch nicht den gesamten Umfang dessen, was er getan hat, auf sich, sondern [...] er rechnet sich nur das zu, was er gewußt und in Beziehung auf dieses Wissen mit Vorsatz und Absicht vollbracht hat." Ein wesentliches Element dieses modernen Begriffs von Handlung liegt für Vieweg darin, dass er den Gedanken einer Kollektivschuld abzuweisen erlaubt, indem „Hegel ein Plädoyer gegen die Vererbung von Verdienst und Schuld" vorlegt.

Die Relevanz der Hegelschen Ästhetik für Kernprobleme der Gegenwart sondiert auch *Herta Nagl-Docekal*, indem Sie Hegels Auffassung von Liebe nachgeht. Wie sie zeigt, entfaltet Hegel seine Konzeption im Blick darauf, dass in der Moderne das Individuum „in sich die härteste Festigkeit besitzt", und dass so die Gefahr der Vereinzelung gegeben ist. Er bestimmt die Liebe als ein bedingungsloses Sich-ganz-Einlassen auf den Anderen, auf „das Ganze" des Anderen: „Dann lebt dies Andere nur in mir, wie ich mir nur in ihm da bin". Erst in der Liebe erfassen Menschen, so Hegel, was es bedeutet Geist zu sein: „Wenn nun der Geist als Geist empfunden, angeschaut wird [...], das heißen wir Liebe." Wie Nagl-Docekal hervorhebt, setzt Hegel damit der gängigen Ansicht, heute sei nur noch eine Abfolge kurzfristiger erotischer Beziehungen möglich, einen alternativen, auf „unverkürzte Menschlichkeit" abzielenden Lebensentwurf entgegen. Freilich, so erläutert sie weiter, kommt diese Konzeption erst in Sicht, wenn sie herausgelöst wird aus der Verknüpfung mit dem bürgerlichen Klischee von Geschlechtsrollen, das Hegels Theorie der Familie prägt. Nagl-Docekal moniert, dass Hegel die Liebe ab dem Eintritt in die Ehe – die er als „Hauskreuz" beschreibt – naturalistisch unterbestimmt. Freilich steht auch heute noch zur Debatte, so gibt sie zu bedenken, „auf welche Weise eine institutionalisierte Lebensform mit Liebe als Herzensbindung kompatibel" sein könnte.

Im *Teil IV* dieses Bandes wird erörtert, wie weit die ästhetische Theorie der Gegenwart an Hegel anknüpfen kann bzw. wo sie sich genötigt sieht, einen anderen Weg einzuschlagen. Unter dieser Perspektive interpretiert *István Fehér* Hegels vielzitierte These: „Das Schöne bestimmt sich [...] als das sinnliche Scheinen der Idee" im Lichte von Gadamers ‚Wahrheit und Methode'. Die Kongruenz dieser beiden Ansätze liegt, wie Fehér zeigt, in der These, dass die „‚Idealität' des Kunstwerks nicht durch die Beziehung auf eine Idee als ein wiederzugebendes Sein" zu bestimmen ist, sondern „als das ‚Scheinen' der Idee selbst", d. h., in der Auffassung, dass das Sinnliche in der Kunst „einen Zuwachs an Sein" erfährt. Zum anderen erläutert Fehér, dass Gadamer Hegel dort nicht zu folgen vermag, wo das Sinnliche als „nur sinnlich“ bezeichnet wird. „Der Geist ist für Hegel im Sinnlichen doch nicht zu Hause, der Geist kann und will nur im Geiste leben.“ Dagegen insistiert Gadamer darauf, dass das Schöne „die Endlichkeit der menschlichen Existenz notwendig voraussetzt“. Fehér macht geltend, dass es dieser Punkt ist, an dem die zwei Wege – nicht nur der Ästhetik, sondern der Auffassung davon, „was Philosophie eigentlich sei“ – auseinander gehen. Gadamer insistiert, wie Heidegger, darauf, dass „die Grundfrage der Philosophie ‚eine Wesensbeziehung zur Endlichkeit des Menschen haben‘“ soll.

Indessen sucht *Alberto S. Siani* eine weitergehende Aktualität Hegels aufzuzeigen. Die Hegelsche These, dass die Kunst aufgehört hat, die adäquate Gestalt des Absoluten zu sein, läuft Siani zufolge darauf hinaus, dass die Ästhetik einen privilegierten Zugang zur Moderne eröffnet. Demnach legt Hegel die für die Gegenwart kennzeichnende Spannung offen, dass „zur philosophischen Ästhetik der nichtästhetische Blick auf die Wirklichkeit“ gehört. Siani formuliert mit Marquardscher Terminologie: „Im Rahmen der Moderne entsteht also das Bedürfnis nach anästhetischen Denkformen, die erst in der Lage sind, zwischen dem Ästhetischen und Anästhetischen zu unterscheiden.“ Ein signifikantes Element dieser Entwicklung ist die „dialektische Einheit von Rationalisierung und Pluralisierung“, die Siani so darstellt: Dass die Kunst nicht mehr absolut ist, bedeutet, dass sie in eine Pluralität differenzierter Kunstpraxen zerfallen ist, die „die Entwicklung eines allgemeinen philosophischen Diskurses erfordern“. Von hier aus hält Siani den Kritikern Hegels, die für eine Distanzname vom „starken“ begrifflichen Denken plädieren, entgegen, dass Philosophie nur auf begrifflicher Basis der Gefahr eines allgemeinen Relativismus entgegentreten kann.

In der Frage, wie weit die Ästhetik nach Hegel von dessen Denken geprägt ist, lenkt *Alain Patrick Olivier* den Blick auf Frankreich, im speziellen auf Victor Cousin. Lässt sich die französische Ästhetik als eine „Verpflanzung“ Hegels deuten, wie Derrida dies formuliert? Olivier zeigt unterschiedliche Gedankenstränge auf: Cousin fokussiert zum einen die Entstehung der Ästhetik als einer selbständigen Wissenschaft, wobei er verfolgt, wie sich der Übergang von der Ästhetik des Schönen, die auch das Naturschöne einbezieht, zu einer Ästhetik der Kunst vollzog. Aus diesem Blickwinkel knüpft Cousin an Hegels Begriff der „Kunst als Ausdruck der Idee“ an und formuliert die seither vielfach verwendete Pointe „Kunst als Kunst“. Zum anderen will er auf das Thema des Naturschönen nicht verzichten, da es eine Grundlage bietet, um der im Kontext der Naturwissenschaften um sich greifenden materialistischen bzw. mechanistischen Auffassung entgegenzutreten. Wie Olivier erläutert, sucht Cousin unter dieser Perspektive den Idealismus durch Rückgriffe auf den antiken Platonismus zu verteidigen.

Dass heute in gewisser Hinsicht ein Rückgriff auf die Ästhetik vor Hegel angezeigt ist, will auch *Sándor Radnóti* einsichtig machen. Seinen Anknüpfungspunkt bildet Hegels These, dass in der Moderne das mittelbare, reflektierende Urteil kennzeichnend ist für den Zugang zur Kunst: „Den Mann von Geschmack hat der Kenner abgelöst". Demgegenüber spricht Radnóti sich für eine Rehabilitierung des Geschmacks aus. Er beruft sich dabei auf William Hazlitt, den englischen Essayisten und Kunstkritiker, der am 26. Juli 1825 im ‚Morning Chronicle' als anonymer Reisender von den Elgin Marbles berichtete. Radnóti weist auf einen indirekten Zusammenhang hin: Hegel bezog sich in seinen Vorlesungen auf diesen anonymen Bericht und hielt fest, dass es bei den Griechen offenbar „im Ausdruck tiefere und in den Formen lebendigere und gründlichere Werke" gegeben habe als die vielbeachteten Skulpturen. Doch führte dies nicht zu einer entsprechenden Revision der generellen Einschätzung Hegels hinsichtlich der Kälte der klassischen Kunst, so moniert Radnóti und zeigt eine weitreichende Konsequenz auf: Seines Erachtens bedeutet dieses negative Urteil, dass die griechische Kunst „gleichsam aus der Gegenwart ausgeschlossen" und zu einem bloßen „Dokument der Vergangenheit" herabgesetzt wird. Demgegenüber plädiert Radnóti für den unmittelbaren Zugang zur Kunst früherer Epochen, der nur mittels des persönlichen – wie immer auch falliblen – Geschmacks möglich ist.

Die Beiträge in diesem Buch gingen aus den Vorträgen hervor, die im Rahmen des internationalen Symposiums „Hegels Ästhetik als Theorie der Moderne" gehalten wurden, das von 23.–25. November 2011 am *Istituto Italiano per gli Studi Filosofici* in Neapel stattfand. Die Herausgeberinnen danken im Namen aller Beteiligten sehr herzlich: dem Gründer und Präsidenten des Istituto, Herrn Avvocato Gerardo Marotta, für die großzügige Einladung, die die Durchführung dieses Symposiums allererst ermöglichte; dem Europakoordinator des Istituto, Herrn Dr. Wolfgang Kaltenbacher, der die Organisation der Veranstaltung mit großer Kompetenz und Aufmerksamkeit besorgte; Herrn Dr. Frank Hermenau, Kassel, für die sorgfältige Betreuung der Manuskripte; sowie der Fritz Thyssen-Stiftung, die sowohl für das Symposium als auch für den nun vorliegenden Band die nötigen finanziellen Mittel zur Verfügung stellte.

Teil I: Kunst nach dem „Ende der Kunst“

Annemarie Gethmann-Siefert

Danto und Hegel zum Ende der Kunst –

Ein Wettstreit um die Modernität der Kunst und Kunsttheorie

Die Frage, ob und inwieweit Hegels Ästhetik als Theorie der Moderne gelten darf, lässt sich auf sehr unterschiedliche Weise beantworten. Verknüpft mit der Antwort auf diese Frage ist automatisch eine Entscheidung darüber, inwieweit Hegels Ästhetik für die gegenwärtige Auseinandersetzung um die Bedeutung der Kunst Relevanz behalten kann, oder ob sie hier allenfalls von historischem Interesse sein möchte. Zwischen indignierter Abwendung und emphatischer Reaktualisierung – für die im Folgenden das Beispiel A. C. Dantos stehen soll – lassen sich moderate Formen der Kritik oder des Rettungsversuchs finden.

Sieht man von den üblichen Kritiken am Klassizismus der Ästhetik, am rückwärtsorientierten Kulturverständnis zumindest der Hegelschen Philosophie der Kunst ab, so bleiben folgende Antworten sinnvoll und möglich: einmal die Reaktualisierung der Hegelschen Ästhetik als einer Theorie der Moderne, dann die Rettung zumindest einiger Restbestände der Hegelschen Konzeption als Hintergrund postmoderner Dekonstruktion und schließlich die Identifikation des Hegelschen Konzepts mit dem Kunstprojekt der Gegenwart.

1. *Hegels Ästhetik als Theorie der Moderne*

Hegel selbst betrachtet seine Ästhetik als Bestimmung der Kunst, als Festlegung ihrer Rolle in der und für die Kultur der modernen Welt. Zweifelsohne haben sich die Bedingungen für eine solche Bestimmung der kulturellen Funktion der Kunst gewandelt und nötigen zu der Frage, inwieweit und mit welchem Recht man diesem Anspruch folgen, ihn als fortgeltend und damit die hegelsche Bestimmung der Kunst als heute noch aktuell erweisen kann. Ein Blick auf Hegels Anlass und Ziel der Bestimmung der Kunst scheint zunächst den Anspruch zu stützen, mit der Bestimmung der Rolle der Kunst im modernen Staat einen wichtigen kulturtheoretischen Beitrag für die Fortschreibung der Anliegen der Aufklärung zu liefern.

Soweit die Gegenwartskultur sich noch als Kultur auf der Basis des Vernunftprojektes der Aufklärung verstehen lässt, hätte man einen Ansatz, auch Hegels Kulturtheorie der Kunst weiterhin als gültig, weil den Nerv der Kultur treffend zu behaupten. Schwieriger wird dies, wenn die These stimmt, dass die Kultur der Rationalität (zurecht und endlich) an ihr Ende gekommen sei und die philosophische Aufgabe in der Akzeptation dieses Endes, ihre Methode in der Dekonstruktion bestehen solle. Hier scheint die einzig mögliche Rettung der Hegelschen Bestimmung der Kunst in der Annexion seiner Thesen – losgelöst vom systematischen Rahmen – für eine Neubestimmung der Rolle der Kunst zu liegen. Allerdings ist Skepsis geboten, denn die kulturelle Rolle der Kunst wandelt sich hier von einer unverzichtbaren Bedeutung für die Alltagswelt zur Existenz in der Sonderwelt sog. erhobener kultureller Sphären. Da sich auf den ersten Blick nicht entscheiden lässt, wie und ob Hegels Ästhetik eine „moderne" Bestimmung der Kunst im Sinne einer auch heute noch sinnvollen Bestimmung ihrer kulturellen Bedeutung zu bieten vermag, soll die genauere Analyse von Anspruch und Berechtigung der geforderten Bedeutung der Kunst geprüft werden.

1.1. Modernität auf der Basis des Vernunftprojekts

Unter dieser Perspektive ist Hegels Ästhetik definitiv eine Theorie der Moderne, denn sie basiert in ihrem gesamten systematischen Aufbau auf dem Vernunftprojekt der Aufklärung. D. h. Hegels Orientierung an der Vernunft markiert Recht, Reichweite und Grenzen der Ästhetik. Denn diese Orientierung ist einerseits die Ursache für den vielgescholtenen Dogmatismus des Hegelschen Systems, der auch die Künste in eine nur marginale Rolle drängt. Andererseits bietet sie gerade in der gegenwärtigen Diskussion einen Anknüpfungspunkt, die Möglichkeit nämlich, die Kunst mit der Philosophie erneut zu verknüpfen, wie es gegenwärtig A. C. Danto unter Berufung auf Hegel fordert. Aber auch im Rahmen der Vernunftkritik der Postmoderne spielen Hegels Überlegungen zur kulturellen Funktion der Kunst noch eine gewisse Rolle.

1.2. Indirekte Relevanz als Folie postmoderner Dekonstruktion

So lässt sich nicht übersehen, dass selbst da, wo das Hegelsche Philosophiekonzept schärfstens kritisiert, jegliche Orientierung an der Vernunft aufgegeben wird, eine zumindest indirekte Wirkung der Hegelschen Gedanken zur Kunst erhalten bleibt.

Mit der Kritik am europäischen Vernunftprojekt wird die Moderne, die für die Entwicklung der Hegelschen Ästhetik die unmittelbare Gegenwart darstellte, zur Vergangenheit. Auf Hegels Orientierung an der Moderne, insbesondere am Vernunftprojekt, muss als deren Auflösung und Ablösung eine Theorie der sog. Postmoderne folgen. Hier wird zunächst das Denken aus den Fesseln der Rationalität gelöst und in den Bereich des assoziativen Experiments freigelassen. Zugleich ist diese Überwindung der Orientierung am Projekt der Aufklärung eine Befreiung der Kunst: Auch die Kunst wird aus den Fesseln des Systems gelöst, ja sie wird durch ihre Art der Wahrheitsvermittlung zum Exempel des Denkens. Auf die Strenge des Systems folgt das Spiel der Vernunft mit Möglichkeiten. Mit anderen Worten: In der postmodernen Kultur des Denkens mausert sich das Paradigma der Kunst, das Spiel mit dem Möglichen, zum systematischen Konzept des Philosophierens. Adornos Aufruf zum Verzicht auf Identifikation wird zum Prinzip der dekonstruktiven Theorien. Das Spiel mit dem und um das auch Denk- und Existenzmögliche, die Auflösung der systematischen Konstruktion wird zum ernsten Geschäft der Philosophie.

Man mag hierin zu Recht eine Ästhetisierung der Vernunft vermuten, muss aber zugleich feststellen, dass die anfängliche gesellschaftliche Relevanz der Kunst als Aufklärung zur Vernunft und als Basis zur Erreichung politischer Freiheit ihren Sinn verliert. In diesen Konzepten behält Hegels Ästhetik, insofern sie ebenfalls Produkt des Vernunftsystems ist, eine allenfalls indirekte Bedeutung. Sie ist u. a. die Folie, die das Geschäft der Dekonstruktion so nötig braucht, um überhaupt sach- und theoriehaltig zu sein.

Diese Art negativer Aktualität wird im Folgenden nicht als hinreichend angesehen, um die fortbestehende Bedeutung der Hegelschen Gedanken unter Beweis zu stellen. Die Aktualität der Hegelschen Ästhetik als Theorie der Moderne bzw. seiner Philosophie wird hier erkauft durch den Verzicht auf das Zentrum, den wesentlichen Nerv und das Anliegen Hegels. Denn Hegels Projekt der Aufklärung, i. e. sein Kulturkonzept der Moderne – der Welt, die auf eine vernunftfordernde Vernunft gegründet werden soll – wird von der ihm entgegengesetzten Konzeption der Bedeutung der Vernunft in der Geschichte abgelöst, von der Post-Moderne. Sofern man versucht, Hegel selbst als direkten Theoretiker der Kunst der Postmoderne zu reklamieren, findet man dafür kaum Anhaltspunkte, die über bloße verbale Affinitäten hinausgehen.

1.3. Identifikation der „Moderne" mit der aktuellen Gegenwart

In den Auseinandersetzungen mit der Hegelschen Ästhetik, die den Titel „Moderne" mit der aktuellen Gegenwart identifizieren, finden sich unterschiedliche Versuche, Hegels Ästhetik nun auch in diesem Sinne zum Projekt der Moderne zu erheben. In dieser Version der Auseinandersetzung um

Hegel wird die These vom Ende der Kunst zum Angelpunkt nicht der Kritik, sondern des Relevanznachweises der Hegelschen Ästhetik. Besonders in der amerikanischen Hegel-Rezeption finden sich Aktualisierungsversuche, die die umstrittene These vom „Ende der Kunst“ als Ausweis bleibender Relevanz, ja visionärer Kraft der Hegelschen Ästhetik werten.

In der Bemühung der 70er und 80er Jahre des letzten Jahrhunderts, Hegels Aktualität nachzuweisen, findet sich in der amerikanischen Hegelrezeption ein an den Überlegungen Dieter Henrichs orientierter Versuch des Philosophen Karsten Harries, der zum Vorreiter einer ganzen Reihe von Hegelrettungen wird.[1] Harries wagt sich in die problematische Region der Hegelschen Ästhetik und verteidigt ausgerechnet die These vom Ende der Kunst. Er sieht das Verdienst Hegels darin, dass er durch diese Einsicht die Entwicklung der Kunst der Gegenwart (i. e. der klassischen Moderne) hellsichtig erahnt hat. Die Kunst der Gegenwart hat sich durch Verzicht auf und durch Revolution gegen die poetologischen Traditionen selbst getötet. Ausgerechnet die Erneuerungsbewegung der Kunst, die Entwicklung der abstrakten Malerei wird als Exempel herangezogen, um die mangelnde Lebensfähigkeit der Kunst zu demonstrieren. Die Kunst lebt nicht mehr aus sich selbst, denn sie ist nicht mehr aus und durch sich selbst verständlich. Als eigenständige kulturelle Kraft ist sie tot, denn ohne die Kommentarliteratur der Kritiker und Theoretiker bleibt sie unverständlich. Diese Entwicklung hat Hegel ante diem markiert und in seiner Ästhetik begründet.

Ein ähnlicher Gedanke findet sich auch in Arnold Gehlens Abhandlung zu den Zeit-Bildern.[2] Eine Kunst wie die abstrakte Malerei, die wegen ihrer Unerkennbarkeit auf eine begleitende Kommentarliteratur angewiesen ist, ist keine Kunst mehr. Gegenüber den Künsten, die durch einen definierbaren Gegenstandsbezug oder einen kulturell präsenten Inhalt aus sich selbst verständlich sind, fällt diese Malerei in so gravierender Weise ab, dass an ihrem Kunstcharakter gezweifelt wird. So könnte man auch hier von jenem Ende der Kunst reden, das Hegel „vorausgesagt“ hat.

---

1 Karsten Harris, Hegel on the Future of Art, in: *Review of Metaphysics* 27 (1973/74), S. 677ff.

2 Arnold Gehlen, *Zeit-Bilder. Zur Soziologie und Ästhetik der modernen Malerei*, Frankfurt a. M./Bonn 1986, bes. S. 210ff; Hans-Georg Gadamer zweifelt im Sinne Gehlens, ob wir „uns vor dieser Kunst, die alle Verständnismöglichkeiten herkömmlicher Art abweist, denkend“ zurechtfinden (Kunst und Nachahmung, in: Hans-Georg Gadamer, *Kleine Schriften II. Interpretationen*, Tübingen 1967, S. 16–26). Dazu auch: ders., Begriffene Malerei? Zu A. Gehlen: Zeit-Bilder, a. a. O., S. 218–226.

Beide Überlegungen, eine bezweifelbare Wertung der modernen Malerei sowie die Berufung auf Hegels prophetische Gabe, bieten einen relativ schwachen Grund, um die Bedeutung einer philosophischen Theorie – hier der Hegelschen Ästhetik – zu retten.

2. Der Tod der Kunst und die Rehabilitierung der Hegelschen Ästhetik durch A. C. Danto

Der Philosoph und Kunsttheoretiker A. C. Danto schlägt deshalb einen weiterführenden und gründlicheren Weg der Rehabilitierung der Hegelschen Ästhetik als Theorie der Moderne vor, wobei unter Moderne nun nicht nur die klassische Moderne der Kunst, sondern explizit die aktuelle Gegenwartskunst verstanden wird. Auch hier wird Hegels These vom Ende der Kunst zum Ansatz und Anlass nicht nur der Rehabilitierung Hegels, sondern auch zur Grundlage einer fundamentalen Neugestaltung der ästhetischen Theorie.

Falls Danto sein Ziel erreicht, im Rahmen seiner Kunsttheorie Hegels Ästhetik ausgerechnet unter Rückgriff auf die These vom Ende der Kunst als Theorie der Moderne auszuweisen, so ergeben sich dadurch gleich zwei Vorteile: Hegels Ästhetik kann dann nicht nur als relevante Konzeption der Kunst der eigenen Zeit und ihrer gesellschaftlichen Eigentümlichkeiten begriffen werden, sondern sie hätte die Kapazität, auch die Eigenart und gesellschaftliche Bedeutung der Kunst unserer Zeit zu erschließen. D. h., Hegels Ästhetik würde zu einer Theorie der Moderne nach der Post-Moderne. Über die Zeiten hinweg gerettet erwiese sich ausgerechnet die problematische Konsequenz der systematischen Ästhetik, die These vom Ende der Kunst, als die Triebkraft, die der Hegelschen Kunstphilosophie eine bleibende, womöglich zeitlose Bedeutung zuspielte.

2.1 Hegels These vom Ende der Kunst als Grundlage einer Theorie der Avantgarde

Nach gut 180 Jahren hat sich die Aufregung über Hegels Behauptung, die Kunst sei tot und zu Ende, die sich in den Reaktionen seiner Zeitgenossen ebenso findet wie in der gegenwärtigen Diskussion, langsam gelegt. Hätte nicht der amerikanische Philosoph und Theoretiker der modernen Kunst, Arthur C. Danto, ausgerechnet diese These zum Grundstein seiner ästhetischen Theorie der Avantgarde erklärt und dadurch nicht nur Hegels Diktum, sondern gleichzeitig auch seine systematische Konzeption aufgewertet.

In einer ganzen Reihe von Essays, die Danto u. a. unter den Titeln „Die Kunst nach dem Ende der Kunst“, „Die philosophische Entmündigung der Kunst“ (unter besonderer Berufung auf Hegels Enzyklopädie), „Verklärung des Gewöhnlichen“ zusammenfasst, entwickelt er – nach eigener Behauptung auf Hegelscher Basis – seine ästhetische Theorie.[3]

Danto will seine These vom Ende der Kunst – wie er selbst wiederholt betont – in dem radikalen Sinn eines tatsächlichen Endens der Kunst verstanden wissen. Dieses Enden besteht entweder in einer Aufhebung der Kunst in Philosophie oder ergibt sich aus der Ununterscheidbarkeit von Kunst und Alltagswelt. Beides wird in seiner Theorie unlösbar miteinander verflochten. Das Ende der Kunst wird als definitives Ende zweier bislang relevanter Konzeptionen der Kunst, damit als Ende der jeweils durch diese Konzeption prinzipiell geprägten Phase künstlerischer Entwicklung verstanden. Zu Ende ist nach Danto einmal die Kunst, die sich als Nachahmung der Natur versteht. Zum andern ist auch die Kunst, die sich als Ausdruck eines Inneren entwirft, unwiderruflich an ihr Ende gekommen. In diesem Prozess des Endens verschwinden nicht nur einzelne Kunstwerke, die sich diesen theoretischen Prinzipien verpflichtet haben, sondern es endet, es erlischt ihre Geschichte, es erlischt jeweils eine ganze Tradition.

Die Geschichte der Kunst als Nachahmung der Natur, der realen Welt ist an ihr Ende gelangt, sobald sich das Kunstwerk nicht mehr vom Gewöhnlichen, vom Alltagsding unterscheiden lässt. Den Anlass und das Schlüsselereignis dieses Endes sieht Danto in der Ausstellung von Warhols Brillo-Box (1956). Mit diesem Exponat wird die Welt selbst zur Kunst, denn die Nachahmung kann nicht genauer sein als eben dann, wenn Kunstwerk und Ding in Identität zusammenfallen. Durch diese realkörperliche Identität von Kunstdingen und Dingen der Alltagswelt wird eine Entwicklung der Kunst in dem Sinn an ihr Ende gebracht, dass sie nun vollendet ist. Den gleichen Prozess des Endens im Sinne einer überhöhenden Vollendung durchläuft die Kunst, die alternativ zur Nachahmung der äußeren Welt als Ausdruck eines Inneren verstanden und gestaltet wird. War für die erste Geschichte der Kunst die Ununterscheidbarkeit (weil reale Identität) von Kunstwerken und gewöhnlichen Dingen das Resultat der Vollendung, so wird die zweite Entwicklung durch die Unentscheidbarkeit der Adäquation zwischen künstlerischem Aus-

3 Dantos zahlreiche Essays zu diesem Problem sind jeweils unter entsprechende Titel gefasst erschienen. Arthur C. Danto, *Die philosophische Entmündigung der Kunst*, München 1993 (amerikanisches Original New York 1986); *Kunst nach dem Ende der Kunst*, München 1996; *Die Verklärung des Gewöhnlichen. Eine Philosophie der Kunst*, Frankfurt a. M. 1999 (4. Aufl.); sowie in zweiter Auflage *Das Fortleben der Kunst*, München 2000.

druck und Innenwelt in sich inplausibel. Auch sie gerät damit an ihr Ende, weil die Gültigkeit ihrer Aussagen nicht durch das Kunstwerk selbst garantiert werden kann.

Zwar gilt in beiden Fällen, dass die Kunst durch die Angewiesenheit auf eine nicht in ihrer Macht liegende Deutungskapazität philosophisch „entmündigt" wird. Offensichtlich ist für Danto aber der zuerst angeführte Prozess des Endens der Tradition der Naturnachahmung prägnanter. Er exemplifiziert sein Konzept daher auch vordringlich an der Kunst, die sich als Nachahmung der Welt versteht, und die durch die Ununterscheidbarkeit von Kunst und Alltagsding zunächst durch den in seiner Dynamik realistischeren Film, dann durch das gewöhnliche Ding selbst abgelöst, ersetzbar wird. Allerdings gilt seine Prognose, dass die Kunst in eine Krise der Selbstauflösung, in der gegebenen Form an ihr Ende geraten ist, für beide Traditionen. Man kann die Treffsicherheit (bei der Kunst als Ausdruck eines Inneren) bzw. die Besonderheit (bei der nachahmenden Kunst) nicht mehr am Augenschein festmachen. Das dokumentiert Danto insbesondere am Verlust der spezifischen Differenz zwischen Kunstwerk und Alltagsding, denn um diese Differenz allererst zu entdecken und zu definieren, ist Kunst zwangsläufig auf Philosophie angewiesen, ja sie hebt sich in Philosophie auf wie (so Danto) es z. B. Hegel so richtig gesehen hat.

Da es weder Anhaltspunkte im Aussehen der Dinge gibt, noch in der Verifikation der Adäquatheit eines Ausdrucks, wird es nötig, den spezifischen Kunstcharakter von Kunstwerken durch eine Interpretation zu bestimmen bzw. die Kunst als solche neu zu konstituieren. Danto ruft daher für unsere Gegenwart die Periode der „Kunst nach dem Ende der Kunst" aus. Für diese Periode ist „die Bemühung, die Kunst ... zu demokratisieren und gleichzeitig die erkannten und vermeintlichen Gefahren der Kunst zu bekämpfen" symptomatisch; gleichzeitig gilt es, einen neuen Sinn der Kunst zu finden. Wir sind nämlich „Zeugen eines dreifachen Wandels – im Kunstmachen, in den Kunstinstitutionen und im Kunstpublikum".[4] Daher muss zwangsläufig neu bestimmt werden, was Kunst ist. Allein durch diese Neubestimmung ist nach Danto eine mögliche Rettung erreichbar „zu einer Zeit, in der immer unklarer wird, was eigentlich Sinn und Zweck der Kunst ist".[5]

---

4 *Kunst nach dem Ende der Kunst*, S. 25.
5 Ebd.

2.2 Die Kunst nach dem Ende der Kunst – ein neuer Kunstbegriff

Ebenso zwangsläufig wird die Frage nach der Kunst an die Philosophie überspielt. Die Philosophie muss feststellen, was Kunst ist, was ihre Besonderheit ausmacht, worin ihre kulturelle Bedeutung besteht. Die Vollendung der geschichtlichen Traditionen des Kunstschaffens zwingt in dem Sinne zur Akzeptation der hegelschen These vom „Ende der Kunst", dass gerade diese Vollendung, die das Ende jeweils einer Entwicklung markiert, dazu nötigt, einen neuen Begriff des Kunstwerks zu gewinnen. Die Beschäftigung mit der Kunst steht also vor einem Novum.

Zunächst definiert sich die Kunst nach dem Ende der Kunst durch die Fähigkeit zur universalen Irritation. Nicht die Vergangenheit lässt sich wiederholen oder in irgendeiner Weise über die erreichte Vollendung hinaus weiterführen, sondern die Zukunft der Kunst nach dem Ende der Kunst wird durch eine philosophische Reflexion bestimmt. Hegels Gedanken in der Ästhetik und in der Enzyklopädie geben sowohl den Anstoß für die genauere kunsttheoretische Bestimmung des „Endes" der Kunst als auch den Ansatz für eine Neubestimmung. In dieser Rolle der Philosophie für das Selbstverständnis der Künste liegt deren „philosophische Entmündigung".

Wegen der phänomenalen Ununterscheidbarkeit zwischen Alltags- bzw. banalen Gebrauchsdingen und Kunstwerken lässt sich die für die analytische Ästhetik grundlegende Frage nach der Ontologie der Kunst (d. i. der seinsmäßigen Bestimmung dieser Sonderdinge) nicht mehr durch den Hinweis auf eine phänomenale spezifische Differenz beantworten. Da man es Kunstwerken nicht mehr ansieht, warum sie eine besondere Art der Dinge sind, benötigt man ein weiteres Kriterium, einen Unterscheidungsgesichtspunkt, der nicht durch Wahrnehmung gewonnen wird. Zudem kann die Kunst selbst den Ansatz und die Grundlage zu ihrer Bestimmung resp. Neubestimmung nicht liefern, sondern sie ist hier auf die philosophische Reflexion angewiesen.

Ein Kunstwerk, das nicht durch Absetzung von der Alltagswelt, auch nicht in der wahrnehmbaren Konkurrenz und Differenz zu anderen Dingen mit Werkanspruch als solches legitimiert werden kann, bestimmt sich zunächst dadurch, dass – so Danto mit Nelson Goodman – es nicht ein bloßes Ding ist, sondern dass es ein Thema, einen Titel hat (aboutness). Danto führt hier wiederholt die ununterscheidbaren roten Quadrate an, die weder in ihren Ausmaßen noch in der Farbqualität differieren, dennoch aber gleichermaßen den Anspruch erheben, als ein jeweils eigentümliches Kunstwerk anerkannt zu werden. Ihre Differenz, die es einzig erlaubte, dem einen vor dem anderen Gebilde den Vorzug des „Kunstwerks" zuzuerkennen, liegt in den Titeln. Diese reichen von „Rot" bis zu „Durchgang der Israeliten durch das Rote Meer". Die vorgelegten Dinge können sich also nicht durch ihre phänomenale Qualität, sondern lediglich durch die Valenz ihrer Titel, die aboutness, zu Kunstwerken qualifizieren. Da es keine innerkünstlerische Skala der Wertigkeit der Titel gibt, bleibt das Problem offen. Es ist nicht entscheidbar, welches der gleichaussehenden Dinge sich soweit von den anderen abhebt, dass ihm die Auszeichnung, ein Kunstwerk zu sein, zugestanden werden kann, den jeweils anderen aber vorenthalten wird. Offensichtlich ist das Charakteristikum der aboutness nicht hinreichend, einen definitiven Kunstbegriff zu liefern, da die Titeldifferenz bei ästhetischer Indifferenz nicht zureicht.

Danto demonstriert diese Insuffizienz an einer Reihe von Kunstwerken und kommt zu dem Schluss, dass ein weiterer Schritt erforderlich wird, um den Kunstcharakter von Dingen zu legitimieren. Zum Kriterium der aboutness muss unbedingt die Akzeptation von Kunstwerken durch Kenner hinzukommen. Deren Aufgabe besteht darin, über die Aufnahme der Werke in Kunstgalerien oder Museen zu befinden. Dieser Schritt der Institutionalisierung ist unverzichtbar. Denn ein Kunstwerk ist dann – und erst dann – ein Kunstwerk, wenn es diese Kriterienhürde genommen hat. Es konstituiert sich durch die Akzeptation in der „Kunstwelt der Kenner und Kritiker“ (so Danto mit George Dickie im Rückgriff auf dessen institutionellen Kunstbegriff). Die einzig hinreichende und notwendige Differenz zwischen Kunst und Alltagsdingen liegt also nicht in einer perzeptorischen Differenz, sondern in einem Überschreiten der Schwelle von der Alltagswelt zur Kunstwelt, im Übergang eines Dings aus der Alltagswelt in die Welt der Galerien und Museen.

Beides, die aboutness und die institutionelle Akzeptation, definieren ein Kunstwerk als solches. Hinzu kommt ein Gedanke, durch den Dantos Bestimmung der Kunst nach dem Ende der Kunst dezidiert zu einer Theorie der Avantgarde wird.

2.3 Kunst für Kenner? – Dantos Kunstweltghetto

Da sich ein Kunstwerk nicht mehr durch die wahrnehmbare Konkurrenz und Differenz zum Alltagsding definieren lässt, da die zusätzlichen charakteristischen Merkmale, die aboutness und die soziale Akzeptation in der Kunstwelt für den Kunstcharakter konstitutiv sind, ergibt sich eine weitere Besonderheit der Kunstdefinition. Danto zieht hier die Konsequenz aus seiner Reflexion auf das Ende der Kunstperioden (das Hans Belting dann als das Ende der Kunstgeschichte und Legitimation seiner „Bildgeschichte“ reklamiert).[6] Kunst

6 Hans Belting, *Das Ende der Kunstgeschichte. Eine Revision nach zehn Jahren*, München 1995. – Belting streitet mit Danto um den Vorrang der Einsicht in das Ende der Kunst. Er zieht die Konsequenz, Kunstgeschichte sei nur als Bildgeschichte sinnvoll

ist nur dann Kunst, wenn sie die Schwelle zur Kunstwelt überschritten hat, wenn sie – so Danto – zum „Bürger der Kunstwelt" geworden ist. Dieser Kunstwelt gehören neben den Werken die Kenner und Kritiker zu.

Gemäß der Sammlungsintention dieser Kunstinstitutionen müssen die Kunstwerke exemplarisch sein, d. h. jedes individuelle Kunstwerk ist nicht mehr Exemplar einer Kunstentwicklung, steht nicht mehr in Kontinuität und Differenz zu einer Tradition, sondern es stellt als solches eine eigene Epoche dar. Die Rechtfertigung dieser Annahme wurde vorab mit der These vom Enden der Kunst gesichert. Mit der Kunst selbst ist auch die Geschichte der Künste als Geschichte der Traditionen des Kunstschaffens durch die Aufhebung der perzeptorischen Differenz an ihr Ende gelangt. Die Chance, als Kunstwerk akzeptiert zu werden, liegt also einzig darin, ein Unikat zu sein, neu und nie dagewesen, eine eigene Gattung zu bilden und damit – weil die Kunstgeschichte als Epochengeschichte keinen Anhaltspunkt mehr findet – eben eine eigene Epoche zu bilden.

Die Kunst ist also nicht mehr Teil der menschlichen Kultur. Wegen der anschaulichen Ununterscheidbarkeit würde sie dann in die Alltagswelt aufgelöst. Um ein Kunstwerk zu sein, bedarf es einer eigenen Welt, der Kunstwelt der Kenner und Kritiker, durch die das einzelne Werk als Kunst, als epochal legitimiert wird. Blickt man auf die fatalen Folgen dieser Überlegung, so wird deutlich, dass diese Erneuerung der Ästhetik und Kunsttheorie hohe Kosten erzeugt hat. Zunächst zwingt die philosophische Entmündigung die Kunst zu einer Existenz neben der kulturellen Alltagswelt. Damit verbunden ist eine empfindliche Beschränkung ihrer kulturellen Bedeutung. Kunstwerke erlangen ihren Status einerseits weiterhin durch Interpretation der Welt (aboutness), andererseits muss die institutionelle Garantie ihrer kulturellen Bedeutsamkeit hinzukommen, die in der Aufnahme in die „Kunstwelt" besteht. Was als Kunst gelten darf, entscheidet sich an den Pforten dieser „Kunstwelt". Die Wächter der Eigenwelt sind Kenner und Kritiker. Der Besucher der Kunstwelt ist von nachträglicher, wenn nicht verzichtbarer Relevanz.

Auch die Konsequenz für das Kunstschaffen ist nicht unproblematisch. Insbesondere in der amerikanischen Kunstentwicklung zeigt sich, dass unter strikter Beachtung dieser philosophisch entwickelten Kriterien und Maßstäbe allein auf die Aufnahme der Kunst in Museen und Galerien hin produziert wird. Die Kunstprodukte finden an der kulturellen Alltagswelt vorbei einen direkten Weg ins Museum (oft auf abenteuerliche Weise, wie Danto an einigen sehr vergnüglich zu lesenden Beispielen zeigt). Erst dort angelangt sind sie

möglich – eine zwar einflussreiche, aber von Dantos Schlussfolgerung, jedes Werk müsse eine Epoche bilden, nicht wesentlich unterschiedene Position.

Kunstwerke, zugleich aber auch nur Bürger einer abgeschotteten Eigenwelt in der jeweiligen Kultur.

Überdies untersteht das Kunstschaffen dem Zwang, Neues, Nie-Dagewesenes zu präsentieren. Da die „Geschichten" der Kunst als Nachahmung oder Ausdruck zu Ende gegangen sind, gibt es keine Tradition der Gestaltung, die weitergeführt, verbessert, vollendet werden könnte und deren Produkte dann in exemplarischer Auswahl im Museum, in wiedererkennbaren Neuerungen in Galerien und Ausstellungen für jedermann präsentiert werden. Auch das Museum, die Kunstwelt[7] unterliegt dem Zwang zum epochal Neuen: Jedes Kunstwerk ist seine eigene Kunstepoche, denn anders hätte es keine Berechtigung als „exemplarisch", als gerechtfertigter Bürger der Kunstwelt präsentiert zu werden.

Auf diese Weise geht die Kunst an den interessierten Normal-Liebhabern vorbei. Sie darf diese nicht ansprechen, etwas vermitteln, was jedermann versteht oder auffassen kann, sondern sie muss irritieren. Kunst ist keine Sache der Laien und gewöhnlichen Liebhaber. Kunst ist für Kenner, ist, was Kenner für Kunst halten. Das Bürgerrecht in der Kunstwelt können allein die Kenner den Kunstwerken und damit gleichzeitig den Künstlern als den genialen Schöpfern dieser Werke zuerkennen – keinesfalls aber dem Rest der Kulturwelt. Die Kunstwelt ist eine Sonderwelt mit spezifischer Zugangsberechtigung. Die Tatsache, dass sowohl die Existenz als auch die Relevanz dieser Eigenwelt auch vom Besucher der Kunstwelt abhängt, wird konsequent ausgeblendet.

An der Analyse der Implikationen dieses Anspruchs lässt sich die Problematik noch deutlicher zeigen. Zunächst ist die Anerkennung der Kunstwerke limitiert durch die bereits ansässigen „Bürger der Kunstwelt", die Kenner und Kritiker. Dann ist die Kunst nicht etwas Besonderes im Kontrast zur Alltagswelt, sondern in Absetzung von anderen, bereits akzeptierten Kunstwerken (Avantgarde). Die Genialität des Künstlers verdankt sich offensichtlich dem Urteil der Kenner und wird ohne Rücksicht auf die Nicht-Bürger der Kunstwelt zuerkannt. Daher stellt sich die Frage, warum eine kulturelle Gemeinschaft für Sonderwelten (auch finanziell) einstehen soll, die nur besonderen „Bürgern" zugänglich sind? Anders gesagt: Warum sollen die Laien und interessierten Normalbürger die Lasten für die kulturelle Existenz der Kunstwelt tragen, ohne selbst von ihr zu profitieren? Es sollte zumindest nicht klaglos hingenommen werden, dass wir Nicht-Bürger der Kunstwelt uns zu zahlenden Banausen degradieren lassen.

---

7 Spätestens mit dieser Schlussfolgerung wird die Definition der Kunst latent zirkulär, d. h. sie verliert ihre philosophische Stringenz.

3. *Hegels Ästhetik als Theorie der Moderne*

Die Rettung der Aktualität der Hegelschen Ästhetik als Instrument der „philosophischen Entmündigung der Kunst“ zeigt Folgen, die allein es schon sinnvoll erscheinen lassen, die anfängliche Frage nach der Möglichkeit, Hegels Ästhetik als Theorie der Moderne aufzufassen, erneut zu stellen. Die folgenden Überlegungen gehen dabei von der Vermutung aus, dass Hegels Philosophie der Kunst eine hilfreiche und plausible Kritik dieser Version einer Moderne bietet und so dem Zwang zur vergangenheitslosen Zukunft abhelfen kann.

3.1 Hegels Kulturtheorie der Moderne als Kritik des musealen Kunstbegriffs

Letztlich entbehrt die Entwicklung nicht einer gewissen Absurdität. Die Theorie der Avantgarde führt nämlich ausgerechnet durch die Anleihen bei Hegel zu einem musealen Kunstbegriff, der ersichtlich nicht unproblematisch ist. Hegel hat seine Bestimmung der Kunst bei nämlicher oder ähnlicher Grundlage völlig anders formuliert und ihre kulturelle Bedeutung auf sehr unterschiedliche Weise gerechtfertigt. Mit anderen Worten: Die Berufung auf die Valenz der Philosophie als Theorie des absoluten Geistes und das durch ihre eigene Geschichte demonstrierte Ende der Kunst lassen sich unter Berücksichtigung der Hegelschen Überlegungen neu und fundamental anders auswerten.

Betrachtet man die durch Danto vorgenommene Aktualisierung der Hegelschen Ästhetik mit der gebotenen Skepsis, so sind drei Korrekturen vordringlich relevant, nämlich erstens eine präzisere Bestimmung der Entmündigung der Kunst durch die Philosophie, wie Hegel sie in der Enzyklopädie durch die Theorie des absoluten Geistes entwickelt haben soll. Zweitens wird die Überprüfung des musealen Kunstbegriffs nötig, um die Behauptung, Kunst existiere in einer Kunstwelt neben der Alltagswelt, infragezustellen. Den Kontrast bietet Hegels Konzeption der kulturellen Funktion der Kunst. Hegel behauptet in den Ästhetikvorlesungen – und zwar unter Berücksichtigung der Enzyklopädie – dass auch für die gegenwärtige Kunst ein allgemeiner kultureller Relevanzanspruch legitimiert werden muss und kann. Ein drittes Indiz für die größere Aktualität, weil höhere Erklärungskapazität der Hegelschen Ästhetik ist die Art und Weise der Kunstbeurteilung.

Mit einer These vorweg: Die Künste werden nicht nach Art des Kennertums auf ihre rein immanente Relevanz (hier vordringlich den Erneuerungswert) hin gesichtet, sondern auf ihre kulturelle Funktion hin geprüft.

3.2 Entmündigung der Kunst durch die Philosophie?

Zu Dantos Behauptung, Hegel habe in seiner Ästhetik und Enzyklopädie den Anlaß dafür geschaffen, die Kunst der Gegenwart so mit der Philosophie zu verknüpfen, dass eigentlich die Theorie, nicht das Kunstwerk selbst letztentscheidend über Wert und Unwert bestimmt, bringt ein Blick auf Hegels Theorie des absoluten Geistes die nötigen Differenzierungen. In den Überlegungen aus seiner Jenaer Zeit[8] geht Hegel zunächst davon aus, dass die Kunstwerke, wie sie sich in den Kulturen finden, generell die Funktion haben, über anschaulich-fassliche Dinge die Vernunftideen zu vermitteln. Den Schlüssel für die kulturelle Relevanz dieses Ansatzes gibt Hegels Bemerkung, der Geist müsse sich „zum Werke" werden, er habe nur als ein solches Werk objektiv-lebendige Wirksamkeit.[9] Das bedeutet, er gewinnt hier Realität im Sinne einer Wirksamkeit für die kulturellen Lebensformen, und er gewinnt gleichzeitig ein Verhältnis zu sich selbst.

Die Berliner Ästhetikvorlesungen zeigen anscheinend eine andere Tendenz, allerdings nur, wenn man Hegels Behauptung, die Kunst habe ihre höchste kulturelle Bedeutung in der Vergangenheit (der griechischen Antike) gehabt, sie sei also ihrer höchsten Bestimmung für uns etwas Vergangenes[10]

8 Der Kürze halber wird für die folgenden Überlegungen auf einen Überblick über die Entwicklungsgeschichte der Hegelschen Gedanken zur Kunst bis hin zu den Berliner Ästhetikvorlesungen zurückgegriffen: Annemarie Gethmann-Siefert, *Einführung in Hegels Ästhetik*, München 2005. – Für die Jenaer Schriften und die früheren Entwürfe vgl. a.a.O., S. 46ff.

9 Die Analysen im einzelnen finden sich u. a. in Aannemarie Gethmann-Siefert, *Einführung in Hegels Ästhetik*, hier bes. S. 105ff.; zur Auseinandersetzung mit Schelling, in der Hegel die entscheidende Weiche für die spätere Bestimmung des Kunstwerks stellt: a.a.O., S. 138ff.

10 In der Ästhetikvorlesung von 1826 findet sich diese Überlegung: „Die höchste Bestimmung der Kunst ist für uns ein Vergangenes" (G. W. F. Hegel, *Philosophie der Kunst. Vorlesung von 1826 (Nachschrift von der Pfordten)*, hg. v. Annemarie Gethmann-Siefert, Jeong-Im Kwon, Karsten Berr. Frankfurt a. M. 2005, S. 34). – In der von Heinrich Gustav Hotho mitgeschriebenen Vorlesung von 1823 (G. W. F. Hegel, *Die Philosophie der Kunst. Vorlesung im Sommersemester 1823 in Berlin*, Hamburg 2003, S. 5) heißt es, die Kunst sei „nicht die höchste Weise, die Wahrheit auszusprechen", nehme aber „eine andere Gestalt als auf früheren Stufen an" (S. 6). Die Enzyklopädie und die späteren Vorlesungen präzisieren diesen Gedanken dahingehend, dass es um eine geänderte kulturelle Bedeutung der Kunst in der modernen Zeit geht. So betont Hegel auch in seiner letzten Vorlesung erneut, die Kunst habe mit Religion und Philosophie denselben Inhalt, zugleich aber, was die Weise der Vermittlung dieser Wahrheit angeht, ein „Nach". „Wo die Kunst in ihrer höchsten Vollkommenheit ist, enthält sie die höchste Exposition der Wahrheit wie in der griechischen Kunst das Göttliche vorgestellt wurde durch Phantasie" (Die Ästhetik nach Hegels Vortrag geschrieben von Heimann im Wintersemester 1828/29. Ms. 14 . Zit nach

kurzschlüssig als Ende der Kunst bezeichnet. Hegel diskutiert hier unterschiedliche Formen des Ideals als zwar unterschiedliche Vermittlungsformen der Idee für die Anschauung, gibt aber die Notwendigkeit einer anschaulichen Vermittlung keineswegs auf. Dies ist der Grund für seine in der Analyse aller Kunstformen zu findende Reflexion, wieweit die Werke sowohl der Vergangenheit wie der Gegenwart ihre grundsätzliche Bedeutung einer kulturellen Orientierung „für uns" haben.

Es geht ihm um die in den Phänomenen gleichbleibende Weise, wie Geistiges Realität wird, wodurch anschaulich Dargestelltes zu einem Phänomen der von Hegel sog. „zweiten Natur", der Kultur wird. Solche Gestaltungen sind nicht für sich, sondern jeweils für eine Gemeinschaft, jeweils für uns als Werk wirksam. Das gilt auch für die dann in der Enzyklopädie untersuchten Institutionen, denn auch diese sind Orientierungsformen der Sittlichkeit. Diesen Gebilden wird also zweierlei zuerkannt bzw. zugemutet: Sie sind – mit Schelling – nur verstehbar als subjektiv gesetzt und gleichwohl dinghaft, objektiv existent. Insofern sind sie quasi naturhaft. Hegel versucht, diese Existenzform des Werks durch eine Charakteristik ihrer Konstitution genauer zu bestimmen, indem er sie als Resultat von Arbeit und Sprache fasst, als Gestaltetes und Bedeutungsträger. So gesehen sind Kunstwerke zunächst Phänomene des objektiven Geistes.

Will man diese Bestimmung der Kunst in das spätere systematische Konzept der Enzyklopädie integrieren, so finden sie ihren Ort in jenem Übergang des objektiven Geistes in die Sittlichkeit, und erlangen als „Geist eines Volkes Wirklichkeit" – wie es Hegel im § 514 der Enzyklopädie (von 1830) bestimmt. Zugleich gelangt dieser Volksgeist zur „konkreten Allgemeinheit" bzw. zu geschichtlich relativen Weisen des „Wissens des absoluten Geistes", wie Hegel in seinen Jenaer Schriften zeigt. Diese Verortung wird aus der Analyse der Jenaer Überlegungen plausibel, in denen Hegel Kunst wie Religion einerseits als letztgültige Orientierungsweisen kultureller Lebensformen und zugleich als die kulturrelative Version zeitüberdauernder und nicht überholbarer, für alle

der Transkription von Alain Patrick Olivier; diese und eine weitere Nachschrift von 1828/29 werden in Kürze herausgegeben von Alain Patrick Olivier und Annemarie Gethmann-Siefert). Zugleich mit diesem auch in der Enzklopädie seit 1827 betonten „Nach" der Kunst in christlicher Zeit und im modernen Staat anerkennt Hegel zweifelsfrei die ästhetische Qualität der Kunst. „Es tritt bei einem Volke die Zeit ein, wo die Kunst blüht, aber sie überlebt sich" (a.a.O., Ms. 15).So wird die Kunst selbst „immer vollkommener werden" (ebd.), aber vor „Gottvater und Pallas … beugen wir nicht mehr die Knie, sie mögen noch so vortrefflich dargestellt sein" (Ms. 16). Nur in diesem Sinn einer Letztorientierung , also in ihrer kulturellen Funktion, hat die „Kunst … auch ein Nach. Die Kunst als Explikation der Wahrheit geht in ein Höheres über und dies bestimmt die Stellung der Kunst wie sie für unsere Zeit ist" (Nachschrift Libelt, 1828/29, Ms. 30).

Sphären der Sittlichkeit verbindlicher Letztorientierung bestimmt. Kunst und Religion sind als Phänomene des objektiven Geistes jene institutionell fortgeltenden Orientierungsleistungen, die auf Dauer über Handlungsregelungen mittelbar wirklich, eben zum objektiven oder objektivierten Geist werden. Hegel nennt sie daher die „objektiven Geister der Völker".

In Anknüpfung an diese Überlegungen zeigt die Enzyklopädie, dass jene „Endlichkeit, die [der Geist] … in seinem Staate und dessen zeitlichen Interessen, dem System der Gesetze und der Sitten hat", sich in ein Wissen aufheben lässt, also zu einer Reflexion auf sich selbst fortschreitet. Wo der Geist „jene Beschränktheiten der besonderen Volksgeister und seine eigene Weltlichkeit abgestreift" hat, wird er – so Hegel – zum „absoluten Geist" (1830 § 552). Als erste Gestalt des absoluten Geistes bestimmt Hegel die Kunst, denn sie ist die „Anschauung und Vorstellung des an sich absoluten Geistes als des Ideals" (§ 556). Zentral ist zunächst die schöne Kunst das Thema. Inhalt und Gestalt bleiben hier „ein beschränkter Volksgeist" (1827 § 558; 1830 § 559). Der in der Kunst vermittelte „unendliche Reichthum" kann nicht in solcher „Einzelnheit des Gestaltens explicirt" werden – hier zerfällt er „in eine unbestimmte Vielgötterei" (1827 § 558). Neben der schönen Kunst gibt es zudem andere Formen der Vermittlung des Ideals – die symbolische und romantische Kunst, die zunächst erhaben sind, dann aber zu Gestaltungsformen fortschreiten, die vom Schönen bis zum Charakteristischen und sogar Hässlichen reichen dürfen (d. h. die Gestalt darf in „Zufälligkeit gegen ihre Bedeutung erscheinen", darf also nach Hegels Definition explizit nicht schön sein; 1830 § 562).[11]

Da Hegel für die Religion den gleichen Fortgang wie für die Künste darstellt, scheint Dantos Vermutung, die Philosophie hebe die Kunst in den Begriff auf, entmündige die Kunst als solche, plausibel. Es ist allerdings genauer zu prüfen, worin diese Entmündigung realiter besteht. Für Hegel haben – wie er in den Ästhetikvorlesungen durchgängig betont – Kunst und Religion mit der Philosophie den gleichen Inhalt, sie haben lediglich unterschiedliche Formen der Vermittlung. Man könnte nun Dantos Überlegung dahingehend interpretieren, dass er sich auf diese Betonung der unterschiedlichen Vermittlungsformen stützt, wenn er vom Tod der Kunst, von ihrer Entmündigung durch Philosophie redet.

Die Künste behalten gerade durch ihre vielfältigen Gestaltungsmöglichkeiten für Hegel zwar auch in der modernen Kultur ihre Bedeutung, vermö-

---

11 Eine ausführliche Analyse der Bedeutung der symbolischen Kunstform gibt Jeong-Im Kwon, *Hegels Bestimmung der Kunst. Die Bedeutung der „symbolischen Kunstform" in Hegels Ästhetik*, München 2001; Hegels Bestimmung des Hässlichen wird analysiert bei Francesca Iannelli, *Das Siegel der Moderne. Hegels Bestimmung des Hässlichen in den Vorlesungen zur Ästhetik und die Rezeption bei den Hegelianern*, München 2007.

gen aber nicht – wie in der Verknüpfung mit der Religion – aus sich selbst letztgültige Orientierungsleistungen zu vermitteln. Unter dieser Rücksicht auf ihre kulturelle Funktion werden sie jeweils geprüft und gewichtet. Das lässt sich an einer ganzen Reihe von Beispielen erläutern, in denen Hegel die Bedeutung bestimmter Kunstwerke sowohl für ihre Zeit und Kultur als auch „für uns" betrachtet. Ein herausragendes Beispiel ist die Beschäftigung mit der Genremalerei der Niederländer, weil diese einen symptomatischen Kontrast zwischen Hegels Reflexionen in den Vorlesungen und der durch Hotho zurechtgerückten Kunstbeurteilung der Ästhetik aufweist.[12]

Die Kunst wird – so darf man die Überlegungen zu ihrer Stellung im absoluten Geist zusammenfassen – nicht durch die Philosophie entmündigt, so dass sie als Kunst an ihr Ende gelangte, sondern sie wird in Hegels philosophischer Gewichtung ihrer unterschiedlichen Gestaltungsformen zu einer geschichtlich fortgeltenden Möglichkeit, sich mit Weltdeutungen und Orientierungsvorschlägen aus Vergangenheit und Gegenwart auseinanderzusetzen. Hegel fasst dies strukturell in seiner Konzeption der „formellen Bildung" zusammen, durch die er die Rolle der Kunst im modernen Staat definiert. An die Stelle einer inhaltlichen Orientierung durch die Kunst tritt die Sollizitation zur Auseinandersetzung mit unterschiedlichen inhaltlichen Orientierungen.

3.3 Kritik des musealen Kunstbegriffs

Man kann Hegels Bestimmung des Ideals, das er in den Ästhetikvorlesungen als „Dasein", „Existenz" und „Lebendigkeit" (lebendige Wirksamkeit) der (Vernunft-)Idee bestimmt, daher als einerseits konkret historische, andererseits philosophisch erweiterte Auslegung der Kantischen Bestimmung der Kunst als „Symbol der Sittlichkeit" lesen. Dieses Konzept weitet Hegel im Blick auf die unterschiedliche Gestaltungs- wie Wirkweise der Künste zu einer Bestimmung der geschichtlichen und gesellschaftlichen Funktion auch der erhabenen Kunst wie der Kunst der modernen Welt aus. Die Kunst definiert sich bzw. ihre Relevanz aus ihrer kulturellen Funktion. Diese besteht zu allen Zeiten in der Überlieferung und im Lebendighalten von Welt-Deutungen. Das Kunstwerk ist jeweils jene Einheit von Arbeit und Sprache durch die der Mensch seine Kultur erwirkt und deutet. Zwar beschränkt Hegel die universale kulturelle Wirkung der Kunst, die Welt-Deutung mit zwingender Handlungsrelevanz, auf die Kultur der Antike, aber bis in die durch die vernunftfordernde Vernunft bestimmte Gegenwart behält die Kunst diese

12 Dazu kurz: Annemarie Gethmann-Siefert, *Einführung in Hegels Ästhetik*, S. 300f.; zum Folgenden S. 364ff. sowie die Analyse weiterer Kunstbeispiele a.a.O., S. 314ff.

Bedeutung einer anschaulichen Weltdeutung, die auf Kommunikation angelegt eine Orientierungsfunktion beansprucht.

Die Bedeutung der sog. These vom „Ende der Kunst" unterscheidet sich daher in Hegels Explikation der „Partialität" der Kunst als Form der „formellen Bildung"[13] fundamental von derjenigen, die Danto ihr beilegt. Hegel geht prinzipiell davon aus, dass Kunst nicht Nachahmung der Welt oder Ausdruck eines Künstler-Inneren ist, sondern dass sie für eine kulturelle Gemeinschaft deren konstitutive Welt-Deutung in Handlungs-Orientierungs-Absicht liefert. Daher bestimmt er das sog. „Ende" der Kunst als deren Vergangenheitscharakter ihrer höchsten Möglichkeit nach. Als partiale, unter anderen valente Tradition einer Weltsicht liefert die Kunst für die moderne Welt nicht mehr jene anschaulich-fasslichen Letztorientierungen, mit denen man sich zu identifizieren hat, wie Hegel es für die schöne Kunst der Antike behauptet. Dennoch bleibt die Kunst „Symbol der Sittlichkeit" – ist aber auf Reflexion hin geordnet, auf Vergleich und jeweils prüfende Aktualisierung. Im anschaulichen Ding manifestiert sich sowohl die Fähigkeit des Menschen zur Weltdeutung als auch die kommunikative Absicht dieser Deutung. Allerdings kann für die vernunftfordernde Vernunft der Moderne über die Anschauung keine Endgültigkeit erreicht werden. Daher löst Hegel die Kunst vom Letztgültigkeitsanspruch der Religion und erklärt in seiner Konzeption der romantischen Kunst den Menschen zum neuen Heiligen, zum Inhalt wie Zweck der Kunst. Über die Anschauung soll Vernünftigkeit, Verantwortlichkeit und Freiheit vermittelt werden.

So behält die Kunst auch in der modernen – d. h. meines Erachtens auch in der heutigen – Welt ihre Bedeutung. Nur tritt an die Stelle der Identifikation mit den durch Kunst vermittelten Inhalten die reflektierte Auseinandersetzung mit Welt-Anschauungs-Vorschlägen. Kunst ist nicht mehr verbindliche inhaltliche Orientierung, sondern sie leistet formelle Bildung.

3.4 Wertneutralität der Kunsturteile und Aufhebung der Ghetto-Existenz der Künste

Ein meines Erachtens zu Unrecht übersehenes Moment der Hegelschen philosophischen Ästhetik liegt in der dezidierten Wertneutralität seiner Kunstbeurteilungen. Es geht ihm zwar jeweils um den „Werkcharakter" im definierten Sinn der Bestimmung der Wirkung und Wirksamkeit des Ideals,

---

13 Hegel setzt diese Wirkweise der Kunst in der modernen Welt von der inhaltlich-zwingenden Orientierung ab, die seiner Deutung nach die griechischen Götterbilder vermittelten – in jener höchsten Möglichkeit kultureller Wirkung der Kunst; dazu Jeong-Im Kwon, *Hegels Bestimmung der Kunst*, S. 296ff.

nicht aber um die Disqualifizierung bestimmter Kunstwerke als inakzeptabel wegen vorfindlicher oder vermeintlicher Gestaltungsmängel. Beispiele für diese Offenheit lassen sich in den Ästhetik-Vorlesungen durchweg finden – und sind in den Untersuchungen der letzten Jahrzehnte auch hinreichend genau analysiert worden. Das wird besonders deutlich an den problematischen Fällen sichtbar, nämlich an jenen Kunstwerken, die nach den Vorurteilen der Hegelkritiker von Hegel eigentlich gar nicht als solche akzeptiert werden können und dürfen.

Hegel diskutiert auch in der romantischen Kunstform Beispiele der schönen Kunst, denen er allerdings eine nur bedingte, wenn auch reflexionsfördernde (also formell-bildende) Relevanz zuerkennt. In der Oper, den schönen Genrebildern und Stilleben der Niederländer, in Goethes West-östlichem Divan findet Hegel Formen der schönen Kunst, die er im Blick auf ihre Bedeutung für seine Gegenwart hin analysiert. Das Resultat ist jeweils eine Infragestellung des Werkcharakters und der Verweis auf die reflexive, also verständige Wiedergewinnung der Bedeutung über den „reflektierten Genuss“.

Interessanter sind die charakteristischen und hässlichen Bilder, die Hegel eigentlich – als Klassizist – verwerfen müsste. Auch hier zeigt sich, dass es Hegel nicht um die sinnliche Außenseite des Kunstgebildes, wohl aber um die Bedeutung einer solchen anschaulichen Vermittlung der Vernunftidee geht. Beispiele sind die nicht mehr schöne Darstellung des leidenden Christus, der Märtyrer, die bis zum Unschönen fortgehende Charakteristik der Portraits und nicht zuletzt die Schillerschen Dramen. Hegel kennzeichnet diese Kunstwerke wegen der bereits in der Anschaulichkeit liegenden Nötigung zur Reflexion als der Moderne angemessen. Unter gewissen Bedingungen kann die Kunst auch hier noch schön sein. Dann muss sie über die Fremdheit ihrer Inhalte die Reflexion herausfordern. Das leistet aber insbesondere die nicht mehr schöne, charakteristische und hässliche Kunst.

Die Kunst bleibt ein unverzichtbares Element auch der Gegenwartskultur, denn sie gewinnt mit der Vielfalt dessen, „was die Menschenbrust bewegt“, also der unabschließbaren Erweiterung ihrer Inhalte, eine entsprechende Erweiterung ihres Formenkanons. Kunst kann, muss aber nicht schön sein; sie kann charakteristisch, interessant, ja sogar hässlich sein und behält gerade durch diese Vielfalt ihre kulturelle Bedeutung. Ihre frühere, gegenwärtige wie bleibende Aufgabe liegt darin, Weltanschauungs- und damit Handlungsorientierungsvorschläge zu geben, die die Menschen zur Reflexion, durch die Reflexion zur Kritik bestehender Verhältnisse bzw. ihrer Einstellungen zur Welt befähigen.

Die Bedeutung der Philosophie für die Kunst besteht darin, diese Rolle einer formellen Bildung aufzudecken, plausibel zu machen und die Künste unter dieser Rücksicht – nämlich unter ihrer Funktion für die Realisierung einer vernunftfordernden Vernunft – zu beurteilen. Eine wichtige, Hegel leitende Einsicht, die er auch gegen Goethe geltend macht: Es gibt nicht das Problem der Reflexionsaffinität. Kunst verweist als Anschauung auf Reflexion, sie wird durch Reflexion nicht abgelöst, sie wird durch die Philosophie nicht ersetzt, und sie wird durch die Philosophie auch nicht in Gestaltungsformen gedrängt, die die Künstler und ihre Rezipienten nicht aus sich genuin entwickeln. Man muss also die Problemnähe der klassischen Malerei der Moderne nicht wie A. Gehlen dadurch verunglimpfen, dass man die Notwendigkeit einer Kommentarliteratur als Defizit, damit Auflösung des Kunstcharakters darstellt. Kunst ist aus sich wesentlich ein reflexives Phänomen. Sie wiederholt nicht die reale Welt, sondern gestaltet sie auf unterschiedliche Weise. Auch in diesem Punkt sollte man Hegel zustimmen, weil sein Konzept die größte Toleranz gegenüber der Realität der Künste und der Kunstentwicklung eröffnet. Für jegliche künstlerische Darstellung und für jede rezeptive Haltung wird eine reflexive Auseinandersetzung sinnvoll und zwingend, denn ohne eine solche ist das Kommunikationsgeschehen Kunst nicht wirklich und wirksam.

Kunst wird nicht einseitig als Produkt eines Genies betrachtet, sondern als Ergebnis einer Weltgestaltung, die auf Rezeption angelegt ist. Dieser kommunikative Charakter, seine kulturelle Funktion, gehört wesentlich zur Definition des Kunstwerks. In der prinzipiellen Konzentration auf die kulturelle Funktion und erst abgeleitet davon auf die ästhetische Qualität liegt das Moment der Hegelschen Ästhetik, das sie zu einer veritablen Theorie der Moderne qualifiziert. Folgt man diesem ästhetischen Konzept, dann werden die Kunstwerke nicht – wie in Dantos Bestimmung der Kunst nach ihrem Ende – zu Bürgern einer Sonderwelt sondern behalten ihre Bedeutung „für uns".

Hegels Ästhetik integriert die „Kunstwelt", also die museale und abgesonderte Existenz der Künste, in ihre kulturelle Umwelt. Denn er betrachtet die „Kunstwelt" insbesondere der Museen und historischen Sammlungen als Teil unserer modernen Gesellschaft. Die Kunst wird damit dem Zwang enthoben, in ihrer Sonderwelt und durch spezifische Vertreter dieser Eigenwelt (Kenner, Künstler) zu wirken. Die Künste können sich nicht ausschließlich durch die Existenz in der „Kunstwelt" als kulturell relevant legitimieren, sie müssen – im Sinn der formellen Bildung – ihre Relevanz für die kulturelle Alltagswelt unter Beweis stellen.

So gesehen gibt uns Hegels Ästhetik eine gute Warnung vor dem Kritikergehabe an die Hand. Wir alle haben die Zulassung zur Kunstwelt, denn die Kunstwerke konstituieren sich als solche durch die kulturelle Kommunikation, den Reflexionsprozeß, den sie auslösen. Kunst ist nicht für Kenner und Sache der Kenner. Ansprechpartner der Künste können nicht allein die Kenner als die „kompetenten Rezipienten" und die intellektuellen Produzenten der Künste und Kunstepochen sein. Jedermann wird durch die in der Kunst vermittelte Weltinterpretation angesprochen. Allerdings erlangt man dadurch nicht den Ausweis als „Bürger" der Kunstwelt, sondern die Chance einer reflektierten Auseinandersetzung mit der alltäglichen Welt. Mit Hegel: Über „sinnvollen Genuss" findet man den Zugang zur Reflexion und zum Handeln im Sinne der Verwirklichung einer auf Vernunft und Freiheit gebauten, menschenwürdigen Welt.

4. *Philosophische Ermutigung statt Entmündigung der Kunst*

Im präziseren Vergleich der Einsichten der Hegelschen Philosophie der Kunst mit dem Aktualisierungsversuch Dantos erweist sich Hegel zwar nicht als der „Vater" der Kunst nach dem Ende der Kunst, aber seine Konzeption der Kunst ist sowohl der postmodernen Entmündigung der Rationalität durch eine ästhetisierte Philosophie als auch der von Danto vermuteten Entmündigung der Kunst durch die Philosophie überlegen. Der Versuch einer Rehabilitierung der hegelschen Ästhetik als Theorie der Moderne darf als gelungen gelten.
Die positiven Punkte, die sich aus Hegel gegen die Modernität der avantgardistischen Moderne gewinnen lassen, sind folgende: Hegel gelingt eine Relevanz-Bereichs-Festlegung der Kunst im Rahmen der Vernunftkultur der Moderne. Er vermeidet die Hilfskonstruktion einer Ghetto-Existenz der Künste in der „Kunstwelt" durch seinen Vorschlag, die kulturelle Bedeutung der Kunst in der „formellen Bildung", damit in ihrer Bedeutung für alle Bürger des modernen Staates zu sehen. Dadurch gelingt eine plausible und tragfähige Abhebung von den Rehabilitierungsversuchen, die sich durch die Schlagworte Autonomie und Musealisierung der Künste in der ästhetischen Debatte ins Zentrum geschoben haben. Nicht die These vom Ende der Kunst garantiert Hegels Aktualität als Theorie der Moderne, wohl aber seine Bestimmung der kulturellen Rolle der Kunst. Die Kunst wird nicht durch die Philosophie entmündigt. Dadurch erledigen sich alle Hilfskonstruktionen, die ihr im Sinne Dantos eine Bedeutung als „Kunst nach dem Ende der Kunst" zuspielen sollen, sie aber ins gesellschaftliche Abseits manövriert haben.

Hegels Bestimmung der Kunst liest sich dagegen durch die differenzierte Definition ihrer Rolle in der Moderne als Ermutigung sowohl für die unbeschränkten Gestaltungsmöglichkeiten der Kunst (die der Phantasie der Künstler obliegen) als auch für die Institutionalisierung eines sinnvollen Kunstbetriebs (zu der Hegel in der Rechtsphilosophie ausdrücklich den Staat verpflichtet). Nicht zuletzt werden jene Rezipienten ermutigt, sich mit der

Kunst auseinanderzusetzen, die gerade im gegenwärtigen Kunstbetrieb an den Rand gedrängt werden: die interessierten Laien. Nicht nur für Kenner, sondern insbesondere für die zum „sinnvollen Genuss“ aufgeforderten sog. „Banausen“, mit Hegel „für uns“ behält die Kunst ihre kulturelle Bedeutung. Als geschichtlich notwendige Form der „formellen Bildung“ wendet die Kunst sich an jene Rezipienten, die sie zu allen Zeiten erreichen soll, an die Bürger der realen geschichtlichen Welt.

Francesca Iannelli

Ideale – Variationen – Dissonanzen – Brüche

„Subjektivität ist das Heraustreten in das Äußerliche und somit also in alle Verwicklungen."[1]

Neue Quellen und alte Vorurteile

Obwohl sich in den letzten Jahren – auch über den engen Bereich der Hegel-Forschung hinaus – immer mehr die Gewissheit durchgesetzt hat, dass Hegel nie eigenhändig eine Ästhetik geschrieben hat, scheint das bis an die Grenzen der Irrationalität gehende Vertrauen in die Ausgabe der Berliner Vorlesungen über die Philosophie der Kunst nicht abzunehmen. Diese Ausgabe, die nach dem plötzlichen Tod des Meisters von dem Kunsthistoriker H. G. Hotho besorgt, von 1835 bis 1838 gedruckt und 1842–43 zum zweiten Mal aufgelegt wurde, ist das Ergebnis einer undifferenzierten Zusammenstellung der von Hegel verfassten Hefte und der von den Hörern seiner vier Ästhetik-Vorlesungen (1820/21; 1823; 1826; 1828/29) angefertigten Mitschriften und Ausarbeitungen. Hothos Ausgabe hat zwar großes Lob geerntet und war ungefähr 150 Jahre lang von Rosenkranz bis Gadamer ausschlaggebend für die Rezeption der Hegelschen Ästhetik, sie steht aber jeglicher gewissenhaften philologischen Analyse entgegen. Trotzdem wird sie weiterhin zitiert, übersetzt und geschätzt, als ob es sich um eine „heilige Schrift" handelte,[2] während einige

1 Georg Wilhelm Friedrich Hegel, *Vorlesungen über die Philosophie der Kunst. Berlin 1823*, nachgeschrieben von Heinrich Gustav Hotho, hg. von Annemarie Gethmann-Siefert, Hamburg 1998. Die Mitschrift wird wie folgt zitiert: *Hotho 1823*.

2 Im Januar 2012 ist eine weitere italienische Übersetzung erschienen (nach der von Alessandro Novelli aus den Jahren 1863–64 und der 1963 bei Feltrinelli erschienenen, 1967 von Einaudi wieder aufgelegten und 1997 mit einer neuen Einleitung nochmals erschienenen Übersetzung von Nicolao Merker und Nicola Vaccaro), diesmal bei Bompiani von Francesco Valagussa herausgegeben. Es gibt dagegen bisher weder eine Übersetzung der Ästhetik-Vorlesung von 1820–21 noch der von 1826. Das einzige bisher auf Italienisch übersetzte Manuskript ist bis heute das von Hotho selbst, das die Vorlesung des Sommersemesters 1823 wiedergibt und 2000 von Paolo D'Angelo bei Laterza veröffentlicht wurde.

der eigenwilligsten Interpreten der Hegelschen Gedanken oft ausschließlich den von Hotho edierten Text zitieren, als ob er von Hegel selbst stammte.

Es sind in den letzten dreißig Jahren besonders in Deutschland zahlreiche Untersuchungen erschienen, die sich bemühen aufzuzeigen, dass es unmöglich ist, die Entfaltung bestimmter Themen, wie die Berechtigung des Hässlichen in der Kunst[3] oder die Bedeutung der symbolischen Kunst,[4] auf der Grundlage dieser unzuverlässigen Kompilation nachzuvollziehen.[5] Dies vor allem, weil Hothos Ausgabe keinerlei Entwicklung erkennen lässt, weshalb man die Stufen in Hegels Ausarbeitung dieser Fragen nicht unterscheiden kann, aber auch, weil der Text mit einer stellenweise an Willkür grenzenden Freiheit zusammengestellt wurde.[6] Gleichzeitig hat die Bemühung um strengste Systematik das, was die Ästhetik-Vorlesungen ursprünglich waren, nämlich ein „work in progress", in das Gerüst eines zwar maßvollen, wohl ausgewogenen Textes gezwungen, aber darin geht die Vitalität der Hegelschen Gedanken zugunsten einer starren dialektischen Abfolge verloren.[7]

---

3 Annemarie Gethmann-Siefert, Hegel über das Hässliche in der Kunst, in: *Hegels Ästhetik. Die Kunst der Politik – Die Politik der Kunst,* II. Teil, hg. von Andreas Arndt, Karol Bal, Henning Ottmann, *Hegel-Jahrbuch* 2000. Berlin 2002, S. 21–41. Francesca Iannelli, *Das Siegel der Moderne. Hegels Bestimmung des Hässlichen in den Vorlesungen zur Ästhetik und die Rezeption bei den Hegelianern,* München 2007.

4 Jeong-Im Kwon, Die Metamorphosen der „symbolischen Kunstform". Zur Rehabilitierung der ästhetischen Argumente Hegels, in: *Phänomen versus System. Zum Verhältnis von philosophischer Systematik und Kunsturteil in Hegels Berliner Vorlesungen über Ästhetik oder Philosophie der Kunst,* hg. von Annemarie Gethmann-Siefert, Bonn 1992 (*Hegel-Studien,* Beiheft 34), S. 41–89; ders., *Hegels Bestimmung der Kunst. Die Bedeutung der symbolischen Kunstform in Hegels Ästhetik,* München 2001; ders. Hegels Bestimmung der „formellen Bildung" und die Aktualität der symbolischen Kunst für die moderne Welt, in: *Die geschichtliche Bedeutung der Kunst und die Bestimmung der Künste. Hegels Berliner Ästhetikvorlesungen im Kontext der Diskussion um die Grundlagen der philosophischen Ästhetik,* hg. von Annemarie Gethmann-Siefert, Bernadette Collenberg-Plotnikov und Lu de Vos, München 2005, S. 159–174; Paolo D'Angelo, *Simbolo e arte in Hegel,* Roma/Bari 1989 (Il Glifo 2012) .

5 Zur Vertiefung dieser Frage sei verwiesen auf *Die geschichtliche Bedeutung der Kunst und die Bestimmung der Künste. Hegels Berliner Ästhetikvorlesungen im Kontext der Diskussion um die Grundlagen der philosophischen Ästhetik.* Vgl. auch *Zwischen Philosophie und Kunstgeschichte,* hg. von Annemarie Gethmann-Siefert, Bernadette Collenberg-Plotnikov und Lu de Vos, München 2008. Siehe außerdem *Kunst – Religion – Politik,* hg. von Alain Patrick Olivier, Elisabeth Weisser-Lohmann, München (voraussichtlich 2012). Vgl. dazu auch *Arte, Religione, Politica nella filosofia di G. W. F. Hegel,* hg. von Francesca Iannelli, Pisa (voraussichtlich 2012).

6 Näheres dazu bei Annemarie Gethmann-Siefert, Hegels Ästhetik. Die Transformation der Berliner Vorlesungen zum System, in: *Zeitschrift für philosophische Forschung,* Frankfurt a. M. 56,2 (2002), S. 274–292.

7 In Bezug auf die manische Vorliebe Hothos für die Dreiteilung siehe Paolo D'Angelo, *Simbolo e Arte in Hegel,* S. 15.

Hinzu kommen der Geschmack und die klassizistische Neigung des Herausgebers, die nicht wenig dazu beigetragen haben, die Grundbegriffe des Ästhetischen, die Betrachtungen über den Status der Kunst und Urteile über einzelne Werke der Literatur oder bildenden Künste zu verfestigen oder zu verschieben.[8]

Der angebliche Klassizismus der Berliner Ästhetik-Vorlesungen, wie er von Hotho suggeriert wurde, hat am Ende die wahre Bedeutung einiger zentraler Begriffe der Hegelschen Ästhetik in einen engen Rahmen gezwängt und unscharf werden lassen. Mit am meisten hat darunter der Begriff des Ideals zu leiden, der oft vorschnell als trockenes, unerreichbares Vorbild abgetan wird. Die Schönheit ist dagegen zum Herzstück, um nicht zu sagen zur unverzichtbaren Besessenheit der Ästhetik gemacht worden. Die Folgen, die diese auf die klassische Harmonie ausgerichtete Sichtweise Hothos bei der späteren Forschung ausgelöst hat, sind geradezu unermesslich, ganz zu schweigen von den Unstimmigkeiten, die einige der aufmerksamsten Kritiker von Anfang an mit Recht in der Hegelschen Ästhetik nachgewiesen haben.[9] Es sei hier ein Beispiel für alle genannt, nämlich die Kritik eines reuigen Hegelianers wie Francesco De Sanctis, die nach wie vor bedeutsam ist und zeigt, dass man dem „heiligen“ Text, der für Generationen von Hegelforschern der Bezugspunkt war und ist, mit äußerster Vorsicht begegnen sollte. Der krasseste Widerspruch, den De Sanctis schon um die Mitte des 19. Jahrhunderts in der Hegelschen Kunstphilosophie ausmachte, bestand in einer Grundhaltung, die zur Abstraktion der Idee neigte und das Individuelle erstickte, und der nichtsdestotrotz immer wieder im Text auftauchenden Mahnung, das Leben nicht zu opfern. Die Kunst durfte der kaum wahrnehmbaren Logik des Gedankens nicht unterworfen werden.[10] Wie ein erbarmungsloser Mörder des Gedankens sollte der Dichter nach De Sanctis das Leben feiern, ohne sich von den Abstraktionen der Philosophie knechten zu lassen. Es sind also die radikale Sys-

8 Beispielhaft sind hierfür die Untersuchungen über den *Divan* von Annemarie Gethmann-Siefert und Barbara Stemmrich-Köhler, Faust: Die „absolute philosophische Tragödie“ – und die „gesellschaftliche Artigkeit“ des West-östlichen Divan, in: *Hegel-Studien* 18, Bonn 1983, S. 23–64. Eine gewisse Bedeutung haben auch die Diskrepanzen in Bezug auf die Figur Raphaels, wie sie einerseits im edierten Text und andererseits in den verschiedenen Nachschriften erscheint.

9 Man denke z. B. an die Bemerkungen Benedetto Croces über die Widersprüchlichkeit in der Behandlung der Naturschönheit, die er in einem ganzen Abschnitt der Ästhetik nachgewiesen hat, nachdem das Naturschöne aus der Kunstphilosophie ausgeschlossen war. Vgl. Benedetto Croce, *Estetica come scienza dell'espressione e linguistica generale* [1902], Milano 1990, S. 435f.

10 Francesco De Sanctis, L'arte e la forma, in: *Sviluppi dello hegelismo in Italia. Francesco De Sanctis, Salvatore Tommasi, Antonio Labriola*, hg. von Mario Rossi, Torino 1957, S. 40f.

tematik und die fehlende Vitalität des Hegelschen Ideals, die De Sanctis zu einer Abkehr vom Hegelianismus bewegen, um sich anderen Geistesströmungen zuzuwenden, insbesondere der realistischen. In Wirklichkeit entsprach jedoch der Begriff des Ideals, den Hegel seinen Berliner Hörern vortrug, der von De Sanctis geforderten Geisteshaltung viel mehr, als dieser ahnen konnte. Wir werden uns hier zur Aufgabe machen, einige Denkanstöße zu geben, um uns ein Bild von Hegels ursprünglicher Reflexion machen zu können.

Das Ideal als Symptom einer wachsenden geistigen Freiheit

Wie auch bei anderen Begriffen und ästhetischen Kategorien, so liefert Hegel in den Berliner Vorlesungen kein statisches, klar definiertes Bild des Ideals, sondern er versucht es im Laufe seiner Vorlesungsreihen anzureichern und zu präzisieren.[11] Ein Wesensmerkmal kehrt jedoch immer wieder, und zwar das Schweben, weshalb das Ideal wohl in der Welt auftritt, aber nicht mit vollem Recht dort weilt wie die endlichen Dinge.[12] Es hat eine besondere Existenz, ein Innewohnen, obwohl es außerhalb der äußeren Logik des Wirklichen verbleibt.[13] Es ist daher nicht als zeitloses Vorbild zu verstehen, sondern die Natur des Ideals liegt schlechterdings in der Mitte zwischen gänzlich heterogenen Dimensionen wie der Idee und der Wirklichkeit. Das Ideal kann diese beiden Bereiche in einem unergründlichen Gleichgewicht miteinander verbinden, indem es einen Schwebezustand zwischen der abstrakten Dimension der Idee und der prosaischen der Welt schafft. Damit ist das Ideal nicht unvermeidlich und ausschließlich Ausdruck der antiken Schönheit, wie oft behauptet wurde, wenn die Hegelsche Ästhetik zu einer Apotheose der Klassik gemacht wurde, sondern es ist vielmehr ein geschichtliches Paradigma, das die Empfindung, die Anschauung der Welt und vor allem der Individualität enthüllt, die eine Kultur jeweils hervorbringen konnte. Eine solche Überschneidung von Abstraktion und Bedingtheit des Endlichen kann nicht auf jedem geschichtlich-

11 Vgl. Annemarie Gethmann-Siefert, Einleitung zu G. W. F. Hegel, *Vorlesungen über die Philosophie der Kunst. Berlin 1823*, S. CXII–CXXXIII; dies., *Einführung in Hegels Ästhetik*, München 2005, S. 46–73.

12 „Das Ideal für sich ist leicht zu fassen; das Schwierigste daran ist, daß es, indem es nicht bloß Idee ist, sondern auch Wirklichkeit hat, mit dem Dasein in die Äußerlichkeit tritt, aber in diesem Herausgehen in die Endlichkeit die Idealität selbst noch erhalte." *Hotho 1823*, Ms. 73, S. 82.

13 „Die Wirklichkeit ist nicht bloß ein Fortgehen vom Begriff zur Realisierung desselben, sondern sie geht als existierend noch weiter hinaus; dann ist es ein Natürliches dann übertritt es die Schranken des Ideals. Durch das Natürliche ist das Ideal verkümmert." G. W. F. Hegel, *Ästhetik nach Prof. Hegel*, 1826. Anon. Mitschrift (Ms. Stadtbibliothek Aachen). Ab hier zit.: *Aachen* 1826. Hier *Aachen 1826*, Ms. 42.

kulturellen Boden gedeihen, sondern ist das Symptom einer geschichtlichen Welt, die zumindest potenziell nach der Anerkennung einer selbstbewussten, zur Freiheit fähigen Subjektivität strebt. Die Reflexion über das Ideal impliziert daher eine Vertiefung von Hegels ästhetischer Auffassung der menschlichen Subjektivität, da sich seine Sicht des Ideals und generell der Kunst nicht von einer tiefer liegenden Theorie der Individualität trennen lässt. Der Begriff des Ideals scheint nämlich eine metaphorische Brücke zwischen zwei Bereichen des Geistes zu schlagen: dem von einer noch abstrakt verstandenen Individualität beherrschten Bereich und dem der menschlichen Subjektivität in ihrer Konkretheit und Widersprüchlichkeit.

Wie in Paragraph 560 der *Enzyklopädie* in der Ausgabe von 1830 zu lesen ist, ist das Ideal „ein vom Künstler Gemachtes", es ist konkretisierte Idee, vom Menschen gestaltet, also Kunstwerk geworden.[14] Nun ist dieses im Kunstwerk vorhandene Ideal einerseits Ergebnis des menschlichen Handelns, gibt diesem aber gleichzeitig eine Orientierung. Das Kunstwerk ist Träger geschichtlich bestimmter kultureller Werte, die ihrerseits je nach Epoche in dem sozialen Kontext, dem das Kunstwerk entstammt, mehr oder weniger Einfluss haben. In diesem Kontext kann sich die Kunst aus dem ästhetischen Bindemittel, das sie in der griechischen Welt war, in einen aufmerksamen Beobachter des Gleichgewichts der Moderne verwandeln.[15] In Jena sagte Hegel, dass sich in einem Kunstwerk eine ganze Gemeinschaft widerspiegelt und sich ihrer selbst bewusst wird, denn in der Antike waren es die Kunstwerke, in denen der Geist eines Volkes sich ganz offenbarte. In der modernen Welt kann sich jedoch dieser verbindliche Wert, den die Kunst innehatte, nicht wiederholen. Dass es gerade die Kunst sein soll, die für den Menschen des 19. Jahrhunderts die beste Möglichkeit darstellt, die moderne Gesellschaft zu verstehen und zu interpretieren, ist nicht nur illusorisch, sondern geradezu undenkbar. Auch die Beziehung des modernen Subjekts zur Kunstschöpfung hat sich verändert, ist emanzipierter, gedankenvoller, distanzierter geworden. Wenn Hegel in seinen Ästhetik-Vorlesungen jedoch diese Veränderung in der Rezeption wie in der Produktion berührt, dann geschieht das nicht mit Sehnsucht nach der schönen klassischen Welt und dem ruhigen Vorhandensein des inzwischen untergegangenen Ideals. Hegel bemerkt vielmehr, wie sich die Funktion der Kunst in den Jahrhunderten gewandelt hat, genau wie das Ideal nach und

---

14 G. W. F. Hegel, *L'Arte nell'Enciclopedia*, a cura di Alberto Leopoldo Siani, Pisa 2009, S. 23.

15 In diesem Sinn vgl. Alberto Leopoldo Siani, *Il destino della modernità. Arte e Politica in Hegel*, Pisa 2010, der die Kunst, wenn auch eingeschränkt gegenüber dem Gedanken, als eine wertvolle Kontrollinstanz für das Recht auf Individualität sieht, das von der Politik bedroht sein kann, vgl. S. 135.

nach künstlerisch und geschichtlich eine tiefgreifende Entwicklung und Umgestaltung durchgemacht hat. Es gibt jedoch einige Epochen oder bestimmte geschichtliche Momente, in denen Hegel keinerlei Spur des Ideals als Ausdruck einer entstehenden Subjektivität sieht, da das Ideal ein künstlerisch-historisches Paradigma darstellt, das nur in einem kulturellen Kontext denkbar ist, in dem die geistige Freiheit gefördert wird, aber nicht so sehr, dass sie zur Anarchie oder zur Willkür des Subjekts wird. Es ist von daher für Hegel aufschlussreich, über das Fehlen des Ideals in fernen Ländern und Kulturen, wie China oder Ägypten, nachzudenken, um dessen Wert in bestimmten historischen Kontexten des Abendlandes besser fassen zu können.

Wo es das Ideal noch nicht gibt: China und Ägypten

„In Ansehung der schönen Kunst geht aus dem vorigen hervor, daß die ideale Kunst bei ihnen nicht kann aufblühen. Das Ideale will vom inneren, freien Geist konzipiert sein, nicht prosaisch, sondern so, daß sie zugleich mit einem Körper angetan ist. Im Mechanischen der Künste zwar sind sie geschickt, aber die schöpferische Kraft des Geistes, die freie Innerlichkeit, fehlt bei ihnen. Die Produktivität kann bei ihnen nicht gesucht werden. Sie haben schöne Landschaftsmalereien, haben Portraits, kommen aber nicht einmal zu dem Schein, der bei uns durch Schatten und Licht hervorgebracht wird. [...] Die Blumenmalerei ist bei ihnen gut in Ansehung der genannten Ausführung. In allem diesen sind sie höchst genau, aber das Ideal ist ihnen höchst fremd. Nur in der Gartenkunst exzellieren sie. Ihre Gärten sind sehr schön, nicht steif und abgezirkelt."[16] Aus diesem Abschnitt der Vorlesungen über *Philosophie der Weltgeschichte* von 1822–23, der sich mit China befasst, geht hervor, wie Hegel zwar den Chinesen in vielen Kunstformen, wie der Landschaftsmalerei, dem Portrait, der Gartenkunst, Geschick und Meisterschaft zuerkennt,[17] ihnen aber den Ausdruck in einer idealen Kunst abspricht. China erscheint in Hegels Augen als rückständiges und patriarchalisches Land, in dem selbst die wissenschaftliche Forschung nicht von freiem intellektuellem Handeln bestimmt wird, sondern den Zweck hat, die Staatsmacht zu festigen. Da es keine Ausdrucksfreiheit gibt, kommt auch die chinesische Kunst, so lobenswert ihre

16 G. W. F. Hegel, *Vorlesungen über die Philosophie der Weltgeschichte*, Berlin 1822/23, Nachschriften von Karl Gustav Julius von Griesheim, Heinrich Gustav Hotho, Friedrich Carl Hermann und Victor von Kehler, hg. von Karl Brehmer, Karl-Heinz Ilting und Hoo Nam Seelmann, Hamburg 1996, S. 156.

17 G. W. F. Hegel, *Vorlesung über Ästhetik*, Berlin 1820/21, Eine Nachschrift, hg. von Helmut Schneider, Frankfurt a. M. 1995. Ab hier zit.: *Ascheberg 1820/21*, Ms. 154, S. 207.

Genauigkeit und Detailliebe auch sein mag (man denke an die naturgetreuen Tierzeichnungen, etwa die Schuppen eines Karpfens), nicht aus der geistigen Tiefe im Inneren des Künstlers und hat deshalb keine ideale Dimension. „Der Mensch ist so in China außer sich, nicht in sich."[18] Das Individuum ist weder selbstständig und unabhängig, noch in seiner Ausdrucksfreiheit anerkannt, es untersteht immerwährend der Autorität eines anderen (von den Eltern bis zum Kaiser), „die erste Ehre, die der Mensch hat, ein Freier zu sein, diese abstrakte Innerlichkeit, ist hier nicht anerkannt."[19] Aus diesem Grund vertritt Hegel zum Beispiel die Ansicht, dass in China kein Ehrgefühl entstehen kann, da dieses mit dem Wunsch verbunden ist, dass die Innerlichkeit eines jeden Individuums geachtet wird,[20] die in China jedoch durchaus nicht entwickelt ist. Von den Chinesen heißt es, dass „die ideale Kunst bei ihnen nicht kann aufblühen",[21] da eine angemessene Achtung der menschlichen Individualität und ihrer Tiefe nicht vorhanden ist. Der Einzelne, der gänzlich von der Familie und vom Staat überschattet wird, erreicht nicht die Gedanken- und Ausdrucksfreiheit, die die Ausarbeitung des Ideals ermöglichen würde.

Auf gleiche Weise fehlt das Ideal auch in anderen Kulturen, denen es nicht gelingt, zu einem freien Selbstbewusstsein vorzudringen. Das gilt zum Beispiel für Ägypten, dem Land der Rätsel, das in einen geheimnisvollen Zauber gehüllt ist und nicht zu einer vollständigen Anschauung der Welt gelangt: „Es ist noch ein eisernes Band um die Augen des Geistes, wo das freie Erfassen des Geistes noch nicht dargestellt ist, so daß nur herausgeboren wurde, was wir die Rätsel nannten. Und so ist das Rätsel, Ägypten, eine konkrete Individualität, die die Mannigfaltigkeit in sich festhält und vereint, aber so, daß die Einheit nicht fortgeht zu freiem Bewußtsein des Geistes in sich."[22] In dieser historischen Welt, die von ständigem Bemühen, vom Kampf und der Dialektik erschüttert ist, verspürt man nichts als die Spannung, den „unendlichen Drang"[23] nach dem Bewusstsein, das nie erreicht wird. „Besser aber können wir sagen, die Ägypter seien die drängenden Knaben, denen zu Jünglingen die Idealität fehlt und die durch ideelle Form erst zu Jünglingen werden".[24] Schon seit der *Phänomenologie des Geistes* wird Ägypten als ein Land mit großen geistigen Mängeln dargestellt. Hegel geht so weit, dass er die instinktive

18 G. W. F. Hegel, *Vorlesungen über die Philosophie der Weltgeschichte*, S. 149.
19 Ebd., S. 147.
20 Ebd.
21 Ebd., S. 156.
22 Ebd., S. 280.
23 Ebd.
24 Ebd., S. 309.

Schöpferkraft der Ägypter mit der Herstellung der Bienenwaben vergleicht.[25] Auf diesen Mangel an Freiheit in der Kunstschöpfung kommt er auch in Berlin zurück. Die ägyptische Kunst ist noch keine „freie Kunst“: die Wiederholung des „Typus“ in immer gleichen, von der Gemeinschaft wiederzuerkennenden Formen ist vorherrschend. Die Tradition und die von vorhergehenden Generationen angewandten Techniken werden gewahrt: „Der Sohn folge dem Vater nach, hatte dessen Kunst zu lernen und ganz so wie jener zu exekutieren. Die Kunst demnach war nicht frei, der Künstler ist nur ein Handwerker. Der große Übergang zum Erwachen der freien Kunst ist da, wo der Künstler frei nach seiner Idee bildet, wo der Blitz des Genies in das Hergebrachte einschlägt und ihm Frische der Darstellung erteilt. Erst dann verbreitet sich der geistige Ton über das Kunstwerk.“[26]

Dennoch versäumt Hegel es in der Vorlesung über die *Philosophie der Weltgeschichte* von 1822–23 nicht, die Schönheit und Majestät der ägyptischen Tempel zu loben. Er beschreibt geradezu fassungslos den Glanz und den Geschmack der stolzen Bauten, die den Betrachter mit ihrer Vielfalt und dem erstaunlichen Nebeneinander überwältigen: „Reihen von Sphinxen, zwiefache, gebrochene oder geradlinigte, sich gegenüberstehende. Reihen von zwanzig bis vierzig Fuß hoch; sechs, acht Mannshöhen betragend. Solche Sphinxe gelten also nicht als einzelne, sondern sie sind nur beisammen zu neunzig, zu hundert. Dann folgt wohl ein Torgebäude, Pylon genannt, von beiden Seiten Mauern, Prachtwände, die oben sich abschmälern. Diese Prachtwände sind etwa bedeckt mit kolossalen Basreliefs mit Darstellungen von Schlachten, von Begebenheiten, von Darstellungen aus der Mythologie. Auch stehen Memnonen und sonst große Figuren davor; auch Hieroglyphen finden sich auf den Wänden. […] Es ist also in diesen Tempeln der Zweck nicht die Umschließung, sondern die Aufregung des Gemütes, Staunenerregung, Erweckung einer Welt von Vorstellungen.“[27]

Ägypten wird somit als eine wunderbare historische Welt gezeigt,[28] die glanzvolle Werke hervorgebracht hat,[29] über und vor allem unter der Erde: „Diese Werke sind von der größten Art, und schon dem Herodot sind die Werke der Griechen kleinlich erschienen gegen die der Ägypter und namentlich gegen das Labyrinth z. B., wo 3000 Gemächer über der Erde waren, 3000

25 G. W. F. Hegel, *Phänomenologie des Geistes*, in: *Gesammelte Werke*, Bd. 9, hg. von Wolfgang Bonsiepen und Reinhard Heede, Hamburg 1980 (*GW 9*). Ab hier zit.: *PhG*, S. 373.

26 *Hotho 1823*, Ms. 221, 222, S. 237.

27 Ebd., Ms. 201, S. 216.

28 G. W. F. Hegel, *Vorlesungen über die Philosophie der Weltgeschichte*, S. 303

29 „Die Werke über der Erde in Ägypten sind stupende, stupender die unter der Erde.“ *Hotho 1823*, Ms. 202, S. 217.

Gemächer unter der Erde. Ebenso geht es den Mauern. Ebenso grandios als geschmackvoll sind diese Werke. Die Architektur hat ebenso zur Absicht das Grandiose als das Schöne, gleich der griechischen. Der ägyptische Geist also ist dieser Arbeiter, und dies ist der Hauptzug Ägyptens überhaupt."[30] Im Vergleich zu diesen Wunderwerken erschienen schon Herodot die Schöpfungen des griechischen Geistes bescheiden. Ein ähnliches Staunen überkam auch die französische wissenschaftliche Kommission, die 1798 an Napoleons Feldzug nach Ägypten teilnahm: „Die Werke sind von einer Größe und Schönheit der Ausführung, gegen welche den Franzosen, die sie sahen, alles Griechische als kleinlich und unbedeutend vorkam."[31] Aber weder in den schönen Tempeln und in den herrlichen Labyrinthen noch in den geheimnisvollen Pyramiden oder den prächtigen Memnonen[32] gibt es eine Spur von Ideal. Dieses Fehlen ist in den Augen Hegels ein kostbares Indiz dafür, dass das Ideal und das Schöne nicht vollkommen übereinstimmen,[33] da die ägyptische Welt die Kunst der Griechen noch an Zauber und Verführung übertrifft. Das Fehlen des Ideals ist daher nicht auf einen Mangel an Schönheit zurückzuführen, sondern auf das mangelnde Verständnis der menschlichen Natur, wie es die ägyptischen Statuen bezeugen, die gedrungen, steif, in der Bewegung gehemmt erscheinen. Die Wahrnehmung der Subjektivität ist noch nebelhaft, das Auge wirkt ausdruckslos, die Gesichtszüge lassen keine Geistigkeit durchscheinen, die Hände sind bewegungslos. Die Bedeutung des menschlichen Wesens wird nur im Kult des leblosen Körpers erkannt, der für die Ewigkeit einbalsamiert und dem Totenreich anvertraut wird. Das Subjekt existiert daher nur in der Negation seiner Lebenskraft und seiner Freiheit, weshalb die Ägypter „bis an die Schwelle des Reichs der Freiheit gekommen [sind]",[34] ohne dass es ihnen

30 G. W. F. Hegel, *Vorlesungen über die Philosophie der Weltgeschichte*, S. 299 f.

31 *Hotho 1823*, Ms. 201, S. 215.

32 G. W. F. Hegel, *Aesthetik nach Prof. Hegel im Winter Semester 1828/29*, Mitschrift Libelt (Ms. Jagellonische Bibliothek, Krakau). Ab hier zit. *Libelt* 1828/29. Hier *Libelt 1828/29*, Ms. 107 a.

33 In den verschiedenen Nachschriften gibt es zahlreiche Abschnitte, in denen Hegel die Ansicht vertritt, dass das Schöne als solches mit dem Ideal übereinstimmt. Er wiederholt dies auch in seiner letzten Vorlesung, vgl. *Die Ästhetik nach Hegels Vortrag geschrieben von Heimann im Wintersemester 1828/29*. Ms. Privatbesitz, hg. von Alain Patrick Olivier, München (in Vorbereitung). Ab hier zit. *Heimann 1828/29*. Hier *Heimann 1828/29*, Ms. 21. (An dieser Stelle sei Alain Patrick Olivier herzlich gedankt, der mir freundlicherweise erlaubte, seine Transkription des Manuskripts einzusehen.) Es wäre aber irreführend zu glauben, dass die beiden Begriffe (das Schöne und das Ideal) einfach deckungsgleich seien. Es wäre auch eine Banalisierung zu behaupten, dass dort, wo Schönheit ist, notwendigerweise auch das Ideal vorhanden sei, oder dass in der Moderne das Ideal nicht darzustellen sei, weil die Schönheit herabgesetzt wird.

34 *Hotho 1823*, Ms. 126, 127, S. 138 f.

gelungen wäre, in dieses Reich des Geistes einzudringen: „Bei den Ägyptern sehen wir die Feststellung der Subjektivität in der Bestimmung des abgeschiedenen Geistes, der nicht als freier seine Gestalt gewinnt, sondern im Gehäuse der Pyramide ruht, das er nicht durchdringt, nicht bewegt."[35]

Im ägyptischen Kunstempfinden ist also eine Nähe zum Geistigen spürbar, welches jedoch auf das Jenseits beschränkt bleibt und sich nicht auf die Welt der Lebenden ausdehnt.[36] Der Wert der subjektiven Individualität ist ins Innere der Pyramiden eingeschlossen als „dieses abstrakt Unsterbliche"[37] und im Dunklen versiegelt, wo man kein Ideal wahrnehmen kann. Dieses Paradigma leuchtet hingegen in der weißen Plastik der griechischen Bildhauerei,[38] die die beste Antwort auf das Rätsel der Sphinx zu geben scheint, indem sie die menschliche Gestalt verherrlicht.

Das Rätsel und seine Lösung

In den Berliner Vorlesungen über die Philosophie der Kunst überschneiden und verflechten sich verschiedene Ansatzpunkte. Die Reflexion über das Ideal ist unterschwellig an die Frage nach der menschlichen Natur und der fortschreitenden Emanzipierung der Subjektivität gebunden. Hegel scheint auf der Suche nach einer tiefgründigen, einer überzeugenden Antwort auf das Rätsel zu sein, das die ägyptische Welt aufgegeben hat und das von den Griechen gelöst, aber erst vom Christentum und der Moderne verstanden wurde: Wer ist das merkwürdige, von der Sphinx dargestellte Wesen? Die Frage kommt im Sommersemester 1823 im Teil über die symbolische Kunstform auf, findet ihre Antwort aber erst im Abschnitt über die romantische Kunst. Es ist recht bedeutsam, dass die Lösung des Rätsels in die christliche Welt verschoben wird: Die menschliche Figur, der Kern der klassischen Skulptur, ist nämlich so sehr idealisiert, dass sie eine wirkliche Lösung des Rätsels nicht erlaubt. Formal gesehen versteht Ödipus, dass die Antwort auf die Frage im Menschen liegt, aber seine Existenz und seine Herkunft bleiben für ihn ein Rätsel, weshalb er im Unbewussten verbleibt und sich mit schrecklicher Schuld befleckt.

35 *Hotho 1823*, Ms. 126, 127, S. 138 f.

36 „Es ist nicht zu sagen, daß die Ägypter zur Freiheit seien des Geistes gekommen. Aber sie hatten schon die Anschauung des Geistigen; es wird ein Reich des Geistes [angenommen], aber ein Reich zunächst der leeren Abstraktion des Natürlichen, ein Reich des Todes." *Hotho 1823*, Ms. 126, 127, S. 138 f.

37 G. W. F. Hegel, *Vorlesungen über die Philosophie der Weltgeschichte*, S. 308.

38 Zum Fehlen der Farbe bei den griechischen Statuen vgl. *Hotho 1823*, Ms. 215, S. 230, *Kehler 1826*, Ms. 342, S. 181.

Diese paradoxe existenzielle Situation, in der Ödipus zwischen Wissen und Nicht-Wissen schwankt,[39] entspricht in Wirklichkeit durchaus der griechischen Welt, in der eine unerschütterliche, entfaltete innere Dimension als tödliche Gefahr wahrgenommen wird. Damit die griechische Welt lebt, braucht es eine Leichtigkeit des Seins und eine anmutige Unbewusstheit, genau wie bei Ödipus, der zwar die Lösung des Rätsels intuitiv erfasst, aber dennoch eine ebenfalls rätselhaft erscheinende Antwort gibt. Was ist der Mensch? Die griechische Welt bietet eine erste, abgemilderte Lösung in der schönen Individualität, aber sie nimmt das Menschliche nicht in sich auf, sondern versteckt dessen verborgenste Seiten.

Die schönen griechischen Statuen verkörpern also perfekt die existenzielle Heiterkeit einer Welt, die nicht imstande ist, ein starkes, strukturiertes Paradigma der menschlichen Subjektivität zu entwickeln. Die in der Skulptur verewigte Individualität scheint das Menschliche zu befreien, das in der hybriden Gestalt der ägyptischen Sphinx noch vom Tierischen erstickt war. In Wirklichkeit aber sollte die Befreiung vom Unmenschlichen und Tierischen, das aus den vorhergehenden Kulturen ererbt war,[40] nur eine Illusion sein. Das Fehlen der Empathie und des Blicks[41] an den strengen griechischen Skulpturen verrät die existenzielle Inkonsistenz des Griechentums: „Aber nach dem Charakter der Skulptur muß sie des Blickes entbehren, denn sie soll nicht bis zur Subjektivität, die sich als Subjektivität setzt, fortgehen. […] Das Skulpurbild ist blind, ist nicht die sich partikularisierende Subjektivität. Bei Statuen findet man wohl, daß sie nach einem bestimmten Punkt hinsehen, wie zum Beispiel der Faun zum jungen Bacchus. Das Hinlächeln ist seelenvoll ausgedrückt, ohne daß aber das Auge sehend ist."[42]

---

39 PhG, II, S. 394.

40 Zum spürbaren Vorhandensein orientalischer Elemente in der griechischen Welt vgl. besonders *Hotho 1823*, Ms. 147, S. 160: „Die Religion ist der Inhalt der klassischen Kunst. Es beantwortet sich hieraus die Frage, ob die Griechen ihre Religion von fremden Völkern hernahmen. Es ist notwendig, daß die früheren Standpunkte da waren, daß von ihnen die klassische Kunst ausging, sie umbildete und gegen sie reagierte. Dies ist auch historisch erwiesen. Das Verhältnis des griechischen Geistes gegen die Früheren ist also wesentlich ein Verhältnis des Umbildens; wäre dies nicht so, müßten die Gestalten dieselben geblieben sein. Dies ist aber nicht der Fall, sondern aus den früheren Gestalten mußte ein anderes werden. Herodot sagt: Homer und Hesiodus hätten den Griechen ihre Götter gegeben. Dies heißt aber nicht, daß sie nicht von anders her empfangen hätten, sondern ihr Machen ist eine Umbildung eines Früheren. Denn Herodot sagt ebenfalls von den einzelnen Göttern aus, wie diese ägyptisch seien, jene afrikanisch."

41 *Hotho 1823*, Ms. 226, S, 242.

42 Ebd.

Die unüberbietbare Schönheit kann Grenzen und große Mängel nicht verbergen. In der Skulptur offenbart sich das Ideal in seiner ruhigen, friedlichen Form, aber auf diese statische Weise wird die Dynamik des Geistes nicht erschöpfend dargestellt. Die Tragödie sollte daher zu einem ästhetischen Erdbeben werden, da sie das Ideal in ganz anderer Form zeigt, bis es in der Dynamik des tragischen Konflikts zerbricht. Aber bevor wir uns der Betrachtung des verletzten Ideals zuwenden, verweilen wir noch bei seiner einfachen, reinen Erscheinung.

Griechenland und sein Ideal

Trotz der Vielfalt der Ausdrucksformen in der griechischen Welt, die die Dichtung und die Philosophie einschließt, ist es vor allem die Skulptur, die das Ideal ausdrückt und in seiner einfachen Form darstellt: „Die griechischen Skulpturbilder [...] sind die schlechthin idealen, von ihnen müssen wir das Ideale lernen, sie sind unerreicht. Sie zeichnen sich aus durch die Freiheit der Lebendigkeit und der Stellung. Sie sind freie Konzeptionen des Künstlers, nicht Darstellung des Hergebrachten. Alles ist bis zur Lebendigkeit bestimmt, deren Zauber in der Genauigkeit des Details liegt."[43] Die in der ewigen Ruhe des klassischen Ideals festgehaltene menschliche Gestalt erscheint in einem glücklichen, in sich ruhenden Zustand, in der Selbstbezogenheit der Schönheit. Das ist das Ideal der Plastik, das ist „der Schlüssel zum Verstehen der übrigen griechischen Kunst überhaupt".[44] Tatsächlich ist das reine Ideal nur in diesem unstabilen, vorübergehenden Gleichgewicht fassbar. Erst wenn die Kunst aus dem symbolischen Bereich heraustritt und eine noch latente, unbewusste Auffassung der Subjektivität überwindet, wird sie ideal und bleibt es so lange, bis sie in eine geistig höhere geschichtliche Welt übergeht, in der ein tieferes und umfassenderes Verständnis des Subjekts möglich ist.[45]

Aber was fehlt dem klassischen Ideal? Was bestimmt seinen Untergang? Um eine angemessene Antwort zu finden, bietet sich ein Zeitsprung an, der uns zu einer anderen Ausdrucksform führt, der des Films. Der Film *Olympia* von Leni Riefenstahl kann uns einen kostbaren Hinweis darauf geben, wie die gefühlsmäßige Atonalität der antiken Schönheit zu begreifen ist. Die Regisseurin stellt die Olympiade von 1936 dar, indem sie versucht, eine innere Verbindung zur klassischen griechischen Skulptur herzustellen, deren schöne Gestalten in den gesunden Körpern der Deutschen der dreißiger Jahren wie-

43 Ebd., Ms. 223, S. 239. Vgl. auch *Ascheberg 1820/21*, Ms. 156, S. 210.
44 *Ascheberg 1820/21*, Ms. 156, S. 210.
45 Ebd., Ms. 156, S. 210.

der aufleben sollen. Eine surreale Atmosphäre kennzeichnet die ersten Szenen des Films mit antiken Tempeln und Statuen, die wieder zum Leben erwachen, wie der Diskuswerfer des Myron, der sich in den Körper des deutschen Athleten Huber verwandelt. Der Schönheit wird zwar von den Sportlern Leben verliehen, aber sie erscheint trotzdem fern, kalt, verfremdend. Ebenso abweisend, kühl, verschlossen, wirklichkeitsfern ist das Ideal der griechischen Welt, das Hegel in seinen Berliner Vorlesungen präsentiert: „Das klassische Ideal ist kalt, für sich, in sich abgeschlossen, seine Gestalt ist seine eigene; von ihr gibt es nichts frei. Der bestimmte Charakter beherrscht alle Züge. Das Ideal ist zurückhaltend, nicht aufnehmend, ein abgeschlossenes Eins für sich und daher Anderes von sich weisend."[46] Dieses Zurückbeziehen des Schönen auf sich selbst beruht auf einem noch mangelhaften, abstrakten Verständnis des Subjekts. Tatsächlich erscheint in der Skulptur keine besondere Subjektivität, sondern einfach eine substanzielle, objektiv bestimmte Individualität. Den Gottheiten des vielfältigen griechischen Pantheons wird von Hegel eine volle Individualität zugestanden, sie sind gewiss autonome Gestalten mit eigenen, nur für sie geltenden Merkmalen, aber es fehlt ihnen der Ernst des menschlichen Subjekts.[47] Von daher sind die griechischen Götter noch nicht Subjektivität. Wenn sie es wären, könnten sie nicht der vollkommene Ausdruck des in seiner einfachsten und reinsten Form verstandenen Ideals sein. Während die Individualität also einen gelungenen Ausdruck des Ideals darstellt, öffnet der Begriff der Subjektivität eine komplexere und vielfältigere geistige Dimension, die eine Komplikation des Ideals und schließlich dessen Verschwinden mit sich bringt. In der Vorlesung von 1820–21 gibt es einen ausdrücklichen Hinweis auf diesen geistigen Mangel im Ideal der Skulptur: „Das Prinzip der Subjectivität ist noch nicht vorhanden in der Sphäre d[er] Skulptur".[48] Die griechische Skulptur ist das Ergebnis eines Auswahlprozesses, durch den alles Ärmliche, Abstoßende, Gewöhnliche des Alltagslebens verdrängt wird. Die Verdrängung bedeutet jedoch keine Bereicherung, sondern vielmehr einen Verlust. Was erreicht wird, ist die schöne Gestalt, aber auf Kosten ihrer Authentizität.

Auf diese geistige Armut der klassischen Schönheit kommt Hegel im Sommersemester 1823 zurück, wenn er der griechischen Skulptur wiederholt einen Mangel an Gefühl zuschreibt, der sie dem Betrachter entfernt.[49] Das ist

46 *Hotho 1823*, Ms. 171, S. 185.
47 Ebd., Ms. 87, S. 98.
48 *Ascheberg 1820/21*, Ms. 156, S. 210.
49 Im WS 1828/29 wird diese Überlegung, die vor allem den Gläubigen betraf, auf den Betrachter im Allgemeinen ausgedehnt: „Das Skulpturbild ist unbekümmert um den Zuschauer." (*Libelt 1828/29*, Ms. 127a).

auch der Grund, weshalb der Kultus in der griechischen Welt zum Fest wird, also zu etwas Äußerlichem, zu einer sinnenhaften Verehrung, da in diesem Reich des Schönen noch keine Form der innerlichen Andacht oder des Gebets denkbar ist. Der Triumph der Schönheit beruht daher auf einem Kompromiss: Man versinkt nicht zu tief im Abgrund der subjektiven Innerlichkeit, man verbleibt bei den Umrissen, die das Menschliche definieren, ohne an das Körperliche mit seinen Unvollkommenheiten und Schwächen zu rühren und ohne sich in das chaotische Geflecht von Gefühlen und Eindrücken zu begeben, die im menschlichen Herzen wohnen.

Aber um genau zu sein, ist die Innerlichkeit, von der keine Spur in der griechischen Skulptur und im festlichen Kult auftaucht, der griechischen Welt nicht ganz fremd. Wir können im Gegenteil behaupten, dass sie latent vorhanden ist, wie eine gefürchtete, aber unvermeidbare Drohung, wie ein Schicksal, dem man nicht entgehen kann.[50] Es sollten die Tragödie und die Philosophie sein, die den Samen der modernen Subjektivität keimen ließen und die griechische Welt bis auf ihren Grund erschütterten und schließlich zerstörten. Weitere Formen des Ideals sollten auch jenseits der Vollkommenheit der klassischen Skulptur entstehen, aber es sollte nicht mehr um das reine Ideal gehen, sondern um ein im tragischen Konflikt und in der aufreibenden Suche des philosophischen Denkens gebrochenes Ideal.

Das von der Philosophie und der Tragödie verletzte Ideal

Die Geschichte des Ideals beginnt also in Griechenland, dem Land der Schönheit und der Jugend des Geistes, aber seine Gestaltung innerhalb dieser geschichtlichen Welt ist nicht eindeutig. Es sind vor allem die griechischen Tragödien, die eine Überwindung der stillen, selbstbezogenen Unbeweglichkeit der Skulptur in Richtung auf eine Öffnung zur Dissonanz der tragischen Handlung möglich machten. Im Sommersemester 1826 unterstreicht Hegel ausdrücklich die Notwendigkeit, das Statische im Ideal der Skulptur zu überwinden, weil dieses glückliche Auftreten der Skulptur „harmlos"[51] wirkte, da die geistige Bewegung fehlte. Die Tragödie sollte mit feurigem Pathos die schöne Hülle beleben, unter der die substanzielle Individualität, noch blicklos, gefühllos und herzlos, verborgen lag. Das geschieht jedoch nur mit der

50 Vgl. G. W. F. Hegel, *Vorlesungen über die Philosophie der Weltgeschichte*, S. 357.

51 G. W. F. Hegel, *Philosophie der Kunst*, Vorlesung von 1826, Mitschrift von der Pfordten, hg. von Annemarie Gethmann-Siefert, Jeong-Im Kwon und Karsten Berr, Frankfurt a. M. 2005. Ab hier zit. *von der Pfordten* 1826. Hier *von der Pfordten* 1826, Ms. 16a, S. 89.

vom Pathos ausgehenden Energie. Wenn der Held von einem ausschließlichen Interesse beseelt ist, dann gleicht er am Ende der Statue. Hegel selbst betont die Ähnlichkeit zwischen den Statuen und den tragischen, in ihrer Entschlossenheit ebenso statuarischen Helden.[52] Wie handelnde Skulpturen sind die tragischen Figuren das, was sie tun, und sie tun, was sie sind.[53] Diese grundsätzliche Übereinstimmung zwischen dem Einzelnen und der in ihm und durch ihn wirkenden universellen Macht zeigt sich beispielhaft bei Antigone, die sich, um den Bruder Polyneikes zu bestatten, auf die ewigen Gesetze des Blutes beruft und dabei ihr Leben aufs Spiel setzt. So unerbittlich und radikal, wie Hegel diese Handlungsweise sieht,[54] kann dieses spontan aus dem Charakter entspringende Handeln nur zur Schuld führen. Hegel schließt im Übrigen aus, dass eine gänzlich unschuldige Geste für die Kunst von Bedeutung sein und über die Jahrhunderte das Interesse der Menschen fesseln könne.[55] Diese unschuldige Schuld wird der Preis für die Emanzipation der tragischen Individualität und im übertragenen Sinne der gesamten zukünftigen Welt sein, denn durch diese Form von Initiation in das Tragische entsteht das moderne Subjekt: zum Individuum geworden durch ein Verbrechen, das zwar im Namen der Gesamtheit begangen wird, aber aus *seinem* Handeln hervorgeht. Obgleich er sich dessen nicht bewusst ist, überwindet der tragische Charakter im Handeln seine existenzielle Unmündigkeit und die völlige Verhaftung mit einem universellen Substanziellen, um *die negative Macht* zu werden und sich in sein eigenes Schicksal zu verwandeln, wie Hegel schon in einem Absatz der *Phänomenologie* erklärte.[56] Aber die ethische Natur, auf der die Welt der Griechen beruht, hält den Angriffen der heraufkommenden Macht der Subjektivität nicht stand; sie löst sich auf und nimmt den Helden mit sich in den Tod und das Vergessen.

Die Geburt des modernen Subjekts ist also vor allem durch die tragische Dissonanz gekennzeichnet, da die Tragödie die menschliche Individualität in

---

52 *Hotho 1823*, Ms. 93, S. 104. Dazu siehe auch Klaus Düsing, Griechische Tragödie und klassische Kunst in Hegels Ästhetik, in: *Die geschichtliche Bedeutung der Kunst und die Bestimmung der Künste. Hegels Berliner Ästhetikvorlesungen im Kontext der Diskussion um die Grundlagen der philosophischen Ästhetik*, S. 145–158.

53 *Hotho 1823*, Ms. 282, S. 305.

54 Zu Hegels Handlungstheorie siehe Michael Quante, *Hegels Begriff der Handlung*, Stuttgart-Bad Cannstatt 1993. Siehe auch Francesca Menegoni, *Soggetto e struttura dell'agire in Hegel*, Trento 1993.

55 Dazu Francesca Iannelli, Wenn der Feind auch der Bruder ist: die unschuldige Schuld von Hegels Antigone, in: *Scientia Poetica, Jahrbuch für Geschichte der Literatur und Wissenschaften*, hg. von Lutz Danneberg, Wilhelm Schmidt-Biggemann, Horst Thomé, Friedrich Vollhardt, Berlin/New York 2009, S. 120–134.

56 PhG, S. 397. Vgl. Francesca Iannelli, *Oltre Antigone. Figure della soggettività nella Fenomenologia dello spirito di G. W. F. Hegel*, Roma 2006.

einem ernsteren und komplexeren Licht erscheinen lässt: Die beispielhafte frevlerische Geste des Helden bewirkt einen tiefen Bruch im Reich der Schönheit, das sie durch Leiden, Schmerz und Tod erschüttert. Jedoch entwickelt sich jenseits dieser ästhetischen Dimension die Subjektivität auch begrifflich und philosophisch, da sich die griechische Welt auf zwei Ebenen erstreckt, auf denen sich parallel die künstlerische und die gedankliche Kreativität entfalten: „Im Prinzip der griechischen Freiheit liegt es schon, daß auch der Gedanke für sich frei zu werden hat, und so beginnt zugleich mit der Ausbildung der Kunst, der griechischen Religion und der Verfassung auch die Ausbildung des Gedankens. Parallel mit der Kunst läuft die Ausbildung des Gedankens, des Feindes jener realen Seite. Von Thales an sehen wir die Philosophen diese Fortschritte machen, und dies konnte nur in Griechenland geschehen."[57] Das von Griechenland geborene philosophische Denken wird am Ende mit seinem tödlichen Einfluss die historische Welt, von der es gezeugt wurde, vernichten. In ihrem drängenden sokratischen Dialog und der Kunst der Mäeutik, bewusste Menschen zu schaffen, stellt die Philosophie des Sokrates eine Beleidigung für eine auf Äußerlichkeit und Schönheit gegründete Welt dar.

Trotz der verheerenden Wirkung, die der tragische Konflikt und die philosophische Aufdeckung der Innerlichkeit des Subjekts auf das Reich des Schönen haben, ist es genau dieser Punkt, an dem die moderne Subjektivität aufscheint. Weder Sokrates noch Antigone sind also unschuldig gestorben. Ihr Handeln war für ihre Welt frevelhaft, der eine wie die andere können symbolisch als die Urheber für den Untergang des Griechentums in dissonanten Brüchen gesehen werden. Das sokratische Erkenne dich selbst hat der Gemeinschaft einen tödlichen Schlag versetzt. Sokrates hat die Gesetztheit der Polis ins Wanken gebracht: Seine revolutionären Lehren haben die Athener aufgefordert, nach dem „inneren Tribunal des Gedankens"[58] zu urteilen. Antigone wiederum hat im Namen der Blutgesetze gegen das Verbot Kreons rebelliert, aber indem sie gehandelt hat, wie jede Schwester es hätte tun müssen, hat sie einen frevelhaften Akt begangen, wofür sie *individuell* bestraft wird.
In dieser Entdeckung der Innerlichkeit, die mit einem hohen Preis, dem „Bruch" der festen Einheit des Einzelnen mit der Polis, erkauft wurde, findet auch die Welt der Heiterkeit ihren Untergang: „Die Innerlichkeit liegt dem griechischen Geist ganz nahe und wird bald in ihm aufkommen". Dieses belebende Prinzip sollte in der griechischen Antike „nur als Verderben"[59] wahrgenommen werden. Wie es – so Hegel – bei der geistigen Entwicklung

57 G. W. F. Hegel, *Vorlesungen über die Philosophie der Weltgeschichte*, S. 380.
58 Ebd., S. 381.
59 Ebd., S. 357.

aus einem sozialen Kontext in einen anderen immer geschieht, wird das aufkommende neue Prinzip als bedrohlich und unerträglich empfunden. Hegel erklärt, dass es einen großen Unterschied gibt zwischen der die Zukunft ankündenden „Idealität des Gedankens" und der „Idealität der Schönheit",[60] die zur Jugend des Geistes und der Einfachheit des Ideals zurückführt.

Die griechische Welt erfährt durch das Prinzip der subjektiven Innerlichkeit tragische und gedankliche Brüche, verliert an Vitalität und geht für immer unter. Wie Hegel schon in der *Phänomenologie* bemerkt, verlieren die schönen Statuen an Glanz und erscheinen seelenlos und die griechische Kultur wird in der römischen Welt, wo die Gottheiten nützlich werden, abgewertet. Das Reich des Schönen kann nur in der Erinnerung späterer, geistig weiter entwickelter geschichtlicher Epochen wieder aufleben.[61] Dennoch gibt es kein Bedauern über das Verschwinden des schönen Griechentums, sondern das Bewusstsein der Notwendigkeit, zu neuen Werten und damit neuen Ausdrucksformen für das Ideal zu gelangen.[62]

Ideale Wiedergeburten

Das Ideal geht mit dem zerfallenen Reich der Schönheit nicht zugrunde, es tritt in neuen Formen auf,[63] aber bevor es im Romantischen Gestalt annimmt, steckt es latent in der trockenen Vollkommenheit der etruskischen Kunst: „ein Ausgebildetes der mechanischen Technik und Ausführung, ohne die idealische griechische Schönheit, und es fehlt die Idealität griechischer Kunst. Es ist bestimmte, prosaische, trockne Nachahmung des Portraits. Also die äußerliche Prosa und innerliche Abstraktion ist eine Grundbestimmtheit."[64] Man muss also über das griechische Aufblühen der Subjektivität und über die starre Person der römischen Welt hinausgehen, um zu einer feinsinnigeren Ausformung des Ideals zu gelangen, das im Verhältnis zum klassischen ganz anders erscheinen, eine reifere Auffassung des Göttlichen und des Menschli-

60 Ebd., S. 380.
61 PhG, S. 402.
62 G. W. F. Hegel, *Vorlesungen über die Philosophie der Weltgeschichte,* 375 f.
63 Abgesehen von seltenen Ausnahmen (etwa dem Aufsatz von Jeong-Im Kwon, Das moderne Ideal und die kulturelle Rolle der Kunst, in: *Kulturpolitik und Kunstgeschichte. Perspektiven der Hegelschen Ästhetik,* hg. von Ursula Franke und Annemarie Gethmann-Siefert, Hamburg 2005, S. 3–22) ist diese Wiedergeburt vielleicht der von der Kritik am meisten vernachlässigte Aspekt. Die Kritik beschäftigt sich vielmehr mit der engen Beziehung von Ideal und Schönheit, die im engen Sinn ausschließlich für die Skulptur gilt und schon nicht mehr für die Tragödie, bei der sich eine tiefer gehende Auffassung des Individuums und seiner Weltsicht ankündigt.
64 G. W. F. Hegel, *Vorlesungen über die Philosophie der Weltgeschichte,* S. 399.

chen vertreten und imstande sein wird, Schmerz und Tod zu ertragen: „Das Herz der Welt muß erst brechen, und dann erst muß die Versöhnung im Geist geschehen."[65]

In der Malerei verleiht das romantische Ideal der Innerlichkeit ihre Stimme und dringt bis in die Tiefen des Subjekts vor, kann aber zugleich nachempfinden und eine fruchtbare Beziehung zum Anderen ausdrücken. Dieses dialogische, nicht mehr einsame und selbstbezogene Paradigma geht aus dem religiös-kulturellen Erbe hervor, das, als Hintergrund für das Romantische, einen echteren Anthropomorphismus als die griechische Kultur vertritt: „Das romantische Ideal drückt [das] Verhältnis zu anderem Geistigen aus, das mit der Innigkeit so verbunden ist, daß nur eben in diesem Anderen die Seele in der Innigkeit mit sich selbst lebt. Dies Leben in sich in einem anderen aber ist das Verhältnis der Liebe."[66] Durch den Gefühlsausdruck und die Verwendung vielfältiger, der klassischen Form fremder Farben ergänzt das Romantische die geistigen Mängel des einfachen Ideals: „Das Ideale ergänzt sich durch die Bewegung des Insichreflektierens."[67]

Die Innigkeit, die in der christlichen Malerei auftritt, ist vor allem die göttliche, „substanzielle", nämlich die Darstellung des heiligen Bands zwischen der Jungfrau und dem Kind. Maria, die wie jedwede Mutter dargestellt ist, verkörpert ein in der Liebesbindung zum Kind vermenschlichtes Ideal. In der strengen griechischen Bildhauerkunst war nichts Vergleichbares denkbar. Die Momente der einfachsten menschlichen Beschäftigungen waren in die Sphäre der Satyrn, der Faune und Kentauren verbannt. Die weiblichen Gottheiten wurden nicht in gewöhnlichen Situationen, etwa in liebevoller Hinwendung zu den Kindern gestaltet, im Gegenteil: „Die Göttinnen sind immer kinderlos dargestellt. Dem Jupiter wird zur Säugamme eine Ziege gegeben, Romulus und Remus werden von einer Wölfin gesäugt."[68] Maria dagegen steht von der Verkündigung bis zur Grablegung in innigem, liebevollem Einklang mit dem Göttlichen. Ihr irdisches Dasein ist immerwährende Anbetung, Hingabe über die Grenzen der „Natürlichkeit der Subjektivität" hinaus.[69] Es ist also vor allem die Liebe, die – so Hegel seit seiner ersten Berliner Vorlesung – dem Ideal zu neuer Gestalt verhilft, welche jedoch auch nicht ohne Schattenseiten ist: Es ist das von den italienischen Malern gekonnt dargestellte „Ideal des Modernen",[70] in dem sich Friede und Ruhe spiegeln, die auch im Schmerz

65 Ebd., S. 383.
66 *Hotho 1823*, Ms. 172, S. 186.
67 *Libelt 1828/29*, S. 127a.
68 *Hotho 1823*, Ms. 231, S. 247.
69 *Hotho1823*, Ms. 236, S. 253.
70 *Ascheberg 1820/21*, Ms. 198, S. 254

und der radikalen Entzweiung der Kreuzigung erhalten bleiben. Diese geistige Liebe ist ein bevorzugter Gegenstand der christlichen Malerei,[71] die immer aufs Neue und bis ins Einzelne die unendliche Hingebung beschrieben hat, die darin gipfelt, sich im Anderen zu erkennen.[72] Von Epoche zu Epoche wurde das romantische Ideal der Innigkeit der Liebe immer wesentlicher in der Geschichte der Kunst, bis es die Dimension des Alltags eroberte: „Die Kunst hat die Aufgabe, dies Ideale ganz zur Gegenwärtigkeit herauszuarbeiten, das dem Sinnlichen Entrückte sinnlich darstellig zu machen und die Gegenstände aus der fernen Szene in die Gegenwart herüberzubringen und zu vermenschlichen. Bei den Marienbildern ist z. B. das Verhältnis zum Kinde dargestellt wie das Verhältnis einer natürlichen menschlichen Mutter zu einem menschlichen Kinde."[73] Je mehr sich jedoch die Darstellung der göttlichen Gestalten vermenschlicht, desto mehr nimmt die Verehrung der sakralen Malerei ab. Andere entheiligte, aber gefühlsmäßig gleichermaßen intensive Gegenstände gewinnen in der Malerei nach und nach die Oberhand und bewirken, dass das romantische Ideal, das aus der Empathie lebt, auch jenseits der übernatürlichen Innerlichkeit der Liebe mannigfaltigen Ausdruck findet. Vor allem die innige Vertrautheit mit der Natur in der Landschaftsmalerei wird dem Betrachter erlauben, sich in eine Atmosphäre zu versenken, in der nicht mehr die Einzelheiten zählen, sondern in der es vor allem um eine emotionale Stimmung geht: „Mondschein, das ruhige Meer oder das Meer in seiner Leidenschaft – wenn sie empfunden werden – haben ein Verhältnis zur Seele. Sie nimmt in ihnen einen Charakter wahr, der ihr entspricht. Die unendlich ruhige Tiefe des Meers, die Möglich[keit] einer unendlichen Macht des Aufruhrs kommt an das Gemüt und läßt die Saiten desselben erklingen; wie umgekehrt Gewitter, erregtes Meer sympathisch zu Tönen der Seele sich zeigen. Diese Innigkeit hat die Malerei auch zum Gegenstande."[74]

Schließlich ist es die von den holländischen Malern meisterhaft gestaltete enge Bindung des Individuums an den Alltag, die zum anregenden Thema für die Künstler wird, deren Werke in den unbedeutendsten, vergänglichen Gesten und Handlungen die Nähe zur Gegenwart und ihrem flüchtigen Wesen ausdrücken und die bürgerlichen Tugenden und die stolze Unabhängigkeit der holländischen Gesellschaft spiegeln. Ausschlaggebend ist nicht die historische oder religiöse Bedeutung des dargestellten Gegenstands, es kann eine Blume sein oder ein Hirsch oder eine flüchtige Grimasse. Was zählt, ist die künstlerische Überhöhung ins „Heilige" des Gewöhnlichen, das nicht als

71 *Hotho 1823*, Ms. 237, S. 253.
72 Ebd., Ms. 236, S. 253
73 Ebd., Ms. 238, S. 254–255.
74 Ebd., Ms. 238f., S. 255.

„strenge Nachahmung des Wahrgenommenen" auftritt,[75] sondern als Erhebung des Unbeständigen zur radikalsten Individualisierung. Der Betrachter interessiert sich nicht dafür, wer die Alte ist, die eine Nadel einfädelt, sondern für das Geschick des Künstlers, einen flüchtigen Augenblick festzuhalten, und die Macht der Malerei, diesem Augenblick nahezu ewige Dauer zu verleihen, sodass der dargestellte Charakter nur dafür zu existieren scheint, diese einzige, auch noch so unbedeutende Geste auszuführen.

Für Hegel ist es die Malerei, die „dies Ideal eigentümlicher Art"[76] am besten zum Ausdruck bringt, da sie die subjektiven Gefühle erfasst und sie menschennäher als die Skulptur gestaltet, in der die besondere Subjektivität von der substanziellen Individualität erdrückt wurde.[77] Es mag seltsam erscheinen, dass es nicht die Dichtung ist, die dem romantischen Ideal angemessenen Ausdruck verleiht, da sie doch „das Menschliche überhaupt"[78] zum Inhalt hat, aber gerade ihre Freiheit sowie ihre übermäßige Betonung des Schrillen und Unharmonischen[79] machen es ihr unmöglich, in einem Schwebezustand über der Welt zu verweilen, zugleich innen und außen zu sein, was jede Erscheinungsform des Idealen auszeichnet.[80]

Möglichkeiten und Grenzen der Malerei

„Wir sahen nun, daß bei der Skulptur die objective Substantialität der Gegenstand sei, das ruhige Versenktsein des Charakters in sich; dessen Material [ist] die abstrakte Materie, die keine Bestimmungen hat als die der Räumlichkeit. Die Malerei jedoch geht zur Subjektivität fort."[81] Durch ihre Musikalität der Farbe bewirkt die Malerei eine Erweiterung in der ästhetischen Wahrnehmung der menschlichen Subjektivität und ihrer Gefühle und inneren Bewegungen, denn nur in der Malerei kommt „die für sich seiende Subjektivität"[82] zum Vorschein, und damit wächst ihre Überlegenheit im Vergleich zur Bildhauerei ins Unermessliche, da sie das Besondere aufnimmt: „Indem so der Inhalt mehr ein gleichgültiger ist, ist der Kreis der Malerei dieser weite, der alles aufnehmen kann. Dadurch ist die Malerei viel anthropomorphistischer. Das Natür-

75 Ebd., Ms. 240, S. 257.
76 Ebd., Ms. 236, S. 252.
77 Ebd., Ms. 232, S. 248.
78 *Von der Pfordten 1826,* Ms. 80 a, S. 223.
79 Ebd., Ms. 16a f., S. 89.
80 *Von der Pfordten 1826,* Ms. 80 a, S. 223.
81 *Hotho 1823,* Ms. 231, S. 248.
82 Ebd., Ms. 232, S. 248.

liche findet in ihr eine Stelle".[83] Die künstlerische Legitimierung der Besonderheit ist für Hegel eine ästhetische Folge der Ausbreitung der christlichen Religion, wodurch jede Regung der menschlichen Seele in der Welt der Kunst Aufnahme findet.[84] Dabei gilt es jedoch zu beachten, dass es zwar in inhaltlicher Hinsicht eine Ausweitung ohne Gleichen gibt („Das Objekt wird also grenzenlos"[85]), dass die zur Darstellung dieser Vielfalt dienende Form der Malerei deswegen aber nicht der totalen Anarchie anheimfällt. Die äußerste inhaltliche Toleranz der Malerei wird nämlich schnell eingeschränkt, sobald diese sich mit allzu peinlicher Genauigkeit der Darstellung aller Einzelheiten der körperlichen Verzerrungen widmet, wie sie zum Beispiel bei den Märtyrern auftreten, die den schlimmsten Foltern ausgesetzt sind. Noch 1823 zeigt sich Hegel im Lauf der Vorlesung über die Kunstphilosophie unschlüssig, wie weit es möglich sei, die gequälten Körper der christlichen Märtyrer darzustellen, ohne dass der Betrachter von der gewaltsamen ästhetischen Erfahrung übermannt würde. Seine Zweifel äußern sich in wiederholten Bemerkungen über die Verletzung unseres Schönheitssinns angesichts der „Henker, Qualen aller Art, leibliche[n] Verzerrungen".[86] Der Künstler mag ausgezeichnet sein, jedoch ist „in Betreff auf die Darstellung die Entfernung der Schönheit zu groß [...], als daß von einer gesunden Kunst dergleichen Gegenstände sollten gewählt werden können".[87] Auch 1826 verbirgt Hegel nicht seine ernsthaften Zweifel daran, dass es ein „sehr gefährlicher Stoff für die Kunst" sei, da es sich um „häßliche Gegenstände für sich selbst" handelt.[88] Das Körperliche wird einer derartigen Gewalt ausgesetzt, dass es abstoßend wirkt und sich der himmlischen und übernatürlichen Dimension widersetzt, zu der der geduldig den Schmerz ertragende Mensch neigt.

Hegel wird später diese Ablehnung der Disharmonie in der Malerei zum Teil überwinden, aber noch in der letzten Berliner Vorlesung erscheint die Malerei als eine Kunst, die nicht gänzlich frei von ästhetisch Unzulässigem ist. In der Darstellung eines einzigen Augenblicks darf sie die Fantasie des Betrachters nicht allzu sehr erschüttern, weshalb das Hässliche und Abscheuliche mit einigen wenigen Ausnahmen nicht ihrem Wesen entsprechen.[89] Von daher kommt der zwiespältige Status der Malerei, deren höchster Inhalt in

83 Ebd., Ms. 233, S. 249.
84 *Libelt 1828/29*, Ms. 33a[66].
85 Ebd., Ms. 129.
86 *Hotho 1823*, Ms. 174, S. 188.
87 Ebd.
88 *Von der Pfordten 1826*, Ms. 51, S. 161.
89 Bei diesen Überlegungen geht Hegel, wie schon 1826, von Lessing aus (vgl. *Libelt 1828/29*, Ms. 119 a).

der Darstellung des „Subjektive[n] überhaupt“[90] besteht, womit sie sich als weit anthropomorpher erweist als die Skulptur,[91] da sie das Flüchtige und Vergängliche festhält, zugleich aber weniger anthropomorph als die Dichtung ist, insofern sie sich nicht von allen Fesseln der Darstellung lösen kann, was nur der unbeschränkten dichterischen Freiheit möglich ist.

Hinzu kommt jedoch, dass die Malerei der Innigkeit, in der das romantische Ideal auf verschiedene Weise zum Ausdruck kommt, etwa in der Seligkeit der göttlichen Liebe, in der Landschaftsmalerei oder in der Darstellung des Alltäglichen, den vielschichtigen Anthropomorphismus des christlichen Gottes nicht voll ausschöpfen kann. Das romantische Ideal der Innigkeit ist mit der malerischen Darstellung des sterbenden Christus nicht vereinbar. Es kann in der Darstellung des Kindes in den Armen der Mutter aufscheinen, aber nicht im Todeskampf am Kreuz. „Das was wir als [das] Idealische gesehen haben, ist in dieser Bestimmung nicht eigentlich vorhanden. Gott wird nicht gewußt als das abstrakte Eine, nicht gestaltlos, sondern als Eins. Es ist der höhere Anthropomorphismus. Es ist zugleich Akzent darauf gelegt, daß dieses Menschliche ein Dieses sei, ein Einzelnes, in der einzelnen Zeitlichkeit. Indem der Akzent wesentlich darauf gelegt wird, daß diese Wahrheit in einem *Dieses* gewußt werde, dies Dieses wird [nicht] nur durch Innerlichkeit bestimmt, sondern auch durch Fremdartiges, äußerliche Zufälligkeiten, was das nicht Ideale ist.“[92] Der leidende Christus duldet keine Idealfigur, weder in der strengen klassischen Version noch in der romantischen Innigkeit. Es wird daher nur der anti-ideale Zweig der christlichen Malerei sein, der sich angesichts der Grausamkeiten und Schrecken der Welt nicht scheut, das Verständnis der Subjektivität zu erweitern. Die dramatischen Kreuzigungsgemälde werden den Menschen den Menschen zeigen: Ecce homo. Die Malerei des romantischen Ideals wird dagegen in ihrer Fähigkeit, die Widersprüche auszudrücken, denen das moderne Subjekt ausgesetzt ist, stärker beschränkt bleiben.

Die Überlegungen Hegels, welches die angemessenste Darstellung für das Antlitz und den Körper Christi sei, ermöglichen uns eine tiefer gehende Untersuchung der Disharmonie. Der *Ecce homo* taucht in den Berliner Vorlesungen immer wieder auf. Von Semester zu Semester gelangt Hegel auf der Suche nach der besten malerischen Wiedergabe eines so problematischen Gegenstands zu immer neuen Varianten und Korrekturen. Während er noch im Wintersemester 1820/21 den Rückgriff der Malerei auf das Hässliche mit Argwohn betrachtete und nur der Wiedergabe der Sünder und Teufel zugestand, kommt es 1823 zu einer ersten teilweisen Öffnung. Hegel schlägt näm-

90 *Von der Pfordten* 1826, Ms. 73a, S. 209.
91 *Hotho 1823*, Ms. 226, S. 242.
92 *Libelt 1828/29*, Ms. 91a.

lich einen ästhetischen Kompromiss vor, in dem sowohl ein unangebrachtes Übermaß an Schönheit als auch ein extremer Realismus, der die Erscheinung Christi in einem gewöhnlichen Ausdruck degradieren würde, ausgeschlossen werden. Dieser auf den verschiedenen Stationen seines Leidenswegs gequälte Mensch kann nicht nach klassizistischen Vorgaben gestaltet werden. Es wäre nicht nur verletzend, sondern geradezu dreist, auf das ideale Schöne der kühlen griechischen Gottheiten zurückzugreifen, um die menschlichen Züge Christi, des Fleisch gewordenen Gottes zu erfassen.[93] Erst ab der Vorlesung von 1826 und dann, ausdrücklicher, im Wintersemester 1828/29 öffnet sich Hegel, wenn auch nur zeitweise, der Darstellung der Dissonanz in der Malerei. Die durch die künstlerische Umsetzung des Christentums erreichte Wahrnehmung des Subjekts und das Verständnis der menschlichen Natur sind an einem Punkt angelangt, wo keinerlei ideale Verklärung mehr geduldet werden kann, da der christliche Gott *dieser Mensch*[94] ist, den die Gemeinschaft hat leiden und sterben sehen. Es besteht daher keine Notwendigkeit mehr, den Körper zu verklären und zu einem vollkommenen, aber weit vom täglichen Leben entfernten Vorbild zu machen.

Wie es im Übrigen schon bei den vorklassischen Andachtsformen der Fall war, kümmert sich der Gläubige nicht darum, ob die Gestalt des anzubetenden Gottes schön ist: „Das schlechteste Bild ist ihr genug".[95] 1826 wird also in einem totalen Kurzschluss von Ethik und Ästhetik die künstlerische Darstellung des Christus auch in hässlicher Verzerrung akzeptiert.[96] Hegel erkennt die besondere Meisterschaft der italienischen Maler an, denen es gelingt, den göttlichen Schmerz des leidenden Christus zu erfassen,[97] indem sie ungewöhnliche Farbtöne verwenden, aber er bleibt weiterhin der Ansicht, dass es vor allem die Dichtung sei, die mit vollem Recht Schrecken und Hässlichkeit der Existenz ausdrücken könne. Noch in der Vorlesung von 1826 gibt es eine Behauptung, die eindeutig auf Lessings Einfluss zurückgeht: „jede besondere Kunst hat ihre eigentümlichen Grenzen. In der Poesie können diese Diskrepanzen bis zum Häßlichen fortgehen, aber für die Malerei wäre dies ein Vorwurf, denn in der Malerei ist das Häßliche bleibend, in dem Drama hingegen erscheint es nur und kann verschwinden".[98] Die Malerei kann diese Aufgabe der Humanisierung also nicht bis ins Letzte erfüllen, die Dissonanzen der

93 *Hotho 1823*, Ms. 172, S. 186.
94 *Libelt 1828/29*, Ms. 93.
95 *Hotho 1823*, Ms. 162, S. 176.
96 *Aachen 1826*, Ms. 184.
97 *Von der Pfordten 1826*, Ms. 74a, S. 210.
98 Ebd., Ms. 17, S. 89f.

Moderne werden in der Dichtung behandelt, die über jede hemmende, unüberschreitbare Grenze der Malerei hinausgehen kann.

Die Moderne: eine Welt ohne Ideal?

Es ist symptomatisch, dass Hegel zwar die Wiedergeburt und Erweiterung des Ideals im Romantischen wahrnimmt, aber nicht von einem spezifisch modernen Ideal spricht, wie es stattdessen nach ihm Ch. H. Weisse oder F. Th. Vischer machen werden, die die Autonomie der symbolischen Kunst gerade deshalb opfern, um eine chronologisch ausgedehntere Dreiteilung der Kunstformen vorzuschlagen, die sich bis zur Moderne erstreckt. Für Hegel ist ein modernes Ideal *tout court* nicht vorhanden. Nicht, weil die Kunst zu Ende wäre, sondern vielmehr, weil die Moderne nach einem anderen Paradigma zu interpretieren ist. Die Wunden, die dem Ideal von der tragischen Handlung und dem philosophischen Denken geschlagen wurden und die sich in Griechenland als tödlich für das Reich der Schönheit erwiesen haben, haben in der Moderne auf eine Weise überhandgenommen, dass die Beziehung zwischen Ideal und Dissonanz sich umgekehrt hat und in dieser Form zur neuen Grundlage wird. In der Moderne begegnen wir einer fortschreitenden Verarmung der universellen Werte und einem ungeheuren Anwachsen besonderer Kriterien, sodass das Ideal so geschwächt wird, dass es keine angemessene Deutung der Gesellschaft mehr liefern kann. Je mehr und je nachdrücklicher der Künstler beim Natürlichen verweilt, desto mehr geht ihm der ideale Antrieb verloren und er gerät in das, was nicht ideal ist.[99] Die Moderne mit ihren Widersprüchen ist nicht die geeignete Epoche, um ideale Erscheinungen zu hegen und zu pflegen, aber nicht ausschließlich, weil die Schönheit ihren Herrschaftsanspruch verloren hätte, sondern weil das Ideal, um ein solches zu sein, nicht gänzlich im Prosaischen untergehen darf, sondern in einem Schwebezustand jenseits der Schwere der Welt verharren muss. Diese Leichtigkeit ist dem modernen Menschen nicht gegeben. Er erscheint vielmehr als seiner Vitalität beraubt[100] und in der gesellschaftlichen Auflösung verloren.

Wenn die Hegelsche Ästhetik also eng mit einer Theorie der Subjektivität verbunden ist und wenn Hegel nicht zufällig bei der Definition des Idealbegriffs darauf verzichtet, ihn in einem historischen Moment oder einer Epoche anzusiedeln, wo das Verständnis der Subjektivität noch latent und nur andeutungsweise vorhanden ist, wie in China oder Ägypten, sondern ihn vor allem dort ausmacht, wo die Wiege der modernen Individualität gestanden

99 *Libelt 1828/29*, Ms. 33.
100 *Heimann 1828/29*, Ms. 22.

hat, nämlich in Griechenland, dann kann er das Ideal nicht gänzlich aus der Moderne verbannen, in der das Subjekt voll zur Geltung kommt. Andererseits ist das Paradigma des Idealen in der Moderne in der Krise, weil das übermäßige Vorhandensein von Willkür und Zufall, welches die Subjektivität als solche mit sich bringt, ein Hindernis für die ideale Art, bei der Wirklichkeit zu verweilen, darstellt.

Das, wenn auch sporadische, Vorhandensein des Ideals in der Moderne ist gesichert, aber sein Gewicht und seine Wirkung werden in einer vielschichtigen, vielgestaltigen sozio-kulturellen Dimension, in der sich andere Modelle durchsetzen, marginal bleiben. Die Moderne ist für Hegel die Epoche der *Entzweiung*[101] und der äußersten Zersplitterung, wo das Subjekt nicht mehr frei ist, sich als selbstständige, von dem es umgebenden und beherrschenden sozio-politischen Kontext unabhängige Totalität zu begreifen. Es ist nur ein Splitter des Ganzen und ist nicht mehr eins mit seinem Willen, wie es dagegen bei den antiken Helden der Fall war.[102] Leiden und Schmerz wachsen in der Moderne unmäßig an, wobei es jedoch nicht ausgeschlossen ist, dass sich das Subjekt in einer solchen Verwüstung behauptet. Die Normalsituation ist allerdings die des Kontrasts zwischen dem Einzelnen und dem Staat, da das Individuum sich verpflichtet fühlt, den Gesetzen zu gehorchen und, wenn es das nicht tut und gegen die bestehende Ordnung rebelliert, zum Räuber wird wie Schillers Karl Moor, aber sicher nicht zum Helden.

Die Funktion der Kunst darf es nicht sein, einfach zu kompensieren, genauso wenig soll sie eine vergebliche Flucht vor der Wirklichkeit sein, indem sie von der verlorenen Harmonie erzählt, die in einem nicht mehr existierenden, vorgeblich goldenen Zeitalter herrschte, so wie Salomon Gessner es in den *Idyllen* machte, die Hegel in seinen Vorlesungen nicht versäumte zu kritisieren: „Gessner wird wenig gelesen oder gelesen als etwas, wo wir nicht zu Hause sind. Denn solche beschränkte Lebensart setzt auch einen Mangel der Entwicklung des Geistes voraus. Es gehört zum Menschen, daß er höhere Triebe habe als ihm die Natur befriedigt. Solches Idylleben ist geistesarm".[103] Die Schilderung eines mythischen, idyllischen Zustands, in dem es keine Spaltung zwischen dem Einzelnen und der Natur gibt, wo die Arbeit keinen Wert darstellt, ist für den modernen Menschen, der sich nicht mit utopischen Erzählungen zufrieden geben kann, weder interessant noch anziehend. „Man glaubt der Idyllenzustand sei der meist idealische, weil die Entzweiung darin nicht vorhanden ist. Allein solcher Zustand hat zu wenig Interesse für uns, alle wichtigen Interessen sind davon ausgeschlossen, Liebschaften der Schä-

101 *Libelt 1828/29*, Ms. 24 [47].
102 Ebd., Ms. 35 [79].
103 *Hotho 1823*, Ms. 97 f., S. 109.

fer, Mädchen, Verlaufen eines Schafes ist wenig anziehend. Gessnersche Idyllen haben großen Beifall besonders bei Franzosen gefunden. Die Interessen des Geistes sind nicht darin enthalten."[104] Die Entzweiung, unter der die Moderne leidet, ist nicht einfach durch eine oberflächliche, brutale Verdrängung zu überwinden, wie sie durch die fantastische Übertragung in eine verlorene Welt der Unschuld im Einklang mit der Natur entsteht, was für die zerrissene moderne Subjektivität höchstens langweilig und monoton sein kann.

Ideale Variationen

Je weiter die Moderne mit ihren Widersprüchen fortschreitet, desto mehr gerät das Ideal auch in seiner komplexen Variante des Romantischen ins Wanken. Nur in der Entstehungsphase des Modernen erwies sich das Ideal noch als fruchtbar, so wie es das klassische Ideal in der Ausgangsphase aus dem Symbolischen war. Hegel erklärt: „Hieraus zeigt sich sogleich, daß in der alten Kunst wie in der modernen die Welt, wohin die Ideale verlegt werden, eine alte Zeit ist."[105] An der Schwelle des Zeitalters der Ernüchterung bleibt Hegel nichts anderes übrig, als die fortschreitende Abschwächung des Ideals festzustellen: „Sehen wir dagegen das Verhältniß unseres Staates, so sind die Ideale hier in einem viel beschränkteren Kreise. Sehen wir auf unsere Gegenwart so ist in ihr der Kreis des Ideals beschränkt, wo der Mensch noch in subjectiver Freiheit in Betreff auf seine Existenz wirken kann."[106] Es fehlt allerdings nicht an Ausnahmen, weshalb auch für die Moderne nicht auszuschließen ist, dass in der Kunst noch ein Hauch existenzieller Leichtigkeit aufscheinen kann. Dem erloschenen Blick des modernen Betrachters können sich Kunstwerke zeigen, die, ohne zu einem Deutungsparadigma für die gesamte Welt werden zu können, noch zu wollen, kostbare Nischen der Zuflucht für das Ideal darstellen. In seiner letzten Berliner Vorlesung über die Philosophie der Kunst im Wintersemester 1828/29 trägt Hegel seinen Hörern dazu Überlegungen vor, die man erstaunlich finden kann, da er das Ideal in Gegenständen der Malerei erblickt, die alles andere als erhaben oder der Ewigkeit nahe sind, wie es die glückseligen Gottheiten der Griechen waren. Es geht um einfache Buben, die der spanische Maler Murillo in durchaus nicht edlen Momenten des Alltags festgehalten hat. Hegel bezieht sich auf die in München ausgestellten Gemälde, die Straßenbuben beim Würfelspiel oder genüsslichen Melonenessen zeigen. Hegel ist der Ansicht, man könne in der unbekümmerten

104 *Libelt 1828/29*, Ms. 36 a [72].
105 *Hotho 1823*, Ms. 77, S. 87.
106 Ebd., Ms. 76 f., S. 87.

Fröhlichkeit dieser völlig in ihr Tun versunkenen einfachen Kinder das Ideal erblicken. Aber welches? Es ist sicherlich nicht das klassische, denn der Status der Gestalten ist mit dem der antiken Gottheiten unvereinbar. Dennoch hat das in den Gemälden Murillos vorhandene Ideal einen Zug mit dem antiken gemeinsam, und zwar den Schwebezustand über der Welt, ohne dass es sich deshalb in einem unbestimmten Jenseits verlöre. Wenn also die klassische Epoche den geeignetsten Hintergrund für das Erscheinen einer so unbeirrbaren Heiterkeit in der strengen Skulptur der griechischen Götter bot, dann kann das Ideal auf dem Boden der modernen Welt kaum blühen und gedeihen, aber es fehlt nicht gänzlich. Auch in Not und Armut behaupten sich die unbekümmerten Kinder Murillos, so wie die antiken Götter Griechenlands, und lassen vorübergehend den auf der Existenz des modernen Menschen lastenden Druck weniger verspüren. Mit ihrer auch im Elend beispielhaften Unbekümmertheit und Heiterkeit schaffen sie eine Pause im Alltagsleben, das nicht mehr einfach nur erduldet, sondern beherrscht wird. Das Ideal in den Bildern Murillos besteht nach Hegel also in dieser Unbeschwertheit, in der das malerische Subjekt sich wie über den Sorgen der prosaischen Welt schwebend ergeht und damit ein positives und nicht einfach nur vertröstendes Gegenmodell bietet.

Die Poesie des Menschlichen

Das Paradigma für die Deutung des Modernen ist also die Disharmonie. Sie fand ihren Eingang in die Kunst mit der unendlichen Dissonanz des gekreuzigten Christus, die über die engen Grenzen der religiösen Kunst hinaus ein tieferes Sinnbild des Menschlichen projiziert, das in der Moderne – der Zeit derjenigen, die die Welt verändern wollen, ohne es zu schaffen – auf jeden Menschen in seiner frustrierenden Existenz ausgedehnt wird. Die Kunstform, die für die ungelöste Situation des Individuums den angemessenen Ausdruck findet, ist die Dichtung, deren zeitlicher Ablauf eine gründlichere Schilderung des Kontexts erlaubt, in dem der Einzelne handelt und oft auch versagt. Einige berühmte Gestalten Shakespeares bieten sich als Vorläufer der Moderne und ihrer häufigsten Pathologien an: der zweifelnde Hamlet, der ehrgeizige Macbeth, der niederträchtige Richard III., die hinterlistige Lady Macbeth. Aber es sollten vor allem einige Gestalten Schillers sein, die als Ikonen des Modernen und seiner Widersprüche erscheinen und mit ihren Geschichten die Risiken aufzeigen, denen das Subjekt in einer Gesellschaft, die es zu verschlingen droht, entgegengeht. Karl Moor oder Wallenstein treten als selbstständige Personen in einem sozialen Kontext auf, der dies durchaus nicht duldet: „Wir sehen dies Bestreben nach solcher Selbständigkeit, die Anmaßung derselben als den Gegenstand vieler poëtischer Werke. Schillers Räuber machen den Versuch, (sein erstes dramatisches Werk) sich diese Selbständigkeit zu erlangen, und diese kann nur erlangt werden durch Heraustreten aus der gesellschaftlichen Ordnung; Karl Moor setzt sich den menschlichen Verhältnissen entgegen, und wirft sich zum Rächer der Unbilden auf. In dieselbe Kategorie fällt Wallenstein; er tritt aus dem gesetzlichen Zustand an der Spitze seiner Armee heraus; seine Werkzeuge, die Armee, aber zerbrechen in seinen Händen; so viel sie ihm zu verdanken haben, so weicht diese Abhängigkeit an das besondere Individuum doch bald dem Allgemeinen, dem Eide, der Pflicht, womit sie an den Kaiser gebunden sind. Wallenstein geräth selbst in dieses Schwanken, und findet sich am Ende verlassen, nicht sowohl bekämpft und besiegt."[107] Die verhängnisvollen Episoden von Wallenstein und Moor sind reich an Illusionen, die auch auf guten Vorsätzen beruhen, aber es gibt keine ideale Sublimation, denn – Hegel erklärt es ausführlich in seinen Berliner Vorlesungen – die vollständige Darstellung dessen, was natürlich ist, ist ein Attentat auf das künstlerische Überleben des Ideals: „Durch das Natürliche ist das Ideal verkümmert."[108]

„Jeder Mensch an sich ist Ideal":[109] Wenn das zutrifft, dann ist das moderne Individuum dasjenige, das am weitesten vom idealen Paradigma entfernt ist, weil es das Menschliche mit all seinem Elend, seinen Utopien, seinen Wünschen und Enttäuschungen dartut. Um ideal zu sein, müsste der Existierende jenseits von Inkohärenz oder Diskrepanz nichts weiter verwirklichen als seinen Begriff, aber dadurch, dass es existiert, entfernt sich jedes menschliche Wesen von der Reinheit des Begriffs und hört auf, ideal zu sein. Die Kunst müsste ihm das wieder vor Augen führen, was in der Existenz verlorengegangen ist, aber das goldene Zeitalter der Kunst ist vorüber und das kann durch die Begeisterung eines einzelnen Künstlers oder einen Regierungsbeschluss nicht rückgängig gemacht werden: Wer es versuchte, würde riskieren, einen Leichnam vorzufinden. Die antike Weltanschauung hat sich erschöpft und kann nicht neu erfunden werden. Das antike Gleichgewicht, in dem das Kunstschaffen gedeihen konnte, ist der Moderne nicht eigen. Der Kunst bleibt die Aufgabe, eine Mahnung, ein wirksames Gegenmittel gegen die Ungerechtigkeit und das soziale Ungleichgewicht zu sein und durch die Dissonanz auf das hinzuweisen, was nicht mehr ideal ist.

107 *Aachen1826*, Ms. 54.
108 Ebd., Ms. 42.
109 Ebd.

János Weiss

Die Theorie des Romans in Hegels Ästhetik

An einer Stelle der *Hamburgischen Dramaturgie* schreibt Lessing über Wielands *Agathon*: „Es ist der erste und einzige Roman für den denkenden Kopf, von klassischem Geschmacke. Roman? Wir wollen ihm diesen Titel nur geben, vielleicht, daß es einige Leser mehr dadurch bekömmt."[1] Das Zitat zeigt, dass es im Jahre 1767 noch keine allgemeine Theorie des Romans gegeben hat und dass Romane gerne gelesen werden, sie gehören zur „Popularkultur". Man könnte auch sagen, dass der Roman zu dieser Zeit in der ästhetischen Kultur noch nicht seinen Platz gefunden hat. Der Roman scheint eine moderne Kunstgattung zu sein, deren Kanonisierung noch bevorsteht. – Es vergehen mehr als fünfzig Jahre, bis Hegels *Ästhetik* (in ihren unterschiedlichen Fassungen) entsteht. Man könnte vermuten, dass eine sich energisch verbreitende literarische Gattung in einer enzyklopädisch angelegten ästhetischen Theorie ihren Platz finden muss. Hegel scheint über alle Kunstgattungen bzw. über alle literarischen Gattungen zu sprechen, aber eben der Roman scheint sich ihm zu entziehen. In seiner Solger-Rezension aus dem Jahre 1826 schreibt er: „Solger findet in seiner Jugendzeit in dem angefangenen Roman von *Novalis*, dem *Heinrich von Ofterdingen* einen neuen und äußerst kühnen Versuch, *die Poesie* durch *das Leben* darzustellen, die *Idee* einer *mystischen* Geschichte [...], *einer Erscheinung der Gottheit* auf Erden, eines wahren Mythos, der sich aber hier in dem Geiste eines einzelnen Mannes bilde."[2] Hegel sagt

1 Gotthold Ephraim Lessing, *Hamburgische Dramaturgie*, in: ders., *Werke*, Bd. 4, S. 555. „Dieses ist das Werk von welchem ich rede, von welchem ich es lieber nicht an dem schicklichsten Orte, lieber hier als gar nicht, sagen will, wie sehr ich es bewundere: da ich mit der äußersten Befremdung wahrnehme, welches tiefe Stillschweigen unsere Kunstrichter darüber beobachten, oder in welchem kalten und gleichgültigen Tone sie davon sprechen." Ebd.

2 Georg Wilhelm Friedrich Hegel, Rezensionen aus den Jahrbüchern für wissenschaftliche Kritik, in: ders, *Werke*, Bd. 11, Frankfurt a. M. 1986, S. 215.

es nicht, man könnte aber mit guten Gründen behaupten, dass er eben die romantischen Romane und die romantische Poesie bekämpfen wollte. Die halbherzige Kanonisierung des Romans wird so zu einer Diskussion mit der Romantik.[3]

I. Die romantische Theorie des Romans

Hegel hat in der romantischen Ästhetik eine ausgeprägte Theorie des Romans vorgefunden. Es ist kaum übertrieben, wenn man behauptet, dass im *Mittelpunkt* der romantischen Ästhetik eben der Roman steht. „Die Romane sind die sokratischen Dialoge unserer Zeit. In diese liberale Form hat sich die Lebensweisheit vor der Schulweisheit geflüchtet."[4] Damit behauptet Friedrich Schlegel, dass die Romane nicht nur eine literarische, sondern auch eine philosophische Gattung bilden. Die Romane sind die Nachfolger der sokratischen Dialoge, die zugleich künstlerisch und philosophisch sind. (Wir können es jetzt ausklammern, ob man an die ursprüngliche sokratische Gesprächspraxis oder an die platonischen Dialoge denken soll.) Natürlich ist sich Schlegel dessen bewusst, dass es eine lange Zwischenphase gab, bis die Philosophie die Form der Abhandlungen angenommen hat. Die Geschichte der philosophischen Abhandlungen hat sich aber – so scheint er zu unterstellen – als Sackgasse erwiesen: Die Philosophie ist immer mehr von einer Weltweisheit zu einer Schulweisheit geworden. Diesen Prozess hat auch schon Moses Mendelssohn beschrieben: „Die arme Matrone [d. h. die Philosophie], man hat sie aus der großen Welt verbannt, und auf die Schulen und Kollegien verwiesen. Nunmehr hat sie auch diesen staubigsten Winkel räumen müssen."[5] Die tiefe Krise der Philosophie ist also dadurch entstanden, dass sie ihre Verbindung mit dem Leben verloren hat und zu einer selbstgenügsamen schulischen Übung geworden ist. Es ist traurig, den jungen Absolventen zuzuhören, aber man könnte nicht sagen, dass sie unrecht hätten: „Unterdessen lebt alles in einer allgemeinen Anarchie. Sie sollten mit Verwunderung unsere jungen Leute, die von der hohen Schule zurückkommen, von Philosophie reden hören. Sie beurteilen alles; lachen über alles."[6] Die Anarchie bedeutet, dass die Philosophie ihren wissenschaftlichen Anspruch verliert, die

3 Diese Diskussion möchte ich jetzt nur vom Kontext der Romantheorie ausgehend rekonstruieren.

4 Friedrich Schlegel, Kritische Fragmente, in: *Schlegel-KFSA*, 1. Abt. Bd. 2, S. 149.

5 Moses Mendelssohn, *Briefe die neueste Litteratur betreffend*, 20. Brief, den 1. März, 1759. S. 129–130. (Mendelssohn beruft sich dabei auf Shaftesburys Werk *Die Moralisten*.)

6 Ebd., S. 130.

Verschulung bedeutet, dass die philosophischen Systeme historisiert werden: „Descartes hat die Scholastiker, Wolff den Descartes und die Verachtung aller Philosophie auch endlich den Wolff verdrungen. Der Schauplatz ist ledig, und dem Anscheine nach wird Crusius bald der Weltweise nach der Mode werden."[7] Die Historisierung hat die Konsequenz, dass das Bewusstsein über die relative Gültigkeit eines philosophischen Systems auch ohne konkrete Gegenargumente zu einer Evidenz erhoben wird. Es gibt nicht mehr bessere und schlechtere, sondern erfolgreiche und weniger erfolgreiche Systeme. Mendelssohn beschreibt damit eine komplizierte Dialektik von Schul- und Popularphilosophie. Kant hat aus dieser Anarchie mit einer Radikalisierung der *Wissenschaftlichkeit* der Philosophie ausbrechen wollen. Schlegel scheint aber vorauszusetzen, dass eine solche Strategie nicht tief genug geht. Man muss vielmehr die Verbindung zu den Lebensfragen wieder herstellen; so kommen wir zum Programm der romantischen Poesie.

Das berühmte 116. *Athenäum-Fragment* kann als eine komplette Theorie des Romans gelesen werden: „Die romantische Poesie [strebt nicht bloß danach,] alle getrennte Gattungen der Poesie wieder zu vereinigen, und die Poesie mit der Philosophie [...] in Berührung zu setzen. Sie will, und soll auch Poesie und Prosa, Genialität und Kritik, Kunstpoesie und Naturpoesie bald mischen, bald verschmelzen [...]."[8] Die Passage beinhaltet eine dreistufige Integration: *Erstens* geht es um die Integration der poetischen Gattungen. In diesem Sinne kann Schlegel schreiben: „Die romantische Poesie ist eine [...] Universalpoesie";[9] sie umfasst nämlich alle bisher entfalteten poetischen Gattungen. *Zweitens* wird die Poesie mit der Philosophie integriert. Davon hat auch schon Lessing gesprochen, als er über den „Roman für den denkenden Kopf" gesprochen hat. Es entsteht so der philosophische Roman. Auf der *dritten* Ebene sind Kategorienpaare aufgezählt, die größtenteils aus Wiederholungen bestehen. Das einzig neue Moment ist eine allgemeine Integration von Poesie und Prosa. Danach kommt der entscheidende Schritt der Integration, die „die Poesie lebendig und gesellig, und das Leben und die Gesellschaft poetisch [macht]".[10] Das ist der entscheidende Schritt: Der Roman soll eine emphatische Beziehung zum Leben haben. Es bleiben aber zwei entscheidende Fragen offen: Ist hier wirklich vom Roman die Rede und inwiefern kann die Integration mit der Reflexion identifiziert werden? Im späteren Verlauf dieses Fragments schreibt Schlegel von einer inauthentischen Form des Romans. Schlegel schildert den Bekenntnisroman, obwohl dieser

7 Ebd.

8 Friedrich Schlegel, Fragmente, in: *Schlegel-KFSA*, 1. Abt. Bd. 2, S. 182.

9 Ebd.

10 Ebd.

Begriff zu dieser Zeit noch gar nicht existierte.[11] „Und doch gibt es noch keine Form, die so dazu gemacht wäre, den Geist des Autors vollständig auszudrücken: so daß manche Künstler, die nur auch einen Roman schreiben wollten, von ungefähr sich selbst dargestellt haben."[12] Der Bekenntnisroman steht der romantischen Poesie entgegen, weil er eben die Integration ausschließt. Die Integration ist als eine Dialogstruktur vorzustellen, die aus unterschiedlichen Stufen besteht. Durch diese Polyloge muss der Roman eine epische Breite erreichen: „Nur [der Roman] kann gleich dem Epos ein Spiegel der ganzen umgebenden Welt, ein Bild des Zeitalters werden."[13] Diese Dialogstruktur ist zugleich als Reflexion zu verstehen. Im 1. *Athenäum-Fragment* schreibt Schlegel: „Über keinen Gegenstand philosophieren sie seltener als über die Philosophie."[14] Über die Philosophie philosophieren ist nur in einem Roman möglich; über die Philosophie philosophieren bedeutet, dass der Roman eine dialogisierende Struktur annehmen muss.

Schlegel betont immer wieder, dass seine Theorie des Romans einen programmatischen Charakter hat. „Die romantische Dichtart ist noch im Werden; ja das ist ihr eigentliches Wesen, daß sie ewig nur werden, nie vollendet sein kann."[15] Und ganz ähnlich heißt es von der Philosophie: „Man kann nur Philosoph werden, nicht es sein. Sobald man es zu sein glaubt, hört man auf es zu werden."[16] Doch gibt es einen Roman, der in Schlegels Augen diesem Ideal sehr nahe kommt; er denkt an Goethes *Wilhelm Meisters Lehrjahre*. Wie bekannt, hat Schlegel diesem Roman eine ausführliche und grundsätzliche Besprechung gewidmet. Er scheint in ihr davon auszugehen, dass das Studium des Romans vom Leser eine gewisse Einstellung erfordert: Er muss einen „echten systematischen Instinkt", einen „Sinn für das Universum" haben. Werke der romantischen Poesie sind nicht einfach zu lesen, die dialogisierenden Motive kann man nur durch eine gewisse Einstellung erfassen. Wenn der Leser diese Einstellung hat, bekommt er erst die Chance

---

11 Die einzige Stelle, wo das Wort „Bekenntnis" in Bezug auf die gesamte Kunst verwendet wird, stammt von Wackenroder: „Der Enthusiasmus (von dem falschen, erheuchelten darf ich hier nicht sprechen) ist kein Lobpreisen des fremden Geistes, sondern ein schönes Bekenntnis unsrer eignen Größe, von der echten Kunst sollte nie ohne Enthusiasmus gesprochen werden." Wilhelm Heinrich Wackenroder, Phantasien über die Kunst für Freunde der Kunst, in: ders., *Werke und Briefe*, Berlin 1984. S. 291.

12 Friedrich Schlegel, Fragmente, in: *Schlegel-KFSA*, 1. Abt. Bd. 2, S. 182.

13 Ebd. „Die romantische Poesie ist unter den Künsten was der Witz der Philosophie, und die Gesellschaft, Umgang, Freundschaft und Liebe im Leben ist." Ebd., S. 182f.

14 Ebd., S. 165.

15 Ebd., S. 182.

16 Ebd., S. 173.

das Werk als „lebendige Individualität" zu erfassen.[17] Jean Paul spricht in diesem Zusammenhang über den Geist,[18] Friedrich Schlegel über den Genius des Buches: „Hat irgendein Buch einen Genius, so ist es dieses."[19] Erst wenn man das Buch so liest, ist man fähig, in das Werk einzudringen. „Und je tiefer [man] forscht, je mehr innere Beziehungen und Verwandtschaften, je mehr geistigen Zusammenhang entdeckt [man im Roman]."[20] Erst aufgrund dieser Einstellung erhält man die Fähigkeit, die reflexive Struktur des Werkes zu entdecken. Denjenigen Leser, der diese Fähigkeit besitzt, nennen wir *Kritiker*. Es gibt also noch eine weitere Reflexion, eine theoretische Explikation der Reflexion. Die Reflexion im Kunstwerk ist die Voraussetzung für diese theoretische Reflexion. Im strengen Sinne können also nur reflexive Kunstwerke kritisiert werden. Diese zweite Reflexionsstufe gehört auch noch zur romantischen Poesie. Daraus stammen aber einige Zweideutigkeiten: *Poesie* meint jetzt ebenso die Kunstwerke wie ihre Theorie. Die Philosophie ist in den Werken verborgen und wird expliziert in der Kritik. Wichtiger ist aber, dass durch diese Lesart und durch diese zweitstufige Reflexion keine organische Konzeption des Werks impliziert ist. „Die gewöhnlichen Erwartungen von Einheit und Zusammenhang täuscht dieser Roman ebenso oft, als er sie erfüllt."[21] Schlegel benutzt das Wort nicht, aber man könnte sagen, es gibt ein Spiel von Einheit und Nichteinheit und in dieses Spiel muss der Leser selbst einbezogen werden. In der Kritik geht es um dieses Spiel. Jean Paul hingegen behauptet, dass der „Geist des Werkes" eine teleologische Struktur haben muss; d. h. alle Motive im Roman müssen heimlich „zu *einem* Ziele" verknüpft werden und darauf vorausweisen.[22] Schlegel hat eine komplizierte Reflexionsstruktur vor Augen, Jean Paul hingegen ersetzt diese durch eine teleologische Struktur, die auf eine gewisse Handlungstendenz hinweist.

17 Friedrich Schlegel, Über Goethes Meister, in: *Schlegel-KFSA*, 1. Abt. Bd. 2, S. 134.

18 Jean Paul, *Vorschule der Ästhetik*, in: Jean Paul, *Sämtliche Werke*, Weimar 1930, 1. Abt. Bd. 5, S. 253.

19 Friedrich Schlegel, Über Goethes Meister, S. 134.

20 Ebd.

21 Ebd.

22 Jean Paul, *Vorschule der Ästhetik*, a.a.O., S. 253. „In *Wilhelm Meister* ist dieser Lebens- und Blumengeist (spiritus rector) griechische Seelen-Metrik, d. h. Maß und Wohllaut des Lebens durch Vernunft." Ebd.

II. Hegels Antwort auf die romantische Romantheorie

Da Hegel seine Romantheorie nicht ausgearbeitet hat, werde ich die drei wichtigsten Kapitel seiner Konzeption durch die Konfrontation mit der romantischen Poesie zu rekonstruieren versuchen. – (1) Die Theorie des Romans ist bei Schlegel zugleich *Kritik*. Die Aufgabe des Kritikers ist es, sich in das Spiel zwischen Einheit und Nichteinheit des Reflexionsprozesses hineinzuversetzen. Er muss aber nicht nur mitspielen, sondern über das Spiel auch berichten können. In diesem Sinne schreibt Schlegel: „Es ist schön und notwendig, sich dem Eindruck eines Gedichtes ganz hinzugeben, den Künstler mit uns machen zu lassen, was er will, und etwa nur im Einzelnen das Gefühl durch Reflexion zu bestätigen und zum Gedanken zu erheben, und wo es noch zweifeln oder streiten dürfte, zu entscheiden und zu ergänzen. Dies ist das *Erste* und das *Wesentlichste*. Aber *nicht minder* notwendig ist es, von allem Einzelnen abstrahieren zu können, das Allgemeine schwebend zu fassen, eine Masse zu überschauen, und das Ganze festzuhalten, selbst dem Verborgensten nachzuforschen und das Entlegenste zu verbinden.“[23] Es wird hier die Fähigkeit verlangt, sich dem Kunstwerk hinzugeben, in den Prozess des Kunstwerkes eintreten zu können. Aber was kann dann garantieren, dass man den Überblick nicht verliert? Der Grund dafür kann nur sein, dass man nicht vergessen darf, dass man eben erst von draußen gekommen ist und in einem reflexiven Verhältnis zum Werk steht. Hegel hingegen spricht von einer *allgemeinen Ästhetik*, obwohl er mit diesem Begriff nicht ganz zufrieden zu sein scheint. „Wir wollen es bei dem Namen Ästhetik bewenden lassen, weil er als bloßer Name für uns gleichgültig und außerdem einstweilen so in die gemeine Sprache übergegangen ist, daß er als Name kann beibehalten werden. Der eigentliche Ausdruck jedoch für unsere Wissenschaft ist *‚Philosophie der Kunst‘*.“ Hegel hat seinen Vorlesungen aus dem Sommersemester 1823 einfach den Titel gegeben: *Vorlesungen über die Philosophie der Kunst*. Er beginnt sie mit den folgenden Zeilen: „Der Gegenstand unserer Betrachtung bestimmt sich als das Reich des Schönen, näher als das Gebiet der Kunst.“[24] Hegel scheint der Meinung zu sein, dass es weitgehend verfehlt ist, eine bestimmte Kunstgattung auszuzeichnen; eine enzyklopädische Theorie der Kunst verlangt, dass man von einem allgemeinen Merkmal aller Kunstwerke ausgehen

---

23 Friedrich Schlegel, Über Goethes Meister, S. 130f. Hervorhebungen von mir, J. W. „Wir müssen uns über unsre eigne Liebe erheben, und was wir anbeten, in Gedanken vernichten können: sonst fehlt uns, was wir auch für andre Fähigkeiten haben, der Sinn für das Weltall.“ Ebd., S. 131.

24 G. W. F. Hegel, *Vorlesungen über die Ästhetik I*, in: ders., *Sämtliche Werke*, Bd. 12, hg. von Hermann Glockner, Stuttgart 1953, S. 19.

muss. Die Kunstwerke werden zunächst durch das Kunstschöne bestimmt. In seinen *Vorlesungen* (darunter verstehe ich jetzt und auch später die *Vorlesungen* aus dem Sommersemester 1823) sagt Hegel: „Das Schöne ist die Idee des Schönen".[25] Diese rätselhafte Behauptung löst Hegel dann so auf: „Darüber ist zu sagen, daß das Schöne selbst die Idee sei, und zwar in einer bestimmten Form."[26] Die Idee bedeutet bei Hegel den zur Realität gewordenen Begriff; die Schönheit ist also die Idee, wie sie real existiert. In der *Enzyklopädie* spricht Hegel von dem Leib gewordenen Geist.[27] Nicht die Philosophie ist im Roman verankert, sondern der Gegenstand der Philosophie, der Geist waltet in allen Kunstwerken, dadurch wird erst eine philosophische Theorie der Kunst möglich. Diese Transformation hat zur Folge, dass Hegel meistens nicht von konkreten Kunstwerken, sondern von der Kunst im Allgemeinen spricht. Hegel scheint aber dieses Defizit schon deswegen nicht erkennen zu können, weil er voraussetzt, dass der Geist in der Kunst notwendigerweise in einer konkreten Gestalt auftreten muss. Die Kunstkritik wird so abgelöst durch eine *allgemeine ästhetische Theorie*. Es kann auch nicht geleugnet werden, dass es in den *Vorlesungen* einige Stellen gibt, wo Hegel diese Entwicklung zu bedauern scheint. „Den Inhalt des Kunstwerkes und die Angemessenheit der Darstellung unterwerfen wir unserer betrachtenden Prüfung. Es ist in dieser Rücksicht die Wissenschaft der Kunst mehr [zum] Bedürfnis [geworden] als in alter Zeit."[28] Daraus folgt auch, dass die Ästhetik nicht geeignet ist, kunstpolitische Ziele zu formulieren und zu verwirklichen. – (2) Schlegel hat die reflexive Struktur des Kunstwerkes als ein Spiel von Identität und Nichtidentität verstanden. Manchmal meint man, dass er dieses Spiel auch als eine normative Kategorie betrachtet; es gibt einige Stellen, wo man den Eindruck gewinnt, dass die Erwähnung der fehlenden Einheit einen kritischen Sinn hat. Als ob er voraussetzen würde, dass auch in den allerbesten Kunstwerken nicht alles „stimmig" sein kann. So schreibt er über den *Wilhelm Meister*: „Hier bleibt noch eine kleine Ergänzung möglich, und einige Erklärung kann nicht unnütz oder überflüssig scheinen, [weil] der Anfang und der Schluss des Werkes fast allgemein seltsam und unbefriedigend, und eins und das andre in der Mitte überflüssig und unzusammenhängend [ist]."[29] Goethe selbst hat für eine organische Struktur des Kunstwerkes plädiert; er schreibt über Salomon Geßners *Idyllen*: „Einzelne Stellen sind vortrefflich, und die kleinen Gedichte

25 G. W. F. Hegel, *Vorlesungen über die Philosophie der Kunst*, hg. von Annemarie Gethmann-Siefert, Hamburg 2003, S. 1.

26 Ebd., S. 47.

27 Ebd.

28 G. W. F., *Enzyklopädie der philosophischen Wissenschaften im Grundrisse III*, § 558, in: ders., *Werke*, Bd. 10, S. 368.

29 G. W. F. Hegel, *Vorlesungen über die Philosophie der Kunst*, S. 6.

machen jedes ein niedliches Ganze. Hingegen die größern; so trefflich das Detail sein mag, so wenig zu leugnen ist, daß es zu gewissen Zwecken wohl geordnet ist, so mißt ihr doch überall den Geist, der die Teile so verwebt, dass jeder ein wesentliches Stück vom Ganzen wird. Ebenso wenig kann er Szene, Handlung und Empfindung verschmelzen."[30] Hegel spricht davon, dass das Kunstwerk einen *Zweck* in sich hat.[31] Damit schließt er sich einer Tradition an, die auch noch in Jean Pauls Theorie widerhallt. Dieser Begriff hat bei Hegel wenigstens zwei wichtige Bedeutungsaspekte. *Einerseits* will er damit betonen, dass das Kunstwerk nicht als „bewusstes Produzieren eines Äußerlichen" zu verstehen ist.[32] In den *Vorlesungen* formuliert er das so: „Das Kunstwerk [...] kann sich auf die Nachahmung der Natur einschränken, doch ist dies seine wesentliche Bestimmung nicht, sondern der Mensch hat beim Kunstwerk ein eigentümliches Interesse, hat einen eigentümlichen Inhalt, den er zur Darstellung bringt."[33] *Andererseits* will Hegel diesen Zweck auch nicht auf die Wirkung des Werkes beziehen. „Alles durchführen zu lassen, was das menschliche Gemüt in seinem Innersten und Geheimsten tragen, erfahren und hervorbringen kann, was die Menschenbrust in ihrer Tiefe und ihren mannigfaltigen Möglichkeiten und Seiten zu bewegen und aufzuregen vermag [...]."[34] (Dieses „Alles" haben in dieser Zeit wahrscheinlich am ehesten die Romane verkörpert.) Mit diesem Ansatz umreißt Hegel skizzenhaft ein Konzept der Autonomie der Kunstwerke. Die Analyse führt dazu, dass dieser Zweck eine immanente Eigenschaft der Kunstwerke ist. Die Grundlage der Bestimmung des Kunstwerkes ist, dass das Kunstschöne eine Mitte ist, „welche jenen Gegensatz und Widerspruch des in sich abstrakt beruhenden Geistes und der Natur [...] auflöst und zur Einheit zurückführt".[35] Nach Hegel gibt es verschiedene Konstellationen der inneren Einheit der Kunst. Das Streben nach der absoluten Einheit führt zur symbolischen Kunst, die romantische Kunst löst hingegen diese absolute Einheit auf. Es bleibt aber ein Minimum der Einheit bestehen, das zwischen dem Geist und der Natur zu lokalisieren ist. Hegel scheint zu unterstellen, dass der Roman diese Einheit grundsätzlich verletzt: „Denn [in der romantischen Poesie] ist der Geist frei in sich selbst, hat sich vom bloß sinnlichen Material losgerissen und es zum Zeichen seiner heruntergesetzt. [...] In dieser höchsten Stufe aber steigt die

30 Friedrich Schlegel, Über Goethes Meister, S. 134.
31 Johann Wolfgang Goethe, [Rezensionen für die *Frankfurter Gelehrten Anzeigen*], in: *Goethe-BA*, Bd. 17, S. 222.
32 G. W. F. Hegel, *Vorlesungen über die Ästhetik I*, S. 50.
33 Ebd.
34 G. W. F. Hegel, *Vorlesungen über die Philosophie der Kunst*, S. 24.
35 G. W. F. Hegel, *Vorlesungen über die Ästhetik I*, S. 77.

Kunst über sich hinaus und wird zur Prosa, zum Gedanken."[36] *Innerhalb* der Kunst kann man und darf man also nicht zu den sokratischen Dialogen gelangen. – (3) Der Roman gehört für Hegel in die romantische Kunst. „Denn auf der Stufe der romantischen Kunst [...] wird sich [der Geist] seiner Wahrheit nur dadurch gewiß, daß er sich aus dem Äußeren in seine *Innigkeit mit sich* zurückzieht, und die äußere Realität, als ein ihm nicht adäquates Dasein setzt."[37] Die Kontrastfolie bietet dazu die Theorie der klassischen Kunst: „Die klassische Kunst [war] die begriffsmäßige Darstellung des Ideals, die Vollendung des Reiches der Schönheit. Schöneres kann nicht sein und werden."[38] Hegel rechnet mit zwei Entwicklungslinien: mit der Entwicklung des Geistes und mit der der Kunst. Der Geist überschreitet den Gipfelpunkt der Kunstgeschichte und führt so zu einer Verfallsgeschichte der Kunst. In diesem Zusammenhang ist die Kunstgattung des Romans zu sehen. Man könnte vermuten, dass der Roman nichts anderes als ein Abfallprodukt des Epos ist.[39] Wenn wir nur einen kurzen Blick auf die Bestimmung des Epos werfen, fällt sogleich auf, dass Hegel das Epos an den Volksgeist zu binden versucht. „Die gesamte Weltanschauung und Objektivität eines Volksgeistes [...] macht [...] den Inhalt und die Form des eigentlich Epischen aus."[40] Die Kunst ist bei Hegel – wie er selber sagt – eine *Explikation* des absoluten Geistes. Im System der *Enzyklopädie* kommt aber der Begriff des Volksgeistes in dem Kapitel über Weltgeschichte vor, das *vor* der Behandlung des absoluten Geistes steht. „Der [...] Volksgeist [...] ist in der *Zeit* [d. h. er ist geschichtlich] und hat dem Inhalte nach wesentlich ein *besonderes* Prinzip und eine dadurch bestimmte Entwicklung seines Bewusstseins und seiner Wirklichkeit zu durchlaufen [...]."[41] Man hätte vermuten können, dass auf der Stufe der Kunst der Volksgeist *nicht* mehr auftauchen kann. Es gibt auch gewisse Stellen bei Hegel, wo er über die allgemeine Bedeutung des Volksgeistes für die Kunst zu sprechen scheint. „Die Kunst überhaupt [liebt] beim Besonderen zu verweilen."[42] Die Beson-

36 Ebd., S. 90. „Es ist schon die kantische Philosophie, welche diesen Vereinigungspunkt nicht nur seinem Bedürfnisse nach gefühlt, sondern denselben auch bestimmt erkannt und vor die Vorstellung gebracht hat. Ebd.

37 G. W. F. Hegel, *Vorlesungen über die Philosophie der Kunst*, S. 44.

38 G. W. F. Hegel, *Vorlesungen über die Ästhetik II*, in: ders., *Sämtliche Werke*, Bd. 13, hg. von Hermann Glockner, Stuttgart 1954. S. 122. Hervorhebung von mir, J. W.

39 Ebd., S. 121.

40 „Das Epos spricht aus, was die Sache ist; der Gegenstand als Gegenstand, die Breite der Umstände, der ganze Gegenstand in seinem Dasein wird ausgesprochen." G. W. F. Hegel, *Vorlesungen über die Philosophie der Kunst*, S. 284.

41 G. W. F. Hegel, *Vorlesungen über die Ästhetik III*, in: ders., *Sämtliche Werke*, Bd. 14, hg. von Hermann Glockner, Stuttgart 1954. S. 331.

42 G. W. F. Hegel, *Enzyklopädie der philosophischen Wissenschaften im Grundrisse*, Hegel, *Werke*, Bd. 10, S. 347.

derung im Epos mobilisiert den Volksgeist und bewahrt so noch eine extensive Totalität. Der Roman überschreitet in einem kritischen Sinne den Volksgeist; er ist eine elementare Kritik des einheitlichen Volksgeistes. Das hat er aber nur so erreichen können, dass er die „Besonderung" zu einer „Innigkeit mit sich selbst" radikalisiert hat. Erst so kann die Reflexion auftreten und als gestaltendes Prinzip sich ins Werk setzen. Die Reflexion führt zu einem Verfall der Kunst und bereitet zugleich die nächste Stufe des Geistes vor. Mit dieser ästhetischen und geistesgeschichtlichen Konstruktion hat Hegel auf das Programm der romantischen Poesie zu antworten versucht. Das Programm der Romantik als *ästhetisches Projekt* ist damit gescheitert, es kann aber in die Philosophie transformiert und dort aufgehoben werden.[43]

III. Hegels eigene Romantheorie

Eine solche Rekonstruktion der hegelschen Romantheorie verfehlt aber einen der wichtigsten Aspekte dieser Theorie. Man würde leichtsinnig ausklammern, dass Hegel seine ganze Romantheorie versteckt, oder sogar verdrängt hat. Vielleicht könnte man so weit gehen, dass die Theorie des Romans das *Unbewusste* der ganzen hegelschen Ästhetik ist.[44] Einerseits scheint Hegel sich dessen bewusst zu sein, dass der Roman eine enorme gesellschaftsdiagnostische Kapazität besitzt. In der *Ästhetik* kann behauptet werden, dass die Moderne als Verfall der Totalität zu begreifen ist; dass in unserer Welt die Allmacht der Subjektivität alle Formen der Totalität unterminiert.[45] In der *Enzyklopädie* gibt es eine Stelle, wo Hegel die Romane von Walter Schott als typisch für die Moderne ansieht. „Die wesentliche Charakteristik des Geistes und seiner Zeit ist immer in den großen Begebenheiten enthalten. Es hat ein richtiger Sinn darauf geführt, dergleichen Schildereien des Partikulären und das Auflesen der Züge desselben in den *Roman* (wie die Walter Scottschen

43 G. W. F. Hegel, *Vorlesungen über die Ästhetik III*, S. 249. Vgl. weiterhin: „Der absolute Geist kann nicht in solcher Einzelheit des Gestaltens expliziert werden; der Geist der schönen Kunst ist darum ein beschränkter Volksgeist, dessen an sich seiende Allgemeinheit, indem zur weiteren Bestimmung ihres Reichtums fortgegangen wird, in eine unbestimmte Vielgötterei zerfällt." G. W. F. Hegel, *Enzyklopädie der philosophischen Wissenschaften im Grundrisse III*, S. 368.

44 Vgl. Jacques Rancière, *Das ästhetische Unbewußte*, Zürich/Berlin 2008, S. 9.

45 „Die Romane sind als Geschichte der Bildung eines Individuums konzipiert, das in der Auseinandersetzung mit der Welt und der Kultur seiner Zeit sein Selbstbewußtsein und seinen Charakter vollendet." Annemarie Gethmann-Siefert, *Einführung in Hegels Ästhetik*, München 2005. S. 336.

und dgl. sind) zu verweisen."[46] Es muss dem unbefangenen Leser auffallen, dass das, was Hegel in der *Ästhetik* über den Roman schreibt, sehr skizzenhaft ist. So viel scheint aber klar zu sein, dass er darauf beharrt, dass der Roman nur aus der Perspektive des Epos gedeutet werden kann; die Beziehung zum sokratischen Dialog hat in einem ästhetischen Kontext überhaupt keinen Sinn. Hegel bezeichnet den Roman als „moderne bürgerliche Epopöe".[47] „Hier tritt einerseits der Reichtum und die Vielseitigkeit der Interessen, Zustände, Charaktere, Lebensverhältnisse, der breite Hintergrund einer totalen Welt, sowie die epische Darstellung von Begebenheiten vollständig wieder ein."[48] Bei dieser Einführung des Romans ist keine Rede davon, dass er als Romantisierung der Epopöe die ursprüngliche Totalität dekomponiert. Es ist keine Rede davon, was mit dem Volksgeist geschieht. Hegel scheint aber hier *nicht* auszuschließen, dass auch im Roman sich ein Volksgeist expliziert. Der Volksgeist kann aber nach der Wende zur Innerlichkeit keine relevante Bedeutung mehr haben. Darauf scheint eine Formulierung der *Vorlesungen* eindeutig hinzuweisen: „Das Eigentümliche der Epopöe ist die Lebendigkeit eines Volkes. Epische Gedichte können nur in gewisser Zeit sein. Die moderne Zeit kann keines haben."[49] Hegel scheint hier davon auszugehen, dass in der modernen Zeit die „Lebendigkeit eines Volkes" verloren gegangen ist. Es ist leicht zu sehen, dass Hegel hier vor unheimlich großen Schwierigkeiten steht. Und eben hier muss er das Geheimnis seiner ungeschriebenen Romantheorie preisgeben. „Was jedoch fehlt, ist der ursprünglich poetische Weltzustand, aus welchem das eigentliche Epos hervorgeht. Der Roman im modernen Sinne setzt eine zur *Prosa* geordnete Wirklichkeit voraus [...]."[50] Wenn man diesen Zusammenhang mit dem Begriff des Geistes erfassen will, kann man sagen, dass dem poetischen Geist ein prosaischer Geist entgegensteht. Die Moderne ist durch diesen prosaischen Geist gekennzeichnet. Damit sind wir zu einem Begriff gekommen, der bei Hegel seinen Platz hat, aber nicht entfaltet wird. Dieser Begriff spielt aber eine Schlüsselrolle: Nicht der Zerfall des Volksgeistes, sondern das Auftreten des prosaischen Geistes charakteri-

46 G. W. F. Hegel, *Enzyklopädie der philosophischen Wissenschaften im Grundrisse III*, in: *Hegel-Werke*, Bd. 10, S. 350.

47 Annemarie Gethmann-Siefert hat darauf hingewiesen, dass Hegel seine frühe, in Jena vertretene These über die Unmöglichkeit eines modernen Epos revidiert hat. Einerseits kritisiert Hegel weiterhin Schellings Auffasung, dass Dantes *Göttliche Komödie* „das Urbild des neuen Epos" ist, andererseits hält er aber ein neues Epos für möglich und betrachtet als solches Goethes Idylle *Hermann und Dorothea*. „In Goethes Idylle [...] wird [die] Beschränkung auf das Individuelle überwunden." Annemarie Gethmann-Siefert, *Einführung in Hegels Ästhetik*, S. 336.

48 G. W. F. Hegel, *Vorlesungen über die Ästhetik III*, S. 395.

49 G. W. F. Hegel, *Vorlesungen über die Philosophie der Kunst*, S. 295.

50 G. W. F. Hegel, *Vorlesungen über die Ästhetik III*, S. 395.

siert die Moderne. Wie ist aber dieser prosaische Geist zu bestimmen? Hegel spricht über die poetische und prosaische *Vorstellung*; diese Unterscheidung scheint aber jetzt für uns nicht relevant zu sein. „Im Allgemeinen können wir das dichterische Vorstellen als *bildlich* bezeichnen [...].“[51] Bei der prosaischen Vorstellungsweise hingegen „kommt es [aber] nicht auf das Bildliche, sondern auf die Bedeutung als solche an, welche sie sich zum Inhalte nimmt [...]“.[52] Diese Unterscheidung ist mit schwierigen Begriffen beladen, die ich aber hier deswegen nicht erklären muss, weil sie die künstlerische Darstellungsweise, aber nicht den Geist an sich betreffen. Hegel scheint letztendlich davon auszugehen, dass Poesie mit Dichtung gleichzusetzen ist. An einer Stelle, an der er über die Forderung der Einheit des Kunstwerkes spricht, schreibt er: „An dieser Forderung vornehmlich kann die Poesie, wenn sie nicht auf ihrer Höhe steht, leicht scheitern und das Kunstwerk aus dem Elemente der freien Fantasie in das Bereich der Prosa zurückversetzen.“[53] Poesie bedeutet so die Stiftung der Einheit, durch die Fantasie: damit meint Hegel die Dichtung bestimmt zu haben. „Neuerdings [ist] der Vorstellung Raum gegeben worden, man könne ein Epos sich beliebig enden lassen oder fortsingen, wie man wolle. Obschon diese Ansicht von geistvollen und gelehrten Männern [...] verfochten worden ist, so bleibt sie dennoch nicht weniger roh und barbarisch, da sie in der Tat nichts anderes als den schönen epischen Gedichten den eigentlichen Charakter von Kunstwerken absprechen heißt.“[54] Der „eigentliche Charakter des Kunstwerkes“ wird also durch eine Einheit definiert. Es ist aber schwer einzusehen, warum die Opposition davon der prosaische Geist sein sollte. Diesen Zusammenhang kann Hegel nur so plausibilisieren, dass er die Erschaffung der Einheit an die Fantasie bindet. Und das scheint auf der Hand zu liegen, da die Opposition der Fantasie leicht mit dem prosaischen Geist identifiziert werden kann. (Jetzt sehe ich davon ab, dass Hegel in anderen Kontexten die Fantasie auch auf die romantischen Kunstwerke bezieht; er spricht dort von der „Maßlosigkeit der Fantasie“ usw.) Der Roman ist also ein Kunstwerk, das gegen den „eigentlichen Charakter des Kunstwerkes“ gerichtet ist. Hegel kommt so zu einer unerhörten ästhetischen Entdeckung: *Die Kunstwerke der Moderne sind gegen die Kunst selbst gerichtet*.[55]

---

51 Ebd., S. 276.

52 Ebd., S. 280.

53 Ebd., S. 252f.

54 Ebd., S. 388.

55 Aufgrund dieser These meine ich behaupten zu können, dass Hegels Romantheorie in einer Hinsicht reicher ist, als die von Georg Lukács am Anfang des 20. Jahrhunderts ausgearbeite Theorie. Lukács schreibt: „Die Verlassenheit der Welt von Gott zeigt sich in der Unangemessenheit von Seele und Werk, von Innerlichkeit und Abenteuer; in dem Fehlen des transzendentalen Zugeordnetseins für die mensch-

IV. *Motive der Verdrängung der Romantheorie*

Im abschließenden Teil meines Beitrags möchte ich noch die Frage aufwerfen, warum Hegel die Bedeutung dieser Entdeckung nicht ermessen konnte. Dafür gibt es, wie ich meine, drei maßgeblichen Gründe. – (1) Hegel kann wegen seiner *philosophischen Konstruktion* die Möglichkeit einer Kunst nicht erlauben, die gegen die Kunst selbst gerichtet ist. Diese Stelle (die Negation und Überschreitung der Kunst) nimmt bei ihm – so scheint es zunächst – nicht einmal die Philosophie, sondern die Religion ein. „Die schöne Kunst [...] hat ihre Zukunft in der wahrhaften Religion."[56] Der Ausdruck „Zukunft" hat hier keinen historischen, sondern nur einen logisch-methodologischen Sinn. Der Geist muss auf seinem Weg das „sinnliche Wissen" zugunsten des „vermittelnden Wissens" (das Hegel als *Offenbarung* bezeichnet) überschreiten. In der Offenbarung sieht man nämlich, wie der Geist sich selbst vermittelt. Der Geist tritt hier in zwei Gestalten auf, als Gott und als die offenbarte Religion: Der absolute Geist ist hier der Geist *für sich*. Dieser Weg des Geistes ist aber doch philosophisch; ich meine also behaupten zu können, dass nicht die Religion selbst, sondern das philosophische Weiterschreiten des Geistes mit dem Roman konkurriert. Oder von der anderen Seite betrachtet: Dadurch, dass der Roman die Philosophie ersetzt, gefährdet er auch die offenbarte Religion; die prosaische Welt bedeutet auch eine religionslose Welt. – (2) Hegel meint Schlegel gegenüber, dass der Roman *nicht* im Lichte der sokratischen Dialoge, sondern vielmehr im Lichte des Epos betrachtet werden muss. Im Lichte der hegelschen Analysen könnte man behaupten, dass Schlegel die Bedeutung des Epos verkannt hat. Er schreibt: „Auch das *griechische Epos* ist nur eine lokale Form, von der man sich seltsame Dinge weiß gemacht hat. Diese unreife Dichtart ist nur in dem Zeitalter an ihrer Stelle, wo es noch keine gebildete Geschichte und kein vollkommnes Drama gibt; wo Heldensage die einzige Geschichte, wo die Menschlichkeit der Götter und ihr Verkehr mit den

liche Bestrebungen. Diese Unangemessenheit hat roh ausgedrückt zwei Typen: die Seele ist entweder schmäler oder breiter als die Außenwelt, die ihr als Schauplatz und Substrat ihrer Taten aufgegeben ist." Georg Lukács, *Die Theorie des Romans*, Darmstadt/Neuwied 1971, S. 83. Lukács sieht auch, dass das Verschwinden der Totalität eine Krise für die Kunst bedeutet: „Eine nur hinzunehmende Totalität ist für die Formen nicht mehr gegeben: darum müssen sie das zu Gestaltende entweder so weit verengen und verflüchtigen, daß es von ihnen getragen werden kann, oder es entsteht für sie der Zwang, *die Unrealisierbarkeit ihres notwendigen Gegenstandes und die innere Nichtigkeit des einzig möglichen* polemisch darzutun [...]." Ebd., S. 30. Hervorhebung von mir, J. W. Lukács scheint aber der Behauptung doch fern zu stehen, dass der Roman als künstlerische Gattung gegen die Kunst selbst gerichtet ist.

56 G. W. F. Hegel, *Enzyklopädie der philosophischen Wissenschaften im Grundrisse III*, S. 372.

Heroen allgemeiner Volksglaube ist."[57] Hingegen ist bei Hegel die Bedeutung des Epos kaum zu überschätzen: „Als […] eine ursprüngliche Totalität ist das epische Werk […] die Bibel eines Volkes, und jede große und bedeutende Nation hat dergleichen absolut erste Bücher, in denen ihr, was ihr ursprünglicher Geist ist, ausgesprochen wird."[58] (Man könnte hier natürlich auch umgekehrt fragen: Ist die *Bibel* selber ein Epos? Darauf antwortet Hegel: „Das *Alte Testament* z. B. enthält zwar viele Sagenerzählung und wirkliche Geschichte sowie auch eingestreute poetische Stücke, doch ist das Ganze kein Kunstwerk."[59] Im Falle des *Neuen Testaments* besteht die Analogie sowieso nicht mehr.) Hegel hat eine Kontinuität zwischen dem Epos und dem Roman festzustellen versucht. Im Hintergrund steht ein dualistisches Bild, das nicht von Schlegel stammt, aber im allgemeinen ästhetischen Denken der Zeit wohl verankert war. Er schreibt selber an einer Stelle, dass der Roman das Epos der modernen, bürgerlichen Epoche ist; Hegel spricht hier vom „romantischen Epos" und ordnet ihm den Roman unter. Er verstößt so gegen sein Diktum aus den *Vorlesungen*: „Epische Gedichte können nur in gewisser Zeit sein. Die moderne Zeit kann keines haben."[60] Später schreibt er aber doch: „Epische Weise nun außer den großen Zuständen und Handlungen kann sich auf einen Privatzustand beschränken."[61] Man weiß, dass nach dem Epos die Lyrik folgt; in der die Subjektivität in den Vordergrund tritt.[62] Der Privatzustand kann so mit einer Welt der Subjektivität identifiziert werden. Die Subjektivität im Rahmen des Epos führt zur Idylle: „Dadurch ist denn besonders bei uns Deutschen das Epos *idyllisch* geworden, nachdem sich die eigentliche Idylle in ihrer süßlichen Sentimentalität zugrunde gerichtet hat."[63] Da deutet Hegel auf eine wohlbekannte Kritik hin, die von Goethe stammt: „Ich will […] von dem Schattenwesen *geßnerischer* Menschen nichts reden. Darüber ist lange gesagt, was zu sagen ist. Aber zeigt das nicht den größten Mangel dichterischer Empfindung, daß in keiner einzigen dieser Idyllen die handelnden Personen wahres Interesse an- und miteinander haben? Entweder ist es kalter

57 Friedrich Schlegel, Über das Studium der griechischen Poesie, in: *Schlegel-KFSA*, 1. Abt. Bd. 1, S. 332f.

58 G. W. F. Hegel, *Vorlesungen über die Ästhetik III*, S. 332.

59 Ebd.

60 G. W. F. Hegel, *Vorlesungen über die Philosophie der Kunst*, S. 295.

61 Ebd., S. 296f.

62 „Das Lyrische ist der Kunstinhalt nicht als objektives Geschehen, sondern als ausgesprochener Inhalt der Subjektivität als solcher." Ebd., S. 297 „Der Inhalt des lyrischen Kunstwerkes kann nicht die Entwicklung einer objektiven Handlung […] sein, sondern das einzelne Subjekt und eben damit das Vereinzelte der Situation und der Gegenstände […]."G. W. F. Hegel, *Vorlesungen über die Ästhetik III*, S. 422.

63 Ebd., S. 417.

erzählender Monolog oder, was ebenso schlimm ist, Erzählung […].“[64] Hegel reformuliert diese Kritik so, dass in einem romantischen Epos *nicht nur* die intersubjektiven Beziehungen nicht darstellbar sind, sondern immer und notwendigerweise eine Kluft besteht zwischen dem historischen Hintergrund und den einzelnen Personen. Dieses strukturelle Problem entdeckt er auch in Goethes „Meisterwerk“, in *Hermann und Dorothea*. „Ein Zustand ist vorausgesetzt, und die Personen handeln darin. Bei *Hermann und Dorothea* ist ein größerer Hintergrund angegeben, aber es [bleibt] die Verknüpfung desselben mit der Handlung ein Sprung.“[65] Novalis schreibt in einem wohlbekannten Fragment: „Die Philosophie ist eigentlich Heimweh […].“[66] Das Heimweh lässt sich so im romantischen Epos explizieren; das bedeutet, dass die Probleme der Moderne durch das romantische Epos expliziert werden können. Warum sollte man dann zum Roman fortschreiten? – (3) Es stimmt aber nicht ganz, dass bei Hegel das romantische Epos mit dem Roman identisch wäre. Der Unterschied ist, dass das Epos sich dem prosaischen Geist *nicht einfach* hingibt. Ich habe früher behauptet, dass Hegel letztendlich darauf seine implizite Kritik am Roman gründet. An einer Stelle der *Enzyklopädie* führt er seine Kritik so aus: Der Geist strebt immer – auch in der Kunst – die objektive Wahrheit an, so können „äußerliche Existenzen und Zufälligkeiten“ keinen Platz im Bereich des Geistes bekommen. Und er fügt hinzu: „Es [ist] vollkommen gleichgültig […], ob solche Unbedeutendheiten förmlich beglaubigt oder aber, wie im Romane, charakteristisch erdichtet und diesem oder jenem Namen und Umständen zugeschrieben sind.“[67] Hegel kommt nach dem Hinweis auf *Hermann und Dorothea* nicht auf die Negativität als Forderung in der modernen Kunst zurück. Er scheint eher zu unterstellen, dass der Roman den poetischen Geist aufgibt, und dadurch der Popularkultur zum Opfer fällt. Die Romantiker haben das – unberechtigterweise – in Kauf genommen.

***

Man könnte Lessings eingangs zitiertes Diktum etwas verändern und auf die hegelsche *Ästhetik* beziehen: „Es ist die erste und einzige Romantheorie für den denkenden Kopf, von klassischem Geschmacke.“[68] So ganz klassisch ist sie aber doch nicht, sie entfaltet sich nämlich durch ihren eigenen Rückzug. Es

64 Johann Wolfgang Goethe, [Rezensionen für die *Frankfurter Gelehrten Anzeigen*], in: *Goethe-BA*, Bd. 17, S. 221f.

65 G. W. F. Hegel, *Vorlesungen über die Philosophie der Kunst*, S. 297.

66 Novalis, *Werke in zwei Bänden*, Bd. II, hg. von Rolf Toman, Köln 1996, S. 159.

67 G. W. F. Hegel, *Enzyklopädie der philosophischen Wissenschaften im Grundrisse III*, S. 350–355.

68 Gotthold Ephraim Lessing, *Hamburgische Dramaturgie*, S. 555.

entsteht eine letztendlich unausgearbeitete Theorie des Romans, die zugleich als Kritik des prosaischen Zustandes der Moderne auftreten kann. Damit ist eine neue – vielleicht könnte man sagen: postklassische – Formation für eine ästhetische Theorie entstanden.[69]

69 Ich meine, es kann kaum geleugnet werden, dass Hegels Romantheorie mit einer gewissen Unsicherheit beladen ist, deren Ursachen ich in diesem Referat aufzudecken versucht habe. Ich habe versucht, die Ergebnisse und die Schwierigkeiten der Romantheorie aus der Gesamtkonzeption Hegels abzuleiten. Deswegen bin ich von der Theorie des Epos und von dessen möglichen Modifikationen ausgegangen. So ist für mich Goethes Idylle *Hermann und Dorothea* als paradigmatisches Werk hervorgetreten. Es ist aber zuzugeben, dass es bei Hegel auch andere Hinweise auf Romane gibt, von denen ausgehend man zu einer anders akzentuierten Romantheorie kommen kann; der Preis dafür ist aber ein Zurückstellen der systematischen Zusammenhänge. – (1) Im ersten Band der *Ästhetik*, wo Hegel die Theorie der Handlung darstellt, kommt er auf Cervantes zu sprechen: „Hat sich nun aber die gesetzliche Ordnung in ihrer prosaischen Gestalt vollständiger ausgebildet, und ist sie das Übermächtige geworden, so tritt die abenteurnde Selbstständigkeit ritterlichen Individuen außer Verhältnis, und wird [...] zu der Lächerlichkeit, in welcher uns Cervantes seinen Don Quijote vor Augen führt." G. W. F. Hegel, *Vorlesungen über die Ästhetik I*, S. 268. Sándor Radnóti hat mich darauf aufmerksam gemacht, dass für Lukács wahrscheinlich diese Anmerkung der Ausgangspunkt seiner Theorie war: „So steht dieser erste große Roman der Weltliteratur am Anfang der Zeit, wo der Gott des Christentums die Welt zu verlassen beginnt; wo der Mensch einsam wird und nur in seiner nirgends beheimateten Seele den Sinn und die Substanz zu finden vermag [...]." Georg Lukács, *Die Theorie des Romans*, S. 89. – (2) Noch vor der Behandlung der einzelnen Künste in einem Kapitel über den „subjektiven Humor" erwähnt Hegel Lawrence Sterne: „Das Sichnachgeben des Dichters im Verlauf seiner Äußerungen muß, wie bei Sterne [...] ein ganz unbefangenes, leichtes, unscheinbares Fortschlendern sein, das in seiner Unbedeutendheit gerade den höchsten Begriff von Tiefe gibt, und da es eben Einzelnheiten sind, die ordnungslos emporsprudeln, muß der innere Zusammenhang um so tiefer liegen, und in dem Vereinzelten als solchen den Lichtpunkt des Geistes hervortreiben." G. W. F. Hegel, *Vorlesungen über die Ästhetik II*, S. 228. Von dieser Anmerkung ausgehend hat Klaus Vieweg die hegelsche Romantheorie zu rekonstruieren versucht. Der Ausgangspunkt seiner Rekonstruktion ist die folgende These: „Der Humor gilt Hegel [...] als das romantische Komische, als die Komik der Moderne, *als Gipfel- und Endpunkt der modernen (romantischen) Kunstform*." Vgl. Klaus Vieweg, *Komik und Humor als literarisch-poetische Skepsis – Hegel und Lawrence Sterne*, S. 1. Niklas Hebing hat die Grundstruktur des Humors so bestimmt: „Die wesentliche Bestimmung des Humors ist es, dass sich der Künstler selbst zu einer Figur seines Werkes macht [...] und auf diese Weise die entfesselte Subjektivität zum Grundprinzip der ästhetischen Totalität erhebt." Niklas Hebing, *Unversöhnbarkeit. Hegels Ästhetik und Lukács' Theorie des Romans*, Duisburg 2009, S. 84.

Teil II: Kunst/Religion/Philosophie unter Bedingungen radikalisierter subjektiver Freiheit

Erzsébet Rózsa

Individualitätstypen in der modernen Kunst

Christus, der Ritter, der „rechtschaffene Bürger" mit Blick auf das Ende der Kunst als ihren „Anfang" bei Hegel

„denn die Sucht, etwas *Besonderes* zu sein […], findet erst in einer *Ausnahme* das Bewußtsein der Eigentümlichkeit."[1]
„das romantische Prinzip hat die Unendlichkeit der Subjektivität […], worin das Subjekt seine unendliche Persönlichkeit hineinlegt"[2]
„Aller prosaischer Stoff fällt herein, die gemeine zufällige Objektivität und Subjektivität […] das Ende des Romantischen ist somit der Humor […][3]
„Es ist dies der Schluss der romantischen Kunst, was sonst der Anfang ist."[4]

1. *Kunst im Spannungsfeld zwischen dem objektiven und dem absoluten Geist*

Es ist mehr als provokant, was Hegel über die Unterworfenheit der Individuen unter die „sittlichen Mächte" in der *Rechtsphilosphie* von 1820 schreibt, wo er die Individuen als *„Akzidenzen"* kennzeichnet.[5] Diese irritierende Formulierung prägt bis heute das Hegel-Bild: Manfred Frank spricht von einer

1 Georg Wilhelm Friedrich Hegel, *Grundlinien der Philosophie des Rechts*, in: *Werke in zwanzig Bänden*, Bd. 7, auf der Grundlage der *Werke* von 1832–1845 neu edierte Ausgabe von Eva Moldenhauer und Karl Markus Michel, Frankfurt a. M. 1986, § 150, Anm. 298. – Sigle: R.

2 G. W. F. Hegel, *Vorlesungen über die Philosophie der Kunst Berlin 1823*, nachgeschrieben von H. G. Hotho, hg. von Annemarie Gehmann-Siefert, Hamburg 1998, S. 190. – Sigle: VK.

3 Ebd., S. 198.

4 Ebd., S. 200.

5 Im § 145 der *Rechtsphilosophie* stellt Hegel Folgendes über das Verhältnis zwischen dem Sittlichen und den Individuen fest: „Daß das Sittliche das *System* dieser Bestimmungen der Idee ist, macht die *Vernünftigkeit* desselben aus. Es ist auf diese Weise die Freiheit oder der an und für sich seiende Wille als das Objektive, Kreis der Notwendigkeit, dessen Momente die *sittlichen Mächte* sind, welche das Leben der

„Entindividualisierung" bei Hegel, Axel Honneth wirft ihm *„Überinstitutionalisierung"* vor.[6]

Bevor man diese Äußerungen vorschnell akzeptiert, sollte man aber doch nachfragen, worum es Hegel eigentlich geht. Die Sittlichkeit, in deren Rahmen diese berüchtigte Feststellung zu finden ist, stellt ein System von Institutitonen und Einrichtungen der modernen Gesellschaft im weitesten Sinne dar, die den Individuen gegenüber einen dominanten Stellenwert haben. Aber man darf nicht vergessen, dass das Hegelsche Prinzip der Moderne, deren Thematik eben in das Zentrum der *Rechtsphilosophie* gestellt wird, die „unendlich freie Subjektivität" ist. In dieser reifen Konzeption, die auch seiner Kunstphilosophie zugrunde liegt, macht die Grundstruktur der Moderne ein *komplementäres Verhältnis* zwischen institutionalisierten Formen der Gesellschaft einerseits und der eigenen Welt von sich frei bestimmenden Individuen andererseits aus. Die *Selbstbestimmung* als grundlegende Einstellung des modernen Menschen spielt eine ausgezeichnete Rolle auch in Formen des absoluten Geistes, die dem objektiven Geist folgen, so auch in der Kunst der Moderne, d. h. in der romantischen Kunst. Hegels Theorie der romantischen Kunst ist von dieser soziokulturellen Einbettung von komplementären Verhältnissen, von verschiedensten Bewusstseinsformen und institutionellen Formen bzw. von den gegenseitigen Beziehungen der Gestalten und Formen des Geistes nicht zu trennen.[7] Darum ist auch seine These über das Ende der Kunst erst dann angemessen zu deuten, wenn man sich sowohl diese Einbettung als auch die systematischen Strukturierungen (objektiver und absoluter Geist) vor Augen hält.

Was ist damit konkret gemeint?

Die Kunst stellt natürlich nicht die institutionellen Aspekte des Lebens in das Zentrum. Aber „das Leben der Individuen" ist an sich für die Kunst attraktiv und inspirierend. Die Strukturen des objektiven Geistes verhüllen all das, was im Inneren und im Leben der Individuen überhaupt abläuft. In der Sphäre des Rechts, des Eigentums, der bürgerlichen Gesellschaft, des Staates zeigen sich die Formen der Wirklichkeit *nur in ihrer Objektivität*. In den sittlichen Institutionen ist es nicht oder kaum wichtig, was ein Individuum erlebt, welche Gefühle und Überlegungen es, seine Entscheidungen bzw. Handlun-

---

Individuen regieren und in diesen als ihren Akzidenzen ihre Vorstellung, erscheinende Gestalt und Wirklichkeit haben." R, S. 294.

6 Vgl. Manfred Frank, Subjektivität und Intersubjektivität. Überblick einer Problemlage, in: ders.: *Selbstbewusstsein und Selbsterkenntnis*, Stuttgart 1991, S. 458; Axel Honneth, *Leiden an Unbestimmtheit*, Stuttgart 1991, S. 102.

7 Dieses komplexe Spannungsfeld aus der Perspektive der Handlung hat K. Vieweg eingehend untersucht. Vgl. ders.: Hegels Handlungsbegriff in der praktischen Philosophie und in der Ästhetik. S. in diesem Band.

gen beeinflussen, motivieren oder eben erschrecken. Das Individuum trifft Enscheidungen und handelt – aber wie es dazu kommt und was daraus in seinem Inneren folgt, ist für die Institutionen des objektiven Geistes fast irrelevant. Nur die Entscheidung als Ergebnis von vernünftigen und intersubjektiven Momenten ist hier von Bedeutung. Darum ist die Motivationsstuktur, die im *System der Bedürfnisse* thematisiert wird, auch eine rationale und intersubjektive Sphäre. Eben in diesen Relationen wird das Individuum „Akzidenz", dessen Skepsis, Dilemmata, Zweifel und sogar Verzweifelung oder Handlungen anhaftenden emotionelle Komponenten seiner Entscheidungen, d. h. die *subjektiven Aspekte eines Lebens überhaupt, meistens verdeckt* bleiben und uninteressant sind.[8] Dagegen ist dieses Feld für die Kunst von außerordentlicher Bedeutung. Die „wirkliche Subjektivität" hat ihre erste, unmittelbare, eigene Wirklichkeit in der Lebenswelt. In der Moderne hat jeder Mensch „seinen Lebensweg für sich zu machen, eine Wirklichkeit sich zu erarbeiten und zu erhalten."[9] Eben die aus diesen Komponenten zusammengestellte *„wirkliche Subjektivität"* interessiert die Kunst: diese Subjektivität in ihrer erlebten, auch von ihr selbst gestalteten Welt als *Lebenswelt* und als *„innere Welt"* wird zum Gegenstand für Kunstwerke.

Das gemeinsame Fundament dieser Welten macht das *Prinzip der Innerlichkeit* aus. Damit ist auch gemeint, dass diese Welten zu zentralen Themen in

---

8 Der junge Hegel kritisiert in scharfem Ton die Übermacht der Institutionen, und zwar im Umfeld von Religion, Kirche und Dogmen. Der Grundbegriff dieser Kritik ist die Positivität. Beim reifen Hegel handelt es sich dagegen um die nüchterne Einsicht in die Übermacht von Gesetzen und Institutionen, die die „objektive Ordung" in der Moderne bilden, die zu Extremen im sozialen, politischen und kulturellen Leben bzw. in der Lebenswelt der Einzelnen neigt. Man denke an die Problematik von Luxus und Armut bzw. Pöbelmentalität oder an den Zusammenhang von politischem Terrorismus und religiösem Fanatismus. Gerade unter diesen Umständen wird den Institutionen die Funktion zugeschrieben, die Radikalisierung in den Grenzen der gesetzlich und sittlich bestimmten Ordnung zu halten, auch zum Schutz der Lebenwelt der Einzelnen. Auch der „Selbstschutz" als auf Selbstbestimmung basierende Freiheitskultur der Individuen ist eine wichtige Komponente der ausgeglichenen modernen Gesellschaft. Zu Hegels differenzierter Stellungnahme vgl. von der Verf. Hegels Liberalismus im Licht einiger systematischen Aufsätze und Kategorien bzw. idealtypischen Phänomene in den *Grundlinien der Philosophie des Rechts*, in: *Hegel-Jahrbuch* 2008, Hegels politische Philosophie, Erster Teil, hg. von Andreas Arndt, Paul *Cruysberghs*, Andrzej *Przylebski*, Berlin, S. 87–96.

9 G. W. F. Hegel, *Vorlesungen über die Ästhetik*, Bd. II, in: *Werke*, Bd. 14, S. 190. – Sigle: Ä I, II, III. – Hier soll an die Formulierung der Kunstphilosophie von 1823 erinnert werden: „Jedes Individuum hat sich einen Lebensweg für sich zu machen." VK, S. 193. – Im vorliegenden Aufsatz habe ich mich vor allem auf die dreibändige Ästhetik gestützt. Aber auch Hegels *Vorlesungen über die Philosophie der Kunst* von 1823 könnten die vorliegende Deutung bestätigen, worauf in mehreren Zusammenhängen verwiesen wird.

der Kunst der „neueren Zeit", in der romantischen Kunst werden. Ihre angemessene Gattung ist die *dramatische Kunst*, teils auch die *Malerei* im weltlichen Kreis. Das *Gemüt* ist die entsprechende Form, in dem sich die Komponenten der inneren Welt strukturieren lassen. In diesem Kontext wird das Prinzip der Innerlichkeit zum Leitmotiv der modernen Kunst, das Hegel in verschiedenen Zusammenhängen betont.[10]

2. *Kollisionen zwischen dem Bedürfnis nach dem Absoluten und der Prosa des modernen Lebens mit Blick auf die Funktion der Kunst*

Das eigene Prinzip der Moderne ist die *„unendlich subjektive Freiheit"*, die mit dem „unendlichen Recht" auf Selbstbewusstsein, Wissen, Gefühl, Wille und Handlung eng verbunden ist.[11] Dieses Prinzip und diese Rechte der modernen Individuen werden *einem jeden* beigemessen. In der Freiheit eines jeden wurzelt aber eine grundlegende Wende in der Funktion der Kunst.[12] Der künstlerischen Darstellung der menschlich-individuellen Welt als Lebenswelt und innere Welt, die sich in Charakteren, Leidenschaften, Handlungen, Schwächen und Stärken der Figuren erweisen, hat Hegel *nicht nur* künstleri-

---

10 Zum Motiv der Innerlichkeit als Komponente der neuzeitlichen Identität vgl. Charles Taylor, *Quellen des Selbst. Die Entstehung der neuzeitlichen Identität*, Frankfurt a. M. 1996, Teil II, insbesondere S. 330–353. – Zur Innerlichkeit in Bezug auf die Kunst in der Moderne vgl. von der Verf. Hegel über die Kunst der „neueren Zeit" im Spannungsfeld zwischen der „Prosa" und der „Innerlichkeit", in: *Die Geschichtliche Bedeutung der Kunst und die Bestimmung der Künste*, hg. v. Annemarie Gethmann-Siefert und Lu de Vos, München 2005, S. 121–144.

11 Vgl. § 124 mit der Anmerkung in der *Rechtsphilosophie.* R, S. 232f.

12 Annemarie Gethmann-Siefert hat die historische Funktion der Kunst in den Mittelpunkt von Hegels Werk gestellt. Sie betont die Bedeutung der Dramen von Schiller bezüglich der geschichtlichen Funktion der Kunst bei Hegel. Vgl. dies.:, Die Funktion der Kunst in der Geschichte, in: *Hegel-Studien*, Beiheft 25, Bonn 1984, S. 159–163. – In der vorliegenden Deutung wird diese Funktion im Spannnunsgfeld zwischen dem objektiven und dem absoluten Geist und im Kontext der praktischen Philosophie Hegels bzw. seiner Konzeption der Moderne untersucht. – Zur Problematik der Funktion der Kunst bezüglich der Freiheit eines jeden in der Moderne vgl. von der Verf.: Die paradoxe Natur der modernen Freiheit, in: dies., *Versöhnung und System. Zu Grundmotiven von Hegels praktischer Philosophie*, München 2005, S. 13–30. – Aus dieser Perspektive ist es nicht übertrieben zu behaupten, dass Hegels Kunstphilosophie nicht nur mit seinen geschichtsphilosophischen Überlegungen, sondern auch mit seinen sozialphilosophischen Stellungnahmen in enger Verbindung steht. Dazu s. VK, S. 77–78, 125.

schen Wert eingeräumt, sondern auch eine darüber hinausgehende Aufgabe, die in der *kulturellen Funktion der Kunst der Moderne* besteht. Darum dienen die künstlerischen Darstellungen der Lebenswelt und der inneren Welt der Individuen mit ihren Charakteren, Leidenschaften, Konflikten und Entscheidungen auch als *Verhaltensmuster* in einem Lernprozess, der sich als *„Bildung zur Freiheit" im Leben eines jeden* entfalten kann.[13] D. h. die subjektive Freiheit eines jeden ist zwar in der Moderne als „Idee", „Prinzip" und „Wert" überhaupt gegeben, aber auch *aufgegeben*: Sie soll von einem jeden gelernt, aneignet und ausgeübt werden.

Die moderne Kunst setzt sich auch mit der brutalen Erfahrung der „allseitigen Endlichkeit" dieser Welt, die Hegel als „Prosa des Lebens" und „Prosa der Welt" kennzeichnet, auseinander. Dies stellt eine neue Lage für die Kunst und auch für die Philosophie dar: Die Formen des absoluten Geistes reflektieren die neue Lage auf ihre eigene Weise. Sie thematisieren die oft schmerzhaft erlebten Kollisionen im menschlichen Sein und Wissen, die sich im extremen Spannungsfeld zwischen der *modernen Erfahrung „der allseitigen Endlichkeit" und dem ewigen metaphysischen Bedürfnis nach Unendlichkeit, nach dem Absoluten* erweisen. Dieses Bedürfnis ist elementar, darum kann es aus der Welt der allseitigen Endlichkeit auch nicht entfernt werden. In ihm drückt sich eine *neuartige Spannung* der Moderne aus, die nicht mehr in der Frage nach Gott wurzelt, die mit Gottesbeweisen zu tun hatte und damit sozusagen erledigt werden konnte, sondern in einem uneliminierbaren Bedürfnis nach Unendlichkeit, das die menschliche Existenz auf eine *neue Weise* betrifft. Dieses Bedürfnis geht weit über die kulturelle Dimension der Kunst hinaus: Die kulturelle Funktion der modernen Kunst, die „Bildung zur Freiheit" kann uns in diesem Punkt nicht weiterhelfen, wo das Bedürfnis nach dem Unendlichen, auch der unendlichen Freiheit im Zentrum der modernen Existenz steht.[14]

Darum wird bei Hegel das moderne Individuum nicht entlastet, im Gegenteil: Es wird belastet mit dem Bedürfnis nach dem Absoluten, und zwar auf eine neue Weise. Der junge Hegel hat schon dieses Bedürfnis wie auch die Alternative des Todes Gottes angesprochen.[15] Der reife Hegel kommt zu der Einsicht, dass die Befriedigung dieses Bedürfnisses letztlich zur Frage der

13 Zur Bildung zur Freiheit vgl. R, § 187.

14 Dieses Bedürfnis hat einen existentiellen bzw. methaphysischen Charakter, und zwar im doppelten Sinne, wie Dieter Henrich ausführt: 1. Existenzanalyse des bewussten Lebens, 2. der Sinn der Metaphysik, die die Begründung durch Subjektivitätstheorie darstellt. Beide Bedeutungen dienen der Erklärung des spekulativen Denkens und führen zurück zur Theorie der Subjektivität und Metaphysik. Vgl. ders.: *Bewußtes Leben. Untersuchungen zum Verhältnis von Subjektivität und Metaphysik*, Stuttgart 1999, S. 9.

15 G. W. F. Hegel, *Glauben und Wissen*, in: ders., *Werke*, Bd. 2, S. 432.

subjektiven Entscheidung eines jeden wird.[16] Das ist die Folge des Prinzips der „unendlich subjektiven Freiheit“, die auf einen jeden ausgedehnt wird. Die einzig annehmbare Alternative im Verhältnis zum Absoluten als Gott hat er mit der „subjektiven Religiosität“ der Moderne erläutert. D. h. auch, dass er *nicht nur das Problematischwerden der Kunst, sondern auch das des Verhältnisses des modernen Menschen zum Absoluten* und seiner kulturellen Formen überhaupt in seiner Philosophie zum Ausdruck gebracht hat.[17]

Wenn das metaphysische Bedürfnis nach Gott auch in der postaufklärerischen Moderne nicht aufzugeben ist, dann ergeben sich daraus Konsequenzen für das Menschsein überhaupt wie auch für die Lebensführung der Individuen. Die eine bezieht sich auf die umgreifende Perspektive des Menschseins. Für das endliche Wesen ergibt sich die Aufgabe, die Unmittelbarkeit und Endlichkeit seines Lebens als „Nichtigkeit“ zu verlassen und sogar zu „töten“.[18] Das ist der „unendliche Schmerz“ der Aufopferung seiner eigenen Subjektivität. Die Erreichbarkeit des Absoluten als Erfüllung dieser Aufgabe ist der Kern der Geschichte Christi, worin sich zugleich seine empirisch-universale mustergebende Rolle für die Lebensführung eines jeden manifestiert.[19] Diese Art Tod ist nämlich nicht nur Vergehen und Negieren, sondern Befreiung von der Endlichkeit, darum auch unendliche Bejahung des Lebens.[20] Dieser Umgang mit dem Absoluten wäre aber *nur* ein beschränkter Inhalt für die künstlerische Darstellung, was Hegel in der Begrenztheit des religiösen Kreises der Kunst aufzeigt. Dagegen bietet der weltliche, menschliche Kreis für die künstlerische Darstellung einen phänomenologisch weiten und vielschichtigen Gegenstand, wobei wir hier in der Welt der „allseitigen Endlichkeit“ ankommen.

16 S. dazu: Erzsébet Rózsa, Glauben als Wissen, in: *Hegel-Jahrbuch*, Erster Teil 2002, hg. v. Aandreas Arndt, Karol Bal, Henning Ottmann Berlin 2003, S. 223-228.

17 Vgl. Erzsébet Rózsa, „Glaube im Gefühl“. Hegels Auffassung der subjektiven Religiosität in Bezug auf die Selbstdeutung und die Selbstbestimmung des modernen Individuums, in: *Viele Religionen, eine Vernunft? Ein Disput zu Hegel*, hg. von Herta Nagl-Docekal, Wolfgang Kaltenbacher, Ludwig Nagl, Wiener Reihe, Bd. 14, Wien/Berlin 2008, S. 135–154.

18 Ä II, S. 133f.

19 „Muster“ und „Verhalten“ sind Ausdrücke der Tübinger Predigt von 1793, mit deren Verwendung Hegel die „Versöhnlichkeit“ als praktisches Verhaltensmuster beschrieben hat. Vgl. Johannes Hoffmeister, *Dokumente zu Hegels Entwicklung*, Stuttgart 1936, S. 189.

20 Hegel fügt hinzu: „Das Weitere ist, daß an anderen dieselbe Geschichte sich darstellt und wiederholt.“ Das ist die Entäußerung der göttlichen Geschichte in den Märtyrern. VK, S. 187. – Die „Bekehrung des Sünders“ ist eine „ewige Geschichte“, von den einzelnen wiederholt und von ihnen durchgeführt. Der Schmerz wie die Versöhnung befinden sich im Inneren. Ebd., S. 189. – In diesem Zusammenhang hat Hegel Beispiele wie den verlorenen Sohn oder die Geschichte von Maria Magdalena erwähnt.

Darin zeigt sich auch die enorme Begrenztheit und sogar die Unmöglichkeit des Verhaltensmusters Christi für die Lebensführung der Individuen in der prosaischen Moderne.

Die Individuen bewegen sich jetzt in der endlichen Welt, die von jener *Idee der subjektiven Freiheit* als *Grundorientierung* durchzogen wird, die sich in allen Sphären der Moderne, so auch in ihrer Kunst entfaltet.[21] Diese Entfaltung ist in jedem endlichen, kontingenten, fragmentarischen Leben zu finden, was Hegel als „Endlichkeit", „Partikularität" und „Prosa des Lebens" kennzeichnet. Die Erfahrung dieser Art Leben entlastet uns als freie Individuen der Moderne aber nicht von der Auseinandersetzung mit dem Absoluten, auch dann nicht, wenn man, wie z. B. Pascal oder später Nietzsche, Gottes Tod als Alternative betont. Hegel sieht auch die Phänomene, die jene Philosophen zur These vom Tod Gottes geführt haben. Er bevorzugt dennoch eine andere Alternative, insofern seines Erachtens das Bedürfnis nach Gott tief im menschlichen Sein verwurzelt, daraus nie auszutreiben ist. Um so schwieriger wird die Herausforderung für den modernen Menschen, der die „Allseitigkeit der Endlichkeit" erfährt und auch mit Gottes Tod rechnet, der aber *das elementare Bedürfnis nach Gott*, nach Unendlichkeit allen Einsichten und Erfahrungen zum Trotz, aus seinem Dasein *nicht eliminieren und nicht in beruhigender Weise erfüllt sehen kann.* Seine (vergöttlichte) subjektive Freiheit hilft ihm in dieser existentiellen Frage letztlich doch nicht.

Diese zwiespaltige metaphysische Ebene im Menschsein, in der inneren Welt eines jeden bzw. die extreme Endlichkeit als Prosa der Welt verleihen dem Menschsein in der Moderne eine enorme Spannung, die die Hegelsche Deutung der Kunst und deren Perspektive prägt. Der religiöse Kreis der Kunst als künstlerische Darstellung der Gottesproblematik ist *keine erfolgreiche Geschichte*, wie Hegel aufzeigt. Fast die einzige Ausnahme ist die Darstellung der Mutterliebe in der Malerei. Christi Schmerz ist für die Malerei ein problematisches Thema, nicht nur aus der Perspektive der Darstellbarkeit der Schönheit, was Hegel auch betont,[22] sondern auch und vor allem aus der Perspektive der Belastung mit dem Bedürfnis nach dem Absoluten und dessen Entgegensetzung zur allseitigen Endlichkeit des weltlichen Lebens und der unendlich subjektiven Freiheit eines jeden.

---

21 Diese Idee wird systematisch-kategorial als Selbstdeutung und Selbstbestimmung in der Moralität im zentralen Kapitel der *Rechtsphilosophie* ausgeführt.

22 In der Darstellung der Christusgeschichte tritt das Unschöne „notwendig" auf. – Zur Bedeutung des Hässlichen als Hegelsches Motiv vgl. die ausführliche Arbeit von Francesca Iannelli, *Das Siegel der Moderne. Hegels Bestimmungen des Hässlichen in den Vorlesungen zur Ästhetik und die Rezeption bei den Hegelianern*, München 2007, insb. S. 137–225.

3. *Moderne Persönlichkeit und repräsentative Individuen in der romantischen Kunst*

Die Geschichte der modernen Persönlichkeit und deren künstlerische Darstellbarkeit ist der Schlüssel der modernen Kunst. Die Kunst ist eine Art Kundgebung über die moderne Persönlichkeit, die mit den Heroen und den großen Charakteren der Alten nicht identisch ist. Christus ist die erste moderne Persönlichkeit, die die unendlich subjektive Freiheit als Prinzip der modernen Welt verkörpert und repräsentiert.

Christus ist nicht nur eine moderne Persönlichkeit, sondern auch ein Repräsentant (Ágnes Heller) oder ein Idealtyp (Max Weber). Er ist nicht identisch mit seiner persönlichen (fiktiven oder reellen) Biografie. Er ist mehr als diese Biografie: Er repräsentiert darüber hinaus noch etwas. Es geht auch darum, dass die Selbstidentität in der Moderne nicht mehr gegeben ist, wie es bei den Griechen der Fall war, sondern dass sie einem jeden aufgegeben ist.[23] Das Verhaltensmuster hat gerade die Funktion, den Weg vom spannunsgvollen, zerrissenen Sein zum einheitlichen, identischen Sein aufzuzeigen.[24] In diesem Zusammenhang erhält die Kunst eine kulturelle Funktion, der zufolge Kunstwerke bzw. Figuren bestimmter Werke nicht nur dem Genuss durch Kunst dienen, sondern sie auch Idealtypen darstellen, die den ihre Identität suchenden, „schwankenden Individuen" helfen können. Die „Bildung zur Freiheit" als kulturelle Funktion der Formen des absoluten Geistes bietet Anhaltspunkte für eine *identitätsstiftende Prägung des eigenen Lebens.*

Unterschiedliche Gestalten treten als Repräsentanten der modernen Freiheit nach Christus auf. Die Hauptfigur (die begriffliche Gestalt) des weltlichen Kreises der modernen Kunst ist die „weltliche Subjektivität".[25] Sie umfasst verschiedene Idealtypen.[26] Die erste große Gestalt der „weltlichen Subjektivität" ist der *Ritter*, der seine Bestimmungen, Ehre, Liebe, Treue, nicht als über-

---

23 Der Gedanke der Vereinigung bzw. der Versöhnung bringt dies deutlich zum Ausdruck.

24 Vgl. dazu Hegels Tübinger Predigt von 1793 bzw. Charles Taylor, *Quellen des Selbst.*

25 Ä II, S. 141-142.

26 Zur begrifflichen Differenzierung der Subjektivität im kategorialen Feld der religiösen und weltlichen Kunst, insbesondere zur zentralen Rolle des subjektiven Gemüts vgl. die allgemeine Behandlung der romantischen Kunst sowohl in der dreibändigen Ästhetik als auch in der Kunstphilosophie von 1823. Auch 1823 stehen die Bedeutungen der Subjektivität und ihrer Darstellbarkeit im Zentrum der romantischen Kunst. Innerlichkeit bzw. Innigkeit sind jene Begriffe, die auch auf das Problematischwerden der Kunst, so auf die Disharmonie von Inhalt und Form bzw. die Verengung des Inhalts der romantischen Kunst verweisen. Zugleich betont Hegel die Gegenrichtung: „Indem aber der ganze Inhalt in den Punkt des subjektiven menschlichen Gemüts zusammengehalten ist und hierhinein aller Prozeß

lieferte Tugenden, sondern als Ausdrucksformen seiner *eigenen* Innerlichkeit erlebt. Der Ritter ist repräsentatives Subjekt, weil er über seine Einzigartigkeit hinaus auch noch etwas anderes bedeutet: Er drückt ein Verhaltensmuster aus, das er denen vermittelt, für die es gar nicht evident ist, wie sie sich im Leben orientieren und verhalten sollten. Die Verhaltensmuster von Christus und die des Ritters sind in die europäische Kulturgeschichte eingegangen und sind als Elemente der kulturellen Erinnerung in der Lebensführung der Einzelnen immer wieder aktualisierbar. Auch dann, wenn ihr repräsentativer Charakter im Laufe der Geschichte der Moderne an Bedeutung verliert.

Das Subjekt der romantischen Kunst tritt in ein endliches und sogar brutales Sein ein, das man in der klassischen Kunst nicht kannte.[27] Aber der „empirische Mensch" der Moderne nähert sich der endlichen Welt doch mit dem Vertrauen, dass er darin etwas finden kann, das er aus seinem eigenen Leben oder aus einem anderen kennt, eventuell in seiner Umgebung liebt. Dies gilt für Christus und den Ritter. Sie sind uns bekannt: Sie haben Eigenschaften, äußere und innere, die uns nicht fremd sind und denen gegenüber wir nicht gleichgültig sind. Insbesondere ist uns die dritte Gestalt der modernen Subjektivität nicht unbekannt: der *Bürger*. In der äußerlichen Erscheinung eines Bürgers, sei er von *Moliere* oder *Shakespeare* oder von einem der zeitgenössischen deutschen Dramen, erkennen wir uns oder unsere Bekannten. Der Grund, warum dies so ist, ist folgender: „Diese Heimatlichkeit im Gewöhnlichen ist es, durch welche die romantische Kunst von außen her anlockt."[28]

Es stellt sich die Frage, ob der Bürger auch ein Repräsentant für uns ist?

4. *Der „rechtschaffene Bürger" als Hauptfigur der romantischen Kunst und als ihr Totengräber*

Über die Musterrolle von Christus und seiner Geschichte hat man schon viel und vielerlei geschrieben. Ebenso hat das Muster des Ritters viele inspiriert. Nun wird danach gefragt, ob und wie der Bürger relevant für die moderne Kunst sein kann. Und wenn ja, was repräsentiert der Bürger als Hegels und unser Zeitgenosse? Dieser Bürger tritt erst dann auf die Bühne der Weltgeschichte, wenn „allseitige Endlichkeit" und „Prosa des Lebens" angefangen haben, sich zu entfalten und die Welt zu beherrschen. Das beginnt historisch in der Zeit der Reformation. Hegel hat die Prosaisierung der Lebenswelt und

verlegt wird, so ist damit andererseits der Kreis auch wieder unendlich erweitert und umfaßt die schrankenloseste Mannigfaltigkeit." VK, S. 183.

27 Ä II, S. 142f.

28 Ä II, S. 146.

deren künstlerische Darstellung teils mit Symphatie betrachtet, wie dies das Beispiel der niederländischen Malerei zeigt. Ihre Darstellung der bürgerlichen Gesinnung ist für ihn einer der Höhepunkte der Kunstgeschichte.[29] Jene Periode der Prosaisierung, in der die Prosa des Lebens mit dem Denken und mit der Prosa des Verstandes verfestigt wird, ist die Zeit der Aufklärung. Diese Art Prosa, d. h. das die ganze Lebenswelt beherrschende „Verstandesdenken" als instrumentalisierte Rationalität, betrachtet Hegel mit gemischten Gefühlen.

Warum hat die Geschichte des modernen Subjekts eine solche Wende genommen? Nach Hegel ist dies deswegen geschehen, weil das Christus-Muster deformiert wurde. Die „Tötung des Weltlichen" und die Verleugnung der Menschlichkeit im Christentum haben zu dieser Wende geführt.[30] Dies heißt auch, dass das Weltliche in die Selbstbestimmung des Subjekts hier nicht einbezogen wurde. „Was jedoch der jetzigen Stufe abgeht, ist die Erfüllung der Innerlichkeit mit dem konkreten Inhalt der menschlichen Verhältnisse, Charaktere, Leidenschaften und *des wirklichen Daseins* [hervorgehoben von mir] überhaupt".[31] Hegel, ganz ähnlich wie später Kierkegaard und Nietzsche, kritisiert die „Tötung des Weltlichen" und die Leugnung des Menschlichen. Das hat er als Deformation aufgefasst. Der Ritter ist der erste *menschlich-subjektive* Repräsentant. Er erkennt schon das endliche Sein: Seine Subjektivität und Endlichkeit sind nicht nur Mittel zur Erfahrung des Absoluten, wie es bei Christus der Fall war. Im Leben des Ritters handelt es sich schon um die wahrhafte Erfahrung dieses endlichen Seins. Seine Subjektivität und Innerlichkeit werden weltlich und gegenwärtig: „der Geist breitet sich aus, sieht sich um in seiner Gegenwart und erweitert sein wirkliches weltliches Herz".[32] Der kulturgeschichtliche Verdienst des Ritters ist nicht infrage zu stellen: Er hat die Subjektivität in ihrer umfassenden, menschlichen Besonderheit entfaltet und die innere Welt des Menschen bzw. ihr Erscheinen in ihrem ganzen Reichtum zugänglich gemacht. Aber eine Folge dieser Entwicklung ist, dass die Bestimmungen des Ritters, wie Liebe und Treue, keine sittlichen, sondern nur Formen der romantischen Innerlichkeit der Subjektivität sind.[33] Darum

---

29 VK, S. 312f.
30 Ä II, S. 174.
31 Ä II, S. 194.
32 Ä II, S. 171.
33 Die Liebe ist ein großes Thema des Hegelschen Werks, auch der Ästhetik, wie das Herta Nagl-Docekal in ihrem Beitrag auf vielschichtige Art und Weise ausgeführt hat. Vgl. dieselbe: Liebe in „unserer Zeit". Unabgegoltene Elemente der Hegelschen Ästhetik, in diesem Band. – Zu diesem Thema vgl. auch: Claudia Melica, Der Begriff der Liebe in der romantischen Kunst, in: *Zwischen Philosophie und Kunstgeschichte. Beiträge zur Begründung der Kunstgeschichtsforschung bei Hegel und im Hegelianismus,*

bleibt seine Art Weltlichkeit im begrenzten Rahmen seiner typischen Einstellung. Die Grenze dieses Idealtyps besteht vor allem darin, dass er nur auf sich konzentriert ist. Dieser Mangel wird erst dann überwunden werden können, wenn das „wirkliche Leben" und die „wirkliche Welt" zum unendlichen Gegenstand der Kunst werden, wie es z. B. in der niederländischen Malerei der Fall ist. Dieser Prozess führt aber zu erheblichen Widersprüchen auch innerhalb der Kunst, die später ihr Ende innerhalb der romantischen Kunst vorbereiten.

Die ich-zentrierte Einstellung des Ritters verändert sich nicht von sich aus. Das Defizit dieses Verhaltensmusters wird erst in einem anderen aufgehoben, nämlich in dem des Bürgers. Hier wird das prosaische Leben des Bürgers in der Innerlichkeit eingeholt, die der Ritter entwickelt hat. Diese Art Leben und Welt treten in den Mittelpunk der neueren Kunst. Dies geschieht erst dann, wenn sich die bürgerlichen Lebensverhältnisse verbreiten. In diesem Vorfeld wird der Bürger mit seiner prosaischen Welt zur Hauptfigur der Kunst. Es ist interessant, dass der „rechtschaffene Bürger" und nicht der Bürger als solcher in den Vordergrund tritt. Der Bürger ist eigentlich das Subjekt der bürgerlichen Gesellschaft, d. h. der wirtschaftlichen und sozialen Strukturen der Moderne, wie Hegel dies in der *Rechtsphilosophie* ausführt.[34] Dort spricht er die *Rechtschaffenheit als grundlegendes ethisches Kennzeichen* dieses Subjekts an.[35] Die Tugend ist eine ganz andere ethische Bestimmung: Sie ist eine Idee, aber kein universales Muster für einen jeden. Sie ist heimisch in der Welt von Heroen und großen Charakteren, so bei Achill oder Antigone. Aber die Tugend kann nicht für jeden und nicht unter allen Umständen geltend gemacht werden. Die Tugend hat ihre Relevanz *nur* unter außerordentlichen Umständen, z. B. im Konflikt der zwei sittlichen Mächte von Antigone und Kreon.[36]

Die moralische Reflexion des modernen Subjekts bringt eine neue Lage hervor, in der die Handlungen auf das Recht auf Selbstbewusstsein bzw. auf

---

hg. von Annemarie Gethmann-Siefert/Bernadette Collenberg-Plotnikov, München 2008, S. 269–279.

34 Vgl. R, § 190, Anm., §§ 204–207, 223–225, bzw. die entsprechenden Paragraphen des Abschnitts zur Rechtspflege.

35 Zur Thematisierung der Rechtschaffenheit s. § 207 in der *Rechtsphilosophie.* R, S. 359f. – Die Einfühung der Rechtschaffenheit erklärt Hegel durch die Selbstreflexion und Selbstbestimmung der Moralität, die ihre „eigentümliche Stelle" eben in dieser Sphäre der Wirklichkeit des modernen Individuums hat.

36 Hier treten „wahre Kollisionen" auf, für deren Auflösung die Tugend als gegebene Norm der angemessenen Handlung dient. Auf dieser Stufe sind angegebene Normen einerseits, Charaktere und Handlungen andererseits, die von eigenen Entscheidungen abhängen, noch nicht getrennt. Als Gegenbeispiel ist Hamlet zu erwähnen, der eine starke reflexive Einstellung hat, die sich aber auf seinen Charakter und seine Handlungen negativ, d. h. hemmend auswirkt.

Selbstbestimmung eines jeden und nicht mehr auf überlieferte Normen gegründet werden. Dabei können Kollisionen entstehen, z. B. im Gewissen. Diese Spannungen sind aber nicht von sittlichen Mächten bestimmmt, sondern von subjektiver Natur. Das Selbstbewusstsein des modernen Individuums dehnt darum die Kollisionen *unendlich* aus. Unter diesen Umständen stellt sich die folgende Frage, die auch für die moderne dramatische Kunst außerordentlich wichtig ist: Wie kann man Anhaltspunkte für Entscheidungen und Handlungen finden, die in objektiven, überlieferten Normen wie der Tugend nicht mehr wie früher zur Verfügung stehen? Die Folge der neuen Lage des modernen Individuums ist eben die „schwankende Haltung", die mit dem Verlust der Tugend und dem Gewinn des Rechts auf Selbstbewusstsein bzw. Selbstbestimmung auftritt, das im Prinzip der unendlich subjektiven Freiheit der Moderne wurzelt.[37]

Die Rechtschaffenheit ist darum eine Art *subjektive Tugend.* Sie ist eine moralisch-subjektive, zugleich eine sittlich-gemeinschaftliche Norm, die zwischen dem sittlich-objektiven Leben und dem Recht des Selbstbewusstseins bzw. der Selbstbestimmung der Individuen vermittelt. Mit der Rechtschaffenheit wird nicht allgemein-kategorisch, wie in der Tugend, vorgegeben, was sittlich ist und was nicht. Eben darum, weil dies durch die moralische Reflexion des Einzelnen in Bezug auf seine *eigene, besondere Lebenswelt konkret* bestimmt werden soll. Rechtschaffenheit ist darum die *Mitte* zwischen sittlichen Normen und moralischer Selbstbestimmung. Dieses Muster Hegels ist mit dem *Meson* bei Aristoteles zu verbinden. Es ist auch Kants Einfluss zu erkennen, insofern die *Pflicht* in die Rechtschaffenheit integriert wird. Hegel hat darum die Rechtschaffenheit im Horizont der modernen Welt zur allgemeinen Norm des Verhaltensmusters erhoben, in der sich eine reflexive und eine normativ-praktische Stellungnahme verknüpfen.[38] Die Lebenwelt des rechtschaffenen Bürgers beruht darum *nicht nur* auf seiner Selbstbestimmung, sondern auch darauf, dass er in der weltlichen Sphäre „das objektive Recht" der substantiellen Mächte, des Staates, des Bürgertums, des Gesetzes, des Rechtssystems, d. h. der *modernen* Sittlichkeit anerkennt und in seinen Praktiken zur Geltung bringt.

Das hat der Ritter nicht getan: Ihn hat nur das subjektive Recht seines eigenen Ich geleitet, das ihn unvermeidlich zu Konflikten getrieben hat. Aber diese Konflikte waren zufällig. So z. B. in der Liebe, dass der Mann immer

37 Vgl. die heutigen Diskussionen über die Normativität des Praktischen, unter anderem die Arbeiten von Ludwig Siep, Michael Quante, Robert B. Pippin, Robert Brandom und Terry Pinkard.

38 Die Lebenswelt des Bürgers gründet sich darauf, dass jeder im Ganzen für sich sorgt und in seiner Wirklichkeit tüchtig arbeitet. Vgl. Ä II, S. 190.

nur eine Frau und nur diese Frau unbedingt bevorzugt, ist bloß die Privatsache des subjektiven Herzens und der Besonderheit oder die Absonderlichkeit des Subjekts und die unendliche Hartnäckigkeit.[39] Hegel fügt hinzu: „Es ist in dieser Stellung allerdings die höhere Freiheit der Subjektivität und deren absoluter Wahl anerkannt – die Freiheit, nicht bloß wie die Phädra des Euripides einem Pathos, einer Gottheot unterworfen zu sein; aber um des schlechthin einzelnen Willens, aus dem sie hervorgeht, (willen) erscheint die Wahl zugleich als ein Eigensinn und eine Halsstarrigkeit der Partikularität."[40]

Es hat sich Folgendes gezeigt: Die moderne Gesellschaft ist für Hegel nicht nur ein System von objektiven Makrostrukturen der substantiellen Mächte, sondern auch die Sphäre des *eigenen* Lebenskreises, der *eigenen* Biografie der Individuen, ihrer *eigenen* Geschichte. Diese Lebenswelt hat ein *eigenes Ethos*: das ist die rechtschaffene Arbeit und das rechtschaffene Verhalten des Bürgers. Dies ist im Vergleich mit Christus, auch mit dem Ethos des Ritters zwar ein gemein-prosaisches, aber *doch ein Ethos*.

In welcher Weise ist dies aber für die Kunst relevant?

Die tagtägliche, bürgerliche Rechtschaffenheit als typisches Ethos und typische Gesinnung des modernen Individuums haben die *Niederländer* am vollkommensten dargestellt – so Hegel.[41] *Rembrandt* und *van Dyck* hat er hier bevorzugt. Er merkt an: „Bei den Holländern dagegen in ihren Schenken, bei Hochzeiten und Tänzen bei Schmausen und Trinken geht es, wenn's auch zu Zänkereinen und Schlägen kommt, nur froh und lustig zu, die Weiber und Mädchen sind auch dabei, und das Gefühl der Freiheit und Ausgelassenheit durchdringt alles und jedes. Diese geistige Heiterkeit eines berechtigten Genusses, welche selbst bis in die Tierstücke hereingeht und sich als Sattheit und Lust hervorkehrt, diese frische, aufgeweckte geistige Freiheit und Lebendigkeit in Auffassung und Darstellung macht die höhere Seele solcher Gemälde aus."[42]

Das moderne Individuum will etwas anderes vom Leben und nicht das Höhere: Es sehnt sich nach *Gegenwart* und *Zufriedenheit* mit dem Sein, mit sich selbst, d. h. seinem endlichen, besonderen Leben. Der Einzelne ist zufrieden, aber als schwankende Individualität sucht er doch auch Bestätigung und Gewissheit für sich. Und zwar in seiner eigenen Lebenswelt, in deren Zentrum er steht, und in dem, was er in der prosaischen *„Philisterempfindung, der Zufriedenheit findet"*. „Diese Bürgerlichkeit und Unternehmungslust im Kleinen wie im Großen, im eigenen Lande wie ins weite Meer hinaus, dieser sorgfältige

39 Vgl. Ä II, S. 243.
40 Ebd., S. 189.
41 Ä I, S. 223.
42 Ebd.

und zugleich reinliche, nette Wohlstand, die Frohheit und Übermütigkeit in dem Selbstgefühl, daß sie dies alles ihrer eigenen Tätigkeit verdanken, ist es, was den allgemeinen Inhalt ihrer Bilder ausmacht. Das ist aber kein gemeiner Stoff und Gehalt, zu dem man freilich nicht mit der Vornehmlichkeit einer hohen Nase von Hof und Höflichkeiten her aus guter Gesellschaft herankommen muß. Im solchem Sinne tüchtiger Nationalität hat Rembrandt seine berühmte ‚Wache' in Amsterdam, van Dyck so viele seiner Porträts, Wouwerman seine Reiterszenen gemalt".[43] Das moderne Individuum – das Zentrum der modernen Kunst – ist auf keinen Fall bereit, die Einstellung infrage zu stellen, die darin besteht, dass die Unmittelbarkeit des Lebens und die Gegenwart als eigenes Geschöpf des modernen Individuums zum Fundament seiner Selbstgewissheit wurden. Diese Attitüde ist in der Genremalerei der späten Niederländer zu bewundern: „Die Befriedigung an der Gegenwart des Lebens auch im Gewöhlichsten und Kleinsten fließt bei ihnen daraus her, daß sie sich, was anderen Völkern die Natur unmittelbarer bietet, durch schwere Kämpfe und saueren Fleiß erarbeiten müssen".[44]

Eben auf diese Weise kann der Bürger seine eigene Freiheit in der Prosa der Welt erleben. Aber auch seine Religion, der sich in die Prosa des Lebens einnistende *Protestantismus*, treibt ihn in diese Richtung. Gerade diese Lebensführung ist es, die die niederländische Malerei als eine der Lebenswelt des rechtschaffenen Bürgers angemessene Malerei rechtfertigt.[45] Zu dieser *Rechtfertigung* durch die Kunst gehört auch, dass die Niederländer die Forderung erfüllt haben, nach der das moderne Individuum zwischen *„seinem Herzen und der Wirklichkeit" vermitteln* soll. Dies schenkt ihm eine Haltung, die für seine Handlungen und seine Lebensführung Orientierungspunkte bietet wie auch „das Recht des Herzens und Gemüts", das in der Zufriedenheit zum Ausdruck kommt. Die moderne Kunst ist mit der *Bejahung des endlichen Seins* zufrieden, womit sie aber *zu ihrem eigenen Totengräber* wird. Diese positive Selbstfindung des modernen Individuums in der bürgerlichen Einstellung und Gesinnung ist in der Wirklichkeit der Moderne nur der Anfang, aber in der romantischen Kunst der Schluss.

Damit stellt sich heraus: Dies ist keine beliebig aufgestellte These, auch keine Prophezeiung, sondern eine *Folgerung*, die Hegel aus einer vielseitigen und tiefgehenden Analyse eines komplexen Prozesses gezogen hat. Anhand von Hegels Beispielen kann man die Macht der Prosa des Lebens als Gegenstand der Kunst in der „bewunderswertesten Gestalt" betrachten. Aber dieser Höhepunkt macht uns auf das Ende aufmerksam: Die höchsten Ideale der

43 Ä II, S. 86.
44 Ä II, S. 225.
45 Ä II, S. 226.

Kunst sind doch nicht zu eliminieren und in Gestalt von Fischern und Bauern darzustellen. Hegel verweist darauf, dass die prosaische Wende der Moderne zu einem sich immer weiter ausdehnenden Prozess wird. Diese Wende wurzelt letztlich in wirtschaftlichen Veränderungen, die Hegel „am Beispiel Englands" studiert und deren Folgen er in allen Bereichen der modernen Welt überblickt hat.[46] In der neueren Kunst finden alle Lebenssphären und Erscheinungen Platz, das Größte ebenso wie das Kleinste, das Höchste wie das Niedrigste, das Sittliche und das Amoralische, das Gute und das Böse, und zwar auf ganz extreme Weisen. „Die reelle Wirklichkeit in ihrer prosaischen Objektivität" als der volle Umfang des gewöhnlichen, alltäglichen Lebens wird nun zum Stoff der Kunst. Es bleibt nichts, das der Kunst fremd wäre: Ihr Tor öffnet sich für alle Phänomene des Lebens. Dies bereitet aber auch ihren Schluss vor.

Es hat sich gezeigt, dass der rechtschaffene Bürger die Hauptfigur der Moderne ist. Aber er ist *kein repräsentatives Individuum*. Er kann und soll dies auch nicht sein. Es ist nicht mehr nötig, dass diese oder jene Personen Lebensformen und Verhaltensmuster repräsentieren. Die empirische Universalität der modernen Freiheit ist *in der Wirklichkeit gültig* geworden: Es kann ein jeder zwar zum rechtschaffenen Bürger, aber auch und vor allem zu einem besonderen Charakter werden, der dem Lebensprogramm folgt, das nicht mehr und nicht weniger beinhaltet, als seinen *eigenen* Lebensweg zu betreten und seine *eigene* Lebenswelt zu gestalten. Das ist der höchste Imperativ in der Moderne. Dieser Weg führt aber in der Kunst zum *Langweiligen und Uninteressanten*. Der rechtschaffene Bürger wird aus der Perspektive der Kunst zum *Philister.* Und das kennen wir aus dem Leben zu gut, darum interessiert es uns in der Kunst nicht. Nicht viel anders verhält es sich mit dem Charakter-Werden. Wenn ein jeder zum besonderen Charakter werden kann, dann wird die normative Größe der Individualität unausweichlich eliminiert. Sie wird entweder zum Philister, den man in langweiligen deutschen Dramen trifft, oder zu einem extrem-subjektiven Charakter, den man in der Komödie findet. Aber beide Gestalten verlieren an Bedeutung für die künstlerische Darstellung, was wieder auf das Ende dieser Kunst verweist.

---

46 In diesem Zusammenhang ist Hegels Wirtschaftsphilosophie hervorzuheben, die, wie die „modernen Voraussetzungen" überhaupt, bei der Erklärung der typischen Phänomene der Formen des absoluten Geistes nicht außer acht gelassen werden kann. Seine Rezeption der britischen Ökonomie ist in dieser Hinsicht entscheidend. – Ein Beispiel für die Hegelsche Rezeption der britischen zeitgenössichen Kultur liefert der Aufsatz von Sándor Radnóti in diesem Band. Vgl ders., Kalt Schäferspiel. Der Mann von Geschmack und der Philosoph – Hazlitt und Hegel.

5. *Die Komödie als die letzte Gattung der Kunst und das endgültige Verschwinden der Größe aus der Kunst*

Der Mensch wird weder als Ritter noch als Bürger geboren: In der Moderne *wählt jeder seine soziale und persönliche Identität*. In der Sozialisation, die auch die Bildung durch kulturelle Erbschaften vermittelt, tritt auch das Verhalten des Ritters im Bürger-Werden auf. Diese Wiederholung ist das Fundament der Gattung des Romans in der neueren Kunst.[47] Das Subjekt der Moderne beginnt das Leben als Ritter, dann besänftigt es sich zum Bürger und sogar zum Philister. Hegel betont den Ernst dieser Wende in der Biografie eines jeden, wobei er dieses Phänomen mit Ironie und sogar mit Sarkasmus betrachtet. Sowohl das Vergängliche als auch das Bleibende im ritterlichen Verhalten akzentuiert Hegel. „Dies Romanhafte ist das wieder zum Ernste, zu einem wirklichen Gehalte gewordene Rittertum. Diese Zufälligkeit des äußerlichen Daseins hat sich verwandelt in eine feste, sichere Ordnung der bürgerlichen Gesellschaft und des Staates, so daß jetzt Polizei, das Heer, die Staatsregierung an die Stelle der chimärischen Zwecke treten, die der Ritter sich machte. Dadurch verändern sich auch die Ritterlichkeit der in neueren Romanen agierenden Helden. Sie stehen als Individuen mit ihren subjektiven Zwecken der Liebe, Ehre, Ehrsucht oder mit ihren Idealen der Weltverbesserung dieser bestehenden Ordnung und Prosa der Wirklichkeit gegenüber, die ihnen von allen Seiten Schwierigkeiten auf den Weg legt."[48]

Die subjektiven Motivationen, Vorstellungen und Visionen des Ritters verschwinden im prosaischen Leben der Moderne jedoch nicht. Jeder findet vor sich eine Welt, die er bekämpfen muss. Hegel führt aus: „Besonders sind Jünglinge diese neuen Ritter, die sich durch den Weltlauf, der sich statt ihrer Ideale realisiert, durchschlagen müssen und es nun für ein Unglück halten, daß es überhaupt Familie, bürgerliche Gesellschaft, Staat, Gesetze, Berufsgeschäfte usf. gibt, weil diese substantiellen Lebensbeziehungen sich mit ihren Schranken grausam den Idealen und dem unendlichen Rechte des Herzens entgegensetzen. Nun gilt es, ein Loch in diese Ordnung der Dinge hineinzustoßen, die Welt zu verändern, zu verbessern oder ihr zum Trotz sich wenigstens einen Himmel auf Erden herauszuschneiden: das Mädchen, wie es sein soll, sich zu suchen, es zu finden und es nun den schlimmen Verwandten oder sonstigen Mißverhältnissen abzugewinnen, abzuerobern und abzutrotzen. Diese Kämpfe nun aber sind in der modernen Welt nichts Weiteres als die Lehrjahre, die Erziehung des Individuums an der vorhandenen Wirklichkeit, und erhalten dadurch ihren wahren Sinn. Denn das Ende solcher Lehrjahre

47 Ä II, S. 219.

48 Ebd.

besteht darin, daß sich das Subjekt die Hörner abläuft, mit seinem Wünschen und Meinen sich in die bestehenden Verhältnisse und die Vernünftigkeit derselben hineinbildet, in die Verkettung der Welt eintritt und in ihr sich einen angemessenen Standpunkt erwirbt. Mag einer auch soviel sich mit der Welt herumgezankt haben, umhergeschoben worden sein, zuletzt bekommt er meistens doch sein Mädchen und irgendeine Stellung, heiratet und wird er ein Philister so gut wie die anderen auch; die Frau steht der Haushaltung vor, Kinder bleiben nicht aus, das angebetete Weib, das erst die Einzige, ein Engel war, nimmt sich ungefähr ebenso aus wie alle anderen, das Amt gibt Arbeit und Verdrießlichkeiten, die Ehe Hauskreuz, und so ist der ganze Katzenjammer der übrigen da."[49] Als Folge dieser Änderungen stellt er auch fest, dass das Komische über das Tragische und sogar auch über das Dramatische triumphiert. Diesen Gedankengang findet man im Abschnitt „Das Romanhafte", dessen grundlegende Charakteristika gerade in der von Hegel anschaulich und deutlich beschriebenen „modernen Welt" wurzeln.[50]

Woher kommt der Gedanke, dass die Komödie die letzte Gattung der Kunst wird?

Hegel schätzt die Darstellung der allseitigen Prosa des Lebens in der niederländischen Malerei. Aber es ist für ihn doch unmöglich, das Absolute in Gestalt, in Zwecken und Charakteren von Fischhökerinnen (Fischmarktfrauen) oder Nachtwächtern darzustellen. Man braucht Ironie, um die Widersprüchlichkeit dieser Konstellationen in der Kunst zu verstehen. Gerade die Unmöglichkeit der künstlerischen Akzeptanz des Höheren führt zu einer neuen Wende. Der Einzelne als Subjekt der Moderne kann ein höheres Fundament, das in der Welt nicht mehr gegeben ist, nur in sich selbst finden. Darum kann er nur eines tun: *sich selbst zum Absoluten erheben.*[51] Diese Wende stellt das Thema des Komischen, die Gattung der Komödie und die Einstellung des Subjekts als Humor und Ironie in den Mittelpunkt.

Nach Hegel siegt das ewig Substantielle in der Tragödie. Demgegenüber behält in der Komödie die Subjektivität die Oberhand in ihrer unendlichen Sicherheit.[52] „In der Tragödie zerstören die Individuen sich durch die Einseitigkeit ihres gediegenen Wollens und Charakters, oder sie müssen resignierend das in sich aufnehmen, dem sie in substantieller Weise selbst sich entgegensetzen; in der Komödie kommt uns in dem Gelächter der alles durch sich und in

49 Ä II, S. 219f. – Den gleichen Gedanken findet man in den Vorlesungen von 1823: VK, S. 197f.

50 Zum „Romanhaften" bei Hegel s. den Beitrag von János Weiss in diesem Band: Die Theorie des Romans in Hegels Ästhetik.

51 Vgl. R, § 140, 265–288.

52 Ä III, S. 527.

sich auflösenden Individuen der Sieg ihrer dennoch sicher in sich dastehenden Subjektivität zur Anschauung" – so Hegel. Er fügt hinzu: „Der allgemeine Boden für die Komödie ist daher eine Welt, in welcher sich der Mensch als Subjekt zum vollständigen Meister alles dessen gemacht hat, was ihm sonst als der wesentliche Gehalt seines Wissens und Vollbringens gilt; eine Welt, deren Zwecke sich deshalb durch ihre eigene Wesenslosigkeit zerstören."[53] Die in sich sichere, absolute Subjektivität wird zum Schlüssel der Komödie. Diejenige Subjektivität, die die letzte Gestalt des modernen Individuums darstellt und die für künstlerische Darstellung noch ein gewisses Interesse hat. Diese Figur hat sich zum Herrn all dessen erhoben, das er für den wesentlichen Inhalt seines Wissens und seiner Leistung hält. Die Zwecke dieser Welt lösen sich aber auf, weil diese Zwecke *„wesenslos"* sind.[54] Die *Zerstörung* der Zwecke, darum auch der eigenen Welt, ist die Basis des Komischen.

Das Komische ist aber nicht nur das bloße Ertragen der Zerstörung der eigenen Welt und der wesentlichen Zwecke, sondern zu ihm „gehört überhaupt die unendliche Wohlmütigkeit und Zuversicht, durchaus erhaben über seinen eigenen Widerspruch und nicht etwa bitter und unglücklich darin zu sein, die Seligkeit und Wohligkeit der Subjektivität, die, ihrer selbst gewiß, die Auflösung ihrer Zwecke und Realisationen ertragen kann."[55] Dieser Sinn für das Komische und die Ironie als Einstellung des modernen Individuums sind erwünscht, um das Scheitern der höheren Ideale und Zwecke zu ertragen. Das reflexive und distanzierte Verhältnis in der Ironie und im Humor macht das Subjekt fähig, sich von der Welt der Endlichkeit zu trennen und in der Erfahrung der allseitigen Endlichkeit die „Scheinexistenz" anzublicken. Das moderne Individuum kommt hierbei zu der Einsicht, dass es sich nur auf sich selbst stützen kann; alles andere ist zufällig, kontingent, darum instabil und unsicher. Der rechtschaffene Bürger ist ungeeignet, eine solche Einstellung einzunehmen: Er hat zunächst nicht die Fähigkeit und die Bereitschaft, diese ganze Lage zu überblicken. Hegel gibt auch eine Erklärung dafür: „der steife Verstand", den der Bürger besitzt und der seine Zwecke leitet, ist „am wenigsten fähig", Abstand zu halten und die Gesamtlage distanziert zu überblicken. In dieser Lage ist es für das moderne Subjekt nicht hinreichend, sich und seine Welt mit dem Selbstbild des rechtschaffenen Bürgers zu betrachten. Das Individuum soll in sich sein Ich finden, das alles verlieren kann und doch über dem Verlust und der Zerstörung steht, weil es die Selbstgewissheit besitzt

53 Ebd.
54 Ebd.
55 Ä III, S. 528.

und frei und sogar glücklich sein kann.[56] Darum ist das Komische als *ironische Haltung* aufzufassen, der auch eine gewisse Heiterkeit zukommt.[57]

Hegel bemerkt: „Das Komische spielt sich deshalb in unteren Ständen der Gegenwart und Wirklichkeit selbst, unter Menschen, die einmal sind, wie sie eben sind, nicht anders sein können und wollen und, jedes echten Pathos unfähig, dennoch nicht den mindesten Zweifel in das setzen, was sie sind und treiben. Zugleich aber tun sie sich als höhere Naturen dadurch kund, daß sie nicht an die Endlichkeit, in welche sie sich hineinbegeben, ernstlich gebunden sind, sondern darüber erhoben und gegen Mißlingen und Verlust in sich selber fest und gesichert bleiben. Diese absolute Freiheit des Geistes, die an und für sich in allem, was der Mensch beginnt, von Anfang an getröstet ist, diese Welt der Heiterkeit ist es, in welche uns Aristophanes einführt. Ohne ihn gelesen zu haben, läßt sich kaum wissen, wie dem Menschen sauwohl sein kann." [58]

Aber nicht Aristophanes, sondern Shakespeare war derjenige, der den wirklichen komischen Standpunkt entfaltet hat. „Hier nämlich macht die Wohligkeit des Gemüts, die sichere Ausgelassenheit bei allem Mißlingen und Verfehlen, der Übermut und die Keckheit der in sich selber grundseligen Torheit, Narrheit und Subjektivität überhaupt wiederum den Grundton aus und stellt dadurch in vertiefterer Fülle und Innerlichkeit des Humors, sei es nun in engeren oder weiteren Kreisen, in unbedeutenderem oder wichtigerem Gehalt, das wieder her, was Aristophanes in seinem Felde bei den Alten am vollendsten geleistet hatte. Als glänzendes Beispiel dieser Sphäre will ich zum Schluss auch hier noch einmal Shakespeare mehr nur nennen als näher charakterisieren."[59] Er fügt hinzu: Die Komödie stellt den Zweck der Kunst in ihrer Auflösung dar, als die Gegenwärtigkeit des Absoluten und die Zwecke, Charaktere des reellen Seins nicht mehr zu vereinigen sind. Nach dieser Auflösung bleibt nur die Subjektivität als solche, die sich auch in und durch die Auflösung ihrer selbst gewiss und in sich gesichert zeigt.[60]

Die Einsicht, dass das Absolute in Charakteren, Idealen, Zwecken bzw. Handlungen nicht mehr gegenwärtig sein kann, ist auch bei den Niederländern vorhanden. In ihrer Malerei ist zu bewundern, wie sich der rechtschaffene Bürger in seiner Lebenswelt findet. Zugleich wird deutlich, dass die künstlerische Darstellung des Absoluten in dieser Welt verschwand: Die Selbstgewissheit des modernen Subjekts erhebt sich über das Absolute. Aber

56 Ebd.
57 Ebd., S. 527–530.
58 Ä III, S. 553.
59 Ä III, S. 572.
60 Ebd., S. 573.

es stellt sich immer wieder heraus, dass das Absolute aus dem Menschsein und aus dessen kulturellen Darstellungsformen doch nicht zu eliminieren ist. Und wenn das Absolute auf positive Weise nicht mehr dargestellt werden kann, kommt es auf negative Weise zurück: Das Absolute tritt *ex negativo* in das moderne Leben ein, das eben die Komödie in der absoluten Subjektivität der Figuren darstellt. Hier findet man das Absolute auf *verkehrte Weise*. Das Absolute verliert sich darum nicht, sondern verändert sich und wird zur „absoluten Subjekvität" in den Figuren der Komödie und der Einstellung der Ironie.

Was für ein Mensch ist die Hauptfigur der Komödie? Ein Clown, ein Narr, ein Harlekin? Ein bißchen schon. Oder lieber ein Weiser? Ja, das ist sie auch. Ein Possen treibender Weiser, der zum Pathos unfähig ist, wobei er genau weiß, was das bedeutet und dass das sehr wichtig ist. Er ist gerade darum unfähig, das Pathos anzunehmen, weil er die Konstellationen der modernen Welt mit scharfem Blick übersieht. Und auch wenn er sich auf die Spiele dieser Welt einlässt – und wie könnte er es anders tun –, bleibt er doch ein Außenstehender.

Der weise Clown ist kein rechtschaffener Bürger und auch kein Ritter. Das ritterliche Verhalten enthält das höhere Ideal der Ehre, der Liebe und der Treue, das der wahren Sittlichkeit ähnelt. Das ist aber nur eine Ähnlichkeit und keine Identität, insofern Zufall und Enttäuschung die Handlungen des Ritters kennzeichnen, abweichend von den vernünftigen Handlungen des Bürgers im Rahmen des sittlichen Lebens. Das Romantische und sein Gegenpol als seine innere Opposition, d. h. das Ironische, sind in Cervantes' Don Quijote verknüpft zu finden. In ihm als in einer adeligen Natur wird das Rittertum aber zur Verrücktheit. Don Quijote ist eine Seele, die auch in der Verrücktheit ihrer selbst gewiss ist. Hegel stellt fest: „Ohne diese reflexionslose Ruhe in Rücksicht auf den Inhalt und Erfolg seiner Handlungen wäre er nicht echt romantisch".[61] Er setzt hinzu: „Ebenso ist das ganze Werk einerseits eine Verspottung des romantischen Rittertums, durch und durch eine wahrhafte Ironie [...]; andererseits aber werden Begebenheiten Don Quijotes nur der Faden, auf dem sich aufs lieblichste eine Reihe echt romantischer Novellen hinschlingt, um das in seinem wahren Wert erhalten zu zeigen, was der übrige Teil des Romans komisch auflöst."[62]

Auf diese Weise wandelt sich die „wirkliche Subjektivität" der romantischen Kunst in die „absolute Subjektivität" um, womit das Ende der Kunst sozusagen „einprogrammiert" wird.

---

61 Ä II, S. 218.
62 Ebd.

6. *Der „Schluss der Kunst überhaupt" versus der „Schluss der romantischen Kunst" als „Anfang" der Kunst der Spätmoderne*

Die Zeit des Ideals der romantischen Ritter ist endgültig verlorengegangen. Aber die ritterliche Mentalität als Ideal der Jugend kann immer wieder belebt werden. Der rechtschaffene Bürger beginnt sein reflexives Leben nicht mit der Norm der Rechtschaffenheit, sondern mit dem Ideal des Ritters. Dann ändert sich alles: Die Zufriedenheit tritt an die Stelle des romantischen Ideals, womit der Ritterkandidat zum Bürger, und zwar oft zum Philister, Spießbürger, manchmal zum Clown wird. Der Clown ist aber *nur eine Episode* des zu lang gewordenen Stücks der Moderne. Er ist die Ausnahme, die aber die Gültigkeit der Regel bestätigt: Nicht der Komödiant ist die Haupfigur dieses Stücks. Der (rechtschaffene) Bürger ist das angemessene Subjekt der modernen Welt, das meistens aber ein langweiliges Leben führt, das für künstlerische Darstellungen des Höheren im Menschlichen keinen angemessenen Stoff bieten kann.

Der tiefste Grund der Auflösung der Kunst in der Moderne liegt darum nicht nur in der Kunst, auch nicht einfach außer der Kunst, sondern gerade im *Spannungsfeld zwischen Kunst und Leben, Unendlichem und Endlichem im Menschsein*. Die größte Schwierigkeit liegt aber darin, dass das Absolute als metahysisches Bedürfnis aus dem Menschsein nie eliminiert werden kann[63] und dass dieses Bedürfnis in der Kunst der Moderne keine Befriedigung finden kann. Die Prosaisierung des Lebens und der Untergang der großen Charaktere verweisen auf ein *Unbehagen in der Kunst.* Die subjektive Religiosität ist auch nicht die angemessene Form des Verhältnisses zum Absoluten: Sie ist beliebig, zufällig, kontingent. Die Philosophie bleibt alleine übrig für eine angemessene Befriedigung des Bedürfnisses nach dem Absoluten. Sie ist aber nur für wenige eine Alternative, weil die Philosophie sich in der „Sprache des Begriffs" als in der von wenigen ausdrückt.[64]

Hegels Konzept zieht letztlich auch das Ende der Religion und der Philosophie nach sich. Die Moderne läutet die Alarmglocke nicht nur für die große

---

63 Zur metaphysischen Dimension der Hegelschen Kunstphilosophie vgl. den Aufsatz von István M. Fehér in diesem Band: „Das sinnliche Scheinen der Idee". Gadamer und Hegel: Zwei Arten einer Metahysik des Schönen.

64 Vgl. G. W. F. Hegel, Vorrede zur zweiten Ausgabe der Enzyklopädie der philosophischen Wissenschaften, in: *Werke,* Bd. 8, S. 23f. – Zur Problematik der doppelten Sprache und Funktion der Formen des Geistes vgl. von der Verf.: *Versöhnung und System,* , S. 234–252, bzw. dieselbe: „Glaube im Gefühl". Hegels Auffassung der subjektiven Religiosität in Bezug auf die Selbstdeutung und die Selbstbestimmung des modernen Individuums, S. 135–154.

Kunst, sondern auch für große Philosophien und Religionen.[65] Zugleich war es für ihn keine Frage, dass Kunstwerke, Philosophien und Religionen auch in späteren Phasen der Moderne erhalten bleiben bzw. zustande gebracht werden können. Es war ihm wohl bewusst, dass die neueren Entwicklungen der Moderne, so der Fortschritt der Naturwissenschaften, der Technik bzw. Technologie die Bedeutung von Kunstwerken, Philosophien und Religionen radikal verändern. Dies bringt eine grundlegende Umstrukturierung der Gesamtkultur mit sich, was einer der Kerngedanken seiner Theorie der Moderne ist.[66] Diesen Einsichten zum Trotz geht es ihm doch nicht um das Ende der Kunst überhaupt. Seine Stellungnahme war viel differenzierter, was sich auch in dem folgenden kurzen Vergleich mit Hothos Stellungnahme in den *Vorlesungen über die Philosophie der Kunst von 1823* deutlich zeigt.

Hotho hat hier den *„Schluss der Kunst überhaupt"* hervorgehoben, der aber der Hegelschen Deutung des Endes der Kunst nicht entspricht.[67] Hegel geht es nämlich um den Schluss der *romantischen* Kunst und gar nicht um den der Kunst überhaupt.[68] Der Schluss der romantischen Kunst eröffnet in Hegels Augen neue Möglichkeiten für die Kunst; eben dies ist als *„Anfang" der Kunst nach der romantischen Kunst* aufzufassen. Der Formalismus, den Hegel als grundlegende Kennzeichnung der modernen Kunst akzentuiert, oder das Unschöne wie auch das künstlerische Interesse an anderen Kulturen bzw. Kulturen anderer Zeiten sind keine zufälligen Beispiele Hegels, sondern verweisen auf *neue Phänomene* und sogar *Alternativen für die Kunst – nach dem „Schluss der romantischen Kunst"*. Die Kunst nach dem Ende der romantischen Kunst wird, wie Hegels Beobachtungen und Vermutungen zeigen, vielschichtiger und pluralistischer. In dieser neuen Lage ergibt sich für die Kunstphilosophie eine neue Aufgabe, die darin liegt, den Fragen genau nachzugehen, worin der *jeweilige* neue Status und die *jeweilige* Bedeutung von *bestimmten*

---

65 Zur Deutung dieser Tendenz kann der Vorschlag beitragen, den Ludwig Nagl in seinem Aufsatz als „das hermeneutisch und pragmatizistisch dimensionierte Interpretationskonzept" kennzeichnet. Vgl. ders., Vom „Begriff" zu den Metaphern „substiler Sprache". Charles Taylor über das Verhältnis von Kunst, Religion und Philosophie: eine Neubesichtigung seiner Erwägungen zu „Hegel today", in diesem Band.

66 S. dazu von der Verf., Versöhnung als „Projekt der Moderne", in: dies., *Versöhnung und System* (Anm. 10), S. 110–159.

67 Hotho markiert die These „Schluss der Kunst überhaupt", das aber der Hegelschen Deutung des Endes der Kunst nicht vollkommen entspricht, wie sich es an dieser Textstelle deutlich zeigt. VK, S. 199–200.

68 VK, S. 200. – Zu diesem bis heute diskutierten Aspekt der Hegelschen Ästhetik vgl. Klaus Vieweg, Die moderne-skeptische Kunst als Ende der Kunst – Die ‚Romantik' als Aufhebung von Symbolik und Klassik, in: ders., *Skepsis und Freiheit. Hegel über den Skeptizismus zwischen Philosophie und Literatur*, München 2007, S. 283–303.

Kunstwerken in der Gesamtkultur der Spätmoderne bestehen und inwieweit sie das Leben beeinflussen können. Die metaphysichen bzw. epistemisch-epistemologischen Grundlagen dieser Wende drücken sich in seinem Gedanken vom Übergang von der Kunst zur Philosophie, von der Anschauung zum Denken und zum Begriff aus. Daran schließen sich eine neue Art der *Reflexivität der Kunstphilosophie* und eine neue Art der *Kreativität der Kunst* an, die der unendliche Reichtum von Formen und die Vielseitigkeit von Kulturen ermöglichen.

Eine neu-alte, kantianisch-hegelische, aber doch spätmoderne Reflexion ist auch in der Frage von *Georg Lukács* zu erkennen, die auch für unsere Zeit relevant ist: „Es gibt *Kunstwerke – wie sind sie möglich?*"[69]

---

69 Georg Lukács, *Heidelberger Philosophie der Kunst (1912–1914)*, aus dem Nachlass hg. von György Márkus und Frank Benseler, Darmstadt/Neuwied 1974, S. 9. – Die Grundidee der vorliegenden Deutung der Hegelschen Konzeption der Kunst geht auf einen auf Ungarisch publizierten Aufsatz zurück. Siehe: Rózsa Erzsébet, Krisztus, a lovag, a derék polgár és aki utána jön…? Hegel a modern szubjektumról, in: *Diotima*. Heller Ágnes 70. születésnapjára. Osiris Kiadó, Budapest 1999, S. 435–452. – Der vorliegende Beitrag wurde im Rahmen des Aufenthaltes in der Kollegforschergruppe für Theoretische Grundlegung für Normenbegründung in Medizinethik und Biopolitik abgeschlossen.

Ludwig Nagl

Vom „Begriff" zu den Metaphern „subtiler Sprachen"

Charles Taylor über das Verhältnis von Kunst, Religion und Philosophie: eine Nachbesichtigung seiner Erwägungen zu „Hegel today"[1]

Schon vor geraumer Zeit hat Odo Marquard darauf hingewiesen, dass in der Gegenwart – gegen Hegels These – von den Begriffsmodi des „absoluten Geistes" nicht die Philosophie, sondern am ehesten die Kunst (zulasten der „höheren Modi" von Philosophie und Religion) Karriere gemacht hat: „Je moderner die moderne Welt wird, desto unvermeidlicher wird das Ästhetische", schrieb Marquard 1989.[2] Wenn diese Beobachtung stimmt, dann lässt sie sich auf sehr verschiedene Weisen interpretieren: z. B. entlang der Linie der älteren Säkularisationstheorien – was Marquard selbst, als ein nicht allein ästhetisch, sondern auch religionsphilosophisch inspirierter Denker, freilich keineswegs tut. Dieser säkularistischen Interpretation zufolge wandern heute – da, zumindest im Westen, sowohl die Wahrheitsansprüche der Metaphysik, als auch die Weltbildlogiken der Religionen (samt ihrer theologischen „Rationalisierungen") zunehmend der Kritik verfallen sind – die meisten Versuche der Sinnerhellung ins offene *postreligiöse* Feld des Ästhetischen aus.[3] Wächst der Kunst unter dieser *nach*metaphysischen und *nach*religiösen

1 Eine frühere, kürzere Version dieser Arbeit erschien unter dem Titel „Hegel today": Charles Taylor zum Verhältnis von Kunst, Religion und Philosophie. Eine Nachbesichtigung, in: Kurt Appel, Johann Baptist Metz und Jan-Heiner Tück (Hg.), *Dem Leiden ein Gedächtnis geben*, Wiener Forum für Theologie und Religionswissenschaft, Band 4, Göttingen 2012, S. 403–427.

2 „Die ästhetische Kunst und die philosophische Ästhetik werden spezifisch modern nötig und wirklich als Chancen, den Realitätsverlust, ohne den die modernen Versachlichungen nicht zu haben sind […], durch Realitätsgewinne wettzumachen (zu kompensieren), […], so dass gilt: je moderner die moderne Welt wird, desto unvermeidlicher wird das Ästhetische." (Odo Marquard, *Aesthetica und Anaesthetica. Philosophische Überlegungen*, Paderborn 1989, München 2003, S. 9.)

3 Birgit Recki fasst die These Marquards so zusammen: Anders als Hegels Rede vom „Ende der Kunst" in Aussicht stellte, hat es für Marquard die Ästhetik „keineswegs nur mit einem auch verzichtbaren Epi- oder Luxusphänomen zu tun, sondern mit der unabweisbaren Frage nach einem sinnvollen Weltverhältnis und Selbstverständnis des Menschen." (Birgit Recki, Aesthetica und Anaesthetica. Odo Mar-

Kondition – nochmals mit Marquard gesprochen – somit eine Entlastungsfunktion zu: die Funktion der, so Marquard, „kleinen – menschenmögliche – Erlösung“?[4] Ist Kunst heute „Entlastung vom Weltgericht und insofern profan“: d. h. „in etwa das, was christlich die göttliche Gnade war: ein Gnadenstand unter Bedingungen der nicht mehr eschatologischen Welt“?[5]

Charles Taylor – einer der besten Hegelkenner im angloamerikanischen Raum, der in seinem Spätwerk *Ein säkulares Zeitalter* den Optionenraum von Religion vor dem Hintergrund eines im Westen dominant werdenden „exklusiven Humanismus“, der zu jedem Transzendenzanspruch Distanz bezieht, untersucht – teilt solche Beobachtungen zwar in einiger Hinsicht, kehrt sie jedoch zugleich *kritisch um* und versieht sie mit einer anderen Pointe. Beschäftigt sich Marquard nämlich primär mit der Frage, wie Theologisches, transformiert und gemindert, in die *Kunst* einwandert, so fasziniert Taylor eine weitere Facette der post-hegelschen Entwicklung. In den Schlusspassagen seines – an Hegel zwar, indirekt, geschulten, dessen starkes „Vernunftverständnis“ jedoch verabschiedenden[6] – Narrativs über die Genese der Moderne, *A Secular Age*, sondiert er, wie ein nachphilosophischer, zu strikter Theoriebildung Distanz haltender Thematisierungsmodus von Religion sich, reflektierend, in der *Literatur* konfiguriert (in „Ahnungen“, die, ästhetisch instradiert, der „moralisch-anthropologischen Vorstellungskraft“ entspringen – die also ihren „Vernunftort“ in einer, so Taylor, „dritten Dimension“, „die jenseits des präzisen Beobachtens und des verlässlichen Schließens liegt“, haben). Diese „dritte Dimension“, die nachhegelisch und nachkantisch verfasst ist, bleibt „fragil“ und kann nur „in potentiell unendlicher hermeneutischer Debatte“ (stets limitiert bleibenden) Artikulations*versuchen* zugeführt werden.[7] An die Stelle der dialektischen Arbeit des Begriffs tritt damit eine fragile Hermeneu-

quards philosophische Überlegungen zur Ästhetik, in: *Zeitschrift für philosophische Forschung*, Band 46, Heft 3, 1992, S. 395.)

4 Odo Marquard, *Aesthetica und Anaesthetica*, S. 15.

5 Ebd., S. 13f.

6 In seiner „Replik“ auf die Beiträge in der Festschrift zu seinem achtzigsten Geburtstag, *Unerfüllte Moderne?*, bringt Taylor seine Distanznahme vom Hegelschen Projekt wie folgt zum Ausdruck: Dass er sich „von Hegels Vernunftverständnis weit entfernt habe“, hat, so schreibt Taylor, seinen Grund darin, „dass uns Hegels vermeintlich ontologisch begründetes Begriffsverständnis aus dem Bereich fragiler und ungefährer Paradigmen herausführen soll, der unter Umständen aufgehoben werden könne. Aber meiner Ansicht nach“, so Taylor, „ist es uns nicht möglich, diesen Bereich zu transzendieren.“ (*Unerfüllte Moderne? Neue Perspektiven auf das Werk von Charles Taylor*, hg. v. Michael Kühnlein und Matthias Lutz-Bachmann, Berlin 2011, S. 858.)

7 Siehe dazu Charles Taylor, Replik, S. 856–858.

tik, die die literarischen Metaphern am Ort des Religiösen (schwach, und ohne jedes „schlagende Argument“[8]) zu artikulieren sucht.

Taylors *indirekte* und *direkte* Analysen des Hegelschen Anspruchsgefüges am Denkort von *Philosophie-Religion-Kunst* (die direkten finden sich in seinem Frühwerk, auf das wir im Folgenden hauptsächlich Bezug nehmen werden, die indirekten – in denen jeder *explizite* Rekurs auf Hegel ausgeklammert bleibt – im Spätwerk) münden, zuletzt, nicht in eine selbst-suffiziente „Ästhetik“, sondern, komplexer, in den Versuch einer hermeneutischen Deskription des offenen Felds der modernen Interrelationen von Literatur und Religion. Taylor teilt, ähnlich wie Marquard, die These der älteren Subtraktionstheorie, die ein (mehr oder weniger unvermeidbares) Ende der Religion annimmt, keineswegs. Zwar tendiert in der Gegenwart ein im Westen weithin selbstverständlich gewordenes *szientistisches* Weltbild dazu, sich zu einem ethisch aufgeladenen „exclusive humanism“ zu schließen. Dennoch kann auch in diesem Stadium der menschheitlichen Entwicklung, so Taylor (der dabei über Strecken den Analysen von Marcel Gauchet folgt[9]), genaugenommen keine Rede davon sein, dass die Suche nach Transzendenz im Verschwinden wäre. *Post* Hegel ist zwar – so eine der Leitannahmen Taylors – nicht mehr *philosophische Vernunft* in der Lage, den Kern (ja allenfalls gar den „Wahrheitskern“[10]) von Religion denkend zu „retten“: hat sich doch in der Kritik des neunzehnten und zwanzigsten Jahrhunderts nicht nur Kants transzendentales Konzept der Vernunft, sondern auch Hegels „Begriff“ als unhaltbar erwiesen. Daher eröffne in der modernen Lebenswelt nicht (Religions-)Philosophie proper (oder

8 Die Frage, die Ludwig Siep in seinem Beitrag zur Taylor-Festschrift, „Hegels und Taylors Kritik der Moderne“, in den Raum stellt – ob Taylors Großerzählung in der Absicht konzipiert sei „dem Glauben Platz zu machen“ oder ob „die ganze Geschichte letztlich doch einem historisch-philosophischen Beweis für die Überlegenheit des Glaubens diene“ – beantwortet Taylor in seiner „Replik“, was den ersten Teil betrifft, mit „Ja, wahrscheinlich“, was den zweiten betrifft, jedoch mit einem „entschiedenen Nein“: Habe er doch, so Taylor, „um es paradox auszudrücken, [in *A Secular Age*] ein schlagendes Argument dahingehend geliefert, dass im Konflikt der Interpretationen, der unter anderem zwischen Theisten und Atheisten besteht, keine schlagenden Argumente zulässig sind.“ (Ebd., S. 850f.) Diese Position, so fährt er fort, münde jedoch nicht in einen Relativismus. Zwar könne beim Artikulationsversuch ästhetisch-spirituell konfiguierter „Ahnungen“ und „unausgeformter Einblicke“ nicht mehr ein klassischer Vernunftbegriff dienlich sein, aber „starke Wertungen“ ließen sich auch in der offene Sequenz hermeneutischer Interpretationen zum Ausdruck bringen.

9 Vgl. Marcel Gauchet, The Religious after Religion, in: ders., *The Disenchantment of the World. A Political History of Religion,* Princeton University Press 1977, S. 200–207 (sowie Foreword by Charles Taylor, ebd., S. IX–XV).

10 An dem Taylor – bei aller hermeutischen Fragilität der Artikulationsversuche von Religion – festhalten will (vgl. Replik, *Unerfüllte Moderne?*, S. 856.)

gar „philosophische Theologie"[11]), sondern am ehesten eine avancierte, *raisonnierende Literatur* (die im Medium ihrer metapherndurchwirkten „subtile Sprachen" die „Ahnungen" und „unausgeformten Einblicke", welche sich in unserer Wirklichkeitserfahrung finden, zum Ausdruck zu bringen vermag[12]) den Raum nicht nur – wie Säkularisationstheoretiker annehmen – für *nachreligiös dimensionierte* Welterkundungen, sondern, so Taylor, vor allem auch den in „potentiell unendlichen hermeneutischen Debatten"[13] (schwach) reartikulierbaren Erfahrungsraum *des Religiösen* selbst. Dieser Thesenset enthält interessante Differenzierungen und Spezifikationen, die die Leser Taylors freilich vor eine Reihe schwieriger Fragen stellen. Einige davon sollen im Folgenden – vor allem mit Blick auf das noch explizit mit Hegel (und der Abgrenzung von Hegel) befasste Taylorsche Frühwerk – untersucht werden.

Am Ende seiner Hegelstudie aus dem Jahr 1975[14] (und, in knapper Weise, auch am Ende seines zweiten Hegelbuchs, das er 1979 unter dem Titel *Hegel and Modern Society* veröffentlicht hat[15]) zieht Taylor, unter dem Titel „Hegel today",[16] die Bilanz aus seiner Lektüre. Diese fällt ambivalent aus: *zum einen* sind für Taylor „Hegels Synthesen" an den Denkorten von Kunst, Religion und Philosophie *tot, zum anderen* insistiert er darauf, dass Hegels Denken im Blick auf die zeitgenössischen Versuche „Subjektivität dadurch zu dimensionieren, dass sie auf unser Leben als leibliche und soziale Wesen bezogen wird",[17] *nachhaltig Relevanz behält*. Wir werden uns im Folgenden mit Aspekten des *ersten* Teils beschäftigen: mit Taylors Einsprüchen gegen Hegels Interpretation des Verhältnisses von Ästhetik, religiösem Glauben und Philosophie. Diese Einsprüche, so macht das Taylorsche Spätwerk deutlich, sind für ihn selbst von so großem Gewicht, dass in seinem Buch *A Secular Age* (2007)[18] – in dem Taylor die Genesebedingungen jenes modernen Optionenraums untersucht, der (zumindest in westlichen Gesellschaften) die Wahl zwischen transzendenzlosen aufklärerischen sowie gegenaufklärerischen Weltsichten

---

11 Vgl. dazu Taylors Antwort auf den Einspruch von Thomas Rentsch, dass er keine „philosophischen Theologie" ausgearbeitet habe, Replik, S. 850.

12 Ebd., S. 856.

13 Ebd., S. 852.

14 Charles Taylor, *Hegel*, Cambridge 1975 [= H/E] (dt.: *Hegel*, Frankfurt a. M. 1983 [= H/D]).

15 Charles Taylor, *Hegel and Modern Society*, Cambridge 1979 (= HMS). Dieses Buch ist nicht nur eine Kurzfassung von *Hegel* 1975, sondern Taylor geht hier– anders als in seinem ersten Hegelbuch – explizit der Frage nach, „in which way [Hegel] is important to contemporary philosophers." (HMS XI)

16 H/E, S. 537–569; H/D, „Hegel heute", S. 705–749; HMS, S. 166–169.

17 HMS, S. 167, Dt. L. N.

18 Charles Taylor, *A Secular Age*, Cambridge, Massachusetts, and London, England, 2007 (Dt.: *Ein säkulares Zeitalter*, Frankfurt a. M. 2009).

einerseits und einem plural dimensionierten Spektrum religiöser Identitätsbildungen *andererseits* ermöglicht – Hegel keine (oder besser gesagt: keine explizite) Rolle mehr spielt.[19] (Schon vor einigen Jahren hat Erzsébet Rózsa auf das erstaunliche Faktum von Taylors Hegelabstinenz hingewiesen, die sie im Blick auf das – ganz hegeldistant entwickelte – Identitätskonzept, welches Taylor in *Quellen des Selbst* vorlegt, bedauert.)[20] Was aus Hegel zu lernen war, so scheint Taylor nahezulegen, wandert (methodenbefreit und von falscher Ontologie gereinigt) *indirekt* ein in die sophistizierte *hermeneutisch-narrative* Erkundung geistes- und sozialgeschichtlicher Konfigurationen – eine pluralismussensible Erkundung „massenhaft verbreiteter ‚Mentalitäten'“[21] –, die (am Denkort der Religion) den eigenen „Standpunkt“ zwar, mit gebotener Vorsicht, sichtbar werden lässt (im Fall Taylors: den Standpunkt eines liberalen Katholiken[22]), die sich jedoch aller *stärker* artikulierten *philosophischen* Argu-

19 Das wird von vielen Taylor-Lesern mit Bedauern zur Kenntnis genommen, z. B. von Volker Gerhardt, der in seinem Beitrag zur Taylor-Festschrift 2011, Säkularisierung: Eine historische Chance für den Glauben – mit Blick darauf, dass Hegel beim späten Taylor nur mehr „in Randbemerkungen“ vorkommt –, schreibt: „Zu bedauern ist, dass Charles Taylor nicht den Versuch unternimmt, seine Säkularisierungsthese am Beispiel des wohl scharfsinnigsten Kritikers von Aufklärung und Romantik zu prüfen.“ (*Unerfüllte Moderne?*, S. 565f.)

20 Siehe Erzsebét Rózsa, *Versöhnung und System. Zu Grundmotiven von Hegels praktischer Philosophie*, München 2005. Rosa hat in den zahlreichen Taylorreferenzen dieses Buches darauf verwiesen, dass sich Taylors Hegel-Abblendung bei seinen Analysen des modernen Selbst nachteilig auswirkt: „Taylor hat Hegel nur Randbedeutung in der Ausarbeitung der Problematik der neuzeitlichen Identität beigemessen.“ (Ebd., S. 29, FN 23; siehe auch S. 149, FN 80; S. 220, FN 158; S. 382, FN 132, S. 490, FN 41, und S. 505, FN 60.) Taylors Abstinenz betrifft auch Hegels Versöhnungsbegriff im Konzept der „Vollendeten Religion“: In diesem Zusammenhang, so Rózsa, „zeigt sich besonders klar der Verlust, der davon herrührt, dass Taylor Hegels Leistung in die Behandlung der neuzeitlichen Identitätsprobleme nicht einbezogen hat.“ (Ebd., S. 625, FN 169.)

21 Ludwig Siep charakterisiert die Differenz zwischen Hegels *begriffsgeschichtlich dimensionierter Philosophie* und dem *hermeneutisch-deskriptiven Narrativ* von Taylors *Ein säkulares Zeitalter* kurz wie folgt: „[Taylors] Geschichtsphilosophie hat es nicht primär mit Formen des Geistes zu tun, die in Philosophien und Wissenschaften, Verfassungen und Institutionen ‚kristallisiert' sind wie die Hegelsche. Vielmehr sind die massenhaft verbreiteten ‚Mentalitäten', die alltäglichen ‚sozialen Vorstellungsschemata' (‚social imaginaries') dasjenige, was seine ‚Erzählung' der Entwicklung der europäischen Geschichte beschäftigt.“ (Ludwig Siep, Hegels und Taylors Kritik der Moderne, in: *Unerfüllte Moderne?*, S. 263.) Solch ein *mentalitätsgeschichtlich dimensioniertes hermeneutisch-deskriptives* Narrativ bleibt freilich in dem Richtigkeitsanspruch, den es erhebt, prekär. Denn dieser Anspruch, so Siep, steht „auf einem weitaus rutschigeren Boden“ als „Hegels Versuch, den Geist der Epochen aus seinen ‚Objektivierungen' zu begreifen“. (Ebd., S. 285.)

22 Vittorio Hösle beschreibt Taylors „eigene Option“ wie folgt: Taylor „vertritt einen liberalen Katholizismus ohne Infallibilität, der unter anderem deswegen attraktiv

mentation (in der Darstellung der säkularen und nicht säkularen Interrelationen von Ästhetik, Religion/Religionskritik und Philosophie) enthält. Diese – allgemein betrachtet ja keineswegs unsymphatische – „hermeneutizistische" (Selbst)Beschränkung, durch die Taylor den Hegelschen Systemansprüchen und Hierarchisierungen entschlossen den Rücken kehrt, ist freilich *zugleich eine argumentative Ausdünnung*, die, wie Taylors Kritiker argumentieren,[23] eine Reihe gravierender Probleme nach sich zieht. Im Folgenden soll in vier Schritten Taylors Abschied von den „Hegelschen Synthesen" *kritisch resondiert* werden. Zunächst (1) besichtigen wir seinen Einspruch gegen die „untergeordnete" Position, die Hegel der „romantisch"-neuzeitlichen Kunst zuweist (und vergleichen Taylors Erwägungen mit einer anderen zeitgenössischen Relektüre dieser Hegelschen These: jener Vittorio Hösles). Im Abschnitt 2, „Taylors Abkehr von Hegels Theorie des Absoluten: vier Erwägungen", wird der (u. a. von Heidegger und Hölderlin mitinspirierte) allgemeine Bezugsraum der Taylorschen Hegelkritik skizziert. Teil 3 ist Taylors Distanznahme von Hegels Religionsphilosophie gewidmet. Der Schlussabschnitt 4, „Die Aufwertung der literarischen Sprache", beschäftigt sich mit dem Primat der *hermeneutischen* Horizonterkundung in Taylors Spätwerk.[24]

---

ist, weil er keineswegs eine Verteufelung des vormodernen Katholizismus betreibt. [....] Sosehr Taylor Pius IX′ *Syllabus* von 1864 ablehnt, sosehr weist er ein schlichtes Fortschrittsmodell zurück." Freilich: Taylors Versuche, zwischen guter und schlechter Religion zu unterscheiden, bleiben, so Hösle, prekär, denn „Taylors bewundernswerte Kenntnis der Geschichte des Katholizismus ist nicht gepaart mit einer klaren Analyse entscheidender religionsphilosophischer Argumente." (Vittorio Hösle, Eine metaphysische Geschichte des Atheismus, in: Symposium zu Charles Taylor, *A Secular Age* [Hg. Ludwig Nagl], *Deutsche Zeitschrift für Philosophie*, Heft 2, 2009, S. 322f.)

23 Vgl. Vittorio Hösle, Eine metaphysische Geschichte des Atheismus; Thomas Rentsch, Transzendenz und Moderne, Religion und Philosophie. Kritische Bemerkungen zu Charles Taylors *A Secular Age*, in: *Kommunitarismus und Religion*, hg. v. Michael Kühnlein, Berlin 2010, S. 243–249; sowie Ludwig Nagl, „The Jamesian open space". Charles Taylor und der Pragmatismus, in: *Unerfüllte Moderne?*, S. 117–160. Siehe auch Thomas Rentsch, Wie ist Transzendenz zu denken? Kritische Thesen zu Charles Taylors Säkularisierungskonzept, ebd., S. 573–598.

24 Taylor spricht, z. B., in seiner „Replik" auf die Festschrift-Aufsätze 2011 davon, dass auch dort, wo er in der Darstellung der kontroversiellen Diskurse über die (säkularen oder religiösen) Optionen der Gegenwart „als ein gläubiger Mensch" (S. 849) bestimmten Optionen zuneigt, zwar „deutlich macht, welche mir überzeugend zu sein scheinen". „Keinen dieser Fälle aber", so fährt er fort, „betrachte ich als Beleg für die Gültigkeit des Theismus. Weder handelt es sich um schlagende Argumente, noch kommen sie solchen nahe. Keine dieser Überlegungen löst sich aus der potentiell unendlichen hermeneutischen Debatte." (*Unerfüllte Moderne?*, S. 852.)

1. *Taylors Einspruch gegen Hegels These vom depotenzierten Status der Kunst*

Hat die Kunst in der Tat „aufgehört, das höchste Bedürfnis des Geistes zu sein"?[25] Taylor beantwortet diese Frage in seinem frühen Hegelbuch so: „Weit davon entfernt, im geistigen Leben des Menschen einen nur untergeordneten Platz einzunehmen, hat die Kunst im Leben vieler Zeitgenossen insofern die Stelle der Religion übernommen, als sie für jene [...] den höchsten Ausdruck dessen, was von letztlicher Bedeutung ist, repräsentiert."[26]

Diesem Befund, der *prima vista* plausibel klingen mag, widersprechen (zumindest) zwei kontemporäre Lagen am Ort des „Ästhetischen": *einerseits* das Anwachsen dessen, was Adorno die „Entkunstung der Kunst" nennt – die „kulturindustrielle" Zerstörung des Authentizitätsmodus des Ästhetischen, d. h. die Substitution der Kunst, in einer Industrie der „entlastenden Zerstreuung", *durch Simulacra*, die ganz und gar nicht mehr auf „letztliche Bedeutung" hin orientiert sind. *Zweitens* aber – und dieser Devalidierungstendenz des Ästhetischen entgegengerichtet – widerspricht Taylors Befund das, was Lyotard am Ort der (die Moderne beerbenden authentischen) postmodernen Kunst (hier ganz auf der Linie Hegels) als das *Drängen der Kunst zum philosophischen Wort* bezeichnet hat: dass die zeitgenössischen Künstler erwarten, dass „die Philosophen ihre *Geste* transkribieren."[27] Lyotard weist so auf eine auffällige Selbst*un*genügsamkeit der zeitgenössischen Kunst hin, die zur Erhellung ihres experimentellen Wirkungsraums zumindest der raisonnierenden Reflexion, genauerhin aber der Philosophie bedarf. Freilich: es gibt vielfach auch das, wovon Taylor spricht: a) ein Einwandern religiöser Inhalte in zeitgenössische Kunstformen: *explizit* z. B. in Phänomenen wie Hermann Nitschs „Orgien Mysterien Theater"; und *implizit* in literarischen Texten wie denjenigen von Peter Handke, die sich, gelegentlich, an die Grenze des Religiösen heranbewegen, um im nächsten Moment wieder vor ihr zurückzuweichen.[28] Und es gibt, b), die in Taylors *A Secular Age* analysierten religiösen Identitäts-

25 H/D, S. 628.

26 Ebd.

27 Jean-François Lyotard, Geste und Kommentar, in: *Textualität der Philosophie – Philosophie und Literatur*, hg. von Ludwig Nagl und Hugh J. Silverman, Wien/München 1994, S. 125.

28 Zum „poetischen Schwebezustand", den Handkes Texte mit Bezug auf Religion organisieren, siehe Fußnote 97. Eine ähnliche, ambivalent bleibende Denklage generiert auch Martin Walsers Buch *Muttersohn*, das – im Grundduktus dabei Handke nicht unähnlich – das Thema Religion durch raisonnierende doublebinds *poetisch* einkreist (nirgendwo aber, wie ein *philosophischer* Text, argumentierend zu erkunden beginnt).

suchen, die (wie z. B. das Werk von Charles Péguy) im Modus einer sensiblen literarischen Erkundung unsere Welt und ihrer un-endlichen Grenze, „neue Routen" einzuschlagen beginnen[29]. Die letztgenannten Phänomene scheinen die Aussage Taylors, dass wir uns weit von Hegels Synthesen entfernt haben, zu bestätigen.

Freilich: Die These vom depotenzierten Status der Kunst in der Moderne lässt sich, in gebotener Distanz zu Hegels Systemanspruch, auch mit einer *anderen* Pointe als derjenigen Taylors weiterdenken, wie Vittorio Hösle in seiner Lektüre der Hegelschen Ästhetik deutlich macht.[30] Hösle verweist darauf dass, in einer bestimmten Lesart, die Hegelsche These, dass die Kunst nicht „das Höchste" ist, „durchaus sinnvoll" bleibt: denn, „noch weniger als die Religion" könne – allgemein betrachtet – „die Kunst absolute *Erkenntnis* beanspruchen": solch einen Anspruch zu erheben bleibt auch nach Hegel – prinzipiell „nur in der Philosophie möglich."[31] Freilich: solch eine Reaffirmation der Hierarchie des Begreifens muss keineswegs zugleich zur starken Depotenzierung des Ästhetischen (seinem Eigenwert nach) führen. Denn dass es im *Denken* über Kunst auf *philosophische* Erhellung und Validierung ankommt: das beschränkt weder den Entwicklungsraum der Kunst selbst, noch würde es ihn gar (was Hegel selbst freilich *so* nicht behauptet hat) beenden. Die Kunst, schreibt Hösle, behält „ein spezifisches Tätigkeitsfeld, das durch die Philosophie nicht absorbiert zu werden vermag".[32] Ihr Bereich ist das „Scheinen der Idee": ein Erfahrungsraum, der auch im Zeitalter der raisonnierenden, romantisch/postromantischen Kunstexperimente nirgendwo verschwunden ist, ja in dem *nach Hegel* sogar neue ästhetische Genres wie der Film entstanden sind. Die Depotenzierung der Kunst, die Hegel im Rahmen seiner Theorie des Absoluten vornimmt, liegt somit – so Hösle – in *einer* (der *validierungslogischen*) Hinsicht richtig, ist in einer *anderen* – in jener, die um die These einer *empirischen Transformation* der Kunst in Philosophie kreist – freilich prekär.

2. *Taylors Abkehr von Hegels Theorie des Absoluten: vier allgemeine Erwägungen*

Taylor will jedoch anderes als Hösle. Trotz seiner Intention, für die zeitgenössische Sozialphilosophie von dem zu lernen, was er die Hegelsche Kritik am

29 Vgl. Charles Taylor, *Ein säkulares Zeitalter*, S. 1233–1248.

30 Vittorio Hösle, *Hegels System. Der Idealismus der Subjektivität und das Problem der Intersubjektivität*, 2., erweiterte Auflage, Hamburg 1998 [= Hösle].

31 Hösle, S. 599f.

32 Ebd., S. 608.

„Atomismus" nennt, rückt er *mit Heidegger – und im Blick auf Hölderlin* – in der Analyse der Interrelation von Kunst, Religion und Philosophie radikal von Hegel ab. „Wie ich bereits zu Beginn sagte", schreibt Taylor im Schlussteil von *Hegel and modern society*, „sind Hegels Schlussfolgerungen tot und dennoch ist der Gang seiner philosophischen Reflexion von großer Stimmigkeit."[33] Taylor entwickelt *zwei* Argumente dafür, dass er den Hegelschen Systemanspruch – ähnlich wie Croce – für „tot" erachtet: den *ersten* Grund sieht er in dem, was er die ambivalenten Implikationen der Hegelschen *Freiheitstheorie* nennt, den *zweiten* in Hegels vor- und außernaturwissenschaftlich dimensioniertem *Naturbegriff*.

2.1. Zunächst zum *Einspruch gegen Hegels Begriff der Freiheit*. Taylor schreibt der Freiheitstheorie Hegels eine abgründigen Doppelcharakter zu. Diese Theorie sei zwar *zentral* für die Formation der modernen Problematik von Subjekt und Institution, bündle sich jedoch zugleich – zumindest der Tendenz nach – zu einer prekären Konzeption der „Selbst-schöpfung": einer Theorie (so lässt Taylor durchblicken), die im Gefolge von Hegel in den diversen Junghegelianismen – bei Marx vor allem, aber auch im Post-Hegelianismus Nietzsches – in ihrem *exzessiven* Status sichtbar wird. Taylor beschreibt das, was er für die Ambivalenz der Autonomiekonzeption hält, so: „Hegels Philosophie stellt einen wichtigen Schritt in der Entwicklung der modernen Vorstellung von Freiheit dar. Er hat dazu beigetragen, einen Begriff von Freiheit als totaler Selbstschöpfung zu entwickeln, der freilich in seiner Philosophie nur dem kosmischen Geist zuzusprechen war, der aber bloß auf den Menschen übertragen werden musste, damit der Begriff der Freiheit als ein Abhängigsein vom Selbst in sein endgültiges Dilemma getrieben wurde. Er spielte somit eine wichtige Rolle in der Verschärfung des Konflikts um die moderne Freiheitsvorstellung. Denn absolute Freiheit hat einen bisher ungekannten Einfluss auf das politische Leben und die politischen Hoffnungen durch das Werk von Marx und seinen Nachfolgern erlangt, deren Abhängigkeit von Hegel nicht betont werden muss. Und eine der Quellen von Nietzsches Denken, der die nihilistischen Konsequenzen aus dieser Idee zog, war die junghegelianische Revolte der 1840er Jahre."[34]

Diese Analyse, so scheint mir, bedarf der genaueren Nachuntersuchung. Denn obzwar Taylor explizit zur Sprache bringt, dass die Idee der freien Selbstschöpfung bei Hegel selbst nur dem Wirklichwerden des Begriffs des *Absoluten* zugehört, also nicht einer feuerbachianisch verendlichten und dedialektisierten Form der „menschlichen" Freiheit und ihren (nur scheinbar

33 HMS, S. 167, Dt. L. N.
34 Ebd.; Dt. L. N.

unendlichen) „Gattungs"-komplementen,[35] konstruiert er dennoch eine (von ihm als hinlänglich[36] erachtete) Kontinuitätslinie zwischen Hegel und den Junghegelianern, so als wäre die Aneignungs- und Abänderungsgeschichte des Hegelschen Denkens, die in seinen Schüler- und Kritikerkreisen zu Tage trat, ein aus der Gedankenbewegung Hegels selbst sich nahelegender, ja zuletzt konsequenter „slippery slope".[37]

---

35 In *Ein säkulares Zeitalter* rekonstruiert Taylor – im Rahmen seiner Analyse der Innenstruktur des „neuen Humanismus" – auch kurz die Vorstellung Feuerbachs, „die Fähigkeiten, die wir Gott zugeschrieben haben, seien in Wirklichkeit menschliche Potentialitäten." (S. 429) Feuerbachs These von der Desillusionierbarkeit des theologisch entfremdeten Bewusstseins unsere menschlichen Potentials hält Taylor freilich keineswegs für schlüssig: „Die Auffassung à la Feuerbach ist außerstande, das ganze Unbehagen zu erklären, das wir angesichts des rein immanenten Humanismus empfinden. Wenn dies wirklich die siegreich errungene Wahrheit wäre, die den Irrtum vertreibt, müsste es ihr besser gelingen, sich selbst zu stabilisieren und alle zu überzeugen." (S. 441) Auf eine Analyse der *signifikanten Differenz* zwischen Hegels und Feuerbachs Gotteskonzept verzichtet Taylor in seiner Feuerbachreferenz; d. h. er schlägt nicht den – zur Vertiefung seiner kritischen Distanznahme von Feuerbach möglichen – Weg ein, die Feuerbachsche Denkposition mit Rekurs auf die reicheren Denkbestimmungen der Hegelschen Religionsphilosophie *als eine Schwundstufe derselben* aufzuweisen. Was in Taylors Narrativ eingeht, ist nicht mehr die Hegelsche Religionsanalyse (und -rekonstruktion), sondern allein die *mentalitätsgeschichtliche* (Teil)beerbung und *Verkürzung* Hegelscher Motive durch die Linksheglianern.

36 Taylor geht allerdings in seiner Analyse von Marx kurz auf die Differenz zu Hegel in Bezug auf den Freiheitsbegriff ein (der bei Marx, wie bei den meisten Linksheglianern, exzessiv radikalisiert wird). Taylor argumentiert wie folgt: „Later commentators have been right to point out the rift between Marx's expressivism and his scientism. But this is not a difference between the young and the mature Marx. Rather this inability to see this rift was already implicit in his original position, *in the transposition onto man of Hegel's notion of a self-positing* Geist. *The powers of a Spirit who creates his own embodiment, once attributed to man, yield a conception of freedom as self-creation more radical than any previous one.* It opens the heady perspective, once alienation is overcome, of a leap to a free self-activity of generic man limited only by the (ever receding) refractory bounds of unsubdued nature. The Marxian notion of the realm of freedom keeps us from exploring the area in which this rift appears." (HMS 150; Kursivierung L. N.)

37 Dieser erste Einwand – der Hegels Systemanspruch, welcher um die dialektische, differenzvermittelte Einheit von endlichem und unendlichem Geist kreist, dem Optionenraum eines „humanistisch" fixierten, in heroischem Voluntarismus „illusionslos" festgeschriebenen *abstrakten* Endlichen annähert – ist nicht zuletzt deshalb so prekär, weil Hegel, wie Taylor weiß, nicht nur ein wichtiger Denker der Moderne, sondern auch einer der schärfsten Kritiker *abstrakt*-endlicher Freiheitskonzepte war. „Hegel", so Taylor, „was one of the profoundest critics of this notion of freedom as self-dependence. He laid bare its emptiness and its potential destructiveness with a truly remarkable insight and prescience." (HMS, S. 167)

Freilich: dieses (wie Kritiker sagen könnten) *strong misreading* wird für Taylor nirgendwo thematisch, sondern ermöglicht, unkommentiert, geradezu sein entschlossenes Abrücken von Hegels Konzeption des Absoluten. Taylor zieht aus dem Verdikt, dass Hegels „synthesis dead“ sei, allerdings nirgendwo jenen Schluss, der, z. B., im analytischen mainstream oft gezogen wurden: dass Hegel dem heutigen Denken nicht mehr viel (genauerhin: nur regressiv-Falsches) zu sagen habe. Bleibt es doch, so Taylor, das anhaltende Verdienst Hegels, die moderne Suche nach einer „situated subjectivity“ mit auf den Weg gebracht zu haben: „Subjektivität dadurch zu dimensionieren, dass wir sie auf unsere Leben als leibliche und soziale Wesen beziehen“ [...], verweist uns immer wieder zurück auf Hegel.[38] Dessen Leitprojekt war es, „to unite radical autonomy with the fullness of expressive unity with nature.“[39] Dieses Vorhaben hält Taylor – in der Hegelschen Form – freilich für endgültig gescheitert. Neben den Ambivalenzen der Freiheitstheorie nennt er, als einen *zweiten Hauptgrund* für dieses Scheitern, „weil die Natur für uns nicht mehr das sein kann, was sie für Hegels Zeitalter war, *ein Ausdruck geistiger Kräfte*, können die Synthesen dieser Zeit nicht mehr unsere Zustimmung erfahren.“[40]

2.2. Auch bei diesem *zweiten* Einwand *(dass Hegels spekulativ dimensionierter Naturbegriff aufgrund eines durch das Dispositiv der Naturwissenschaften fundamental veränderten Naturkonzepts atavistisch geworden sei)* ist, m. E., ein kritisches Innehalten geboten. Denn, genauer betrachtet, ist ja selbst unter der Kondition der entfalteten, post-darwinisch konfiguierten naturwissenschaftlichen Forschungshypothesen die (hegelnahe) Idee einer *in the long run* (selbst-) durchsichtig werden könnenden (Vernunft)Struktur der Natur nirgendwo einfachhin stimmig verabschiedbar.[41] Dies zeigen, z. B., im nachhegelschen pragmatizistischen Diskurs wissenschaftsgeleitete semiotisch-spekulative Naturkonzepte wie diejenigen von Charles Sanders Peirce und Josiah Royce (die um den Begriff einer „evolutionary love“ kreisen) ebenso, wie, z. B., der

38 HMS, S. 167, Dt. L. N.

39 Ebd.

40 HMS, S. 167f.; Dt. L. N.

41 Diese Einschätzung wird von Taylor freilich später, in *Ein säkulares Zeitalter*, gelegentlich nicht ganz ausgeschlossen. Ludwig Siep verweist darauf, dass Taylor, obzwar er „die Überlegenheit der modernen Naturwissenschaft für die Erklärung natürlicher und technischer Prozesse und Gegenstände nicht grundsätzlich in Frage zu stellen scheint“, dennoch „in der Theorie der Evolution eine Tür für die Konzeption der Planung (des Intelligent Designs?) aufhält (*Ein säkulares Zeitalter*, S. 577).“ (Ludwig Siep, Hegels und Taylors Kritik der Moderne, S. 290.)

evolutionsphilosophisch dimensionierte Prozessualismus von Whitehead.[42] Dass die Natur – in sich selbst, d. h. *vor* den Gedankenkonstruktionen unserer endlichen Experimente – nur zufällig, anarchisch, d. h. auf *kontingente* Weise *vernunftlos* sei: das ist ein zwar – über Strecken – *methodologisch-operativ* brauchbares Forschungsaxiom, das zugleich jedoch nirgendwo, aus sich selbst validiert, *„ontologische"* Dignität erreichen kann. Die These von der „Kontingenz" der Natur, der Taylor – als einer leitenden Hintergrundannahme der Moderne – so viel Gewicht beimisst, ist, darin hat er zweifellos recht, als Motiv in der Gegenwart zwar vielfach präsent (ja sie definiert ein szientistisches – und darauf aufruhend: ein „illusionslos"-heroisches Weltverständnis).[43] *Philosophisch betrachtet* ist sie jedoch nicht mehr als eine (empirisch nirgendwo voll gedeckte) *totalisierende* Annahme, keineswegs die unvermeidbare Konsequenz aller wissenschaftlich sich selbstdisziplinierenden Theorie der Natur. Denn der Abschied von einem Sinnkonzept des Natürlichen (Hegelisch gesprochen: von der These, dass die Natur eine Manifestation des „Geistes" ist, oder, Peirceanisch ausgedrückt, dass die plausibelste Naturtheorie der „objective idealism" sei) ist allenfalls *eine* (von *mehreren möglichen*) Lesarten der Genese- und Gehaltsstruktur des „Universums der differenten (pluriversen) ‚Universen'".

Taylors These vom „toten" Charakter des Hegelschen Versöhnungsversuchs von Freiheit und Natur formiert sich – denk*geschichtlich* loziert – vor dem Hintergrund von *zwei weiteren (Groß)Einsprüchen* gegen dessen Philosophie, die in der nachhegelschen Ära an Gewicht gewinnen: *einerseits* vor dem Einspruch Heideggers, der Hegel in die Geschichte der *zu destruierenden* Metaphysik einreiht; und *andererseits* vor dem – in Zeiten einer postreligiösen Realdominanz des Ästhetischen (als dem primären Ort gebrochener Thematisierungsversuche eines „verhüllten Absoluten") – wirkungsmächtigsten Einwand aus dem *präsystematischen Diskursumfeld* des Hegelschen Denkens selbst: dem Einspruch von Hölderlin.

2.3. *Taylors Heideggerbezug.* In einer längeren Fußnote von „Hegel today" fasst Taylor die Hegelkritik Heideggers, der er im *kritischen* Teil seiner Hegellektüre *grosso modo* zustimmt, so zusammen: „Eine der tiefreichenden Motivation von Heideggers Denken ist es, uns über die feindselige Haltung von

42 Zum Stand der Debatte um Whitehead vgl. Michael Weber, *Whitehead's Pancreativism. Jamesian Applications*, Process Thought, vol. 8, Frankfurt/Paris/Lancaster/New Brunswick 2011.

43 Taylor analysiert diese neue Lage facettenreich in *Ein säkulares Zeitalter*. Siehe dazu: Ludwig Nagl, „The Jamesian open space". Charles Taylor und der Pragmatismus, in: *Unerfüllte Moderne*?

Herrschaft und Objektivierung der Natur hinauszuführen, die er in unserer metaphysischen Tradition und in deren Spross, der technologischen Zivilisation, grundgelegt sieht, und eine Existenzweise zu inaugurieren (oder wiederzuerlangen), in der die höchste Bewusstheit eine Art von ‚Sein lassen‘, von Entbergen ist. [...] Heidegger sieht Hegel als den Gipfelpunkt der Tradition der ‚Metaphysik‘. Aber er ist zugleich mehr als nur das Paradigma, das Heidegger bekämpft. Denn dieser hat offenkundig vieles von Hegel übernommen, am offenkundigsten vielleicht die Gedankenfigur vom authentischen Bewusstsein als einer Wiederkehr aus Vergessen und Irrtum.“[44] Freilich, so Taylor: auch wenn Heideggers Denken die Hegelsche Grundfigur einer mediatisierten, aufklärenden Wieder-*holung* des Verdrängten übernimmt, versteht er es dabei zugleich, dem *metaphysischen Exzess* der Hegelschen Position wirksam zu entgehen: „Heideggers Lektüre [der Geschichte der Philosophie] ist systematisch unterschieden von derjenigen Hegels. Denn er weist die Hegelsche Kulmination in einer totalen Selbstdurchsichtigkeit der Subjektivität weit von sich. Er sieht darin vielmehr einen extremen, ja in der Tat unüberbietbaren Ausdruck metaphysischer Objektivierung.“[45]

Dass das „absolute Subjekt“, *systematisch* expliziert in Hegels Philosophie, unter der Hand zu einer Art neuem Mega“objekt“ (einem Universum der logischen „Notwendigkeit“ am Ort des – darin dann unfreien – „Absoluten“) werde: diese These übernimmt Taylor von Heidegger; Heidegger aber bezieht sie, in Brechungen, aus der Hegelkritik der Spätphilosophie Schellings.[46] Wie stimmig solch eine destruktive Extrapolation ist: das kann freilich erst dann zum Gegenstand aufmerksamer, nachdenkender Untersuchung werden, wenn die *offenkundige Paradoxie* dieser (Außen-)Charakterisierung des Hegelschen Projekts in Sicht bleibt. Da ja das ganze Bemühen Hegels darauf gerichtet ist, die Verstandesdistinktion zwischen Notwendigkeit und Freiheit in einem dialektischen Begriff des Absoluten zu rekonfigurieren und *zu überwinden*,[47] ist

44 HMS, S. 168; Dt. L. N.

45 Ebd.; Dt. L. N.

46 Schellings hegelkritische „positive Philosophie“ kreist um ein (wie seine Kritiker sagen werden: paradox radikalisiertes) Postulat der „Freiheit“ Gottes: um das Konzept eines Gottes, der „nicht in der Idee“, sondern „außer und über der Vernunft“ ist. (Friedrich Wilhelm Joseph Schelling, *Sämtliche Werke*, Stuttgart 1856–62, Band XI, S. 567.)

47 Zur kritischen Nachbetrachtung der bei Taylor von Schelling importierten Hegelkritik – Gott sei als logisch „genötigt“ unfrei – kann die folgende Stelle aus Hegels *Vorlesungen zur Ästhetik* (*Werke*, Frankfurt a.M. 1970) herangezogen werden. In ihr spricht Hegel davon, dass die Wahrheit nicht im Modus abstrakter Gegenüberstellungen gefasst werden kann: „Die höchste Wahrheit, die Wahrheit als solche, ist die Auflösung des höchsten Gegensatzes und Widerspruchs. In ihr hat der Gegensatz von Freiheit und Notwendigkeit, von Geist und Natur, von Wissen und Gegen-

die Behauptung nirgendwo „evident", dass das Absolute des Hegelschen Systems zuletzt, uneingestandenermaßen, doch nichts anderes sei als eine „objektiv notwendige" (*Quasi-Subjekt)Struktur*, da in ihr die Freiheit Gottes nicht „frei" – d. h. nicht für uns *un*einsichtig (d. h. aus unserer Optik: „Willkürfreiheit") – bleibe, sondern als eine vernunftgebundene *konkrete* Vermittlungsfreiheit *von Autonomie, Autonomiegrenzen und Natur* bestimmt werde. Genauer betrachtet hat diese These nämlich den Beigeschmack, jene *nominalistischen* Denkfiguren *unkritisch* wiederaufzuwerten, die hinter sich zu lassen Hegel bemüht war (Denkfiguren, die – das sein kurz erwähnt – überdies auch *nach* Hegel in einer Reihe von wissenschaftsgestützten philosophisch-*kosomologischen* Diskursen auf Distanz gehalten werden: etwa – um ein Beispiel zu nennen – in der spekulativ-*evolutionär* dimensionierten, nominalismuskritischen Semiotik von Charles Sanders Peirce).

2.4. *Taylor und Hölderlin*. Heidegger (und der Heideggerleser Taylor) beziehen sich allerdings nicht allein auf den späten, hegelkritischen Schelling, sondern – so Taylor in „Hegel today" – vor allem auch auf Hölderlin: „Heidegger", so Taylor, „beansprucht, dass seine Denkposition antizipiert wird durch Hegels Freund und Zeitgenossen Hölderlin, wahrscheinlich den größten Dichter der Generation der Romantiker."[48]

Dieser kurze Hinweis, der die Richtung eines vermuteten Haupt-Auswegs aus Hegels Theorie des Absoluten andeutet – eines Auswegs, in dem „die Poesie" gegenüber der Philosophie wiederaufgewertet wird[49] – soll im wei-

stand, Gesetz und Trieb, der Gegensatz und Widerspruch überhaupt, welche Form er auch annehmen möge, *als* Gegensatz und Widerspruch keine Macht mehr. [...] Das gewöhnliche Bewusstsein dagegen kommt über diesen Gegensatz nicht hinaus und verzweifelt entweder in dem Widerspruch oder wirft ihn fort und hilft sich sonst auf andere Weise." (Ästhetik I, S. 137f.) Der Einspruch des späten Schelling gegen Hegel scheint sich dem Einwand auszusetzen, genau jenen Rückfall zu organisieren, von dem Hegel als der Grundfigur des „gewöhnlichen Bewusstseins" spricht. Hier stellt sich die Frage, ob es – sorgfältiger betrachtet – überzeugend ist, dem Hegelschen spekulativen Vermittlungsversuch am Ort des Absoluten zu unterstellen, dass er, einseitig, allein die „Notwendigkeit" der endlich-unendlichen Begriffsbewegung akzentuiere, Gott also seiner „absoluten" Freiheit (die sich auf diese Weise kaum mehr von „Willkürfreiheit" unterscheiden ließe) beraube: d. h. das Argument der Nominalisten – das Ockham durch seine Lesart der *creatio ex nihilo* in den Raum gebracht hat (welches eine durch nichts, d. h. auch durch kein Vernunftkonzept, begrenze Freiheit und Macht Gottes behauptet) polemisch gegen Hegels dialektischen Vernunftbegriff wiederaufzuwerten?

48 HMS, S. 167, Dt. L. N.

49 Auch in Hösles Hegellektüre spielt der Rekurs auf Hölderlin eine kritische Rolle, die sich jedoch von Taylors Rückgriff auf das Denken des Jugendfreundes Hegels deutlich unterscheidet. Die Kunst, so Hösle, kann – anders als Hegel argumentiert –

teren nachgegangen werden. Taylors kritischer (in signifikanten Teilen, wie es scheinen mag, freilich defizitärer) Resituierungsversuch der Interrelationen von Kunst, Religion und Philosophie hängt – zentral – an dieser (durch Heideggers „Objektivierungskritik“ reaffirmierten) Hölderlinschen Akzentuierung des Primats einer *ästhetischen* Welterschließung: an der emphatischen Aufwertung jenes (vom Denken durchwobenen, *nicht* aber begrifflich argumentierenden) „Dichtens“, von dem der späte Heidegger so eindringlich spricht.[50] Dieser „poetische“ Bezugspunkt wird für die hermeneutizistische Philosophie*distanz*,[51] die Taylor in *A Secular Age* an den Tag legt, wichtig (nicht zuletzt bei seiner Erkundung der tastenden, neuen – von den als überstark erachteten theoretisch-metaphysischen Ansprüchen jeder *Theologie* und Religions*philosophie* abrückenden – kontemporären Formen von Religiosität).

Taylor charakterisiert die posthegelsche Situation wie folgt: „Die Tatsache, dass wir immer noch Freiheit und Natur miteinander zu versöhnen suchen, lässt uns bis heute in der Periode der Romantik zu Hause sein.“[52] Nach Hegel, so Taylor, bleiben vor allem jene Versöhnungsversuche aus dem Umfeld Hegels, die *nicht* auf das Konzept des „absoluten Geistes“ bezogen sind, von großer Aktualität: „Das bedeutendste Mitglied der Generation der Romantik dürfte Hölderlin sein, Hegels Freund und Studienkollege in Tübingen“, so Taylor. „Auch Hölderlin suchte nach einer Einheit mit der Natur, die die Klarheit des Selbstbesitzes erhalten würde. Auch seine Götter kamen erst in der menschlichen Subjektivität zu sich selbst. Aber diese waren nicht grundgelegt im absoluten Geist. Sie waren vielmehr hergeleitet vom primitiven Chaos der

---

auch nach dem Ende der Kunst*religion* der Antike *noch „Prolepsen“ des* (im Hegelschen System, soweit es eine Figur *monologischer Selbstbezüglichkeit* organisiert) *Unbegriffenen* in den Raum bringen: vor allem am Ort der Erkundung des Intersubjektiven, das bei Hegel, auch in der Begriffsentfaltung des Absoluten, unterbelichtet bleibt. Auf dieses Defizit, so Hösle, verweist die Poesie Hölderlins. Die zentrale Bedeutung der Intersubjektivität für die Subjektivität sei, so Hösle, „lange bevor sie philosophisch thematisiert wurde, teils in der Religion (zumal in der christlichen Trinitätslehre) *erahnt*, teils in der Kunst *dargestellt* worden“, und sie wurde auch „zum Thema in den Diskursen im Tübinger Stift.“ Von Hölderlin, so Hösle, lässt „sich sicher sagen, dass er – weit mehr als Schelling und Hegel – die Priorität der Intersubjektivität vor der Subjektivität gesehen hat, ohne allerdings in der Lage gewesen zu sein, diese Einsicht in philosophisch konsistenter Weise zu entwickeln.“ (Hösle, S. 599f.)

50 Siehe Martin Heidegger, Wozu Dichter?, in: *Holzwege*, Frankfurt a. M., 7. Auflage, 1994, S. 269–320.

51 Zur Philosophiedistanz, die *A Secular Age* vor allem am Ort der Religionsphilosophie bezieht, siehe: Folkart Wittekind, Persistenz, Transformation und Pluralisierung. Zur Rolle der Religion in Taylors Sozial- und Kulturphilosophie, in: *Kommunitarismus und Religion*, speziell S. 286.

52 HMS, S. 167, Dt. L. N.

Elemente und durch den Menschen in das Licht des Maßes und der Ordnung gebracht, durch die Kraft von Poesie und Gesang."[53] Diese *Aufwertung des Poetischen*, die Hölderlin beim Versuch, die „Götter Griechenlands", dichtend, neu in Sicht zu bringen, vornimmt – seine literarischer Annäherung an die Antike, die Distanz wahrt zu Hegels Projekt, die „offenbare Religion" (als eine Aufhebungs- und *Überwindungsgestalt* der griechischen Kunstreligion) im Modus eines dialektischen Vernunftbegriffs *philosophisch* zu rekonstruierten –, bringt, Taylor zufolge, aufgrund ihrer *Akzentuierung einer sensiblen* (d. h. der hermeneutischen Erkundung offenstehenden) *Ästhetik*, eine Grundfigur der Welterkundung in den Raum, die auch nach Hegel relevant bleibt, weil sie dem zeitgenössischen Diskurs einen Ausweg aus Hegels prekärer Hierarchisierung von Kunst, Religion und Philosophie weisen kann. In dieser Wertschätzung Hölderlins wird für Taylor nirgendwo die *latente* Dequalifizierung des – für Hegel im Gesamtduktus seiner Vermittlungskonzeption *zentral* bleibenden – Christentums zu einem Thema, die Hölderlin (obgleich *unexplizit*) durch seine (an einem romantisierten Griechentum orientiert) „Poetisierung" der Einheit von Autonomie und Natur vornimmt.[54] Freilich ist sich Taylor zugleich, bei aller Sympathie, darüber im Klaren, dass der Hölderlinsche Ausweg schwierig, ja in der Form, die Hölderlin selbst ihm zu geben vermag, zuletzt ungangbar ist. Denn Hölderlin rekurriert in seiner kritischen Gegenrechnung gegen den abstrakten Rationalisierungsprozess der Moderne auf eine unerschöpfliche und unermessliche (auch durch einen dialektisch gefassten Vernunftbegriff *nicht* in ihrer Grundstruktur *denkbar* zu machende) Natur. „Hölderlin", so Taylor, „scheint eine Perspektive zu eröffnen, in der die freieste Ausdrucksform des Menschen den Stichworten der Natur folgt, womit er die Natur in gewisser Weise in das Licht der Freiheit bringt. Diese Natur jedoch ist keine Emanation des Geistes und kann auch niemals eine solche werden. Sie bleibt unerschöpflich und unauslotbar, eine dauernde Einladung für die kreative Tätigkeit, sie ans Licht zu bringen."[55] Jede (endliche) Synthese hat somit, in Hölderlins Sicht, eine unartikulierbar-nichtendliche, „naturische" Präsupposition. Endlich-poetische Aktivität und vorthematische Unendlichkeit treten einander – auf ganz unhegelsche Weise – strikt (und einander de-limitierend) gegenüber. Zwar vermeidet der Hölderlinsche Ansatz in dieser Weise jede (letzte) Vernunft*einheit*. Doch obwohl er, wie Taylor schreibt,

---

53 Ebd., S. 168; Dt. L. N.

54 Heidegger umreißt den Hintergrund von Hölderlins Dichten – der charakterisiert ist durch ein romantisch aufgewertetes Griechentum – so: „Seitdem die ‚einigen drei', Herakles, Dionysos und Christus, die Welt verlassen haben, neigt sich der Abend der Weltzeit der Nacht zu." (In: ders., Wozu Dichter?, *Holzwege*, S. 270.)

55 HMS, S. 167 f.; Dt. L. N.

anregend für die zeitgenössischen Facettierungen von Denken und Dichten bleibt, ist er zugleich prekär: „Hölderlins Denkposition“, so Taylor, „ist nicht leicht zu interpretieren. In jedem Fall dürfte sie für philosophische Aussagen unzugänglich bleiben. Und man fühlt den Wahnsinn, der ihn befiel, bevor sein Denken zum reifen Ausdruck kam.“[56] Der Weg, den Hölderlin selbst ging, ist unbegehbar, obzwar er in die richtige Richtung zu führen beginnt. Aus den überstarken Ansprüchen der Philosophie, so lässt Taylor im Rekurs auf Hölderlin durchblicken, scheint uns eine hermeneutisch-poetische, philosophiehistorisch-kritisch informierte *Post*philosophie herauszuführen – ein Denkstil, der mit Taylors komplexen mentalitätsgeschichtlich dimensionieren Narrativen am Ort seiner Analyse neuzeitlicher Motiventwicklungen in *A Secular Age* in vielfältiger Tiefenkorrespondenz steht (Kritiker Taylors könnten sagen: bis hin zu dem *prekären* Punkt, wo Taylor, in ganz unhegelschem Sinn, in seinem großen Narrativ Transzendenz und Immanenz, post-oder prähegelsch, als *disjunktive* Kategorien zu verwenden beginnt[57]).

---

56 HMS, S. 168; Dt. L. N.

57 Freilich: Beim denkenden Rekonstruktionsversuch jener Religionen, die Gott nicht mit der Welt für identisch halten, für die sich das Göttliche zugleich aber in der Welt manifestiert (oder, wie im Christentum, „inkarniert“) ist die terminologische Opposition „Immanenz“/„Transzendenz“, genaugenommen, nicht sehr glücklich. Hegel hat zu Recht darauf verwiesen, dass ein dem Endlichen gegenübergestelltes „Unendliches“ selbst endliche Qualität annimmt. Nur für „exkarnierte“ Vorstellung des (affirmierten oder auch geleugneten) Göttlichen ist, so mag es scheinen, „Transzendenz“ ein adäquater Begriff. Abgesehen von Hegels *philosophischem* Einspruch, geht ja auch *im Selbstverständnis der Gläubigen* dieser Religion 1) Gott nicht im „immanent frame“ auf, ist 2) aber keineswegs nur jenseits der Welt (= „transzendent“), sondern zugleich in ihr (was jeder bi-polaren Kontrastierung von „diesseits“ und „jenseits“, zuletzt, einen prekären Charakter verleiht). Siehe dazu: Ludwig Nagl, „The Jamesian open space“. Charles Taylor und der Pragmatismus, in: *Festschrift für Charles Taylor*, und ders.: Symposium zu Charles Taylor: *A Secular Age*, Einleitung, in: *Deutsche Zeitschrift für Philosophie* Heft 2, 2009, S. 291–292. Vergleiche auch die Kritik von Peter E. Gordon, The Place of the Sacred in the Absence of God: Charles Taylor's *A Secular Age*, in: *Journal of the History of Ideas*, 69, 2008, S. 647–673; sowie Hans Joas, Die säkulare Option. Ihr Aufstieg und ihre Folgen, in: Michael Kühnlein (Hg.), *Kommunitarismus und Religion*, S. 234f. Thomas Rentsch verschärft in seinem Beitrag zur *Festschrift für Charles Taylor* die Kritik dieser beiden Autoren wie folgt: „Sowohl Gordon als auch Joas bemerken kritisch, dass sie bei Taylor einen *statischen Transzendenzbegriff* vorfinden. Bereits zu Beginn [von *Ein säkulares Zeitalter*] definiert Taylor ‚Religion‘ mit der dualistisch-antithetisch gedachten Fundamentalunterscheidung von Transzendenz und Immanenz“ (S. 582) Im Unterschied zu diesem Dualismus – der weit unter das von Hegel erarbeitete Differenzierungsniveau fällt – insistiert Rentsch auf der Notwendigkeit einer vernünftigen (und d. h. auch: kritischen), philosophierenden Ausdifferenzierung des Transzendenzkonzepts: „Wenn Taylors Analysen und sein *master narrative* darauf abzielen, dass die Säkularisierung der Moderne die Transzendenzdimension neu eröffnet und freisetzt,

In der letzten Fußnote von „Hegel today" fasst Taylor seine Reflexionen zur Hölderlinschen Überbietung Hegels so zusammen: „Einzig Hegel blieb übrig, um den Gedanken und Einsichten, die sie [Hegel und Hölderlin] in Tübingen und Frankfurt miteinander teilten, definitive Gestalt zu geben. Für diejenigen jedoch, die die Aufgabenstellung der Hegelschen Generation wiederaufnehmen möchten, dürfte sein allzu früh zum Schweigen gebrachter Freund [Hölderlin] den sichereren Weg weisen."[58]
Taylor möchte sich somit – zwar an Hegel *im Detail* lernend – mit Heidegger und Hölderlin aus dem Hegelschen *System* (besonders aus den hierarchisierten Syntheseorten des Absoluten, Kunst, Religion, Philosophie) zurückziehen. Dieser Rückzug wird in Taylors Spätwerk *A Secular Age*, wie schon erwähnt, so weit radikalisiert, dass im Taylorschen Erkundungsgang der Genese der Moderne (und ihres Optionenraums, der die Möglichkeit enthält, einen „exclusive humanism", transzendenzlos, zu *schließen*, oder aber das wissenschaftsgeprägte Weltbild *offenzuhalten* gegenüber religiösen Interpretationen) Hegel, explizit, so gut wie keine Rolle mehr spielt.

dann ist ihm zuzustimmen. Aber dazu muss das Verständnis von Transzendenz vernünftig geklärt werden. Wenn gerade der tiefer liegende Aspekt von Säkularität es ist, der dazu dient, die Glaubens- und Gottesfrage neu zu eröffnen, dann genügt dieser Umbruchsituation auf keinen Fall ein statischer, traditionalistischer Transzendenzbegriff. Dann muss die Philosophie mit allen Mitteln dazu beitragen, ein wirklich tragfähiges Transzendenz- und Gottesverständnis zu gewinnen und es gegen die vielen alten und neuen Depravationsformen bewusst zu machen. Ein großes Problem bereitet dabei Taylors Kernaussage, die religiöse Sinndimension, nach der der ‚Hunger nach Transzendenz' begehre, sei ‚jenseits der Vernunft' zu verorten. [„Hunger nach Transzendenz". Ein Gespräch mit dem kanadischen Philosophen Charles Taylor, in: *Herder Korrespondenz* 58 (2004), S. 393–397, dort 396.] Wir berühren hier den Kern der systematischen Probleme seines Ansatzes. Denn eine authentische Transzendenzperspektive muss selbst explizit religionskritisch-rekonstruktiv entwickelt werden, nicht lediglich hermeneutisch-deskriptiv." (Thomas Rentsch, Wie ist Transzendenz zu denken? Kritische Thesen zu Charles Taylors Säkularisierungskonzept, S. 582 f.) Aufgrund der vielen Einsprüche (und, wie Taylor argumentiert, „Missverständnisse"), die der Begriff „Transzendenz" bei seinen Lesern ausgelöst hat, gesteht Taylor – in seiner „Replik" auf die Festschrift-Aufsätze 2011 – ein, „bei der Begriffsarbeit nicht besonders sorgfältig vorgegangen zu sein. Müsste ich diese Arbeit [A Secular Age] noch einmal tun, würde ich", so schreibt er dort, „vermutlich einen anderen Schlüsselbegriff [d. h.: nicht Tranzendenz] zu nutzen versuchen. Nur ist mir momentan nicht klar, welcher das dann wäre." (*Unerfüllte Moderne*?, S. 847–849; hier: 849.)

58 HMS, S. 168, Dt. L. N.

3. *Taylors Kritik an der Hegelschen Religionsphilosophie*

Nicht nur Hegels Depotenzierung der Ästhetik hält Taylor für problematisch, sondern auch dessen Begriff der Religion. Obzwar sich Taylor in seinen frühen Studien deutlich darüber Rechenschaft gibt, dass Hegels „Aufhebungstheorie", ihrer eigenen Intention nach, keineswegs – wie Hegels linkshegelianische Schüler argumentieren werden – auf eine aufklärerische Abschaffung der Religion abzielt,[59] hält er den Hegelschen Versuch einer *denkenden Rettung* der „offenbaren Religion" zuletzt für gescheitert. Taylor beschreibt in seinem frühen Hegelbuch – in knapper Weise – das Verhältnis von Religion und Philosophie bei Hegel wie folgt: „Obwohl die Philosophie dadurch über der Religion steht, dass sie sowohl sich selbst als auch die Religion versteht (was umgekehrt nicht zutrifft), kann sie die Religion dennoch nicht ersetzten."[60] Die religiöse Praxis bleibt – auch nach deren Eluzidation durch den Begriff – als „Gottesandacht" bedeutsam:[61] d. h., so referiert Taylor Hegel, „der religiöse Kult gehört nicht der Vergangenheit an."[62]

Hegels Explikation und Rechtfertigung des Religiösen *im allgemeinen Medium der Vernunft* krankt jedoch, so Taylor, an schweren Defiziten: „Von dem Eindruck, dass Hegel ein Erneuerer der Orthodoxie gewesen sei, sollten wir uns nicht täuschen lassen. Hegels Neufassung der christlichen Religion unterschlägt nämlich in der Tat das eigentlich Wesentliche des christlichen Glaubens bzw. das Wesentliche jeglichen Glaubens, der sich auf den Gott Abrahams bezieht."[63] Zur Begründung dieses *extrem starken Verdikts* stellt Taylor – wie

59 Siehe dazu Ludwig Nagl, Der Philosophie geht es nicht darum, „die Religion umzustoßen". Ist Hegel – als Religionsphilosoph – „a thinker of the future"? (Derrida/Malabou und Royce), in: *Viele Religionen – eine Vernunft. Ein Disput zu Hegel*, hg. v. Herta Nagl-Docekal, Wolfgang Kaltenbacher und Ludwig Nagl, Wien/Berlin 2008, S. 88–105.

60 H/D, S. 638.

61 H/D, S. 640.

62 H/D, S. 641.

63 H/D, S. 647. Die Einschätzung, dass Hegels Religionsphilosophie das „orthodoxe" Christentum *nicht* stimmig rekonstruiert, re-affirmiert (freilich ohne ausführlichere Untersuchung der Validität dieser vom späten Schelling inspirierten Hegelkritik) jüngst Ludwig Siep, der in seinem Beitrag zur Taylor-Festschrift schreibt: „Ich stimme mit Taylors Deutung der Hegelschen Religionsphilosophie als einer ‚genuinen dritten Position' zu Theismus und Atheismus überein. Sie unterschlage das eigentlich Wesentliche des Christentums, die radikale, unbegreifliche Freiheit Gottes. Taylor versteht Hegel als Vorläufer eines ‚enttheologisierten' Christentums. Vgl. Charles Taylor, *Hegel*, Frankfurt a. M. 1973, S. 646–651." (Ludwig Siep, Hegels und Taylors Kritik der Moderne, S. 283.) Dass dieses starke Verdikt – auch innertheologisch – heute keineswegs unwidersprochen bleibt, dokumentiert, z. B., Peter C. Hodgsons Buch *Hegel and Christian Theology. A Reading in the Lectures on the*

wir gleich hören werden – u. a. die folgenden Thesen auf: 1) Im Hegelschen Begriff des Geistes ist „der Mensch" die Dominante; 2) Hegels Konzept einer notwendigen Entfaltung des Begriffs schließt die radikale Freiheit Gottes aus; 3) bei Hegel kann sich Gott dem Menschen nicht „geben" und, 4), die religiöse Rede von Handlungen Gottes gehört der Vorstellungswelt, also einem inadäquaten Medium an: richtig verstanden sind diese sogenannten Handlungen „Emanationen eines Notwendigen" (d. h. einer logischen Zwangsverknüpfung, die von Hegel, zuletzt, aus dem Primat des Menschen hergeleitet wird, der sich freilich dabei als Teil eines Ganzen liest). Daher ist, 5), genauer betrachtet, die „Offenbarung Gottes" eine „Selbstoffenbarung des Menschen".

Dieser Cluster von Einsprüchen – deren Kompatibilität untereinander *genauer betrachtet* (aufgrund der Spannungen zwischen den „anthropologischen" Reduktionen 1 und 5 *einerseits*, und den kritischen Thesen zur Hegelschen Gottesrede, 2–5, *andererseits*) bereits Probleme erzeugt – ist, wie mir scheint, *insgesamt* durch *zwei prekäre Grundannahmen* gekennzeichnet: *erstens* – und gegen die einleitende Vorbemerkung Taylors über den bleibenden, unentlarvbaren Sinn der Religion bei Hegel gerichtet – von einem *zuletzt doch* triumphierenden Feuerbachianismus seiner Hegellektüre; und *zweitens* von einer *durchgängigen De-dialektisierung der Hegelschen Bestimmungen*, wodurch Hegels komplexe Synthese Mensch-Gott, aber auch die raffinierte Vermittlung von Freiheit und Notwendigkeit, *in neuer linearer Abstraktion* in je *eines* ihrer Momente – in das *Abstraktum* Mensch und in das *Abstraktum* Notwendigkeit – dekomponiert wird.[64]

Diese fünf Einsprüche und zwei Grundfiguren der Kritik treten – kompakt – in jener Passage des Taylorschen Kapitels zum Hegelschen Religionsbegriff auf, in der er sein Verdikt, dass Hegel das eigentliche Wesen *jeden* Glaubens „unterschlägt", der sich auf den Gott Abrahams bezieht, zu begründen sucht. Taylor schreibt dort: „Die zentralen Lehrsätze [der Hegelschen] Philosophie, die darin gipfeln, dass der einzige Ort des göttlichen Lebens als Geist der Mensch sei und dass dieses geistige Leben nichts anderes ist als die Entfaltung

Philosophy of Religion, Oxford 2005, in dem der Autor „the theological significance of Hegel today" – im Blick auf sechs Leitkategorien: „spirit, wholeness, narrarive, Christ, community, pluralism" – im Detail herausarbeitet (ebd., S. 247–284). Zu diesem Fragekontext siehe auch: Herta Nagl-Docekal, Wolfgang Kaltenbacher, Ludwig Nagl, Einleitung: Viele Religionen – eine Vernunft, in: *Viele Religionen – eine Vernunft. Ein Disput zu Hegel*, Wien/Berlin 2008, S. 88–105.

64 Diese De-dialektisierung der Hegelschen Argumentation gilt vor allem auch für Taylors posthegelsche Re-etablierung der (von Hegel mit interessanten Gründen problematisierten) Disjunktion „transzendent"/"immanent", die in Taylors großem Narrativ umstandslos wiedereingeführt wird. Siehe dazu die Kritik von Rentsch, Joas und Nagl, Fußnote 57 im vorliegenden Text.

der Notwendigkeit des Begriffs, schließen allesamt eine Ansicht der radikalen Freiheit Gottes aus, die ihm üblicherweise von Seiten des Glaubens zugemessen wird. Gemäß der in Hegels System dargelegten Vorstellung kann Gott sich dem Menschen nicht *geben*, weder in der Schöpfung, noch in der Offenbarung, noch in der Erlösung durch die Sendung seines Sohnes. Diese Handlungen als Handlungen Gottes anzusehen, bedeutet, sie im Medium der Vorstellung zu fassen; und das, wodurch sie zu Handlungen gemacht werden, gehört eben der Sphäre des inadäquaten Erzählmediums an, das wir in der Philosophie transzendieren. Diese Handlungen richtig zu verstehen, heißt nämlich, sie als Emanationen einer Notwendigkeit zu begreifen, die nicht mehr eine Notwendigkeit Gottes, sondern eine des Menschen ist – mit der Einschränkung jedoch, dass Gott oder das Absolute gewissermaßen das Ganze oder die Substanz und der Mensch ein Teil bzw. ein Akzidentelles ist. Das Ganze kann aber nicht ohne seine Teile bestehen. Gott ‚gibt‘ mir das Leben, aber es ist ebenso wahr, dass Gott nur durch dieses Leben überhaupt sein kann, dass Gott also von rationaler Notwendigkeit sein muss. Gott ‚offenbart‘ sich dem Menschen. Darin liegt aber auch seine Selbstoffenbarung und eben dieser Offenbarungsprozess kann genauso als Selbstoffenbarung des Menschen in seiner Funktion als Vermittler und Träger des Geistes bezeichnet werden.“[65]

An diese massive Hegelkritik lassen sich m. E. nicht nur Fragen richten, die die leitende feuerbachnahe De-dialektisierung Hegels betreffen, sondern u. a. auch solche, die sich auf die (wie es scheinen mag: *nur angeblich* aller religiösen *Vorstellung* zugehörige) Konzeption einer *radikalen* (d. h. nominalismusnah als „vernunftdistant“ interpretierten) Freiheit Gottes beziehen – einer Konzeption, die ja mit der Idee *eines gerechten, d. h. uns verständlichen* und *eines gnädigen, d. h. uns liebenden* Gottes (der uns unverdient verzeiht, was, damit es geschehen kann, ebenfalls impliziert, dass wir dieses Verzeihen *verstehen* können) kaum kompatibel zu machen sind. Überdies, und drittens, ist auch Taylors These, dass sich bei Hegel Gott dem Menschen nicht „gibt“,[66] genau

65 H/D, S. 648f.

66 Die These, dass Hegel „keinen Raum für die Gnade im eigentlichen christlichen Sinn“ lässt (H/D, S. 648), sucht Taylor mit Blick auf die Theologie Karl Barths zu vertiefen: bei Hegel gebe es ein Christologiedefizit, d. h. seine begriffliche Rekonstruktion des Christentums marginalisiere in der Rekonstruktion von Pfingsten Auferstehung und Himmelfahrt (in Beziehung auf die man, so Taylor, „den Eindruck gewinnt, dass Hegel sie nicht wirklich als historische Ereignisse betrachtet, wenn er auch niemals Aussagen trifft, die diese Vermutung irgendwie abstützen könnten.“ [Sic!, L. N.]) Die „Pneumatologie“ marginalisiert so, tendenziell, die „Christologie“: Für Hegel, so Taylor, liege ja „die eigentliche Erfüllung dieser beide Erscheinungen [= Christi Auferstehung und Himmelfahrt] in dem Pfingstereignis beschlossen, also der Niederkunft des Heiligen Geistes in den Aposteln.“ (H/D, S. 650) Auch hier, so mag es scheinen, de-dialektisiert Taylor – der *Vorstellungsrede entsprechend* – die He-

betrachtet, prekär, denn in einem System, in dem *alles* ein Moment des Absoluten ist, ist, so mag es scheinen, auch *(formaliter) alles „Gabe"*.

Taylor, so zeigt sich an seiner Hegelkritik deutlich, möchte – vor dem Hintergrund der Einsprüche des späten Schelling – mit Heidegger (und im partiellen Rekurs auf Hölderlin) weg von Hegels komplexem *philosophischen* Rekonstruktionsversuch der Idee Gottes (und d. h. zuletzt: weg vom Rechtfertigungsanspruch der *Philosophie* gegenüber einer – noch nicht philosophisch befragten – religiösen Rede[67]). Taylors Ausweg am Ort der Frage, wie Religion denkend zu erkunden sei, ist anders dimensioniert: er setzt, nach Hegel, auf die (von allem *stärkeren* philosophischen Anspruch entlastete) *hermeneutisch sensible Rekonstruktion pluraler menschheitsgeschichtlicher Narrative*, in denen sich – am Ort von Unglauben oder Glauben – ein *Optionenraum* wählbarer Alternativen konstituiert.

4. *Hermeneutische Horizonterkundungen. Die Abwertung der Religions*philosophie *und die Aufwertung der Metaphern „subtiler" literarischer Sprachen in* Ein säkulares Zeitalter

Aus seiner Hegelkritik am Ort der Religionsphilosophie zieht Taylor in seinem *Spätwerk* die Konsequenz, nicht nur, wie viele der postHegelschen Denker, a), die ästhetisch-poetischen Welterkundungen – jenseits der (freilich *nur vermeintlich* Hegelschen) Rede vom „Ende der Kunst"[68] – *aufzuwerten* gegen eine (vor allem im Modus analytisch enggeführter Begriffsanalysen zunehmend insignifikanter werdende) Philosophie (wie dies, auf andere Weise als

gelsche Synthesis *hegelkritisch* auf ihre (angeblich in der „Vermittlung" nicht mehr „erhaltenen") Elemente.

67 Dass eine *explizite* Form des religions*philosophischen* Diskurses – die alle Modi der Religions*kritik* enthält – unverzichtbar ist – d. h. dass die hermeneutisch-deskriptive Darstellung der „Option" Religion im Diskurs der Moderne nicht genügt: darauf hat Thomas Rentsch (im kritischen Rückbezug auf Taylor) stimmig verwiesen.

68 Hegel Devalidierungsthese betrifft – genau betrachtet – allein die *religionsphilosophische* Rolle des Ästhetischen. Sie besagt, dass – nach der klassischen *Kunstreligion* der Griechen – die Beziehung zum Absoluten „reflexiver" und theoretischer wird und somit die nur „sinnliche Vorstellung" des Göttlichen an Überzeugungskraft verliert. Diese Devalidierung der Rolle der Ästhetik am Ort der Vergegenwärtigung des Absoluten tangiert freilich nicht insgesamt den historisch-empirischen Entfaltungsprozess eines „Pantheons der Kunst", das, wie Hegel sagt, „die Weltgeschichte erst in ihrer Entwicklung der Jahrtausende vollenden wird." (Ästhetik I, S. 124) Siehe in diesem Zusammenhang auch die zentralen Untersuchungen von Annemarie Gethmann-Siefert in: dies., *Einführung in Hegels Ästhetik*, München 2005.

Taylor, z. B. auch Adorno in seiner *Ästhetischen Theorie* tut[69]). Taylor bringt, b), zugleich die viel *weiterreichendere* These in den Raum, dass – vor dem Hintergrund der Devalidierung einer als überstark eingeschätzten Philosophie der Religion à la Hegel – *speziell am Erfahrungsort einer modernen, „post-durkheimischen" Religiosität selbst* (der sich in Abgrenzung von der alternativen Option eines „exclusive humanism" konfiguriert) den *neuen, tastenden, „poetischen" Welterkundungen* ein gewichtiger Stellenwert zukommt.[70] Konnte Hegel noch schreiben: „Uns gilt die Kunst nicht mehr als die höchste Weise, in welcher die Wahrheit sich Existenz verschafft. Im Ganzen hat sich der Gedanke schon früh gegen die Kunst als versinnlichende Vorstellung des Göttlichen gewendet",[71] so konstatiert Taylor *in den* (vor dem Hintergrund der beschleunigten Säkularisierungsprozesse rekonfiguierten) *religiösen Erfahrungen selbst* eine *(Neu) Aufwertung der ästhetischen Erfahrung.* Taylor weist dort, wo es in *Ein säkulares Zeitalter* um die (religiös-postreligiösen) Erkundungsversuche des „Unsichtbaren" geht, weder der Theorie (gar der theologischen Theorie), noch einer *explizit* argumentierenden (Religions-)Philosophie, sondern vor allem der

69 Adornos post-Hegelsches Projekt ist freilich einer komplizierten – im Bezug auf Religion nie affirmativ werdenden – Erkundung des (im avancierten Modus zeitgenössischer ästhetischer Experimente, sofern sie nicht „kulturindustriell" konfiguriert sind, sondern „authentisch") jederzeit „schwarz verhüllt bleibenden Absoluten" verpflichtet (was, u. a. , sein extensives Interesse an Beckett deutlich werden lässt). Adorno nimmt somit, genau genommen, eine *Zwischenstellung* ein zwischen den Entkoppelungen des Ästhetischen von aller Bezugnahme aufs Unendliche (in jenen Modi zeitgenössischer Kunst, die sich selbst als *transzendenzdistant* verstehen) und dem, was Taylor ins Auge fasst: die *weitgehend postphilosophisch und außertheoretischen einsetzenden,* „poetischen" Erkundungen des Motivraums der Religion. Zu Adornos „Verhüllungsthese" an der Schnittstelle von Kunst/Religion/Philosophie siehe: Ludwig Nagl, Das verhüllte Absolute: Religionsphilosophie bei Habermas und Adorno, in: ders., *Das verhüllte Absolute. Essays zur zeitgenössischen Religionsphilosophie,* Frankfurt a. M. 2010, S. 13–38.

70 Die Poesie refokussiert und redimensioniert dabei – *„spirituell"* – eine bloße humanistisch-selbstgenügsame Moral. Dass dieser *Ausweg aus dem Begriff,* den Taylor in *Ein säkulares Zeitalter* sucht, nicht unprekär ist: darauf verweist auch Ludwig Siep. Im Unterschied zu Hegel gehe Taylor „von einem Verständnis des ‚Moralisch-Spirituellen' aus, für das die Frage der begrifflichen Erkenntnis – etwa des Gottesbegriffes oder der Gottesbeweise – sekundär zu sein scheint." So wird „Taylors Gottesbegriff in seinem letzten Buch nur in Umrissen deutlich." (Ludwig Siep, Hegels und Taylors Kritik der Moderne, *Unerfüllte Moderne?,* S. 262) An die Stelle einer philosophischen Theologie tritt somit im Spätwerk Taylors der tastende Rekurs auf die Vielfalt poetisch-metaphorisch aufgeladener „Spiritualitäten".

71 Hegel, Ästhetik I, S. 141.

Literatur („den neuen, ‚subtileren' Sprachen der nachromantischen Poetik") eine signifikante Rolle zu.[72]

Diese argumentative Grundbewegung – weg vom „Begriff" und hin zu einer hermeneutischen Deskription, die, was *den Inhalt* des Religiösen betrifft, weniger aufs philosophische Argument als auf *literarische Metaphern* setzt – organisiert freilich nicht nur Taylors Blicke auf die die zeitgenössische Situation und ihr Innovationspotential am Ort der Religion, sondern kündigt sich, wie Thomas Rentsch gezeigt hat,[73] schon tief im Inneren seiner großen Erzählung an: in den Grundkategorien, von denen das *master narrative* der Studie *Ein säkulares Zeitalter* bereits am Ort der Analysen der *Vor*moderne Gebrauch macht. Hat doch die Entwicklungsgeschichte, die Taylor erzählt, die Tendenz, sich, so Rentsch, „an zentralen Stellen zu fundamentalen, im Sinne von Hans Blumenberg ‚absoluten' Metaphern zu verdichten."[74] Das ist, z. B., an prominenter Stelle in der „starken Opposition von gepanzertem und porösen Selbst" der Fall,[75] d. h. in jener Gegenüberstellung, anhand derer sich die Entwicklungsdynamik der gesamten Taylorschen Studie organisiert. Durch Metaphern wie diese wird, so Rentsch, der „Interpretations- und Kommunikationsprozess, der im *master narrative* der Entwicklung der Moderne deskriptiv entfaltet wurde, in einem Urbild zusammengefasst und einprägsam konzentriert". Freilich muss „aus der Perspektive einer hermeneutischen Methodologie" hier „kritisch gefragt werden, ob diese Vorgehensweise nicht die Gefahr der Vereinfachung, der Reduktion, der Engführung mit sich bringt."[76] Denn, anders als Taylor es vorschlägt, scheint ja, z. B., auch das moderne Subjekt keineswegs (Taylors Leitmetapher folgend) in toto „gepuffert" zu sein: bleibt es doch – wie die politischen Katastrophen des 20. Jahrhunderts zeigen – verletzlich (und damit, so Rentsch, – was ihm durch Taylors disjunktive Metaphorik abgesprochen wird – auch „pöros").[77]

Freilich: Nicht die Grundstrukturierung des Taylorschen Narrativs durch Leitmetaphern soll uns hier näher beschäftigen, sondern ein zweiter, andersgelagerter und spezifisch eingeengter Taylorscher Rekurs aufs Meta-

72 Charles Taylor, *Ein säkulares Zeitalter*, S. 1251f. Siehe auch Taylors Replik, *Unerfüllte Moderne?*, wo der er – in seinen Reflexionen auf „Vernunft und Beweiskraft" sein Unbehagen an der Reduktion des Denkens auf „präzises Beobachten" und „verlässliches Schließen" zum Ausdruck bringt (S. 856) und die „Wissenschafts"sprache deshalb als abstrakt qualifiziert, weil sie genötigt sei, „‚buchstäbliche' Behauptungen aufzustellen, die Metaphern ausschließen." (S. 854)

73 Thomas Rentsch, Wie ist Transzendenz zu denken? Kritische Thesen zu Charles Taylors Säkularisierungsbegriff, *Unerfüllte Moderne?*, S. 573–598.

74 Ebd., S. 579.

75 Ebd., S. 576.

76 Ebd., S. 579.

77 Ebd., S. 578.

phorische: derjenige, der in Taylors Beschreibung jener literarisch offenen Erkundungsbewegungen stattfindet, in denen – in der Zeit nach dem, was Taylor für die Krise der Vernunftphilosophien erachtet – die Inhalte der Religion (vor dem Hintergrund eines allseitig positionierten Dispositivs säkularer Weltorientierungen) nicht mehr philosophisch, sondern vor allem durch subtile Sprach„bilder" in Sicht gehalten werden. Hier erfahren bei Taylor am Ort einer – post-hegelisch rekodierten – nach und neo-*romantischen* Denkbewegung im „open space" der Moderne die (in Hegels *Ästhetik* primär der „symbolischen Kunstform" zugeordneten) ästhetischen Figuren „Metapher, Bild, Gleichnis"[78] eine neue und starke – Taylors Kritiker würden freilich auch sagen: keineswegs unproblematische – Wiederaufwertung. Für Hegel selbst sind Metaphern ja bloß „uneigentliche Ausdrücke" (Zeichen, die in der symbolisch strukturierten Ästhetik des vorklassischen Orients prominent werden, die aber, nachklassisch, auch für eine ästhetische Moderne, welche ihr Weltverhältnis primär poetisch-raisonnierend bestimmt, charakteristisch bleiben – d. h. für eine Moderne, die sich von demjenigen philosophischen Denkstil, der mit Plato und Aristoteles in den Raum trat, abgrenzt und auf reflektierend-dichterische Weise unterscheidet). Für Hegel bleibt die poetische Metapher stets am Rande der eigentlichen philosophischen Argumentation angesiedelt: sie ist, wie er schreibt, „immer eine Unterbrechung des Vorstellungsgangs und eine stete Zerstreuung, da sie Bilder erweckt und zueinanderstellt, welche nicht unmittelbar zur Sache und Bedeutung gehören und daher ebensosehr auch von derselben fort zu Verwandten und Fremdartigem herüberziehen."[79] Hegel beobachtet die moderne Wiederaufwertung der Metapher genau: Friedrich Schillers raisonnierendes Dichten, das „selbst in der Prosa sehr reich an Bildern und Metaphern ist", ist dafür paradigmatisch: es kommt, so Hegel, „aus dem Bestreben her, tiefe Begriffe für die Vorstellung auszusprechen, *ohne zu dem eigentlichen philosophischen Ausdruck des Gedankens hindurchzudringen*."[80] Die Metapher bewegt sich somit – in ihrem zerstreuten Aneinanderbinden von Divergentem – für Hegel jederzeit *vor* oder *nach* dem argumentierend-begrifflichen Denken. Hegel glaubt deshalb, dass – auf Dauer – *denkend* bei ihr nicht zu verweilen ist.

Anders als Hegel setzt Taylor, nachvernunftkritisch, nicht nur, *erstens*, im Zentrum seines großen Narrativs selbst, sondern, *zweitens*, vor allem bei seinen Erkundungsversuchen des Optionenraums von Säkularismus und/oder Religion in zunehmendem Maß – in Distanznahme vom philosophischen Argument – auf die poetische Rede. Ein leitendes Taylorsches *Sprach„bild"* in

78 Hegel, Ästhetik. I, S. 516–539.
79 Ebd., S. 523.
80 Ebd., Kursivierung L. N.

diesem *zweiten (nachvernunftkritisch auf Religion bezogenen) Sinn* ist die von ihm oft gebrauchte Metapher „Fülle des Lebens" („fullness of life") – ein poetisches Bild für jenen (unfestgelegten) Hoffnungsraum, der sich im Kontrast zu den Depravationserfahrung säkularer Lebensformen (unter anderem auch[81]) mit *religiöser Imagologie aufladen* lässt. Taylors Metapher der „Fülle" umkreist, so Rentsch, „eine Einheit von Welt und Sinn, Welt und Göttlichem, Transzendenz und Immanenz". Freilich: solch ein Bild bleibt zugleich sehr vag und droht, wie Rentsch richtig sagt, „spekulativ zu entgleisen":[82] unter anderem deshalb, weil die Metapher der „Fülle des Lebens" zu einer „Romantisierung" früherer Entwicklungsstadien zu „Paradiesen unentfremdeter Realität tendiere".[83]

Taylors (nach-religions*philosophisch* verfasster), hermeneutisch-poetischer Rekurs auf die literarische Metapher am Ort der Religion erinnert – in einiger Hinsicht – an William James (mit dem sich Taylor in seinem Spätwerk genauer zu beschäftigen beginnt): an eine Passage z. B. im Kapitel „Mystik" der Jamesschen Studie *Die Vielfalt religiöser Erfahrung*, wo James schreibt, dass „die meisten von uns sich an eigenartig bewegende Passagen bestimmter Gedichte erinnern, die wir in der Jugend lasen, die irrationalen Einfallstore, durch die das Geheimnis der Wirklichkeit, das Wilde und Schmerzhafte des Lebens sich in unsere Herzen schlich und sie erschauern ließ."[84] Freilich: bei James wird diese Bezugnahme auf die poetische Erfahrung (als einer der Einfallspforten des Unendlichen in unser Leben), letztlich, nirgendwo zum vorrangigen Referenzraum. James hofft vielmehr – hier *stärker der Theorie verpflichtet als Taylor* – am Ort der denkend erkundeten Vielfalt der Religionen auf die Möglichkeit einer – posttheologisch-*philosophisch* dimensionierten – *„kritischen ‚Religionswissenschaft'"*. Deren Ergebnisse, so schreibt er, könnten „nicht-religiöse Menschen genauso vertrauensvoll respektieren, wie blinde Menschen die Tatsachen der Optik hinnehmen."[85]

81 Dieser Begriff, so schreibt Taylor in seiner „Replik" auf die Festschrift-Aufsätze 2011, hat freilich „statt zur Verständigung zu Missverständnissen geführt. Vielen Lesern schien er nur als Anwendung auf religiöse Vorstellungen von Fülle konzipiert. Dies lag jedoch nicht in meiner Absicht." Taylor ordnet diesem Begriff, jedenfalls anfänglich, einen viel breiteren Gehalt zu. Sein Themenraum ist die, so Taylor, allen Menschen bekannte Einschätzung, dass „manches Leben nicht das wirkliche Leben ist. Aber es gibt wirkliches Leben: das ganze Leben, wie man sagen könnte." (*Unerfüllte Moderne?*, S. 844.)

82 Thomas Rentsch, Wie ist Transzendenz zu denken?, S. 580.

83 Ebd.

84 William James, *Die Vielfalt religiöser Erfahrung*, Frankfurt a. M./Leipzig 1997, S. 386.

85 Ebd., S. 447f.

Solch eine *Hoffnung auf Theorie* (d. h. auf eine verbindliche – oder wie Taylor, in pejorativer Zuspitzung, sagt: „schlagende"[86] – philosophische Argumentation: auf eine Argumentation, welche die hermeneutisch offen bleibende „Artikulierbarkeit" von „Ahnungen"[87] überragt) gerade auch beim Versuch der denkenden Ortsbestimmung von Religion teilt Taylor weder mit Hegel noch mit James. Sein „freundlicher Pragmatismus" verweist, *zum einen* (durch hermeneutisch-deskriptive Juxtapositionen) zwar auf interne Widersprüche in den gängigen Modi dogmatischer Religionskritik (d. h. auf den prekären Status jeder als „unvermeidbar" deklarierten Affirmation einer transzendenzlosen, abgeschlossenen Lesart des „immanenten Rahmens"), wahrt *zum anderen* aber Distanz zu allen philosophischen Projekten, die – in explizierer Weise – *Begriffe mit allgemeiner Validität* am Denkort der Religion (mit Taylor gesprochen: bei der Verteidigung jener „starken Wertungen", die in einer religiösen Option für „Fülle" terminieren) zu formulieren suchen. Diese Distanznahme hält Taylor, auffälliger Weise, auch gegenüber jenen Denkansätzen aufrecht, die die „neue subtile Sprache" nicht in der Poesie, sondern – *innerphilosophisch* – in einer *dialektisch/post-dialektisch konfigurierten Kritik der linearen, rationalistischen Rede* anzusiedeln suchen: gegenüber dem von negativer Theologie durchsetzten, nachhegelschen Denkansatz Adornos z. B., gegenüber dem Alteritätsdenken von Levinas, den dekonstruktiven Neuerkundungen von Religion bei Derrida und gegenüber dem „schwachen Denken" Vattimos. [88]

Ein kurzer Blick auf jene Schlüsselstelle in *Ein säkulares Zeitalter* (sie findet sich im 20. Kapitel, „Bekehrungen"), in der Taylor auf knappem Raum die Aufwertung der Poesie (in den posthegelschen Versuchen, Transzendenz in Sicht zu halten) zum Ausdruck bringt, soll dies belegen. Taylor beschäftigt sich in diesem Kapitel, in ganz allgemeiner Weise, mit dem Hintergrund der modernen Versuche, den in sich abschließbaren, transzendenzdistanten „Systemen der immanenten Ordnung" etwas entgegenzusetzen, das, wie er

86 Charles Taylor, Replik, S. 851.

87 Ebd., S. 856.

88 Zu diesem auffälligen Vermeiden der Analyse rezenter religionsphilosophischer Positionen durch Taylor siehe auch Thomas Rentsch, der moniert, dass Taylor in *Ein säkulares Zeitalter* seine religionsbezüglichen Fragestellungen nicht nur „nicht auf einer argumentativen, der philosophisch-theologischen europäischen Vernunfttradition von Platon und Aristoteles bis zu Kant und Hegel antwortenden Ebene expliziert", sondern auch „auf systematische Ansätze des 20. und unseres Jahrhunderts in diesen Fragen (z. B. auf Barth, Bultmann, Jaspers, Tillich, Bloch, Rahner, Moltmann, Heidegger, Wittgenstein, Derrida, Vattimo, Agamben, Habermas) kaum bzw. gar nicht Bezug nimmt." (Thomas Rentsch, Transzendenz und Moderne, Religion und Philosophie. Kritische Bemerkungen zu Charles Taylors A Secular Age, in: *Kommunitarismus und Religion*, S. 246f.)

schreibt, „die interne Logik eines innerwissenschaftlichen Paradigmenwechsels übersteigt".[89] Er beschreibt den Raum dieser Versuche, unter den Konditionen der entfalteten Moderne das (gängigerweise exkludierte) Absolute fragend zu umkreisen, so: Wer einen „Paradigmenwechsel, der über die These hinausführt, dass der gesamte Bereich des Sinnvollen von den derzeit herrschenden theoretischen Begriffen abgedeckt wird (im Gegensatz zu einem innerwissenschaftlichen Wechsel von einem Paradigma zum anderen) zu bewerkstelligen versucht, rüttelt in gewissem Sinn an den Grenzen der allgemein akzeptierten Sprache. Die Begriffe, mit deren Hilfe der Paradigmenwechsel herbeigeführt werden kann, erregen Argwohn und können nicht ohne weiteres anerkannt werden. Entweder sie gehören zu einer Auffassung, die wegen ihrer ´Vormodernität´ diskreditiert werden kann (beispielsweise Gott, das Böse, Agape), oder man muss sich einer neuen, ‚subtileren' Sprache bedienen, deren Ausdrücke als solche keine allgemein akzeptierten Bezugsgegenstände haben, sondern uns über normale, ‚immanente' Realitäten hinausweisen können. Ja, vielleicht muss hier sogar die Unterscheidung zwischen dem Natürlichen und dem Übernatürlichen in Frage gestellt werden."[90] Obzwar dies alles, *prima vista*, noch stark nach Hegel klingt, führt der Versuch, die geläufige Verkehrssprache der Moderne *spekulativ zu durchbrechen*, Taylor freilich nirgendwo mehr hin zum Projekt einer dialektisch/postdialektischen *Philosophie*, sondern – hermeneutizistisch – *zuletzt* in *die Erkundung (d. h. den reflexiven Arikulationsversuch des „Wiederverzauberungs"-Gehaltes*[91]*) der Literatur*: in die Darstellung jener Reflexionsform, so Taylor, die im Geistesleben des 20. Jahrhunderts zu einem Hauptort „religiöser Bekehrung" wird. „Die Literatur", so schreibt er, „gehört zu den wichtigsten Gebieten, in denen diese neu entdeckten Einsichten zum Ausdruck gebracht werden."[92] An die Stelle des Versuchs, das Absolute, wenn schon nicht zu begreifen, so doch *denkend und argumentierend* einzukreisen, tritt das „Dichten" (und – so Taylors Kritiker – die „absolute Metapher"). Taylor erläutert diese Aufwertung des „Poetischen" in *Ein säkulares Zeitalter* so: „Der Geist betritt unsere Welt durch die Sprache. Sein Erscheinen ist sprachabhängig. Der Ausdruck Geist ist ein ‚Symbol' im Sinne Schlegels. Und die Verwendungen der Sprache, durch die diese Wörter in Umlauf gebracht werden, heißen […] Dichten." Dichtung hat so „etwas Performatives. Indem sie Symbole erschafft, führt sie neue Bedeu-

89 Charles Taylor, *Ein säkulares Zeitalter*, S. 1211.

90 Ebd.

91 Zum Themenbereich „Wiederverzauberung" und Ästhetik vgl. Charles Taylor, Replik (Abschnitt „Entzauberung und Wiederverzauberung", S. 831–839; insbesondere S. 833–835), in: *Unerfüllte Moderne*?

92 Ebd.

tungen ein.“[93] Dieser „performative“ Status der „subtileren Sprachen“ inkludiert, so Taylor – in einer „für die Moderne typischen reflexiven Wende“ – „ein Bewusstsein von den Bedingungen des Bewusstseins, von der Manifestierung des ´Unsichtbaren´.“[94] Dichten organisiert demnach, anders als der *philosophische* Versuch des Begreifens, einen „offenen Schwebezustand“, der *zum einen* (z. B. in einer heroischen Affirmation des Endlichkeitsstatus des Humanen) *wegführen* kann von Religion, *zum andern* aber (in gläubigen Entschlüssen, die durchs Dichterische nicht selbst nezessitiert, wohl aber vorbereitet werden) hinzuführen vermag zur Reaffirmation von Religion. (Taylor nennt als Beispiel dafür T. S. Eliot.) Die „poetische“ Bezugnahme auf Welt eröffnet also „eine ganze Skala von Möglichkeiten. Das reflexive Bewusstsein kann Subjektivismus und einen Zusammenbruch der Transzendenz nach sich ziehen“, so Taylor, oder auch – „am entgegengesetzten Extrem“ – in den Versuch führen, „Gott oder etwas, das das Menschliche transzendiert, wiederzugeben.“ [95] Taylor erläutert den Status dieses „Dichtens“ (das ein „Begreifen“ im strikteren Sinn hinter sich lässt) auch so: „Das Entscheidende an den neuen, ‚subtileren‘ Sprachen der nachromantischen Poetik liegt […] darin, dass sie eine Art Schwebezustand oder Unbestimmtheit der ontologischen Verpflichtung zulassen. […] Die Sprache *kann* in mehr als einem Sinn gedeutet werden und die Möglichkeiten reichen von der uneingeschränkten ontologischen Festlegung auf das Transzendente bis hin zum ganz subjektiven Extrem, an dem der Mensch oder sogar die Sprache allein maßgeblich ist.“[96] Dieser Rekurs auf ein (in sich selbst) unbestimmt bleibendes Poetisches mag die Lage der avancierten Moderne (soweit sie sich, reflexiv, in einem Jamesschen „open space“ situiert) ziemlich präzis beschreiben.[97] Diese Lage ist jedoch zugleich – philosophisch betrachtet – *unbefriedigend*.[98] Jeder „Schwebezustand“ lädt

93 Ebd., S. 1251.

94 Ebd.

95 Ebd., S, 1251f.

96 Ebd.

97 Ein neuer Beleg für diesen poetischen „Schwebezustand“ findet sich in einem Interview Peter Handkes, in dem er auf die Frage „Sind Sie ein religiöser Autor“ u. a. antwortet, dass man „das Religiöse nur streifen kann. Wenn jemand mir sagt, er sei religiös, geht mir das auf die Nerven. Wenn er nicht erzählt, was das ist. Das Erzählen ist das Entscheidende. […] Ich weiß nicht, ob ich an Gott glaube, aber an den Gottesdienst glaube ich. Die Eucharistie ist für mich spannender, die Tränen, die Freude, die man dabei empfindet, sind wahrhaftiger als die offizielle Religion.“ Die tiefen Ambivalenzen, die eine *philosophierende* Nachbetrachtung dieser Aussagen zutage bringen wird (und muss), bleiben in der poetischen Selbstbeschreibung unausgepackt. (Handke-Interview in: *Die Zeit. Beilage Zeit Literatur*, Nr. 48, November 2010, S. 8.)

98 Ludwig Siep verweist darauf, dass „der Begriff des Spirituellen“, den Taylor in *Ein säkulares Zeitalter* verwendet, „unbestimmt“ bleibt: „In der Regel ist er eng mit

zwar *zunächst* zu einer „hermeneutischen" Erkundung seiner vollen Ambivalenzstruktur ein (und dieser Einladung folgt Taylor in seinem Spätwerk mit bewundernswerter Energie und reicher historisch-religionsgeschichtlicher Kenntnis), lässt *dann aber* alsbald die schwer abweisbare Frage wiedererstehen, wie sich seine Ambivalenzen, denkend (und zugleich unverkürzt), *deuten* lassen. Aus dieser zweiten Frage resultierte – vormals, bei Hegel – die Aufgabe einer spekulativen Erkundung, Kritik und Transformation religiöser Vorstellungswelten. Zentrale Elemente dieser Frage bleiben – so mag es scheinen – freilich auch nach Hegel in jeder Resondierungsarbeit am Denkort von Religion, die auf nichtlineare Weise nach-dialektisch (z. B. negativ dialektisch, dekonstruktiv oder auch spekulativ-pragmatizistisch) zu operieren sucht, von Relevanz. Neuere Erkundungen (in der Postphänomenologie, der Kritischen Theorie und der spät-und postanalytischen Philosophie), die diesen Frageraum *philosophierend* offenzuhalten suchen, bleiben im Spätwerk Taylors freilich nahezu vollständig außer Sicht. Das hängt mit dem Schnitt zusammen, den er durch Hegels Werk legt: a) das Hegelsche Projekt zu „filetieren", d. h. von allen stärkeren spekulativen Ansprüchen am Ort der Erkundung des Absoluten zu reinigen[99], und b) das, was Taylors Meinung zufolge von Hegel

religiösen Einstellungen, Erfahrungen, Gedanken (Meditationen etc.) verbunden. Auch Massenerlebnisse der ‚Verschmelzung', die uns ‚aus dem Alltag herausreißen und mit etwas Jenseitigem in Verbindung bringen', können eine solche Dimension haben (z. B. Rockkonzerte). Vgl. S. 863." (Ludwig Siep, Hegels und Taylors Kritik der Moderne, S. 287) Anders als bei Hegel wird Religion bei Taylor nicht zum Gegenstand eines *kritischen, begrifflich-rechtfertigenden* Fragens, sondern ihre pluralen Inhalte werden als *poetisch-ästhetische* Ermöglichungen von Transzendenzerfahrung (und Hintergrunddimensionierungen eines ethisch dimensionierten Handelns) *hermeneutisch* beschrieben.

99 Jede genauere Rekonstruktion von Hegels monumentalem Versuch einer argumentativen Differenzierung der Religionen (vom Modus der „Naturreligion" bis hin zur „offenbaren Religion") bleibt, trotz der ausführlichen Hegelstudien des jungen Taylor, in Taylors *Spätwerk* ausgeklammert. Dafür scheint es *zwei* frag-würdige *Gründe* zu geben: *erstens* ist Hegels starke „Begriffs"konstruktion, angesichts der im modernen Verfassungsstaat gebotenen Parteinahme für Pluralität, für Taylor prekär. Und zweifellos hat Taylor darin recht, dass die Affirmation von Pluralität wohlbegründet ist. Doch Hegel lässt sich – nach Einklammerung seiner überstarken Systemkonzeption – auch heute als ein relevanter (bisher aber nur schlecht angeeigneter) *Religionsphilosoph* lesen: hat er sich doch mit voller Denkenergie auch der *inneren Spezifität und bestimmten Gestalt* der *einzelnen* Religionen zugewandt (die – dem modernen Pluralismuskonzept genügend – von Hegel nirgendwo als Irrtümer, sondern alle *in jedem Einzelfall* als Religion – d. h. als eine Annäherung ans Absolute – gelesen werden). Vittorio Hösle wies in diesem Sinn vor kurzem darauf hin, dass „Hegels *Vorlesungen über die Philosophie der Religion* [...] eindrucksvolle Versuche [sind], die Provinzialität der blinden Identifikation mit der eigenen Religion mangels Kenntnis anderer zu überwinden *und gleichzeitig den Standpunkt der*

zu lernen ist, durch hermeneutische, pluralismussensible Erkundungsversuche des Optionenraums der Narrative der Neuzeit zu beerben.

In diesem Beerbungsversuch – dem Teil b) seiner Hegelrezeption – gibt es eine Dominante, die sich in allen Taylorschen Werken durchhält: die (von Hegel mitinspirierte) Kritik am „Atomismus" neuzeitlicher Theoriebildung – Taylors Kritik an jener cartesianischen „Exkarnation",[100] der er, auf sehr unterschiedliche Weisen, „kommunale" Korrektive entgegenzusetzen sucht.

An diesem entscheidenden Ort der *positiven* Hegellektüre von Taylor – der Affirmation einer (von Hegel mit auf den Weg gebrachten) Analyse der Konfigurationen von Intersubjektivität – hätte sich, wie mir scheint, nicht nur die von Heidegger mitinspirierte (stets nur *latent* pragmatische[101]) *hermeneutische* Option geboten. Taylor hätte in *Ein säkulares Zeitalter* – in Verlängerung und Differenzierung der in seinen Jamesbezügen in Angriff genommenen

---

Wertfreiheit zu vermeiden." (Vittorio Hösle, Eine metaphysische Geschichte des Atheismus, S. 325, Kursivierung L. N.). Der *zweite* Grund für die Marginalisierung der expliziten Bezugnahme auf Hegel im Taylorschen Spätwerk scheint in dem – ebenfalls frag-würdigen – Schluss begründet zu sein, den Taylor aus seiner frühen Besichtigung der Hegelschen Religionsphilosophie gezogen hat. Zwar, so Taylor, „hat Hegel es vermocht, eine überraschende Zahl orthodox-christlicher Glaubensinhalte in seinem System neu zu interpretieren. Doch der normale Gläubige kann sich damals wie heute nicht des Gefühls erwehren, dass der Sinn seines Glaubens radikal, wenn nicht gar betrügerisch abgeändert worden ist, trotz der Hegelschen Beteuerung im Sinn der Orthodoxie." (H/D, S. 646) Diese Einschätzung (vom prekären, ja möglicherweise „betrügerischen" Status der Hegelschen Religionsphilosophie) ist – nicht nur wegen ihres Rekurses auf eine *orthodoxe Glaubensunmittelbarkeit* als Korrektiv, sondern vor allem wegen ihrer philosophischen (oft durch Heideggers Hegelkritik inspirierten) Hintergrundannahmen – frag-würdig. (Das macht neuer-dings die Kritik von Catherine Malabou an der – recht ähnlich gelagerten – These von William Desmond, Hegels Gott sei „a counterfeit double", deutlich. Siehe dazu Ludwig Nagl, Der Philosophie geht es nicht darum, „die Religion umzustoßen". Ist Hegel – als Religionsphilosoph – „a thinker of the future"? [Derrida/Malabou und Royce], in: *Viele Religionen – eine Vernunft? Ein Disput zu Hegel*, S. 88–105.)

100 Charles Taylor, *Ein säkulares Zeitalter*, S. 1023.

101 Zu Recht verweist Ludwig Siep darauf, dass Taylors Narrativ auf Gedankenfiguren im Werk Heideggers und in der Spätphilosophie Wittgensteins rekurriert, *die dem Pragmatismus nahestehen*: „In *Ein säkulares Zeitalter* versucht Taylor durch einen auf Heidegger – nicht nur dem frühen sondern auch dem späten – sowie dem späten Wittgenstein aufbauenden Pragmatismus den ‚Deutungsrahmen' der Moderne seit Descartes aufzubrechen." (Ludwig Siep, Hegels und Taylors Kritik der Moderne, S. 287): Freilich: Da Taylor zugleich die Position des (klassischen amerikanischen) Pragmatismus „instrumentalistisch" unterbestimmt und auf Distanz hält, ergibt sich aus diesen Rekursen auf pragmatische Denkfiguren bei Heidegger und Wittgenstein keine *explizite* Verbindung zum komplexen *religionsphilosophischen* Diskurs der amerikanischen Pragmatisten (jenseits von James).

Pragmatismussondierung – auch einer anderen, posthegelsche Lesart der Dialektik von endlich und unendlich nähertreten können: dem *pragmatizistisch dimensionierten* Interpretationskonzept, das der von Hegel beeinflusste Amerikaner Josiah Royce (in partiellem Rückgriff auf die spekulative Semiotik von Peirce) mit religionsphilosophischer Dominante in seinem „absolute pragmatism" entwickelt hat. Solch ein erweiterter Pragmatismusbezug hätte Taylor, möglicherweise, zu einer positiveren Re-evaluierung zentraler Elemente der Hegelschen Religionsphilosophie führen können.[102]

102 Siehe dazu Ludwig Nagl, Kapitel 7, „Absolute pragmatism"? Josiah Royces pragmatizistischer Aneigungsversuch Hegelscher Motive, in: „Hegel today": Charles Taylor zum Verhältnis von Kunst, Religion und Philosophie, in: *Dem Leiden ein Gedächtnis geben*, S. 424–427.

Gerrit Steunebrink

Das Ideal der Unmittelbarkeit der Kunst und Hegels Schwierigkeit, die Eigenart der modernen Kunst zu bestimmen

Der spekulative Hintergrund der Hegelschen Auffassung der modernen Kunst als Ende der Kunst

Von Kants Ästhetik heißt es, dass sie keine Kunstgeschichte kennt.[1] Sie kennt nur einander in Originalität nachahmende Kunstwerke, die alle notwendigerweise hinter den urbildlichen Kunstwerken der Antike zurückbleiben müssten. Daher sei die Kunstgeschichte mehr vom Regress geprägt als dass sie, so wie die Wissenschaft, einen Fortschritt aufwiese. Hegel versucht in seiner Ästhetik der Kunst eine Geschichte zu geben und darin das Verhältnis zwischen antiker und moderner Kunst auf seine Weise zu bestimmen. Ist es Hegel nun gelungen, der Kunst eine wirkliche Geschichte zu geben? Liefert er uns tatsächlich eine Kunstgeschichte, und wenn ja, welchen Charakter hat sie? Und wie sieht seine Einschätzung der modernen im Vergleich zur antiken Kunst aus?

In diesem Beitrag vertrete ich die These, dass es Hegel nicht gelungen ist, die Kunst mit einer philosophisch begründeten Geschichte auszustatten, weil er nicht imstande war, die Geschichtlichkeit der Kunst zu denken. Dies ist erstaunlich, da Hegel uns eine sehr umfangreiche empirische Kunstgeschichte hinterlassen hat. Der große Stufenbau seiner Kunstgeschichte zeigt allerdings, dass Hegel die Geschichtlichkeit der Kunst eigentlich nicht denken kann, was daraus hervorgeht, dass er die Kunst als schöne Kunst mit der griechischen Kunst identifiziert, die ganze vorgriechische Kunst als „Kunst auf dem Wege zur Kunst" einstuft, und alle nachklassischen Kunstäußerungen als „Kunst nach der Kunst", oder „Ende der Kunst" qualifiziert.

Wir möchten nun nachweisen, dass Hegels These vom Ende oder der Auflösung der Kunst nicht nur in seiner empirischen Kunstgeschichte – also in seiner Beurteilung der Kunst aus dem siebzehnten und achtzehnten Jahrhun-

1 Friedrich Kaulbach, *Ästhetische Welterkenntnis bei Kant*, Würzburg 1984, S. 246.

dert – wurzelt, sondern ebenfalls, und vor allem, auf seine spekulative Auffassung der Kunst, die der Schellings entspricht, zurückzuführen ist. Ganz konkret heißt das: das Ideal der unmittelbaren Einstimmung unserer Erkenntniskräfte, von Ideellem und Materiellem, sowie die damit verbundene Idee der intellektuellen Anschauung, legen eine Hypothek auf die Geschichtlichkeit, da auf der Grundlage eines Unmittelbarkeitsideals keine Geschichte möglich ist.

Die vorgenannten Voraussetzungen führen zu einer Verabsolutierung der klassischen Kunst, worin Hegels viel gerügter Klassizismus seinen Ursprung hat. Freilich gibt sich Hegel, so möchten wir ergänzend klarstellen, in seiner empirischen Kunstgeschichte überhaupt nicht als Klassizist zu erkennen. Ganz im Gegenteil folgt er dem Programm der Schlegel-Brüder, indem er die von ihnen propagierte moderne Kunst zu schätzen weiß; nur interpretiert er die moderne Kunst anders als die Schlegel-Brüder. Weil er nämlich den substantiellen Gehalt der Werke der modernen Kunst gewährleistet sehen möchte, stellt er wieder eine Verbindung zur klassischen Kunst her.

Meines Erachtens ist es Hegel nicht gelungen, seine spekulative substantielle Kunstauffassung, welche sich maßgeblich nach der klassischen Kunst der Antike im Sinne einer Kunstreligion richtet, mit seinem an der modernen Kunst seiner Zeit orientierten Geschmack in Einklang zu bringen. Diese spekulative Kunstauffassung ist ihm im Wege, wie sie auch alle modernen Interpreten Hegels behindert. Darüber hinaus ist Hegel, meiner Ansicht nach, was den substantiellen Gehalt des modernen Individuums und somit der Modernität überhaupt anbelangt, immer unsicher geblieben.

Die Eigenart des Stufenbaus in Hegels Kunstgeschichte[2]

Die oben erwähnten Fragen zur Geschichtlichkeit stellen sich von selbst, sobald man sich mit dem Stufenbau der Hegelschen Kunstgeschichte näher beschäftigt. Dieser folgt nicht dem gängigen dialektischen Schema, das mit einer unmittelbaren Einheit anfängt und über eine Entzweiung zur Synthese führt – gemeint ist also jene Einheit von Einheit und Unterschied, in welcher die Unmittelbarkeit als vermittelt in Erscheinung tritt – sondern der Stufenbau der Kunstgeschichte verläuft gerade umgekehrt. Er fängt mit der symbo-

2 Die folgenden Analysen sind Ausführungen eines Gedankens, den der Autor schon früher veröffentlicht hat. In: Gerrit Steunebrink, Hegel und die unbewältigte Romantik in der These vom Ende der Kunst, in Andreas Arndt u. a. (Hg.) *Hegels Ästhetik, die Kunst der Politik – die Politik der Kunst* I, II, Berlin: Hegel Jahrbuch. 2000, S. 103–107.

lischen Kunst als einer Kunst der zu überwindenden Zweiheit von Ideellem und Materiellem an, und führt über die klassische Kunst als die Kunst der unmittelbar gemachten Einheit zu einer neuen Entzweiung: die der modernen Kunst, die infolge dieser Entzweiung die Auflösung oder das Ende der Kunst darstellt.

Sehen wir uns Hegels Beschreibung dieses Stufenbaus genauer an: Seiner Meinung nach ist die symbolische Kunst eigentlich noch keine Kunst. Sie ist erst Kunst auf dem Wege zur Kunst, d. h. Kunst, die im Grunde noch Kunst werden soll. In der Mitte steht die klassische Kunst als die eigentliche Kunst: Kunst als Kunst, daher die eigentlich „schöne" Kunst. Die nächste Stufe, die der modernen Kunst, heißt Kunst in der Überschreitung der Kunst. Sie ist Kunst, die über die Kunst hinaus ist, aber sich dennoch, wie Hegel hinzufügt, innerhalb der Kunst befindet. Bereits Helmuth Kuhn hat auf dieses Schema als „ein innerhalb der Hegelschen Philosophie einzigartiges Entwicklungsschema" aufmerksam gemacht, da die Geschichte anderer Phänomene, wie z. B. die des Staates und der Religion, eine Entwicklung aufweist, die ihre Vollkommenheit erst in der Endphase erreicht.[3]

Die Eigenart dieses Schemas lässt sich auch noch auf andere Weise verdeutlichen, nämlich indem wir uns diesen Stufenbau von der symbolischen bis hin zur modernen Kunst als Prozess der graduellen Vollendung denken, und zwar unter Zuhilfenahme eines begrifflichen Instrumentariums, das Hegel selber anwendet: das Instrumentarium des „sinnlichen Scheinens der Idee" (obwohl dieser Wortlaut im Urtext nicht vorkommen soll). Manchmal entsteht der Eindruck, dass Hegel damit alte metaphysische Ideen neuplatonischer Herkunft in einem neuen, von der Transzendentalphilosophie bestimmten Kontext wieder hervorheben und zur Geltung bringen möchte. Auf dieser Grundlage ließe sich Hegels Stufenbau sogar auf eine andere und von der Logik her befriedigendere Weise deuten und erklären. Innerhalb des Hegelschen Schemas wäre die Stufe der symbolischen Kunst, d. i. die orientalische Kunst, dann ein Phase, in der die Idee die Materie noch nicht völlig durchleuchtet; die klassische Kunst wäre die nächste, jedoch noch unvollkommene Einheit von Ideellem und Materiellem, da in dieser Kunstform die Idee noch nicht völlig in der Materie in Erscheinung tritt. Dies wäre erkennbar an der Skulptur als der paradigmatischen klassischen Kunstform, die in der Vereinheitlichung von Idee und Materie zwar weiter als die Architektur, die Kunstform der symbolischen Kunst, vorangeschritten ist, aber noch nicht so weit wie die Malerei, weil das harte Material der Skulptur diese Durchdringung noch nicht zulässt. Wenn wir nach dieser Methode vorgehen, wäre

3 Helmut Kuhn, Die Vollendung der klassischen deutschen Ästhetik durch Hegel, in: ders., *Schriften zur Ästhetik*, München, S. 15–145, S. 116.

in dem Schema somit nicht die klassische, sondern die moderne Kunst die vollendete Kunst. Dass die Sinnlichkeit erst in der modernen Kunst ihre volle Transparenz erlangt hat, zeigt sich in der Malerei, die zusammen mit der Musik eine kennzeichnende Kunstform der Moderne ist.

In dieser modernen Kunst hätte dann auch die Idee ihre höchste Selbständigkeit in der Sinnlichkeit erreicht, sie wäre die vollendete „schönste" Kunst. So betrachtet wäre es möglich, um, wiederum nach Helmuth Kuhn, von der „Beseelung der Welt, die die christlich-mittelalterliche Kunst über die griechische Vollkommenheit hinaushebt", zu sprechen. Diese Kunst wäre dann die vollkommene Kunst. Ja, Hegel selbst beschreibt manchmal die italienische und holländische Malerei anhand dieser Terminologie der völligen Transparenz so begeistert, dass man den Eindruck bekommt, sie wäre für ihn die höchste, vollkommene Kunst.

Bei Hegel jedoch verhält es sich damit anders, denn sobald die Idee völlig transparent wird, bedeutet dies für ihn gleich das Ende der Kunst, weil durch diese Transparenz die Einheit mit dem Sinnlichen gelöst wird und die Idee gleichsam herausragt. Das Ideelle zeigt sich als solches, die Erscheinung ist zum bloßen Schein geworden, und damit ist die Kunst an ihrem Ende angelangt. Laut Hegel findet die Idee ihre höchste Vereinigung mit der Materie in der klassischen Kunst, in der Skulptur, und dieses Verhältnis wird keineswegs graduell gedacht, sondern stellt eine unmittelbare Einheit dar.

Die Eigenart des Stufenbaus ist also nur von der Idee der unmittelbaren Einheit her verständlich, denn die Idee der Unmittelbarkeit schließt in sich schon jegliche Stufenfolge aus, wie sie überhaupt keine Differenz zulässt, weil Differenz Entzweiung bedeuten würde. Wo immer sie auftritt, ist die Kunst entweder verschwunden oder zur Kunst über die Kunst hinaus geworden.

Mit der Idee der unmittelbaren Einheit verlassen wir allerdings die klassische, neuplatonische Metaphysik und sind im Bereich der Transzendentalphilosophie angekommen. Die Verquickung beider Motive, des neuplatonischen mit dem transzendentalphilosophischen, führt zu Konflikten in Hegels Beurteilung des Verhältnisses der Künste zueinander, denn einerseits ist die Skulptur die höchste Kunst, aber andererseits wird sie gegenüber der Poesie und der Malerei zurücktreten müssen. Hegel beschreibt die viel größere gestaltende Kraft der Malerei in einer Weise, die der Vorrangstellung der Skulptur widerspricht.[4]

Die Auffassung der Kunst als eines sinnlichen Scheinens der Idee zog gemessen an neuplatonischen und vormodernen Kriterien noch weitere Konsequenzen nach sich. Sie signalisiert ipso facto die Endlichkeit der Kunst. Er-

4 G. W. F. Hegel, *Vorlesungen über die Ästhetik*, I, II, III, Frankfurt a. M. 1970, II, S. 353–356.

scheinung in der Sinnlichkeit, entweder in der Sinnlichkeit des Kunstwerks der Schöpfung, oder in der des menschlichen, die Schöpfung nachahmenden Kunstwerks, ist stets endliche Schönheit. Lediglich die der Schöpfung zugrunde liegende „intelligible" göttliche Idee hat Absolutheitscharakter, weshalb denn auch die sinnliche Schönheit von der „intelligiblen", rein ideellen Schönheit her normiert wird. Während also die Idee des intelligiblen Schönen absolut, Vollendung ist, ohne jegliche Stufenfolge, ist die Idee in der Erscheinung immer durch eine Abstufung als Zeichen ihrer Endlichkeit geprägt und befindet sich somit immer in einem Annäherungsverhältnis zur Idee. In dem transzendentalphilosophischen Ansatz der unmittelbaren, nicht begrifflich „gezwungenen" Einheit jedoch, wie er von Schelling und Hegel aufgenommen wurde, ist für eine Stufenfolge, eine Annäherung überhaupt kein Platz. Hier werden, ganz im Gegenteil, Streben und Annäherung gerade vom Ideal der unmittelbaren Einheit der Erkenntniskräfte überwunden.

Mittels ihrer Konzeption der unmittelbaren Einheit haben Schelling und Hegel versucht, Kant mit Kant zu überwinden. Der deutsche Idealismus hat den Dualismus der Erkenntniskräfte in Kants Erkenntnistheorie immer abgelehnt. Für den deutschen Idealismus war die Totalität von Natur und Geist, von Materiellem und Sinnlichem anfänglich gegeben – nach Schelling in einer intellektuellen, und nach Hegel in einer transzendentalen Anschauung. Diese Totalität muss als unmittelbare Einheit, die einer jeden Gegenüberstellung, Entzweiung von Sinnlichem und Materiellem, vorangeht, gedacht werden. Sie ist die Voraussetzung einer jeden Gegenüberstellung, welche die Grundlage der endlichen Verstandeserkenntnis bildet. Die endliche Verstandeserkenntnis ist ein „immer strebender" Versuch zur Überwindung des Abstands. Allerdings kann die Möglichkeitsbedingung der endlichen Erkenntnis, dass der Abstand im Prinzip bereits überwunden ist, in der endlichen Erkenntnis selbst nicht hervortreten. In der Kunst jedoch tritt diese Möglichkeitsbedingung wohl hervor, denn im Kunstwerk, als gemachter unmittelbarer Einheit, erreicht das Machen seine Perfektion, indem es eine Einheit ohne Gebrechlichkeit hervorbringt, hinter der das Machen selbst sozusagen verschwindet. So wird das Strebensverhältnis überwunden und zeigt sich das Kunstwerk als produzierte unmittelbare Einheit, in der die ursprüngliche Einheit hervortritt; es repräsentiert oder reproduziert das Absolute, den Geist der Totalität, und ist selbst Erscheinung des Absoluten. Anders als in einer neuplatonischen Metaphysik ist nun die harmonische Totalität von Idee und Sinnlichkeit als uranfängliche Einheit selbst absolut und damit auch das Kunstwerk. Das Kunstwerk ist nicht länger, wie in der alten Metaphysik, Nachahmung der Schöpfung und Lobpreisung Gottes, sondern es ist selbst Erscheinung Gottes, Theophanie. Damit entsteht auch die Idee der Kunstreligion.

Die „Schwachstelle" des Kunstwerks ist das Gemachtsein, welches aber von der göttlichen Genialität des Künstlers, der das Absolute unmittelbar erfasst und realisiert, überstiegen wird. Innerhalb des genialen Kunstwerks als „gemachter Unmittelbarkeit" gibt es keine Differenz, weil Unmittelbarkeit in sich selbst eben keine Differenz kennt. Hier stoßen wir auf die Ursache des problematischen Begriffs der Geschichtlichkeit in Hegels Kunstgeschichte. Denn wie kann eine auf der Unmittelbarkeit gegründete Kunst eine Geschichte haben, wenn sie in sich gar keine Differenz zulässt? Hegel geht an die Geschichte vom Begriff des Machens her heran.

Dort, wo die Unmittelbarkeit noch nicht richtig getroffen ist und das Machen noch hervortritt, finden wir die symbolische Kunst. Weil sie noch in einem Strebensverhältnis zum wahren Kunstwerk steht, ist die symbolische Kunst eine Kunst, die noch keine ist. In der Moderne kommt das Machen als „formale" Kennzeichnung der Kunst als solcher und als Virtuosität der Subjektivität zum Vorschein. Darum ist sie Kunst über die Kunst hinaus. Die moderne Kunst ist Kunst, die keine mehr ist, obwohl sie sich immer noch im Bereich der Kunst befindet. In der Mitte steht die klassische Kunst als die einmalige Realisierung des Ideals. Sie ist die Kunst, die mit ihrem Begriff identisch und daher auch schöne Kunst ist.

Sowohl formell wie inhaltlich übersteigt das klassische Kunstwerk als gelungenes Kunstwerk jedes Streben und Sollen. Im klassischen Kunstwerk gibt es auf allen Ebenen die Kongruenz, die Übereinstimmung von Bedeutung und Gestalt, von Ideellem und Sinnlichem. Die symbolische Kunst hingegen sucht noch die wahre Gestalt für ihre Götter, weil sie eben auch ihr Geistiges, ihre Götter, noch nicht gefunden hat. Infolgedessen ist auch die Gestaltung, die Kongruenz zwischen dem Geistigen und dem Sinnlich-Materiellen noch mangelhaft, und ist sie also in wesentlichem Maße noch Kunst, die danach trachtet, Kunst zu sein. Hegel konzentriert damit alles Schöne im Klassischen und stellt dieses als das gelungene Kunstwerk dem symbolischen Kunstwerk als dem strebenden Kunstwerk gegenüber.[5]

Leider ist diese schöne Konstruktion nicht unproblematisch, weil das Vollkommene, als differenzlose Unmittelbarkeit gedacht, hier zugleich das völlig Einzigartige geworden ist. Die klassische Kunst als die eigentliche Kunst steht einzigartig da. Dieser Umstand macht es überaus kompliziert, Geschichte und Vielheit zu denken, denn Hegels Idee der Kunst, das Ideal oder die Idee in individuo, ist auf diese Weise kein allgemeingültiger Kunstbegriff, der sich auf die unterschiedlichen Epochen der Kunst, welche alle auf ihre Weise als Perioden der Kunst im Allgemeinen gedacht werden können, anwenden ließe. Da die Unmittelbarkeit nun einmal keine Differenz zulässt, sieht sich

5 G. W. F. Hegel, II, S. 109–111, 155.

Hegel mit dem Problem konfrontiert, dass sein ‚klassizistischer' Kunstbegriff entweder flächendeckend für die gesamte Kunst gelten soll, oder dass, wenn er nur auf eine bestimmte, nämlich die klassische Periode zutrifft, daraus dann notwendigerweise folgt, dass die Kunst der übrigen Epochen im Grunde nicht als Kunst zu betrachten wäre. Differenzen innerhalb der Kunst werden somit zu Differenzen zwischen Kunst und Nicht-Kunst.

Um dieses Problem zu lösen, denkt sich Hegel die symbolische Kunst als Vorkunst, Kunst auf dem Wege zur Kunst, und moderne Kunst als Nachkunst, Kunst über die Kunst hinaus. Nicht umsonst bezeichnet er die moderne, romantische Kunst als „das Hinausgehen der Kunst über sich selbst, doch immerhin noch innerhalb ihres eigenen Gebiets und in der Form der Kunst selber".[6] Diese wohlüberlegte Formulierung könnte auch als eine Verlegenheitsformulierung gedeutet werden, weil daraus klar hervorgeht, wie schwierig es ist, die romantische Kunst, trotz der Tatsache, dass sie nachklassische Kunst ist, dennoch positiv als Kunst zu bewerten.

Wenn also nur die klassische Kunst die Gestaltung des Ideals, der unmittelbaren Einheit, ist folgt daraus, wie wir nachweisen möchten, dass ihr Werden aus vorhergehender Kunst nicht gedacht werden kann. Die geschichtliche Entstehung der klassischen Kunst wird rätselhaft, zumal weil sie bereits als Vollendung gilt, die nicht zugleich als „aus anderem geworden" gedacht werden kann. Also kann auch im Hinblick auf die Zukunft von einem Werdegang nicht die Rede sein, sondern lediglich von einem Auseinanderfallen der beiden Dimensionen der „unmittelbaren" Einheit von Ideellem und Sinnlichem, was allerdings gleich die Auflösung der Kunst bedeutet. Geschichte ist damit abwesend.

Wenn wir uns im Folgenden mit dem Problem des Werdens der klassischen Kunst näher auseinandersetzen, wird klar, wie sehr Hegel noch an Schelling gebunden ist. Die gesamte Problematik der intellektuellen Anschauung als Ursprung der Kunst, einschließlich des Übergangs von Fichte zu Schelling, finden wir in Hegels Kunstgeschichte wieder. Sie ist entscheidend für das Verhältnis zwischen der symbolischen „strebenden" Kunst und der klassischen Kunst mit deren spezifischer Kunstform, der Skulptur.

Das „Werden" des Klassischen

Hegel ist der Ansicht, dass die klassische Kunst nicht immer existiert hat. Am Anfang steht die symbolische Kunst und die klassische Kunst ist, Hegel zufolge, Resultat. Sie ist allerdings ein Resultat mit einem besonderen Gepräge,

6 G. W. F. Hegel, I, S. 113.

denn wie soll man ihren Werdegang aus dem symbolischen Bereich deuten und verstehen? Hegels Antwort lautet: Nicht als Werden aus dem Symbolischen heraus, sondern als Selbsterzeugung. Sie trägt ihr Werden in sich selbst:

> „Da nun das Wesen der Freiheit darin besteht, was sie ist, durch sich selber zu sein, so wird das, was zunächst als blosse Voraussetzungen und Bedingungen des Entstehens ausserhalb des klassischen Gebiets erschien, in den eigenen Kreis desselben hineinfallen müssen, um den wahren Inhalt und die echte Gestalt durch Überwindung des für das Ideal Ungehörigen und Negativen wirklich hervorgehen zu lassen. Dieser Gestaltungsprozess, durch welchen sich der Form und dem Inhalt nach die eigentlich klassische Schönheit aus sich selber erzeugt, ist daher der Punkt, von welchem wir auszugehen [...] haben."[7]

Mit dieser Aussage hebt Hegel „das Werden ihrer Schönheit aus sich selber" als prägendes Merkmal der klassischen Kunst hervor, so dass die klassische Kunst nicht länger aufgrund vorhergehender Bedingungen, sondern fortan nur aus sich selbst, d. h. von der inneren Überwindung der Differenz her verstanden werden kann. Seine Sehweise räumt so die Bedingung der symbolischen Kunst aus. Erst nachdem die Bedingung der symbolischen Kunst überwunden worden ist, kann das Ideal der Kunst mit der klassischen Kunst zusammenfallen. Dementsprechend fügt Hegel hinzu, dass die klassische Schönheit zu ihrem Innern die freie, selbständige Bedeutung hat – d. h. nicht die Bedeutung von irgend etwas, sondern das Sichselbstbedeutende – und dass sie damit zugleich das Sichselbstdeutende ist.

Meiner Ansicht nach behauptet Hegel nochmals dasselbe, nur anders herum, wenn er auf die Skulptur als den Inbegriff der klassischen Kunst Bezug nimmt: „Dem Ideal der vollkommenen Kunst, muss die unvollkommene vorausgehen, durch deren Negation, d. h. durch Abstreifung der ihr noch anklebenden Mängel, sich das Ideal erst zum Ideal wird. In dieser Beziehung hat die klassische Kunst allerdings ein Werden, das jedoch außerhalb ihrer ein selbständiges Dasein erhalten muss, da sie als klassische alle Bedürftigkeit, alles Werden hinter sich haben und in sich vollendet sein muss. Dies Werden als solches besteht nun darin, dass der Gehalt der Darstellung erst dem Ideal beginnt entgegenzugehen, doch einer idealen Auffassung unfähig bleibt, indem er noch der symbolischen Anschauung angehört, welche das Allgemeine der Bedeutung und die individuelle anschaubare Gestalt noch nicht in eins zu bilden imstande ist."[8] In ihrer Realisierung stößt die klassische Kunst sozu-

7 G. W. F. Hegel, II, S. 432.
8 G. W. F. Hegel, II, S. 448.

sagen ihren Werdegang aus dem Symbolischen ab und setzt damit zugleich alles Werden außer sich.

In der historischen Bestimmung der Skulptur wiederholt sich interessanterweise die Identifikation des Klassischen mit dem Ideal der Kunst überhaupt in der Identifizierung der Skulptur mit der klassischen Skulptur. Die Skulptur kennt ebenso wenig eine historische Entwicklung: „[...] so bildet die Skulptur so sehr den Mittelpunkt der klassischen Kunstform überhaupt, dass wir hier nicht, wie bei der Betrachtung der Architektur, das Symbolische, Klassische und Romantische als die durchgreifenden Unterschiede und als Grund der Einteilung annehmen dürfen. Die Skulptur ist die eigentliche Kunst des klassischen Ideals als solchen. Zwar hat die Skulptur auch Stadien, auf welchen sie von der *symbolischen* Kunstform ergriffen wird, wie in Ägypten z. B., doch sind dies mehr nur historische Vorstufen und keine Unterschiede, welche den eigentlichen Begriff der Skulptur seinem Wesen nach angingen, insofern diese Gebilde durch die Art ihrer Aufstellung und ihres Gebrauches eher der Architektur anheimfallen, als sie dem eigentlichen Zwecke der Skulptur angehören. In gleicher Weise geht, wenn die romantische Kunstform in ihr sich ausdrückt, die Skulptur über sich selbst hinaus und erhält erst mit der Nachbildung der griechischen Skulptur ihren eigentlichen plastischen Typus wieder."[9] Auch für die Skulptur gibt es somit keinen Allgemeinbegriff, der für verschiedene historische Epochen der Skulptur gültig anwendbar wäre, weil es diese Perioden nun einmal nicht gibt.

Was hat es mit diesen Schwankungen hinsichtlich des Begriffs des Werdens in der Kunst nun eigentlich auf sich? Wir zitieren nochmals:

> „Bei dieser Darstellungsweise ist dann in Betreff auf das Äussere nichts Symbolisches mehr vorhanden, und alles blosse Suchen, Drängen, Verzerren und Verkehren abgeschnitten. Denn der Geist ist, wenn er sich als Geist gefasst hat, das für sich Fertige und Klare [...]."[10]

Nun wird die klassische Kunst von Hegel in jeder Hinsicht als „fertige" Kunst beschrieben. Jedes suchende, strebende Verhalten ist da abwesend: Während das Strebensverhältnis „ohne Rast und Ruh" für die symbolische Kunst gilt, in der die Idee die Form noch nicht in sich selbst gefunden hat und die also auf das Ringen und Streben danach beschränkt bleiben muss,[11] hat die klassische Kunst die Form wohl in sich selbst gefunden, wie aus dem Begriff des

9 G. W. F. Hegel, II, S. 360.
10 G. W. F. Hegel, II, S. 22.
11 G. W. F. Hegel, I, S. 107, II, S. 28.

freien Geistes, der sich selbst in der Kunst „setzt", hervorgeht. Zur klassischen Kunst gehört das „Erzeugen" ihrer Schönheit durch sich selbst.[12]

Man fühlt hier die Anwesenheit der Schellingschen Denkweise. Schelling denkt die intellektuelle Anschauung nicht als Aufgabe, also letztlich wieder von unserem Denkstreben her, sondern er bestimmt sie als Einheit der Gegensätze, die als solche in kein Verhältnis zu unserem Streben und Denken gebracht werden darf.[13] Die intellektuelle Anschauung ‚bewegt sich selbst' und im Kunstwerk als objektiv gewordener intellektueller Anschauung „wird die Synthesis der Entgegengesetzten progresslos gedacht, nicht bloß als Aufgabe, nicht bloß als Stufe der Verwirklichung, sondern als Lösung, als sinnliche Idee, als ‚absolutes Produkt', als ‚Ding an sich'".[14]

Nicht nur Schelling, sondern auch Schiller ist hier anwesend. In seinem Gedicht „das Glück" heisst es:[15]

„Alles Menschliche muss erst werden und wachsen und reifen,
Und von Gestalt zu Gestalt führt es die bildende Zeit,
Aber das Glückliche siehest Du nicht, das Schöne nicht werden,
Fertig von Ewigkeit her steht es vollendet vor dir.
Jede irdische Venus ersteht wie die erste des Himmels,
Eine dunkle Geburt aus dem unendlichen Meer,
Wie die erste Minerva, so tritt mit der Ägis gerüstet
Aus des Donnerers Haupt jeder Gedanke des Lichts"

Als Produkt des sich selbst erfassenden Geistes ist das Klassische fertig, ähnlich der Göttin Athene, wie sie in voller Rüstung aus Zeus' Haupt geboren wird. Aber, wie soll man sich die Kunstgeschichte auf dieser Basis denken? Denn dies alles besagt, dass ‚schöne Kunst' kein Werden und damit keine Geschichte hat. Hegel setzt alles daran, um in der klassischen Kunst alles, was die Kunst als schöne Kunst bestimmt, zu vereinen. Einmalig steht die klassische Kunst da, Schöneres kann es nicht geben. Sie ist Kunstreligion und wird daher nicht von einer höheren Kunst, sondern nur von einer höheren Religion überboten. In der Beziehung zum Christentum zeigt die Kunstreligion ihre Endlichkeit und ihren Vergangenheitscharakter. Nichtdestoweniger hat Hegel es durch diese Beziehung vermeiden können, die Endlichkeit der Kunstschönheit als solche denken zu müssen. Denn Hegel hat im Konzept der Kunstreligion die Kunstschönheit als Kunst absolut gesetzt und als Religion in die Endlichkeit verwiesen.

---

12 G. W. F. Hegel, II, S. 32, vgl. S. 22.

13 Vgl. Richard Kroner, *Von Kant bis Hegel*, I,II, Tübingen 1977, I, S. 95, II, S. 81.

14 Richard Kroner, II, S. 81, I, S. 604.

15 Friedrich Schiller, *Sämtliche Werke*, I–V, Darmstadt 1987, I, S. 240–241.

Hegels Betonung des Vergangenheitscharakters der Kunst könnte daher, meines Erachtens, gedeutet werden als eine für die Interpretation der modernen Kunst folgenschwere, vom Unmittelbarkeitsideal her gesehen verständliche, Fehlinterpretation der Endlichkeit der Kunstschönheit.

Die spekulative Dimension der These vom Ende der Kunst

Mit der Interpretation der Kunst im Lichte der intellektuellen Anschauung fällt Hegel allerdings auch Schellings Problemen anheim. Letzterer hatte Hegels Schwierigkeiten mit der Geschichtlichkeit der Kunst bereits vorweggenommen, als er sich mit dem Verhältnis der Vielheit der Kunstwerke zur intellektuellen Anschauung konfrontiert sah. Denn erfordert diese Anschauung nicht vielmehr Einheit und daher ein einziges Kunstwerk? Dieses Problem ist Schelling bewusst und er sagt, dass es nur *ein* absolutes Kunstwerk gibt, welches in verschiedenen Exemplaren vorkommen kann, wenn es gleich in seiner ursprünglichen Gestalt noch nicht existiert.[16]

In diesem Aspekt nähert sich Schelling dem Fichteaner F. Schlegel, für den jedes Kunstwerk ein Fragment darstellt, das aber in einem Strebensverhältnis zur Totalität steht! Nun hat Hegel Schelling immer in dem Punkt kritisiert, dass er die Idee der Kunst mit dem Kunstwerk selbst verwechselte. Daraus sei seine Konzeption des „absoluten Kunstwerks" hervorgegangen, die zu Schwierigkeiten mit der Vielheit der Kunstwerke führt.

Hegel seinerseits hat mit seiner Periodisierung der Kunst jedoch das gleiche Problem, denn er setzt die Idee der Kunst mit einer Periode der Kunstgeschichte, nämlich der klassischen, gleich, wodurch eine Vielheit von Perioden innerhalb der Kunst unmöglich wird. Obwohl Hegel in anderer Hinsicht über ihn hinausgegangen ist, lehnt er sich bezüglich der Bestimmung der Kunst doch eng an Schelling an. Dessen Idee der Kunst hat Hegel nie verworfen, sondern nur historisiert, und mittels dieser Historisierung hat er Schelling in seiner Beschreibung der klassischen Kunst quasi verewigt. Hegel konnte nur insofern über Schelling hinausgehen, als er über die Kunst selbst hinausgegangen ist. Ebenso wie Schelling, hat er eine Antwort auf die Frage der ‚Querelle des Anciens et des Modernes': „Sind wir Modernen jetzt weiter als die Griechen oder bleiben wir noch hinter ihnen zurück?" formuliert. Kant zufolge hätten wir Modernen in der Wissenschaft zwar große Fortschritte gemacht, aber im Bereich der Kunst seien die Griechen nach wie vor unsere unübertreffbaren Exempel. Schelling meint ebenfalls, dass die klassische griechische Kunst unüberbietbar ist und dass wir im Bereich der Kunst den Grie-

16 Richard Kroner, II, S. 107.

chen immer noch unterlegen sind. Hegels differenzierte Antwort auf die oben erwähnte Frage lautet, dass wir auch auf dem Gebiet der Kunst in *dem* Sinne weiter als die Griechen sind, dass wir über die Kunst hinaus sind; innerhalb der Kunst selbst jedoch stünde die klassische Kunst für ewig als einzigartig da. Hierin liegt der Grund, weshalb Hegel an den Begriff der Kunstreligion gebunden blieb. Er sagt weder, dass der Begriff der Kunstreligion ein unmöglicher Begriff ist, noch behauptet er – was modernen Religionshistorikern sicherlich bekannt ist – dass die griechische Kunstreligion nie existiert hat. Nach Ansicht moderner Religionshistoriker waren die Bilder des Phidias keine Kultbilder, sondern Weihgeschenke. Die eigentlichen Kultbilder waren die von Hegel nicht verstandenen, ja sogar gehassten, hölzernen, gemalten Bilder – die sogenannten „xoana". Sie galten nicht als vom Menschen gemacht, ihnen wurde vielmehr ein mirakulöser Ursprung zugeschrieben.[17] Hegels Stellungnahme zur Kunstreligion ist folgende: Sie hat existiert, aber das war einmal. Damit ist Schellings Position wiederum historisch fixiert und beschränkt, aber immer noch legitimiert. So ist Hegel verbunden geblieben mit einer religiösen, romantischen Kunstkonzeption, die entstanden ist als eine verletzte Reaktion auf den metaphysischen Sinnverlust der modernen Welt.[18]

Erst das Bewusstsein der oben angesprochenen spekulativen Problematik ermöglicht meines Erachtens den rechten Zugang zur Problematik vom Ende oder der Auflösung der Kunst, weil Hegels Problem dann nicht wäre, dass es nach der klassischen Kunst keine Kunst mehr gäbe. Dasjenige, was wir heute an Hegels These erstaunlich und zugleich interessant finden, nämlich die Frage: „Wie ist Hegel zu seiner Auffassung, dass es keine Kunst mehr gebe, oder dass die Kunst einmal zu existieren aufhören würde, gelangt?", war nicht Hegels, sondern ist unser Problem, bedingt von der Kunst des zwanzigsten Jahrhunderts. Hegel denkt in umgekehrter Richtung. Nach der klassischen Kunst gibt es immer noch Kunst, aber wie ist diese Kunst im Rahmen des spekulativ bestimmten Kunstbegriffs, der so eng mit der klassischen Kunst zusammenhängt, zu deuten und verstehen? Diese Problematik führt ihn zusammen mit Schiller, Schlegel und allen andern Denkern seiner Zeit, die versuchten, das Verhältnis der modernen zur antiken Kunst zu klären.

Hegel setzt sich für seine Bestimmung der modernen Kunst mit Schelling und Schlegel auseinander, gelangt jedoch zu einer anderen Ansicht. Nach

17 Walter Burkert, *Griechische Religion der archaischen und klassischen Epoche*, Stuttgart 2011, S. 145. Weiter sehr aufschlussreich für eine griechische ‚Philosophie' des Götterbildes, Christoph Auffahrt, The Materiality of God's Image: The Olympian Zeus and Ancient Christology, in: Jan Bremmer u. a. (Hg.), *The Gods of Ancient Greece*, Edinburgh 2010, S. 465–483.

18 Helmut Kuhn, Die Vollendung der klassischen Deutschen Ästhetik durch Hegel, S. 156.

Schellings Auffassung würde in der modernen Kunst die Allegorese wiederkehren, und Schlegel meint, dass moderne Kunstwerke als Fragmente in einem Fichteschen endlosen Streben verstanden werden müssten. Hegel zufolge gehören sowohl die Allegorese als auch alle Fichteschen Strebensverhältnisse zur symbolischen Kunst; erst die klassische Kunst ist die alles Streben vollendende Kunst. Hegel meint zwar, dass in der modernen Kunst, wie in der symbolischen, das Ideelle und Sinnliche auseinander gehen, aber doch auf eine andere Weise als in der symbolischen Kunst.[19] In der völligen Transparenz der modernen Kunst fallen nach Hegels Kunstauffassung das Ideelle und das Sinnliche so auseinander, dass die subjektive Virtuosität and damit das Prinzip des ‚formellen Machens' hervortritt. Aber wie diese Trennung und das Prinzip des formellen Machens eine positive Bestimmung der modernen Kunst in seinen unterschiedenen Perioden sein kann, wird jetzt Hegels größtes Problem. Denn Hegel kann und darf jetzt nicht der uns sehr nahe liegenden Verführung, die moderne Kunst als die im vollkommenen Machen sich zeigende vollendete Verwirklichung der Idee der Kunst zu bestimmen, nachgeben. Dann wäre die moderne Kunst die Verwirklichung der Idee der Kunst sowie der moderne Staat die Verwirklichung der Idee des Staates überhaupt. Das Unmittelbarkeitsideal der Kunst macht gerade diese Parallelle unmöglich. Die Idee der Kunst ist völlig verwirklicht im klassischen Kunstwerk als eine nahtlose Einheit von Sinnlichem und Ideellem, in welchem sich das Machen gerade nicht zeigt. Inhaltlich wird sie bestimmt vom menschlichen Leibe her als daseiende Einheit von Geist und Leben. Darum ist moderne Kunst Kunst über die Kunst hinaus oder ‚nicht mehr schöne Kunst'. Aber das sind negative Bestimmungen und darum muss Hegel meiner Meinung nach den Begriff der ‚schönen Kunst' auch noch als Kennzeichnung für moderne Kunst beibehalten.[20] Denn er sagt ja nicht, dass im Prinzip des formellen Machens logischerweise der Unterschied zwischen Kunst im Allgemeinen („ars", „techne") und schöner Kunst wegfiele. Wäre das der Fall, dann wäre ein modernes Kunstwerk ein Artefakt unter anderen, und das möchte Hegel bestimmt nicht behaupten.

Selbstverständlich kann Hegel es sich nicht leisten zu behaupten, dass im Christentum die Kunst endlich einmal ihren Charakter der Theophanie verliert, um in der Funktion der Lobpreisung Gottes, der Illustration der Religion und der Inkarnation im alltäglichen Leben ihre wahre Bestimmung zu

19 G. W. F. Hegel, I, S. 111.

20 Vgl. Bernadette Collenberg-Plotnikow, Die Funktion der Schönheit in Hegels Bestimmung der Malerei. Zum Stellenwert eines Grundbegriffs der Hegelschen Ästhetik, in: Annemarie Gethmann-Siefert u. a. (Hg.), *Die geschichtliche Bedeutung der Kunst und die Bestimmung der Künste*, München 2005, S. 245–269, 251.

erreichen. Die Kunst verliert ihre wahre Bestimmung der Theophanie nicht und Kunstreligion zu sein bleibt daher ihre wahre Bestimmung. Nur ist Kunstreligion zu sein nicht die höchste Bestimmung der Religion. Das Christentum ist eine über die Kunstreligion erhabene Religion, die die Kunst nur integrieren kann um den Preis des Verlusts der Funktion der Kunstreligion, das heisst des Endes der Kunst. Daraus ergibt sich auch kein positives Kriterium für die Beurteilung der modernen Kunst, zumal sie gemessen wird an einer Funktion, die sie nie gehabt hat. ‚Wir beugen unsere Knie nicht mehr', so reagiert Hegel auf die romantische Deutung der mittelalterlichen Marienfrömmigkeit. Aber wir haben unser Knie nie gebeugt in der Weise einer kunstreligiösen Verehrung des Bildes. Das gilt nicht nur für die mittelalterliche, sondern auch für die griechische Kunst.

Dass Hegels an die intellektuelle Anschauung und die klassische Kunst gebundene Kunstauffassung untauglich ist, die Historizität der Kunst und die Eigenart der modernen Kunst zu denken, heißt nicht, dass Hegel über die moderne Kunst bis zum zwanzigsten Jahrhundert nichts zu sagen hätte, denn er verbindet die Idee von der Auflösung bzw. dem Ende der Kunst mit dem Funktionswechsel der Kunst und ihrem Abschied vom klassischen Ideal in seiner Zeit. Allerdings erwartet uns hier eine Überraschung, denn Hegel zeigt diesen Abschied auf, indem er ganz einfach zu bedenken gibt, dass die klassische Skulptur uns jetzt nichts mehr sagt. Während er auf der begrifflichen Ebene ein Klassizist ist – da er ja an die spekulative Deutung der Kunst, soweit diese von Schellings Problematik der intellektuellen Anschauung bestimmt wird, gebunden ist – erweist sich Hegel in seiner empirischen Geschichtsschreibung als jemand, der sich für alle Kunst, welche aus dem Rahmen des klassischen Modells herausfällt, interessiert, insbesondere für die Moderne. Hegels begriffliches Instrumentarium und seine spezifische Deutung der Kunstgeschichte klaffen dadurch manchmal auseinander. So nimmt Hegel die von Romantikern wie August Wilhelm Schlegel geschätzte moderne, nicht klassizistische Kunst als Ansatz für seine Ästhetik der Neuzeit. In der Deutung dieser Kunst aber unterscheidet Hegel sich von den Schlegelbrüdern, indem er versucht ihr einen substantiellen Wert zuzuschreiben, manchmal in einer Rückbeziehung auf die klassische Kunst. Weiter versucht er im modernen Ideal des „Humanus" dem Prinzip des formellen Machens doch noch einen „substantiellen" Inhalt zu verleihen. Beide Versuche erweisen sich als höchst konfliktträchtig.

Hegel als romantischer Liebhaber der modernen Kunst

Der Ausgangspunkt einer Diskussion über Hegels Klassizismus soll die Kritik der Schlegel-Brüder, insbesondere die August Wilhelm Schlegels, am Klassizismus sein, weil daraus klar hervorgeht, was wir unter Klassizismus zu verstehen haben.

August Wilhelm Schlegel entwirft sein romantisches Programm als Reaktion auf den französischen Klassizismus, der seinerzeit ein europäisches literarisches Phänomen war. Seine Kritik und deren Ergebnisse werden von Hegel geteilt bzw. bestätigt. Was Schlegel kritisiert, ist nicht die antike Kunst, die antike Tragödie an sich – derselbe Antiklassizismus der Schlegel-Brüder plädiert gerade für ein richtiges Verständnis der antiken Tragödien –, sondern die von einer spezifischen Aristotelesrezeption geprägte moderne Nachfolgerin: die Tragödie der französischen Schriftsteller Racine und Corneille. Schon früh hatte August Schlegel Racine, mittels eines Vergleichs von dessen „Phèdre" mit dem gleichnamigen Werk des Euripides, kritisiert,[21] wobei sein Urteil zugunsten von Euripides ausfällt! Schlegels Hauptkritik am Klassizismus von Racine und Corneille gilt der berühmten Dreiheit von Zeit, Ort und Handlung, die sie in Aristoteles gefunden zu haben meinten. Nicht nur sei diese Lehre bei Aristoteles gar nicht zu finden, sondern darüber hinaus würden die antiken Heroen, im Widerspruch zur historischen Realität, gleichsam wie französische Prinzen auf die Bühne gestellt.. Schlegel setzt Shakespeare dem Klassizismus entgegen, da Shakespeare als Engländer der aus Frankreich stammenden klassizistischen Strömung ferngeblieben war.[22] Schlegel bewundert Corneilles Le Cid, obwohl er die mittelalterliche Romance del Cid vorzieht. August Wilhelm Schlegel ist auch derjenige, der das Christentum als bindendes Element dieser romantischen Kultur einsetzt.

Bei Hegel machen wir die gleiche Erfahrung wie bei Schlegel: Corneille und Racine werden nur einmal genannt und letzterer wird von Hegel in genau derselben Weise wie von Schlegel interpretiert und kritisiert, wenn es heißt, dass seine Bühnenstücke die Hofsitten Ludwigs des XVIII. aufweisen.[23] Während Hegel auf Corneilles klassizistisches Schauspiel Le Cid nur einmal Bezug nimmt, erwähnt er die mittelalterliche Romance del Cid des Öfteren. In seinen Jenaer Vorlesungen über die philosophische Kunstlehre entnahm August Wilhelm Schlegel seine Beispiele nicht länger nur der klas-

21 August Wilhelm Schlegel, *Comparaison entre La Phèdre de Racine et celle d'Euripide*, Paris 1807.

22 August Wilhelm Schlegel, *Vorlesungen über dramatische Kunst und Literatur*, I, II, Stuttgart, Vorlesung 17–21.

23 G. W. F. Hegel II, S. 238.

sischen Literatur, sondern er bezog Dante, Petrarca, Boccaccio, Ariosto, Tasso und Shakespeare – später auch Calderon – mit ein.[24] Dies sind alles Autoren, die auch von Hegel häufig und meist sehr positiv erwähnt werden. Nehmen wir Shakespeare als Beispiel.

Was den Schlegel-Brüdern an Shakespeare besonders gefiel, war der Bruch mit dem französischen klassizistischen Kode. Gemäß diesem Kode konnten die einfachen Leute nur in der Komödie Subjekte von Intrigen sein, die Tragödie war den Prinzen und Heroen vorbehalten. Weil dies bei Shakespeare nicht der Fall war, konnte in seinen Werken auch das Tragische mit dem Komischen kombiniert werden. Hegel schätzt Shakespeare sehr und bewertet seine Werke, im Gegensatz zu denen von Corneille und Racine, als moderne Varianten der Tragödie. Auch er hebt die Kombination von Tragik und Komik hervor, womit er ganz dem Schlegelschen Programm der modernen Kunst folgt.

Während Schlegel und Hegel bezüglich ihrer Präferenzen übereinstimmen, sind sie hinsichtlich der Interpretation von Shakespeares Werken unterschiedlicher Ansicht. Hegel möchte Shakespeare vor der subjektivistischen Deutung, die er bei den Schlegel-Brüdern beobachtet, schützen. Schlegel deutet die moralische Vielschichtigkeit von Shakespeares Protagonisten, ihre Tragik und Komik, als Ironie, doch eine ironische Haltung wird von Hegel als eine subjektivistische, eitle empfunden. Er seinerseits deutet diese Vielschichtigkeit als Humor, und Humor besitzt nach Hegel Substanz. Darauf werden wir im Folgenden noch zurückkommen. Für ihre Klassizismuskritik aber hat Hegel meines Erachtens den Schlegel-Brüdern Lob gespendet, weil sie der Beurteilung neue Maßstäbe gesetzt und neue Gesichtspunkte eröffnet hätten, „welche höher als die angefeindeten waren".[25]

Auch angesichts seiner Vorliebe für Goethes „West-östlicher Divan" kann Hegel nicht als Klassizist betrachtet werden, denn mit diesem Werk hat sich Goethe gerade vom Klassizismus verabschiedet, wenn er schreibt, „dass man die islamische oder indische Lyrik ebenso wie das mittelalterliche Nibelungenlied nicht nach klassischen Homerischen Maßstäben beurteilen darf".[26]

Aus eben diesem Grund lobt Hegel nochmals die Schlegel-Brüder:

> „Wie sehr es ihnen deshalb auch als Verdienst anzurechnen ist, dass sie Veraltetes und von der Zeit Geringgeschätztes, wie die ältere italienische und niederländische Malerei, die Nibelungen usw., mit Liebe wieder hervorgezogen und erhoben und wenig Bekanntes, wie die

---

24 Gerhard Schulz, *Romantik, Geschichte und Begriff*, München 2008, S. 15.

25 G. W. F. Hegel, I, 92.

26 Johann Wolfgang Goethe, *West-östlicher Divan*, Frankfurt a. M. 1974, S. 186.

indische Poesie und Mythologie, mit Eifer kennen zu lernen und zu lehren suchten, so legten sie doch solchen Epochen einen zu hohen Wert bei".[27]

Im letzten Teil dieses Satzes spürt man vielleicht den Einfluss des Klassizismus. Faktisch übernimmt Hegel einfach die Schlegelsche Neubewertung der italienischen und niederländischen Malerei, nur möchte er, im Gegensatz zu Schlegel, nicht die indische Mythologie oder das katholische Mittelalter als die Urepoche der Einheit, welche allen weiteren Epochen der Entzweiung voranginge, anerkennen. In diesem Aspekt blieb er eher ein romantischer Gräkophiler, wie F. Schlegel das selbst auch einmal gewesen war. Letzterer hatte allerdings die Griechen gegen die Inder und, im weiteren Verlauf, die Inder gegen das katholische Mittelalter ausgetauscht.

Ebenso wie Goethe, wusste auch Hegel die muslimische Lyrik eines Rumi und Hāfez zu schätzen.[28] Obwohl sie der symbolischen Kunst angehört, bezeichnet er sie niemals als „Vorkunst", sondern er würdigt sie und fügt hinzu, dass diese Kunst der modernen Kunst noch Wesentliches zu bieten hat. Hegel zufolge würden die Perser und Araber für die Gegenwart und die heutige subjektive Innigkeit, somit auch für den Humor, ein glänzendes Vorbild abgeben.[29] Hier klaffen also die begriffliche Konstruktion der symbolischen Kunst als Kunst auf dem Wege zur Kunst und Hegels faktische Wertschätzung der islamischen Lyrik völlig aus einander.

Wenn wir uns mit Hegels Bewertung der holländischen Malerei näher beschäftigen, dann fällt auf, dass er sich dort ebenfalls als unklassizistisch erweist. Er verteidigt diese Malerei gegen die, vom klassizistischen Ideal her verständliche, Kritik, dass die Malerei keine moralische Botschaft und auch keine „würdigen" Sujets hätte. Die holländische Genremalerei malt eben keine Helden oder griechischen Götter als Verkörperungen der Tugenden, auch keine christlichen Heiligen, sondern nur Töpfe und Teppiche! Das ist aber nach Hegel kein gemeiner Stoff und Gehalt. In der holländischen Malerei spiegeln sich vielmehr holländischer Mut und Freiheitssinn, der Aufstand gegen die Spanier im Namen der Religionsfreiheit sowie die Aneignung der Welt als eigene Welt, in der Arbeit. Dadurch, dass er eine Verbindung zum kalvinistischen Christentum herstellt, weiß Hegel dieser Malerei von Teppichen und Töpfen die erwünschte Tiefendimension zu geben: „Ihrer Religion

27 G. W. F. Hegel, I, S. 92, 93.

28 Vgl. Gerrit Steunebrink, A Religion after Christianity? Hegel's Interpretation of Islam between Judaism and Christianity, in: Barend Christoffel Labuschagne and Timo Slootweg (Hg.), *Hegels Philosophy of the Historical Religions*, Leiden 2012, S. 207–243, 234ff.

29 G. W. F. Hegel, II, S. 241.

nach waren die Holländer, was eine wichtige Seite ausmacht, Protestanten, und dem Protestantismus allein kommt es zu, sich auch ganz in die Prosa des Lebens einzunisten und sie für sich, unabhängig von religiösen Beziehungen, vollständig gelten und sich in unbeschränkter Freiheit ausbilden zu lassen."[30]

Diese moderne, säkular erscheinende Kunst ist also ihrem Wesen nach religiöser Natur, weil sie die äußerste Konsequenz der Inkarnation, der Menschwerdung Gottes ist, welche von Hegel als die Einnistung des Geistes in die Endlichkeit verstanden wird. Mit dieser Aussage hat Hegel seinen Abschied vom Klassizismus angekündigt, aber andererseits greift er doch auch wieder darauf zurück.

Was bindet Hegel an das Klassische?

Um Hegels positives Verhältnis zum Klassizismus näher zu deuten und besser zu verstehen, kehren wir nun zur Diskussion über den europäischen Klassizismus französischen Ursprungs zurück. Die Schlegel-Brüder haben, wie bereits erwähnt, Kritik an der französischen Tragödie geübt, weil darin, übrigens genauso wie in der antiken Tragödie, nur Helden oder Prinzen als handelnde Personen auftreten konnten. Einfache Leute waren nur auf den Bühnen der Komödie zu beobachten. Hegel mischt sich in die Diskussion ein und versucht diese Rollenverteilung wie folgt zu rechtfertigen: „Wie nun der idealere Weltzustand bestimmten Zeitaltern vorzugsweise entspricht, so wählt die Kunst auch für die Gestalten, welche sie in demselben auftreten lässt, vorzugsweise einen bestimmten Stand – den Stand der Fürsten. Und nicht etwa aus Aristokratie und Liebe für das Vornehme, sondern der vollkommenen Freiheit des Willens und Hervorbringens wegen, welche sich in der Vorstellung der Fürstlichkeit realisiert findet."[31]

Diese Rollenverteilung geht also nicht auf eine Bevorzugung des Vornehmen zurück, sondern erfolgt der Freiheit wegen. Die Menschen aus den niedrigen Ständen gehörten eben dadurch in die Komödie, dass sie zu komischen Situationen Anlass geben könnten, weil sie einerseits zwar nicht frei seien, aber sich andererseits doch so verhielten, als ob sie es wären, und die Gewohnheit hätten aufzuschneiden. Hegel versucht nun Shakespeare in diese Neubegründung der Rollenverteilung mit einzubeziehen. Dessen dramatische Gestalten gehörten zwar nicht immer dem fürstlichen Stand an und seien auch keine mythologischen Figuren, „aber sie sind dafür in Zeiten bürgerlicher Kriege versetzt, in denen die Bande der Ordnung und Gesetze sich auf-

30 G. W. F. Hegel, II, S. 225.
31 G. W. F. Hegel, I, S. 251.

lockern oder brechen, und erhalten dadurch die geforderte Unabhängigkeit und Selbständigkeit wieder."[32]

Die Freiheit wird betont und damit die Subjektivität hervorgehoben. Hegel sieht diese Freiheit realisiert in den Heroen und ihrer Welt, denn in dieser Welt ist das freie Individuum selbst noch die Verkörperung der sittlichen Kräfte. Im nächsten Paragraphen über „gegenwärtige prosaische Zustände" wird gerade diese Freiheit als gesellschaftliche Realität der Modernität verneint: „So kann denn überhaupt in unserem gegenwärtigen Weltzustande das Subjekt allerdings nach dieser oder jener Seite hin aus sich selber handeln, aber jeder Einzelne gehört doch, wie er sich wenden oder drehen möchte, einer bestehenden Ordnung der Gesellschaft an und erscheint nicht als die selbständige, totale und zugleich individuell lebendige Gestalt dieser Gesellschaft selber, sondern nur als ein beschränktes Glied derselben."[33] Hegel beschreibt, wie sich das moderne Subjekt und seine Freiheit innerhalb der objektiven Strukturen des modernen Rechts verwirklichen, sich danach verstricken und unendlich partikularisieren im eisernen Gehäuse der bürgerlichen Gesellschaft. Er betont, dass eine solche Freiheit im modernen Rechtsstaat nicht nur unmöglich ist, sondern auch für unerwünscht gehalten wird. Aber was sollen wir dann unter der Freiheit des modernen Individuums verstehen? Das moderne Individuum ist in seinem Gemüt als Subjekt unendlich. In seinem Tun und Leiden erscheinen wohl Recht und Sittlichkeit, doch auf beschränkte Weise. Der Einzelne ist nicht mehr der Träger dieser sittlichen Mächte, wie in dem eigentlichen Heroenzustande.

Hegel ist der Ansicht, dass wir trotzdem immer noch ein wesentliches Interesse an einer solchen „heroischen" Individualität haben: „Das Interesse nun aber und Bedürfnis solch einer wirklichen individuellen Totalität und lebendigen Selbständigkeit wird und kann uns nicht verlassen, wir mögen die Wesentlichkeit und Entwicklung der Zustände in dem ausgebildeten bürgerlichen und politischen Leben als noch so erspriesslich und vernünftig anerkennen. In diesem Sinne können wir Schillers und Goethes poetischen Jugendgeist in dem Versuche bewundern, innerhalb dieser vorgefundenen Verhältnisse der neueren Zeit die verlorene Selbständigkeit der Gestalten wiederzugewinnen."[34] Erst jetzt wird uns die Bedeutung des Hegelschen Klassizismus klar. Er steht im Dienste der Freiheit. Hegel setzt die Freiheit der klassischen, „substantiellen" Zeiten als Mittel ein, um Kritik an der modernen Gesellschaft zu üben, in der die Freiheit verloren geht. Dass sich Hegel von revolutionären gräkophilen Utopien abgewendet hat, wissen wir bereits; er

32 G. W. F. Hegel, I, S. 252.
33 G. W. F. Hegel, I, S. 254.
34 G. W. F. Hegel, I, S. 255.

erläutert diese Entscheidung in seiner Rechtsphilosophie und ebenso in den Schlussparagraphen seiner Ästhetik. Vor allem dort, wo er auf die Texte über die prosaischen Zustände Bezug nimmt, merkt man noch, wie schmerzlich dieser Abschied für ihn gewesen sein muss und wie er sich manchmal noch mit jugendlicher Frische gegen seine eigene erwachsene Akzeptanz der modernen Gesellschaft zur Wehr setzen möchte.

Diese Verteidigung eines Klassizismus, der mit dem französischen Klassizismus nur noch den Namen gemeinsam hat und der nicht unvereinbar ist mit Romantik,[35] beweist, dass Hegel in seiner Bewertung der modernen Individualität, sowohl auf der gesellschaftlichen als auch auf der ästhetischen Ebene, sehr unsicher geblieben ist. Deshalb versucht er – wie wir oben bereits am Beispiel Shakespeares feststellen konnten – der Moderne mittels einer Rückbindung an das Klassische Substanz zu verleihen. Auch seine wechselnden Stellungnahmen zur holländischen Malerei lassen sich auf diese Unsicherheit zurückführen. Einerseits versucht Hegel, wie wir im vorigen Paragraphen erläutert haben, die Substantialität dieser Malerei zu belegen, indem er sie mit dem holländischen Freiheitssinn und dem Kalvinismus verbindet, andererseits aber sagt er über die holländische Genremalerei Folgendes: „einen tieferen Sinn, der auf einen in sich selbst wahrhaften Gehalt geht, können dergleichen Gegenstände nicht befriedigen; wird aber auch Gemüt und Gedanke nicht zufrieden gestellt, so versöhnt sich doch die nähere Anschauung damit."[36] Obwohl also diese Kunst nichts Substantielles zu bieten hat, versöhnt sich dennoch die Anschauung damit, insofern die subjektive Geschicklichkeit des Künstlers, die jeden Gegenstand zu einem Spiel der Reflexionen machen kann, in welchem die Substanz um ihre Macht betrogen wird, hervortritt.

Allerdings ist Hegel, meiner Ansicht nach, mit dem Prinzip des „formellen Machens" als Grundlage für die moderne Kunst noch nicht zufrieden, denn er versucht stets, dieses Prinzip mit einem substantiellen Gehalt zu versehen. Am weitesten geht er darin, wenn er – fast wie ein neues Ideal – den neuen „Heiligen", den „Humanus" vorstellt. Dieser moderne Mensch besitzt die Fähigkeit, sich in alles, was menschlich ist, was die menschliche Brust beseelt, hineinzuversetzen, jede Perspektive zu teilen und will sich jedem mitteilen. In diesem Ideal kehrt das Allgemeinmenschliche als universale Kommunikation wieder, ähnlich dem „objektiven Humor", wie er in Goethes Werk „Westöstli-

---

35 Jane K. Brown, Romanticism and Classicism, in: Nicholas Saul (Hg.), *German Romanticism*, Cambridge 2009, S. 119–133, 130. Die Begriffe ‚Weimarer Klassik' und ‚Jenaer Romantik' sind erst in der zweiten Hälfte des neunzehnten Jahrhunderts entstanden. Vgl. Gerhard Schulz, *Romantik, Geschichte und Begriff*, S. 39.

36 G. W. F. Hegel, II, S. 226.

cher Diwan" als Ausdruck eines Wirklichkeitsverhältnisses der Hingabe und Freiheit, der Inkarnation und Resurrektion – „Stirb und Werde" – vergegenwärtigt wird.

Als moderner Mensch könnte man sich hier ziemlich daheim fühlen, denn damit hätten wir in der modernen Kunst zuletzt unsere Welt und unsere zwischenmenschlichen Beziehungen in tieferer Transparenz zurückerlangt. Endlich einmal Kunst als Kunst! Aber das ist nicht Hegel. Hegel zufolge ist mit dieser Aneignung der Welt die Kunst am Ende, ihr Gehalt und das absolute Interesse verschwunden. Damit sei auch die Kunstreligion verschwunden: wir beugen unsere Knie nicht mehr vor einem Götterbild oder einer Marienstatue. So wird diese moderne Kunst im Lichte der Idee der klassischen Kunst wieder relativiert. Das moderne Kunstwerk ist nicht länger Theophanie und daher Ende der Kunst. Aber ist damit die Kunst an ihr Ende gelangt oder die Kunstreligion, das heisst die falsche Absolutsetzung der Kunstschönheit in der griechischen Kunstreligion? Im letzen Falle hätte Hegel zugeben müssen, dass die griechische ‚heile Welt' nie existiert hat, womit aber auch die Folie seiner Kritik der modernen Gesellschaft verschwunden wäre.

Schluss: Ende der Kunst oder eine neue Metaphysik der Kunst?

Es ist nicht Hegels System an sich, das den Konflikt mit seiner Kunstgeschichte heraufbeschwört, sondern das Gebundensein seiner systematischen Gedanken über Kunst an das Unmittelbarkeitsideal der intellektuellen Anschauung. Weil dieses Ideal in sich selbst keine Differenzierung zulässt, wird eine adäquate Periodisierung unmöglich. Differenzen innerhalb der Kunst müssen als Differenzen zwischen der einzig wahren, klassischen Kunst und der Kunst vor der Kunst bzw. der Kunst nach der Kunst gedeutet werden. Diese begriffliche Konstruktion widerspricht Hegels „empirischer" Beschreibung der Kunstgeschichte, die manchmal freier ist als seine spekulative Terminologie es ihm zu sein erlaubt; darüber hinaus verhindert sie eine genaue Bestimmung der Eigenart der modernen Kunst.

Es wäre zwar sehr verlockend, Hegels empirische Kunstgeschichte aus diesem spekulativen Rahmen zu befreien, denn die Idee eines neuen Humanus legt diese Möglichkeit nahe. Damit würde dann der neue Humanus die Idee oder das Ideal des modernen Menschen, das klassische Ideal das griechische Menschenbild und die Symbolik die orientalische Anthropologie repräsentieren. Auf diese Weise würde der Mensch zu jeder Zeit sein Wirklichkeitsverständnis und seinen Gott in der Kunst darstellen, und der Übergang von der klassischen Kunst zur Modernität wäre lediglich ein Wechsel von einem Menschenbild zum nächsten, wobei jedes für sich seiner Zeit gemäß dargestellt würde.

Durch dieses Verfahren würde man jedoch Hegel gleichsam zu einem historistischen Dilthey machen, wobei der Stachel der Kritik in seinem Denken über die Moderne verschwinden[37] würde. Darüber hinaus gingen der absolute Geist, die Stellung der Kunst im absoluten Geist und damit auch die Verabsolutierung der Kunstschönheit ohne Reflexion verloren. Gerade diese Verabsolutierung der Kunstschönheit als Theophanie verdient aber eine explizite, systematischen Reflexion und Kritik, denn es ist diese falsche Hypertrophie des klassischen Kunstwerks, die für Hegels Schwierigkeiten mit der modernen Kunst mit verantwortlich ist.

Dies soll nicht heißen, dass wir das Kunstwerk ohne weiteres als „nur Endliches" betrachten möchten, wohl aber, dass die Frage nach der Absolutheitsdimension der Kunst neu gestellt werden muss. Diese Feststellung führt uns zur Erkenntnis, dass wir den Hegelschen Zwiespalt zwischen spekulativer Kunstauffassung und empirischer Kunstgeschichte nicht überwinden können, ohne dass wir, gerade im Hinblick auf die moderne Kunst, eine neue Metaphysik der Kunst leisten.

37 Annemarie Gethmann-Siefert, Hegels These vom Ende der Kunst und der „Klassizismus" der Ästhetik, in: *Hegel-Studien*, Bd. 19, 1984, S. 205–259, 254ff.

Teil III: Die Spannung zwischen Individualität und Allgemeinheit am Ort der Kunst

Elisabeth Weisser-Lohmann

Sittlichkeit, Epos und Tragödie

Hegel und die Rolle der Kunst im modernen Staat

Auf der Rückreise von Griechenland stirbt Vergil im Jahre 19 v. Chr. in Brundisium und lässt nicht nur sein größtes Werk unvollendet zurück, sondern auch die testamentarische Verfügung, nichts Unveröffentlichtes herauszugeben. Seine Forderung allerdings, die nach 10-jähriger Arbeit noch immer unvollendete Aeneis nach seinem Tod zu vernichten, missachten die Freunde und veröffentlichen – unterstützt und bestärkt von Augustus – posthum die 12 Bücher der Aeneis.[1]

1945 greift Hermann Broch diesen Stoff in seinen Roman „Der Tod des Vergil" auf und berichtet von den letzten 24 Stunden des Dichters. Dramatischer Höhepunkt ist die Begegnung des sterbenden Vergil mit dem Kaiser Augustus. Bei seinem Versuch, Vergil zu überzeugen, das Manuskript an ihn herauszugeben, bedient sich der literarische Augustus bei Broch, so Giulio Schiavoni, der Hegelschen Staatslehre. Für Schiavoni[2] stilisiert Broch den Dialog zwischen Dichter und Herrscher zu einer Kritik der hegelschen Staats-

---

1 Die ersten sechs Bücher stellen nach dem Vorbild der Odysee die Irrfahrt des Aeneas nach der Zerstörung Trojas dar. Die Bücher sieben bis zwölf beginnen mit der Ankunft in Cumae und folgen dem Gestaltungsprinzip der Ilias: Aeneas' führt einen göttlichen Auftrag aus, die Besiedelung Roms durch die Trojaner bereitet den imperialen Aufstieg Roms vor. Gegenüber der Ilias kehrt sich bei Vergil der Auftrag des Helden um, nicht Zerstörung sondern Gründung und Aufbau des neuen Reiches bestimmen die Geschehnisse in den Büchern sechs bis zwölf. Vergil bettet die Glorifizierung des imperialen Roms als dem Endziel der Geschichte in einen Schicksalsplan ein, der den Herrscher auf die Sendung Roms, die römischen Tugenden verpflichtet. In der Heldenschau des sechsten Buches vereinigt Vergils Augustus die Eigenschaften herausragender Römer: Augustus erscheint als eine Synthese zwischen Romulus als dem Stadtgründer und Numa, der Rom durch Religion und Recht „neu" gegründet hat. Mit seinem Epos ruft Vergil die Erinnerung an die Sendung Roms wach, beschwört die römischen Tugenden und unterstützt die augusteischen Reformen, die als Neuanfang der Wiederkehr des Goldenen Zeitalters den Weg bereiten.

2 Giulio Schiavoni, Ein Epos für den Staat? Spuren der hegelschen Staatslehre im Tod des Vergil von Hermann Broch, in: Hans-Albrecht Koch, Gabriella Rovagnati und Bernd H. Oppermann (Hg.), *Grenzfrevel: Rechtskultur und literarische Kultur*, Bonn 1998.

lehre: Mit den Grundbestimmungen des Hegelschen Staates veranschauliche Broch die totalitäre Macht des Staates auch gegenüber der Kunst. Vergil stehe für den Anspruch des Künstlers und der Kunst auf Unabhängigkeit. Diese These Schiavonis soll nachfolgend durch die Rekonstruktion der Stellung der Kunst in Hegels Staatskonzeption geprüft werden.

Fragt man nach den systematischen Grundlagen dieser Kontroverse, so verweist der bei Broch im Dialog zwischen Augustus und Vergil verhandelte Konflikt um die Rolle der Kunst im Staat auf das Verhältnis der Gestalten des objektiven und des absoluten Geistes: Augustus als Vertreter des Staates erhebt für die Sittlichkeit absolute Geltung, der die Kunst untergeordnet ist. Allerdings ist der Staat bei Hegel als Gestalt der Sittlichkeit dem objektiven Geist zugeordnet, während die Kunst im Rahmen der Ästhetik als Gestalt des absoluten Geistes einen gegenüber der Sittlichkeit übergeordneten Stand einnimmt. Im enzyklopädischen Aufbau der Formen des Wissens folgen auf die Gestalten Sittlichkeit (Familie, Bürgerliche Gesellschaft und Staat) die Sphären des absoluten Geistes, Ästhetik, Religion und Philosophie. Die Gestalten des absoluten Geistes sind Reflexionsformen, die sittliche Wirklichkeiten erfassen: Die Ästhetik zeigt, wie der Gehalt sittlicher Bestimmungen in den anschaulichen Ausdrucksformen der Kunst unmittelbar gegenwärtig zu werden vermag. Die Religion bestätigt die sittliche Bestimmung im Modus der Vorstellung, während die Philosophie die denkende Erfassung sittlicher Grundbestimmungen vollzieht. Die Darstellungsform der Philosophie zeichnet sich für Hegel dadurch aus, dass sie als „Einheit der Kunst und Religion" die „der Form nach äußere Erscheinungsweise" der Kunst und deren subjectives Produciren und Zersplittern des substantiellen Inhalts in viele selbstständige Gestalten", mit der Totalität der einfachen geistigen Anschauung der Religion vereint.[3] Die Gestalten des absoluten Geistes unterscheiden sich somit durch die Art und Weise wie in ihnen Sittlichkeit zur Darstellung gebracht bzw. anschaulich gemacht wird. Vor diesem Hintergrund müssen drei Argumentationsebenen unterschieden werden: Zum einen die Ebene der faktischen Lebenswelt, zum anderen deren rekonstruktive Darstellung im Rahmen des objektiven Geistes und drittens die (absolute) Reflexion auf jene Gestalten rekonstruierter Sittlichkeit, die abgelöst von der objektiven Geltung Relevanz besitzen für die Selbst- und Weltverständigung der Individuen. Wird dieser systematische Rahmen berücksichtigt, so scheint eine Inanspruchnahme der Kunst durch den Hegelschen Staat zumindest problematisch.

---

3 *Enzyklopädie der philosophischen Wissenschaften im Grundrisse* (Heidelberg 1830), in: *Gesammelte Werke*, Bd. 20, hg. v. Wolfgang Bonsiepen und Hans Christian Lucas, Düsseldorf 1989 (zit. Als Enz. 1830), § 572.

Vor dem Hintergrund der systematischen Grundbestimmungen wirft die Kontroverse zwischen Vergil und Augustus um die Rolle der Kunst im Staat zwei Fragen auf: 1. Welche Korrelation besteht für Hegel zwischen den Gestalten der Sittlichkeit und den künstlerischen Gestaltungsformen, bringen bestimmte Gestalten der Sittlichkeit bestimmte Kunstformen hervor? 2. Gibt es Gestalten der Sittlichkeit, die nicht in Kunstformen darstellbar sind und welche Konsequenzen hat dies für das Verhältnis der Kunst zu diesen sittlichen Lebensformen?

Die erste Frage lässt sich mit Blick auf die Rolle des Epos eindeutig bejahen: Für Hegel ist die Aeneis ein Werk des Übergangs, das den Vergleich mit den homerischen Epen nicht besteht.[4] Für Hegel versucht Vergil in einer Zeit, die dem Epos nicht mehr angemessen ist, die Wiederbelebung einer vergangenen Erzählform und scheitert. Maßgeblich verantwortlich für dieses Scheitern ist, zum einen die Verständigkeit mit der sich die Gestalten bei Vergil in einer prosaischen Welt bewegen: Die Welt der Götter wird in der gleichen Weise als bestimmt dargestellt wie die weltlichen Gegenstände: Ist bei Homer die Unterwelt in einem trüben Nebel gehalten,[5] so tritt bei Virgil eine „bloße Verstandesmaschinerie", die Äneas durch die Unterwelt führt: „Odyseus ist nicht demütig gegen die Toten wie Äneas, sondern läßt [von dem Blut des Opfertieres diejenigen, W.-L.] trinken, die er will, die anderen jagt er fort. Da ist alles von den Helden zugelassen; wir sehen es entstehen, es ist nicht fertig, wo das Individuum sich nur als ein äußerliches verhält" (Kehler 1826, 234). Episch ist ein Stoff dort, wo es nicht um Handlungen des Helden sondern um eine Begebenheit geht: „Eine Begebenheit, wenn sie episch ist, ist nicht eine eigentliche Handlung …, sondern etwas, was ein Zweck, Empfindung oder Leidenschaft ist. In der Homerischen Epen ist der Zorn des Achill der Gegenstand, das ist keine Handlung, sondern eine Untätigkeit." (Kehler 1826, 235) Zum anderen ist für das Epische ein für die Individuen gemeinschaftlicher Zweck „ein handelnder Boden" entscheidend: das Individuum setzt diesen

4 Die Höherschätzung Vergils gegenüber Homer findet sich bei Julius Caesar Scaliger – vgl. G. W. F. Hegel, *Philosophie der Kunst oder Ästhetik*, Berlin 1826. Nachgeschrieben von Friedrich Carl Hermann Victor von Kehler, hg. v. Annemarie Gethmann-Siefert und Bernadette Collenberg-Plotnikov unter Mitarbeit von Francesca Iannelli und Karsten Berr, München 2004, Anm. S. 172 (zit. Kehler 1826).

5 So in der Vorlesung aus dem Sommersemester 1823, vgl. G. W. F. Hegel, *Vorlesungen über die Philosophie der Kunst*, Berlin 1823. Nachgeschrieben von Heinrich Gustav Hotho, hg. von Annemarie Gethmann-Siefert, Hamburg 1998 (Studienausgabe 2002), S. 294 (zit. Hotho 1823).

Zweck nicht selbst, sondern dieser Zweck geschieht für dasselbe. Der [vorausgesetzte] allgemeine Zweck ... ist das wahre epische Verhältnis. Diese Voraussetzungen führen dazu, dass das Epos nur in gewisser Zeit bestehen kann und der Moderne diese Gattung verwehrt ist. „Dagegen sind die Morgenländer darin glücklich, zu allen Zeiten Epopoen zu haben, denn in ihrer Welt kommt es noch nicht zu dieser Verständigung wie bei uns und daher auch noch nicht zur Bildung. Vielmehr stellt sich die Sache des Volkes, die objektive Weise der Anschauung eines Volkes ... dar" (Kehler 1826, 295f.) Das enge Band, das Hegel zwischen der Geltung des Epos und den politischen/religiösen Bestimmungen der Zeit knüpft, besteht auch für die anderen literarischen Gattungen: So spricht Hegel mit Blick auf den Untergang der Polissittlichkeit von einer Tragödie im Sittlichen. „Tragödie" wie „Epos" sind für Hegel Deutungsmodelle geschichtlichen Handelns, deren Geltungsbereich begrenzt ist. Die tragische Deutung ist angemessen, wo das „wahrhafte und absolute sittliche Verhältnis" durch konfligierende Prinzipien bestimmt ist, deren innerer Zusammenhang den Akteuren nicht präsent ist. Die Lösung kann nur durch göttliche Mächte erfolgen. Nicht die Akteure sondern der göttliche Spruch eröffnet eine Zukunft gestaltende Versöhnung. Diese Form der Konfliktlösung setzt eine bestimmte Konzeption der göttlichen Mächte voraus: das Handeln der Akteure ist nicht durch subjektive Zwecksetzung sondern durch einen objektiven, allgemeinen Zweck bestimmt, der durch göttliche Macht den Akteuren und dem Rezipienten mittels der klassischen Kunstgattungen anschaulich wird.

Für die Moderne besitzen dagegen die klassischen Gattungen keine das Handeln erschließende Bedeutung: Die Handlungen lassen sich zum einen nicht mehr als Begebenheiten fassen, sondern verlangen das Zwecke setzende Individuum; zum anderen ist der objektive Zweck nicht mehr durch göttliche Mächte vorgegeben. Mit den tradierten Deutungsmodellen geraten auch die traditionellen Lösungsinstrument in eine Krise: Diese Konsequenz verdeutlicht zum einen Hegels Kritik an Vergils Epos zum anderen seine Auseinandersetzung mit dem Anspruch der modernen Tragödie. In seiner Kritik an Schillers Wallenstein stellt Hegel das moderne Subjekt als handelnder Akteur des Dramas den Taten der griechischen Heroen gegenüber. Leitfaden dieser Gegenüberstellung bildet die Frage, inwiefern das in der Kunstform vergegenwärtigte Handeln zur Nachahmung anleiten kann, inwiefern das Dargestellte vorbildlichen Charakter hat. Nicht das „bewusstlose freie Leben" in einer allgemein vorgegebenen Sittlichkeit ist für das neuzeitliche Subjekt bestimmend. Vielmehr führt die Partikularisierung der Interessen zum einen zum Verlust der Plastizität der Charaktere zum anderen zur Auflösung der „substantiellen Grundlage". Subjektivität und Innerlichkeit treten an die Stelle eines handelnden Allgemeinen.[6] Wie ist die Darstellung sittlicher Lebensformen auf der Grundlage dieser Partikularisierung der Interessen möglich? Das Scheitern dieses Anliegens macht für Hegel Schillers Wallenstein anschaulich. Ein Scheitern, das für die gesamt Moderne unausweichlich ist. Denn unter den Bedingungen der Moderne ist das Allgemeine, das gemeinsame Werk „nicht als Tat getan, sondern als gedachtes Resultat".[7] Wallenstein sieht sich zwar zu einer „weltgeschichtlichen Tat" herausgefordert, diese Intention ist aber in einer anderen Situation angesiedelt. Dies verändert die Darstellbarkeit der Handlung: Mit seiner heroischen Tat setzt Wallenstein nicht mehr die Bedingungen des sittlichen Handelns für alle: einmal muss der verfolgte Zweck gegen bereits bestehende Bedingungen durchgesetzt werden, zum anderen begründet die getane Tat keine für Alle bindende Verpflichtung. Der Schwerpunkt der Darstellung verlagert sich daher von der Schilderung der Tat zur reflexiven Darstellung des Entschlusses und der Konsequenzen. Verantwortlich für diesen Wandel sind die gewandelten religiösen Grundbestimmungen: Für die Antike ist in der einzelnen Begebenheit der allgemeine Zweck gegeben; für die Moderne ist das subjektive „Bestimmtwerden", das Fassen eines Entschlusses nicht mehr der Vollzug einer durch die Götter als notwendig bestimmten Tat. Wallenstein will die bloße Subjektivität seiner Tat überwinden, er ergreift den „großen Zweck", die Befreiung der Gesellschaft nicht als seine Bestimmung sondern sucht in einem äußeren Anstoß die Überwindung der Subjektivität. Wenn für Wallenstein die Magie die moralische Legitimation sichern soll, so handelt es sich um eine, so Gethmann-Siefert, bloß fiktive Sicherung des Entschlusses, die zwangsläufig schicksalhaft das Geschehen bestimmt: Die Umsetzung der Tat scheitert an der bloßen Fiktionalität der Gemeinschaft mit den Gefolgsleuten. Die Vielfalt der bestehenden Interessen kann weder durch die subjektive Zwecksetzung des Helden noch durch äußere Mächte vereint werden. Der Rückgriff auf magische Zeichen bzw. ein Gottesgericht erweist sich insofern problematisch, als die durch göttliche Mächte gewonnene Lösung des Konflikts keine gegenüber den partikulären Interessen der Subjekte allgemeine Verbindlichkeit besitzt. Den modernen Darstellungsformen sittlichen Handelns gelingt es daher nicht, eine Orientierung zu stiften, die der fraglosen Gültigkeit des Kosmos entspricht.

---

6 Zur Funktion der Innerlichkeit vgl. Erzsébet Rósza, Hegel über die Kunst der „neueren Zeit" im Spannungsfeld zwischen der „Prosa" und der „Innerlichkeit", in: *Die Geschichtliche Bedeutung der Kunst und die Bestimmung der Künste,* hg. v. Annemarie Gethmann-Siefert, Lu de Vos. München 2005, S. 121–144.

7 Vgl. Dok., 456 (*Dokumente zu Hegels Entwicklung,* hg. v. J. Hoffmeister, Stuttgart 1974). Zum Wallenstein-Aufsatz vgl. auch Annemarie Gethmann-Siefert, Das Werk als Fiktion: Hegels Wallenstein-Aufsatz, in: Annemarie Gethmann-Siefert, *Einführung in Hegels Ästhetik,* München 2005, S. 126–137.

Dagegen veranschaulichen die antiken literarischen Gattungen den Zusammenhang der maßgeblichen sittlichen Prinzipien. Der innere Zusammenhang der konfligierenden Prinzipien ist den Akteuren nicht gegenwärtig, erst die Anschauung verdeutlicht diesen Zusammenhang. Diese Form der Konfliktlösung ist allerdings an eine bestimmte Weise des Selbst- und Weltverständnisses geknüpft: das kosmische Ordnungsgefüge knüpft ein enges Band zwischen göttlichen und menschlichen Mächten: Die irdische Gegenwart der Götter macht eine anschauliche Darstellung der Konflikte möglich. Eine verständige Vermittlung mittels begrifflich- logischer Bestimmung würde hier das Ziel verfehlen, eine Orientierung im Handeln zu geben. An die Stelle der Anschauung tritt für das moderne Individuum die Bildung und begreifende Verständigung über die bestehenden Verpflichtungen. Das Suchen der Protagonisten nach dem – um es mit Lukács zu sagen – „objektiv Lebensganzen und seiner Beziehung zu den Subjekten“[8] bestimmt das Geschehen.[9] Bedeutet dies, dass die Sittlichkeit in der Moderne gar nicht mehr anschaulich darstellbar ist? Vor dem Hintergrund der Hegelschen Kant-Kritik scheint es allerdings fraglich, ob die begrifflich-logische Erfassung der sittlichen Prinzipien ausreicht um eine Orientierung in ethisch-politischen Konfliktsituationen zu geben.

Die Konflikte moderner Darstellungsformen menschlichen Handelns basieren auf der Kollision der Zwecke setzenden Individuen, die jeweils Allgemeingültigkeit beanspruchen. Die hier zu lösende Grundfrage lautet daher: „Wie kann das Allgemeine zur Tat werden“.[10] Da die Darstellung einer objektiv gültigen sittlichen Ordnung mittels der Tat des Helden in der Moderne aufgrund der Vielfalt der berechtigten Interessen nicht gelingt, scheint die anschauliche Darstellung einer sittlichen Ordnung unmöglich: An die Stelle von Anschauung und Vorstellung tritt die Philosophie des Rechts, die die Gestalten der Sittlichkeit als gedachtes Resultat vergegenwärtigt. Allerdings darf die praktische Philosophie nicht dabei stehen bleiben, die Geltung allgemein verbindlicher Prinzipien bzw. Pflichten zu begründen, vielmehr wird die Darstellung der Wirklichkeit der Sittlichkeit bzw. des Rechts gefordert. Die sittlichen Gestalten der Philosophie des Rechts beschränken sich daher auch nicht auf die Nennung abstrakter Pflichten, sondern veranschaulichen die Rechtsprinzipien der Person und des Subjekts an Handlungsformen, die eine

8 Georg Lukács, *Die Theorie des Romans*, Darmstadt/Neuwied 1971, S. 51.

9 Zu den Konsequenzen für die Kunstform der Moderne vgl. Klaus Vieweg, Die moderne-skeptische Kunst als Ende der Kunst – Die ‚Romantik‘ als Aufhebung von Symbolik und Klassik, in: ders.: *Skepsis und Freiheit. Hegel über den Skeptizicmus zwischen Philosophie und Literatur*, München 2007, S. 283–303.

10 Vgl. Elisabeth Weisser-Lohmann, „Daß das Allgemeine zu einer Tat komme“ – ‚Sittlichkeit‘ und ‚Verfassung‘ bei Hegel, in: dies., *Verfassung und Revolution*, Hamburg 2000, S. 137–166.

exemplarische Lösung menschlicher Grundkonflikte darstellen. Hinter dieser exemplarischen Darstellung steht zum einen die Einsicht, dass das Handeln invariante Grundkonflikte (wie die Bedürftigkeit) zu bewältigen hat und dass diese Bedürftigkeit alle im Praktischen bestehenden Konflikte bestimmt. Zweitens ist für die exemplarische Darstellung entscheidend, dass die Lösung dieses Grundkonflikts für Hegel nur individuell sein kann: d.h. der Ausweis der Geltung abstrakter Normen greift hier zu kurz. Die Darstellung der Sittlichkeit muss anschaulich sein. Wie aber ist diese Anschaulichkeit in der Moderne zu realisieren, da die klassischen Darstellungsformen nicht mehr greifen?

In der ursprünglichen Bedeutung wird zwischen Exempel und Beispiel unterschieden: Ersteres bezieht sich ausdrücklich auf die vorbildliche Erfüllung einer allgemeinen praktischen Regel oder Handlungsanweisung. Das Exempel dient etwa in Fabeln dazu als didaktisches Prinzip Lehren und Lernen anzuleiten. Das Beispiel bezieht sich dagegen auf den Einzelfall eines bloß theoretisch Allgemeinen, etwa eines Begriffs. In diesem Zusammenhang wird dort von einem vorbildlichen Beispiel abgrenzend vom beliebigen Beispiel gesprochen, wenn es dem Beispiel gelingt, das zugehörige Allgemeine ohne Hinzuziehung weiterer Beispiele darzustellen: in diesem Fall wird auch von einem Paradigma gesprochen. Für C. Wolf bilden Beispiele den Anfang begrifflichen Redens. Dieser Anfang garantiert die Realität der Begriffe. Beispiele dienen daher auch der Rückführung begrifflicher Erkenntnisse (cognition symbolica) auf anschauliche Erkenntnis (cognitio intuitiva). Besondere Bedeutung hat diese anschauliche Erkenntnisform für Reflexionsbegriffe der praktischen Philosophie: Begriffe wie gerecht, sittlich und barmherzig können nicht einfach durch Definitionen eingeführt und durch Beispiel konkretisiert werden. Der diesen Begriffen eigentümliche Aufforderungscharakter kann nur durch eine exemplarische Darstellung des Gehalts eingelöst werden. Die exemplarische Darstellung antizipiert eine Situation, zu deren Herstellung der Betrachter aufgefordert wird. Das Exempel fordert den Betrachter auf, unter veränderten Bedingungen eine künftige Realisierung dieser Gehalte zu suchen, wobei die Realisierbarkeit nicht vorweg garantiert werden kann.

Welche Konsequenzen ergeben sich aus dieser Bestimmung des Exempels für die Darstellung des Allgemeinen in Handlungskonflikten?

Darstellungsformen wie das Epos und die Tragödie erfassen nur dort sittliche Lebensformen, wo diese in spezifischer Weise gestaltet sind: der allgemeine Zweck ist in einer Weltordnung verankert, der auch die Götter zugehörig sind.[11] Abstrakte Begriffe, wie gut oder böse kommen hier nicht vor: „Wohl

11 Eine Notiz Hegels in seinem Handexemplar der Grundlinien veranschaulicht diese Differenz am Sachenrecht im Zusammenhang der Lehre vom Eigentum einer Gemeinschaft an den geistigen Gütern, den Kunstdenkmäler, Kirchengütern und

kannten die Alten, das Böse und auch das Verbrechen, aber nur in seinen concreten Gestalten von Menschen und Handlungen". D. h. die das Handeln bestimmenden Regeln sind nur anschaulich gegenwärtig, nicht als verstandene allgemeine Begriffe. Erst die Subjektivität, die sich als abstrakte Person einen eigenthümlichen Inhalt gibt, unterscheidet zwischen dem Guten und Bösen. Die Darstellung des Allgemeinen wird damit aber problematisch.[12]

Im Zuge der angestrebten Begriffsbestimmung des Rechts in den beiden ersten Abschnitten, „Abstraktes Recht" und „Moralität", arbeitet Hegel an historischen Rechtsbestimmungen invariante Strukturen heraus mit dem Ziel einer Definition des Rechts. Unter der Maßgabe, dass Definitionen allgemeine Bestimmungen eines Begriffs erfassen, machen die herangezogenen, historischen Rechtsbestimmungen unmittelbar „das Widersprechende, hier das Unrechtliche, in seiner Blöße sichtbar" (Grundlinien, GW 14.1 § 2, 24) So ist für das römische Recht eine Definition des Menschen nicht möglich, denn der Sclave ließe sich darunter nicht subsumieren. Die am Ende von Abschnitt eins und zwei erarbeiteten Begriffsbestimmungen definieren Recht als das Person- bzw. Subjektsein des Individuums. Diese Rechtsbestimmungen stellen allerdings bloße Möglichkeiten dar, ihnen kommt keine Wirklichkeit zu. Die Einheit von Begriff und Wirklichkeit bzw. Realisierung bestimmt Hegel als Idee, „denn Recht ist durch[aus] nur als Idee" (Grundlinien, GW 14.1, 293).

Der Funktion nach übernimmt die Idee hier jene Aufgaben, die Kant dem transzendentalen Reflexionsbegriff überträgt: Transzendentale Reflexionsbegriffe sind nicht objektstufig auf einen Gegenstand bezogen, sondern zeigen einen höherstufigen Gebrauch an. Begriffe dieses Typs sind das Ergebnis unserer Reflexion auf den Gebrauch dieser Begriffe: wann sprechen wir von recht, wann ist eine Handlung für uns gut?[13] Legt man Kants Bestimmung der

religiösen Güter. Diese „heiligen" Güter können in den Rang gewöhnlicher veräußerbarer Güter zurücktreten – wie dies etwa im Zuge der Säkularisation mit den Kirchengütern vollzogen wurde. Die Sammlung der Brüder Boisserée setzte sich wesentlich aus solchen vormals „heiligen" unveräußerlichen Güter zusammen. Das neuzeitliche Recht gestattet diesen Übergang, während noch die römischen Institutionen bei der Einteilung der Sachen zwischen Gütern unterscheiden, die unter das göttliche und jenen die unter das menschliche Recht fallen. Unter das göttliche Recht fallen „die heiligen und religiösen Sachen .... Was aber unter das göttliche Recht fällt, gehört zu niemandes Vermögen (siehe Gaius, *Institutionen*, hg. und kommentiert v. Ulrich Manthe, Darmstadt 2004, II, S. 3–9.).

12 G. W. F. Hegel, *Grundlinien der Philosophie des Rechts*, § 140 (zitiert als Grundlinien, GW) hier GW 14.1, § 140)

13 Während Janich von Metaprädikaten spricht, da er diese höherstufigen Vorstellungen selbst wieder als prädikative Ausdrücke fast, verweist Gabriel darauf, dass die Einführung dieser Begriffe nur exemplarisch erfolgen kann. Gottfried Gabriel, Vergegenwärtigung in Literatur, Kunst und Philosophie, in: Carl Friedrich Gethmann (Hg.), *Lebenswelt und Wissenschaft*, Hamburg 2011, S. 726–745.

Funktion von Reflexionsbegriffen der Hegelschen Konzeption zugrunde, so reflektieren die Abschnitte 1 und 2 der *Grundlinien* den Gebrauch des Rechtsbegriffs und präzisieren seine Bestimmung, ohne jedoch zu einer inhaltlichen Bestimmung zu gelangen, die in einer bestimmten Anschauung konkretisiert werden kann. Vielmehr fasst Hegel die gewonnenen Definitionen des Rechts als bloße Möglichkeit, das heißt, die gewonnenen Definitionen sind ermöglichend und sichernd auf unsere Praxis bezogen, ohne dass diese Definition genau anzugeben vermag, wo und wie dieser Gehalt vollzogen ist. Eine exemplarische Präzisierung des Gehalts dieser Rechtsbegriffe liefern die Gestalten der Sittlichkeit. Als Exempel realisieren sie *eine* vorbildliche Erfüllung der Prinzipien, Gleichheit der Berechtigung über Sachen und gleicher Anspruch auf selbstbestimmtes Handeln. Als exemplarische Gestalten beschreiben sie den Gehalt der Regeln, ohne dass der jeweilige Inhalt über die Gegenwart und das Bestehen dieser Gestalten hinaus verbindlich wäre: Als Exempel beschreiben diese Gestalten für die Zeitgenossen eine Praxis, die der Forderung nach Anerkennung des Personseins und des Rechts auf Selbstbestimmung genüge tut. Diese Rechtsgestalt der Sittlichkeit überlagert die bestehenden sittlichen Gestalten, ohne dass diese in jener aufgehen.[14] Hegels Konstruktion dieser Praxen macht deutlich: Als transzendentale Reflexionsbestimmungen erfahren die Rechtsbestimmungen allererst in konkreten Handlungskontexten eine gehaltvolle Bestimmung: Ein Zweck konstituiert deren Verbindlichkeit.[15] Der allgemeine Zweck konstituiert eine verständig/vernünftige

14 Zur Problematik des Verhältnisses entwickelter Bewußtseinsgestalten wie der Liebe zu den objektivierten Rechtsgestalten vgl. Herta Nagl-Docekal, Liebe in ‚unserer Zeit'. Unabgegoltene Elemente der Ästhetik Hegels, in diesem Band, S. 197–220. Für die Rechtsgestalt der Ehe ist die Wahl des Partners in der Tat gleichgültig, unter dem Kriterium des Personseins ist hier der eine so gut wie der andere. Als sittliche Rechtsgestalt muss die Ehe aber auch das Recht des Subjekts verwirklichen und hier wird die Vereinigung mit nur diesem Individuum gewollt.

15 Dies soll abschließend am Eigentumsrecht verdeutlicht werden. Hegels Konstruktion der Familie als exemplarische Gestalt zeigt, wie diese Praxis die Verwirklichung der Prinzipien ‚abstraktes Recht' und ‚Moralität' vollzieht, indem die tradierten Gestalten an den Prinzipien eine Umdeutung vollziehen und diese Prinzipien ihrerseits die tradierten Gestalten verändern. Mit der modernen Ehe wird die traditionelle Praxis ersetzt durch die freie Selbstbestimmung der Subjekte. Das Rechtsprinzip des Eigentums, die freie und uneingeschränkte Verfügung über eine Sache, erfährt in der Familie durch die dort bestehenden Zwecke (Subsistenzsicherung und Erziehung und Ausbildung der Kinder) eine inhaltliche Bestimmung. Die Zweckbindung bewirkt, dass das Eigentum der Familie zu einem Vermögen wird, das die Sache in den Dienst der hier herrschenden Zwecke stellt. Gegenüber der abstrakten Bestimmung – als Eigentümer einer Sache zu allem möglichen Gebrauch berechtigt zu sein –, steht die Sache als Vermögen für eine Praxis, in der die Sache einem Zweck, hier dem Wohl der Familie unterstellt ist. Mit Blick auf die bürgerli-

bestimmte Verpflichtung, die im verständig-vernünftigen Vollzug durch Bildung und Einsicht anerkannt wird. Deren Verbindlichkeit ist aber nicht mittels einer Anschauung zu sichern (wie im Epos, wo dieser allgemeine Zweck fraglos die Grundlage menschlichen Lebens bildet). Die Rolle der Kunst in den modernen Gestalten der Sittlichkeit beschränkt sich daher auf die Schaffung der Voraussetzungen für den verständig-vernünftigen Vollzug der sittlichen Praxen. Die Frage nach den Konsequenzen, die sich aus dieser Konzeption der sittlichen Welt für die Künste im modernen Staat ergeben, soll abschließend an Brochs Bearbeitung dieses Konflikts in seinem Roman *Der Tod des Vergil* erörtert werden.

Die Begegnung zwischen Vergil und dem Kaiser Augustus gestaltet Broch als unüberbrückbare Antinomie zwischen der ethisch/religiösen und der politischen Persönlichkeit. Die Frage, bei wem das Manuskript der Aeneis am besten aufgehoben sei, entscheidet Broch, so Schiavoni, zu Gunsten des Künstlers. Zwar gibt Vergil, den Lockrufen des Kaisers, die für die Aufopferung des Einzelnen im Ganzen, für die Hingabe des Künstlers an den Staat stehen, nach. Allerdings deutet Schiavoni den Entschluss Vergils, das Manuskript in die Hände des Imperators zu legen, als pathetische Geste eines Opfergangs: Die Hingabe des Künstlers symbolisiere die Bereitschaft des Künstlers, ein Opfer zu bringen, um die Utopie zu retten. Der Dichter sucht, so Schiavoni, Erlösung im Transzendenten. Indem Broch, die Hingabe als Opfergang gestaltet, verteidigt er die subjektiven Rechte des Künstlers gegen den totalitären Anspruch des Augustus.[16]

Gegen diese Deutung ist darauf zu verweisen, dass die Argumente, die Augustus gegen die Vernichtung des Manuskripts nach dem Tod des Dichters vorträgt, weniger der Hegelschen Staatslehre entstammen als der Hegelschen Konzeption des Epos: Da ist zum einen die Bedeutungslosigkeit des schöpferischen Subjekts für das Kunstwerk; zum zweiten verweist Augustus auf das Volk als den eigentlichen Schöpfer des Epos und drittens hält Vergil diesen Argumenten die Krise der Zeit entgegen: Mit der Philosophie hat

che Gesellschaft bestimmt also nicht das Naturprinzip, das uns zu bloßen Produzenten und Konsumenten macht, sondern die Zwecke unser Handeln. Die sittliche Relevanz dieser Zwecke gewinnt Hegel aus dem jeweiligen Grad der Partizipation dieser Zwecke an der gemeinsamen Praxis als Sittlichkeit.

16 Eine amerikanische Forschungsrichtung seit den 60er Jahren, bekannt als die Harvard School, vertritt die sogenannte Two-voices-Theorie. Nach dieser Auffassung würde Vergil einerseits vordergründig die augusteische Ideologie verherrlichen (public voice), andererseits auf eine subtile Art und Weise auch Kritik an Augustus üben (private voice). Ausgangspunkt dieser Theorie ist wiederum das Ende der Aeneis, wo sich Aeneas (wie ganz ähnlich schon bei Laktanz, s. o.) als moralischer Verlierer erweise.

auch die Dichtung ihren Erkenntnisgrund verloren: „Der Väterglaube" ist dahin, „damals gab es noch keinen Absturz in die Erkenntnislosigkeit ..." (S. 328f.) Erkenntnis ist nicht Eigenangelegenheit des Einzelnen ... Erkenntnis ist Angelegenheit der Gesamtheit.

Viertens begreift bei Broch Vergil die eigene Zeit als eine Zwischenzeit, die dem Kunstwerk ungünstig ist: „Hinter uns, oh Augustus liegt der Absturz ins Ungestaltete, der Absturz ins Nichts, du bist der Brückenbauer, du hast die Zeit aus ihrer tiefsten Verrottung gehoben. Erkenntnisverlust und Gottesverlust waren die Zeichen, unter denen sie gestanden hatte, ... jahrzehntelang gab es bloß nackteste, blutigste, roheste Machtsucht, gab es den Bürgerkrieg, und Verwüstung folgte auf Verwüstung ..." Augustus: „Ich aber habe die Ordnung wiederhergestellt". „Und deshalb ist diese Ordnung zum einzig vollgültigen Gleichnis des römischen Geistes geworden ... Und daraus meinst du folgern zu müssen, dass die Kunst heute keine Aufgabe mehr zu erfüllen hätte?" „Genau dies ist meine Meinung".

Die Textstellen zeigen, Augustus bedient sich der Hegelschen Bestimmungen des Epos, um den Anspruch Roms an der Aeneis zu rechtfertigen. Dagegen macht Brochs Vergil deutlich, die Zeit des Epos ist vorbei, die Aeneis ist kein den Erfordernissen der Zeit angemessenes Werk. Unübersehbar wird diese Deutung Brochs, wenn am Ende des Dialogs, zwei Sklaven den Koffer mit den Manuskripten hinaustragen, und für Vergil der Koffer zu einem Sarg, „einem Kindersarg" wird. Das Werk ist leblos, es kann weder die Erwartungen des Kaisers noch die des Volkes erfüllen, jenes höchste was den homerischen Epen gelang, ist für die Aeneis nicht mehr erreichbar.

Wenn Brochs Roman *Der Tod des Vergil* mit der Herausgabe der Aeneis an den Kaiser noch nicht endet, so wird damit klar, dass zwar jene höchste Erfüllung der Kunst, gleichnishaft die Gestaltung einer für alle verbindlichen Welt darzustellen, vergangen ist, nicht aber die Bedeutung der Kunst, Gleichnisse für die Bewältigung der Lebensaufgabe zu geben. Brochs Gestaltung des Todes macht Vergils Lebensende nicht zu einem Ereignis, sondern zum höchsten dem Menschen Erreichbare, und zwar in dem Sinne, dass die „Augenblicke des Sterbens die letzte Gelegenheit bieten, sich darüber klar zu werden, was es mit dem Leben auf sich hat, oder aber in dem Sinn, daß man sich Rechenschaft über sein Leben gibt."[17]

17 Hannah, Arendt, Nicht mehr und noch nicht. Hermann Brochs Der Tod des Vergil (1946), in: Hannah Arendt – Hermann Broch. Briefwechsel 1946–1951, hg. v. Paul Michael Lützeler, Frankfurt a. M. 1996, S. 172.

Klaus Vieweg

Hegels Handlungsbegriff in der praktischen Philosophie und in der Ästhetik

Dass Hegels praktische Philosophie als eine *Handlungsphilosophie*, als eine *philosophische Handlungstheorie*, Robert Pippin spricht von einer ‚rational agency theory of freedom',[1] Michael Quante von einer ‚critical theory of action',[2] verstanden werden muß, scheint heute kaum umstritten und doch gibt es nur wenige aufschlußreiche Studien darüber. In seinem Hauptwerk über das ‚praktische Universum', den *Grundlinien der Philosophie des Rechts (RPh)*,[3] wird der Handlungsbegiff auf drei Ebenen entfaltet, verbunden mit der jeweiligen Bestimmung des agierenden Subjektes. Diese Stufenfolge schließt in sich a) das *formell-rechtlichen Tun des Akteurs „Person"*, b) das *Handeln des moralischen Subjekts* und c) das *Handeln des sittlichen Subjekts*.[4] Dieser Handlungsbegriff wird nun auf der einen Seite in den *Grundlinien* auch mithilfe der Interpretation von Kunstwerken entwickelt, womit eine Schärfung dieses Begriffs im Rahmen praktischer Philosophie erreicht und ein Beitrag zur präzisen Bestimmung von Handlungskomponenten, Handlungstypen, Handlungsformen und konfligierendem Tun geliefert wird.

Auf der anderen Seite findet sich in Hegels *Vorlesungen über die Ästhetik* (Drittes Kapitel: Das Kunstschöne und das Ideal) ein spezieller Abschnitt „Die Handlung" (*Ästh* 13, 233–316),[5] in dem explizit auf den Zusammenhang

1 Robert B. Pippin, *Hegel's Practical Philosophy. Rational Agency as Ethical Life*, Cambridge 2008.

2 Michael Quante, Hegel's Planning Theory of Agency, in: *Hegel on Action*, hg. v. Arto Laitinen u. Constantine Sandis, Houndsmills 2011.

3 Georg Wilhelm Friedrich Hegel, *Grundlinien der Philosophie des Rechts. Werke in zwanzig Bänden, Theorie Werkausgabe*. Auf der Grundlage der Werke von 1832–1845 neu edierte Ausgabe, Redaktion Eva Moldenhauer/Karl Markus Michel. Frankfurt a. M.: Suhrkamp, 1969ff. Bd. 7 (*RPh*).

4 Dazu ausführlich: Klaus Vieweg, *Das Denken der Freiheit. Hegels Grundlinien der Philosophie des Rechts*, München 2012.

5 Georg Wilhelm Friedrich Hegel, *Vorlesungen über die Ästhetik. Werke in zwanzig Bänden, Theorie Werkausgabe*, Bd. 13, 14 u. 15 (*Ästh*).

von Handeln, Sprache und poetischer Rede verwiesen wird. „Die Handlung ist die klarste Enthüllung des Individuums, seiner Gesinnung sowohl als auch seiner Zwecke; was der Mensch im innersten Grunde ist, bringt sich erst durch sein Handeln zur Wirklichkeit, und das Handeln, um seines geistigen Ursprungs willen, gewinnt auch im geistigen Ausdruck, in der Sprache, in der Rede allein seine größte Klarheit und Bestimmtheit." Die gesamte Kunstphilosophie, speziell die Darstellung zur Literatur, wird die Geltung dieses Prinzips anhand verschiedener poetischer Werke belegen und somit ebenso zu einer genauer Fassung des Begriffes der Handlung wie auch des Literarischen beitragen. Diese wechselseitige Bereicherung von praktischer Philosophie und Ästhetik soll ebenfalls an bestimmten Facetten des Handlungsbegriffs und an ausgewählten Kunstwerken offengelegt werden.

Nach einigen Vorüberlegungen soll die Kernthese anhand zweier Themen der Handlungstheorie und zweier damit korrespondierender dramatischer Kunstwerke untersucht werden – a) Verbrechen und Strafe und b) die Unterscheidung von Vorsatz und Absicht. Als Ausgangspunkt soll der Ästhetik-Abschnitt über die Bestimmung des Ideals und (wie erwähnt) speziell die mit „Die Handlung" überschriebene Passage dienen, da hier Überlegungen zum Verhältnis von praktischer Welt und Kunst, von objektivem und absolutem Geist vorgenommen werden, Gedanken, die dem Hegel-Kenner vertraut sind und so hier nur ganz knapp umrissen werden, allerdings aus der Perspektive des Begriffs der Handlung. Bestimmtheit und Besonderheit des Ideals verweist auf das Aus-sich-Herausgehen der Idee in die wirkliche Bestimmtheit, auf das Heraustreten in die Äußerlichkeit und Endlichkeit (*Ästh* 230). Diese Bestimmung, insoweit sie sich durch ihre Besonderheit zur Differenz in sich und zur Lösung derselben fortentwickelt, wird als Handlung im Kunstsinne bezeichnet. Insofern sich die Idee selbst bestimmt, entschlägt sie sich der Abstraktion, der bloßen Einheit und Allgemeinheit und verbindet sich mit der Anschaulichkeit und Bildlichkeit (*Ästh* 231). „Die wahre Selbständigkeit besteht allein in der Einheit und Durchdringung des Individuellen und Allgemeinen, indem ebensosehr das Allgemeine durch das Einzelne erst konkrete Realität gewinnt, als das einzelne und besondere Subjekt in dem Allgemeinen erst die unerschütterliche Basis und den echten Gehalt seiner Wirklichkeit findet." (*Ästh* 237) Es muß so eine logische Einheit von Allgemeinen, Besonderen und Einzelnen gedacht werden, das Prinzip der Besonderheit impliziert die Repräsentation des Allgemeine durch die Phantasie, durch die Einbildungskraft und die bildliche Darstellung, woraus eine Mannigfaltigkeit, eine Vielfalt des Bestimmens resultiert, Vorstellungen und Sinnbilder sind stets als viele, der Begriff nur als einer.

Im Kunstwerk sind so Allgemeinheit und Partikularität synthetisiert, der in Tätigkeit verleiblichte Geist mit der taktlosen, unvergänglichen Ruhe als unerschütterlicher Gewißheit der Freiheit. Hegel nennt als Beispiele dieser gelungenen Symbiose Herakles, die griechischen Götter und Don Quixote. In den besonderen Handlungen bestimmter Charaktere unter den Bedingungen der Verwicklung mit dem Äußerlichen bewahren die Akteure ihre Freiheit, können in dem Anderen bei sich selbst bleiben, Darstellung finden Selbstverhältnisse in Gestalt der Vorstellung, der Phantasie. Besonders die moderne, romantische Poesie wird auf die Erzählung von fiktiven Lebensläufen unverwechselbarer besonderer Subjekte zentriert, Paradigma: Theodor Gottlieb von Hippels gleichnamiger Roman mit seinem fulminanten und unmißverständlichen Anfang: Ich. Die Charaktere sind Hegel zufolge der ‚eigentliche Mittelpunkt der Kunstdarstellung'. Umgekehrt formuliert: Namentlich bezeichnete Akteure wie etwa Ödipus, Orest, Wilhelm Meister, Josef Knecht oder William von Baskerville kommen in der Handlungstheorie im Rahmen praktischer Philosophie nicht vor, können dort nicht thematisch sein.

Die poetischen Protagonisten bewahren die Allgemeinheit der Freiheit in sich, auch wenn ihr Handeln sich als eine besondere, bestimmte und nach außen gewandte Tat manifestiert. In Bezug auf den für die *Rechtsphilosophie* entscheidenden logischen Übergang von § 5 zu § 6, des logischen notwendigen Übergehens von der Allgemeinheit zur Besonderheit[6] hebt Hegel hervor, daß Freiheit aus sich selbst als Ganzheit und zugleich als die Möglichkeit der Besonderung, als Möglichkeit zu allem zeigen muß. (Ästh 232–233). Daraus ergibt sich eine vorläufige Definition der poetischen Handlung: Die in sich differente und prozessierende Bestimmtheit des Ideals. Das Besondere werde der bloßen Zufälligkeit entrissen und die konkrete Partikularität in ihrer Allgemeinheit verbildlicht – „mit der ins Dasein herausgekehrten Besonderheit [ist] zugleich das Prinzip der Entwicklung und damit in dem Verhältnis nach außen der unterschied und Kampf der Gegensätze unmittelbar verbunden." (Ästh 233) Aus dieser von Spannung und Kollision geprägten Entwicklung sowie dem Wieder-Zusammenschließen des Geistes erwächst die Attraktivität des Werkes.

I. *Verbrechen und Strafe – Die Eumeniden und Hegels handlungstheoretische Grundlegung der Strafe*

Hegel behandelt das *Un-Recht* als dritte Stufe des abstrakten Rechts ein, letzteres auf seine Spitze getrieben, vermag in Unrecht umzuschlagen (*summum ius summa iniuria*), in Gestalt der Kontravention. Der Wille kann in Gestalt

6 Vgl. dazu ausführlich: Klaus Vieweg, *Das Denken der Freiheit*, S. 57–67.

seines äußeren Daseins (Körper und äußerliches Eigentum) angetastet, betroffen, verletzt werden bzw. *Gewalt* erleiden und es kann ihm in dieser Weise durch Gewalt *Zwang* angetan werden. (§ 90) Das abstrakte Recht hat ‚nur das zum Objekte, was in Handlungen äußerlich ist'.[7] Hegel folgt in seiner Straftheorie Kants Überlegungen über das Recht, das mit der Befugnis zu zwingen verbunden ist und dessen Gedanken vom *zweiten* Zwang:[8] Ein unrechtlicher, illegitimer Zwang „ist ein Hinderniß oder Widerstand, der der Freiheit geschieht", der diesem entgegengesetzte Zwang könne als „Verhinderung eines Hindernisses der Freiheit" angesehen werden, woraus die Befugnis des Zwingens des ersten Zwangs erwächst. „Recht und Befugnis zu zwingen bedeuten also einerlei."[9] Gegen den Zwang der Heteronomie erscheint ein *zweiter* Zwang gerechtfertigt, Kant spricht vom Gesetz ‚eines mit jedermanns Freiheit nothwendig zusammenstimmenden wechselseitigen Zwanges unter dem Princips der allgemeinen Freiheit'.[10] Daran schließt Hegel direkt an, als Zwang gilt Gewalt gegen ein natürliches Dasein, in welchem ein Wille haust. Sofern der betreffende Wille nur besonderer Wille gegen den allgemeinen Willens ist (damit kein freier Wille bzw. Wille an sich), muss vom ‚Zwang an sich' oder vom *ersten* Zwang gesprochen werden. Gegen solch einen besonderen Willen, gegen das bloß Natürliche oder die Willkür, gegen das Heteronome kann ein *Gegen-Zwang* ausgeübt werden, der Hegel zufolge nur als ein *erster* Zwang scheint, aber doch *zweiter* Zwang ist – etwa im Pädagogischen oder in der Erhebung von Steuern. Es handelt sich somit um einen *zweiten* Zwang, der einem ersten als dessen *Aufhebung* folgt (§ 93). Rechtlich ist der Zwang „nur als das Aufheben eines ersten, unmittelbaren Zwanges." (Enz § 501) *Zwang ist somit ausschließlich als zweiter Zwang gerechtfertigt*, als Handlungsbefugnis des *Autonomischen* gegen das *Heteronomische*. Als rechtmäßig kann allein der *zweite Zwang* im Sinne des aufgehobenen ersten, unrechtlichen Zwangs eingestuft werden (Aufheben des Zwangs durch Zwang), nur als Zwang *gegen* das Un-Recht und als *Wiederherstellung* des Rechts. Infolge dieser Negation der

7 Immanuel Kant, *Die Metaphysik der Sitten*, AA VI, 232.

8 „Die Person hat z. B. Recht Eigenthum zu haben. Dadurch erhält die Freiheit es Willens ein äußerliches Dasein. Wird dieses angegriffen, so wird darin mein Wille angegriffen. Das ist Gewalt, Zwang, In diesem liegt unmittelbar die Befugniß zum zweiten Zwange." (G. W. F. Hegel, *Philosophie des Rechts. Nach der Vorlesungsnachschrift von H. G. Hotho 1822/23*, in: Georg Wilhelm Friedrich Hegel: *Vorlesungen über Rechtsphilosophie 1818–1831*, ed. u. komm. v. Karl-Heinz Ilting, 4 Bde., Stuttgart-Bad Cannstatt 1973 ff. (Ho) Bd. 3, S. 296f.

9 Immanuel Kant, *Die Metaphysik der Sitten*, AA IV, S. 231–233.

10 Ebd., S. 233.

Negation (‚Verhinderung eines Hindernisses der Freiheit'[11]) wird Recht etwas Geltendes, Zwingbares und zur reellen Macht.

Die Strafe als ein Ausdruck des zweiten Zwangs muss der Tat des Täters zugerechnet werden, die Strafe kehrt den ersten Teil, das unrechtliche, kontraventive Tun um und *erst damit wird seine Handlung vollständig* – die Strafe für ein Verbrechen ist „keine äußerliche, sondern eine wesentlich durch die Handlung selbst gesetzte Folge [...], aus der Natur der Handlung selbst fließend, eine Manifestation derselben."[12] Darin liegt der Kerngedanke einer *handlungstheoretischen Legitimation des staatlichen Strafens*. Das Verbrechen gilt als ‚eine ihrem Wesen nach nichtige Handlung, eine Verletzung des freien Willens als Willen' (Wan 52).

Das strikte Zwangsrecht kann nicht gegen das Moralische eintreten, auch kann z. B. *hier* nicht zwischen Raub und Diebstahl, zwischen Mord und Totschlag, zwischen *Tat und Handlung* unterschieden werden. Der notwendige Übergang zur Sphäre der Moralität kündigt sich an, wird unübersehbar antizipiert. Die unrechtliche Handlung muss ausdrücklich als freies Tun dem Akteur zugeschrieben werden können: Schädigung durch *freie*s Tun. Freie Unterlassungen gehören ausdrücklich zu dieser Klasse freien Tuns.[13]

Die Rechtsübertretung zeitigt zwar verletzende Wirkung am Opfer, aber das Recht selbst bleibt unverletzbar, die ‚positive' Verletzung ist nur als der besondere Wille des Täters. In der Strafe manifestiert sich die notwendige *Vernichtung der Nichtigkeit*, das Aufheben des Verbrechens, eine Wiedervergeltung im Sinne der Verletzung der Verletzung (§§ 100 u. 101). In dieser brillanten und aktuellen Theorie der Strafe, die handlungstheoretisch fundiert ist,[14] reicht das Vorgehen des Verstandes nicht aus; es kommt wesentlich auf den Begriff an. Die Strafe kann insoweit als gerecht bezeichnet werden, als sie als der *an sich seiende Wille des Täters* darstellt, sogar als sein Anspruch und sein Recht(!) als eines zurechnungsfähigen Subjekts. Der Täter hat mit der Verletzung des Allgemeinen, des Rechts, eben auch sich selbst verletzt. Die Strafe stellt auch ‚ein Recht an den Verbrecher selbst dar, sie ist in seiner Handlung gesetzt' (§ 100). Dem verbrecherischen Tun muss daher die Strafe hinzugerechnet werden, sie ist *bereits in der Täterhandlung gesetzt*, muss als ein dem unrechtlichen Tun internes Moment gedacht werden. Die Strafe gilt als

11 Ebd., S. 231.

12 G. W. F. Hegel, *Philosophie des Rechts. Nachschrift der Vorlesung von 1822/23 von K. L. Heyse*, hg. v. Erich Schilbach, Frankfurt a.M. 1999, (Hey) S. 15–16.

13 Im ALR findet sich der Passus: „Moralität der Verbrechen". § 16 „Wer frey zu handlen unvermögend ist, bei dem findet kein Verbrechen, also auch keine Strafe statt." ALR Th. II, Tit. XX.; Th. II, Tit. XX, §§ 7 und 8

14 Vgl. Georg Mohr, Unrecht und Strafe (§§ 82–104) in: Ludwig Siep, *Grundlinien der Philosophie des Rechts*, Berlin 2000.

umkehrender Ausgleich, an welchem der Täter selbst *objektiv* interessiert ist, was sicher nicht von jedem Gesetzesbrecher zugegeben und akzeptiert wird. So darf die Strafe als die Manifestation des Verbrechens, als die *‚andere Hälfte' der Täterhandlung* angesehen werden, als die Umkehrung des Verbrechens gegen ihn.

Die praktisch-logische Kernthese lautet dann: *Das Verbrechen widerspricht dem Begriff des freien Willens und dem Begriff der freien Handlung*. Dem verbrecherischen Tun muss daher die Strafe hinzugerechnet werden, sie ist *bereits in der Täterhandlung gesetzt*, muss als ein dem unrechtlichen Tun internes Moment gedacht werden. Die Strafe kann als die *‚andere Hälfte' der Täterhandlung* angesehen werden.

Die Erinnyen, die Rachegöttinnen versinnbildlichen genau diesen Sachverhalt, im Kontext der Überlegungen zu Tat und Handlung nimmt Hegel sowohl in der *Rechtsphilosophie*, wie auch in den *Vorlesungen über die Ästhetik* und in den *Vorlesungen über die Religion* darauf Bezug und zwar mit einem Exempel aus der Welt der Vorstellung, aus der Sphäre der Bilder. In diesen Textpassagen wie auch in der handschriftlichen Anmerkung zu § 101 RPh als auch im Zusatz werden die drei mythologischen ‚Zustände' der rächenden Furien angesprochen im Sinne der drei Stufen Recht, Unrecht und Strafe: a) zuerst der Schlaf der Eumeniden, dann b) ihr Aufwecken durch den Verbrecher und seine frevlerische Tat sowie c) die rächende Strafe[15], wodurch diese Göttinnen wieder beruhigt werden. Im rechtlichen Zustand schlafen die Furien, aber „das Verbrechen weckt sie, und so ist es die eigene Tat [des Verbrechers] die sich geltend macht." (RPh 101, Z). Der Gedanke der rächenden Strafe als Umkehrung der unrechtlichen Handlung wird auch in anderen Vorlesungsnachschriften pointiert: Die Eumeniden „sind die eigene That des Verbrechrs, die sich an ihm geltend macht." (Hey 4) Dem Täter widerfährt „sein eigenes Recht in der Strafe." (Bl 87f.)[16]

Die Eumeniden verkörpern „die eigene Tat des Menschen und das Bewußtsein, was ihn plagt, peinigt, insofern er diese Tat als Böses in ihm weiß." Sie sind „die gerechten und eben darum die Wohlmeinenden", die „das Recht

15 Das Heroenrecht ist Hegel zufolge noch unmittelbare Rechtsausübung (Hey 5), noch Ausdruck bloß partikularen Willens (*Hegel, Die Philosophie des Rechts. Vorlesung von 1821/22*, hg. v. Hansgeorg Hoppe, Frankfurt a. M. 2005 (Nachschrift Kiel – Kiel, S. 97), mehr Rache und keineswegs moderne Rechtsprechung. „Die Rache des Orest z. B. ist gerecht gewesen, aber er hat sie nur nach dem Gesetz seiner partikularen Tugend, nicht aber nach Urteil und Recht ausgeführt." (Ästh 13, 242).

16 G. W. F. Hegel, *Philosophie des Rechts. Die Vorlesung von 1819/20 in einer Nachschrift*, hg. v. Dieter Henrich, Frankfurt a.M. 1983 (Nachschrift Bloomington – Bl)

wollen, und wer es verletzt hat, hat die Eumeniden in ihm selbst."[17] Diese Furien sind sowohl als *äußere* wie auch als *innere* Mächte vorgestellt. Die äußere Verfolgung ist ebenso „die innere Furie, welche durch die Brust des Verbrechers zieht, und Sophokles gebraucht sie auch in dem Sinne des Inneren und Eigenen des Menschen" (z. B. im Ödipus auf Kolonos) (Ästh 13, 295.

Hegel hat hinsichtlich Strafe und Rache auch Äschylus' *Orestie* vor Augen. Die den Orest für die Tötung seiner Mutter Klytemnästra jagenden Furien, die grauenerregenden Fluchgöttinnen aus dem Tartaros, werden erst durch Athene und den Areopag besänftigt. Hier soll ein ‚menschliches Gericht als Ganzes, an dessen Spitze Athene als der konkrete Volksgeist steht, die Lösung der Kollision bringen' (Ästh 14, 68). Hier werden Apoll und die Eumeniden auf gleichgewichtige Weise geehrt, wodurch eine Aufopferung der beiden Seiten vermieden wird (Ästh 15, 532).[18] Hinsichtlich der Orestie unterscheidet Hegel zudem klar zwischen den Erinnyen und den wohlmeinenden Eumeniden (Ästh 14, 58f.) und erwähnt die Verwandlung der Erynnien in die Eumeniden.

Schiller hat mit seinen *Kranichen des Ibykus* eine moderne poetische Form geschaffen. Diese Kraniche sind „der Eumeniden Macht", die durch Mordtat gerufen wurden und dann einen Verbrecher zum ungewollten Geständnis veranlassen. Die Täter selber haben die Strafe wollenden Rachegöttinen geweckt und so ist die Strafe das Geltendmachen der eigenen Tat. Auch die Schillersche Ballade stellt auf poetische Weise eine vollständige Handlung

---

17 G. W. F. Hegel, *Vorlesungen über die Philosophie der Religion* (PhRel) TWA Bd. 17, S. 127.

18 Apollon bekennt zu Orest: ‚Ich war's ja, der den Leib der Mutter zu töten dich bewog' und fordert Orest auf, in die Stadt der Pallas zu gehen, wo er gerechte Richter finden wird. Nach der Gleichheit der Stimmen für Verdammung und Lossprechen im Areopag entscheidet allerdings allein der weiße Stein der Athene zugunsten von Orest (und Apollo). „Die furchtbaren Jungfrauen verfolgen den Orest um des Muttermordes willen, den ihm Apollo, der neue Gott, geboten, damit Agamemnon, der erschlagene Gatte und König, nicht ungerächt bleibe." Hegel unterscheidet dabei klar zwischen den Erinnyen und den wohlmeinenden Eumeniden (Ästh 14, 58f.). Darin wird auch dezidiert das Recht des Gatten und Fürsten verteidigt, die ‚klare, wissende und sich wissende Sittlichkeit' (ebd. 59). „Erst die Verbindung des Göttlichen mit dem Politischen ist imstande, den Freispruch zu bringen und an Stelle von Vergeltung, Versöhnung zu setzen. Indem die Erinnyien, die Racheschnaubenden, zu Eumeniden, zu Wohlwollenden werden, weicht Tragik der Harmonie [...] Aus dem Schädlichen, Blind-Wütenden wird das Nützliche, Hilfespendende. Erinnyien werden Eumeniden [...] Im Grunde ist diese Versöhnung ein Sieg der Vernunft. Denn Überredung, die Waffe der Vernunft, hat die Versöhnung zustande gebracht, worauf Athene stolz ist [...] Vernunft tritt nun an die Stelle des Schicksals und seiner Kette des Verhängnisses." Walter H. Sokel, Vorwort zu *Orest*, München/Wien 1963, S. 13–16.

dar, vom Verbrechen bis zum Wirken der Strafgöttinen, bis zur Strafe (‚der Rache Strahl') als Vollendung der Handlung.

Das notwendige Überschreiten der Struktur des Unrechts

Insofern die *rächende* Strafe die vorhergehende Struktur nur einfach reproduziert, ergibt sich die schlechte Unendlichkeit. Das Überwinden dieser defizitären Urteilsform der Rache kann so nur in einem anderen, *dritten* Urteil gelingen, durch die Schlichtung einer *dritten* Instanz wofür die strafende Gerechtigkeit steht, das Urteil des *Rechts an sich* im Sinne der Interesselosigkeit an der besonderen Sache, der Neutralität (Enz § 497). Im Logischen beinhaltet dies das Fortgehen ins *Reflexionsurteil* (Enz § 174) und den langen Wege bis hin zum Urteil des Begriffs. Erst im Urteil der Reflexion (dem Urteil des Verstandes) könne wahrhaft von *Urteilskraft* gesprochen werden und zwar erst dann, wenn eine Handlung als gut oder schlecht bewertet ist. In der *Rechtsphilosophie* wird dieser weitere Gang teils mit dem Hinweis auf das notwendige In-sich-Reflektieren, teils auch mit den Worten von der Schlichtung ‚ohne Interesse' angezeigt, wobei in dieser Vagheit auf einen urteilenden Willen vorausgewiesen wird, der sowohl als Einzelner als auch als Repräsentant des Allgemeinen agiert, auf den *Be-Urteiler* in Gestalt des Gerichts und des *‚Richters'*.

Sowohl hier als auch in der Feststellung, dass bei der strafenden Gerechtigkeit der Verstand nicht ausreiche und es auf den *Begriff* ankomme, signalisiert Hegel, dass die Sphäre des abstrakten Rechts aus sich selbst über sich hinausweist in die Sphären der Moralität und Sittlichkeit, die noch gedacht werden müssen, wenn wir z. B. einen wahrhaft im Sinne des Rechts agierenden *Richter* hinreichend bestimmen wollen. „Strafe kann nur im Staate stattfinden" (Gr 293). Der ‚Richter' kann sich nicht nur auf negativ-unendliche Urteile beschränken, sondern muss u. a. den Geist der Verfassung (eines Kernmoments der Sittlichkeit) in seiner Entscheidung ‚präsentieren', womit aber eine logisch höhere Form von ‚Beurteilung' und das Überschreiten des Urteilens selbst erreicht würde. Die Instanz des Richters vermag erst auf der Ebene der *Sittlichkeit* vollständig bestimmt zu werden. Schon hier erweist sich die Sphäre der Sittlichkeit als der eigentliche Grund der praktischen Philosophie.

Insgesamt setzt Hegel ‚auch für die heutige Straftheorie Maßstäbe'.[19] Hegels philosophische Straftheorie (wie auch sein gesamter Idealismus der Freiheit) als ein Novum, als ein bis heute relevantes Konzept, bezieht ihre intellektuelle Kraft und Faszination gerade *aus der logischen Fundierung; dies ist wesentlicher Grund für ihre Aktualität*. Auch angesichts dieser philosophischen

19 Georg Mohr, *Unrecht und Strafe*, S. 122ff.

Verankerung der Strafe lohnt es sich weiter auf Hegelschen Denkpfaden zu wandeln.

Der Übergang vom abstrakten Recht in die Moralität

Auf der letzten Stufe des formellen Rechts, dem Vollzug der gerechten Strafe, wird der Wille auf sich zurückgeworfen (im Sinne eines ‚In-sich-Reflektierens'). Es vollzieht sich die Rückwendung der *Einzelheit in ihrer ‚einfachen' Allgemeinheit* zum *besonderen* Willen in der (gewöhnungsbedürftigen) Bestimmung der Strafe als dem *eigenen Recht des Täters*. Damit muss die bisherige Form der Selbstbeziehung erweitert werden, die Selbstreferenz kann aufgrund der offengelegten Beschränkungen nicht nur ‚äußerlich' bleiben, sondern muss zum innerlichen Reflektieren, zur Besonderheit weitergehen. Die diagnostizierte Negativität des abstrakten Rechts, die ihren Scheitelpunkt im Verbrechen hat, im Nicht-Recht schlechthin, trieb selbst zu ihrer Negation. Der Wille erwies sich zunehmend nicht nur als *an sich* freier, sondern als *für sich selbst* freier, so wird der so bestimmte, besondere Wille jetzt *sein eigener Gegenstand*. Im Durchgang durch das formell-abstrakte Recht offenbarte sich zunehmend, dass die angenommene Unmittelbarkeit des Wollens als durch den *subjektiv besonderen* Willen vermittelt, die Unmittelbarkeit so selbst als Vermittlung gedacht werden muss. Es wurde die Notwendigkeit des Überschreitens des Formell-Abstrakten (sowohl vom Logischen als auch vom Praktisch-Philosophischen her) offenkundig. Wir können somit nicht mehr wie anfangs beabsichtigt (§ 37) von dieser Besonderheit des Willens absehen. Der Wille wird selbst auf sich als Sonderheit zurückgeworfen. Aus der Prüfung der logischen Struktur E – A ergibt sich notwendig das Denken von B, die Allgemeinheit, die Identität hat sich in die Differenz unterschieden, in die Nicht-Identität, in den Gegensatz. Das *Urteil des Daseins* hebt sich unabdingbar auf und geht in das *Urteil der Reflexion* über: „Das Einzelne, als Einzelnes (reflektiert in sich) ins Urteil gesetzt, hat ein Prädikat, gegen welches das Subjekt als sich auf sich beziehendes zugleich ein *Andres* bleibt." (Enz § 174) Das Einzelne gerät zugleich als Besonderes (B) in den Fokus, der Wille als subjektiver, in sich reflektierter. „Damit, daß die Willensbestimmtheit so *im Innern* gesetzt ist, ist der Wille zugleich als ein *besonderer*, und es treten die weiteren Besonderungen desselben und deren Beziehungen aufeinander ein." (Enz § 503)

Das Allgemeine kann zudem nicht mehr mit der abstrakten Allgemeinheit gleichgesetzt werden, sondern wir haben jetzt ein Allgemeines, das sich durch die Beziehung Unterschiedener als in eins zusammenfasst (B – A). (WdL 6, 326) „In der *Existenz* ist das Subjekt nicht mehr unmittelbar qualitativ, sondern im *Verhältnis* und *Zusammenhang mit einem Anderen*" (Enz § 174). Das

Urteil ‚diese Handlung ist böse' bezieht sich nicht nur auf das partikulare Subjekt (ohne Bezug auf andere Subjekte), sondern auch auf den intersubjektiven Kontext. Die Allgemeinheit hat hiermit die Bedeutung der Relativität erhalten (ebd.)

Rekapitulierend kann festgehalten werden, dass die Persönlichkeit ihr eigener Gegenstand wird, sie reflektiert sich in sich. Der Gegenstand der zweiten Sphäre (der Moralität) kann als das stringente Resultat der dynamischen Entfaltung der ersten Sphäre verstanden werden, keineswegs als etwas von außen Hinzutretendes. Zugleich stellt das erreichte Für-sich-Sein, die *innerliche Subjektivität der Freiheit*, auch die Zufälligkeit dar, welche durch den besonderen, zufälligen Willen gesetzt wird. Dieser subjektiv-zufällige Wille hat allerdings seine Geltung nur in der Identität mit dem allgemeinen Willen, insofern der subjektive Wille „in ihm selbst als das Dasein des vernünftigen Willens ist" (Enz § 502), in sich reflektiert die unendliche, in sich seiende Zufälligkeit des Wollens repräsentiert (§ 104). Diesen Tatbestand der Referenz des *subjektiv-besonderen* auf einen *allgemeinen* Willens bezeichnet Hegel als *Moralität*.

Von der abstrakten Bestimmtheit des Willens, seines An-sich-Seins, seiner Unmittelbarkeit, die sich im Verhältnis zu einer Sache manifestiert und das Tun auf das Negative, auf das Verbot fokussiert, schreitet die Argumentation zur subjektiven-besonderen Bestimmtheit, zum *konkret geforderten, gebotenen Handeln*, zur inneren Selbstbestimmtheit der Subjektivität. Das Denken bewegt sich vom personalen Tun zum moralischen Handeln, von der *abstrakt-formellen Anerkennung der einzelnen Person* zur *reflektierten Anerkennung der besonderen Person als eines moralischen Subjekts*, vom abstrakt-formellen Recht zur Moralität. Letzterer kommt als *Sphäre der Besonderheit* außerordentliche Relevanz für die Bestimmung vom Modernität zu (RPh § 124).

II. Orest und Ödipus – Das heroische Selbstbewußtsein und die Modernität

Beweggrund und Tat, innere Subjektbestimmtheit und Vollzug müssen zusammengedacht werden. *The conceptual tie between genuine action and intention* ist allerdings nicht erst eine Einsicht der analytischen Philosophie des 20. Jh., etwa von Donald Davidson,[20] sondern ein erster grundlegender Gedanke von

20 G. W. F. Hegel „adopting a position which is recognizably akin to that of Davidson himself in modern times." Dudley Knowles, *Hegel and the Philosophy of Right*, London/New York 2002.

Hegels Bestimmung der *Handlung*, worin *Tat und Handlung* unterschieden sind. Erst mit der Hinzurechnung der Intention (Vorsatz und Absicht) kann, im Unterschied zu den im formellen Recht analysierten Taten, von Handlungen die Rede sein. Der Beweggrund als wissentliche Innerlichkeit gehört zur Vollständigkeit der Handlung, die bewegenden Gründe sind konstitutiv für den freien Willen. Damit gelangen wir auf eine höhere Ebene des Rechts und der Freiheit. Die Handlung gilt als *tätliche Äußerung der inneren Willensbestimmtheit*, der freie Wille erkennt nur das an und läßt sich nur das zurechnen, was er selbst in sich *selbst gewußt und gewollt* hat (Enz § 503) – ‚meine Einsicht, mein Zweck ist ein wesentliches Moment dessen was Recht ist'.[21] Im Handeln, dem Herausstellen des inneren Geistes, haben wir ‚das wirkliche Ausführen, *das Exponieren der inneren Absichten und Zwecke*'. Zur *Tat* gehört ‚der ganze Umfang von Bestimmungen, die mit einer hervorgebrachten Veränderung des Daseins in unmittelbaren Zusammenhang stehen'.[22] Zur *Handlung* rechnet nur das, was „von der Tat im Entschlusse liegt oder im Bewußtsein war, was somit der Wille als das Seinige sich zuschreibt."[23] Mit dem Handeln tritt das Subjekt (der Mensch) tätig in die konkrete Wirklichkeit ein.[24] Die *fortschreitende Bestimmung des Begriffs der Handlung* und die *Beurteilung des besonderen Handelns* bilden jetzt den eigentlichen Gegenstand.

Hegels Urteilslehre als logischer Grund der Moralität

Nachdem Hegel in seiner logischen Urteilslehre die grundsätzliche Form des Urteils bestimmt hat („*alle Dinge sind ein Urteil*, – d. h. sie sind *Einzelne*, welche eine *Allgemeinheit* oder innere Natur in sich sind, oder ein *Allgemeines*, das *vereinzelt* ist"; die Endlichkeit der Dinge besteht darin, dass sie ein Urteil sind, dass ihr Dasein und ihre allgemeine Natur verschieden und trennbar sind – Enz § 167, 168), würdigt er das Verdienst von Kant, eine logische Einteilung der Urteile nach dem Schema einer Kategorientafel vorgenommen zu haben. Trotz der Unzulänglichkeit dieses Schemas liegt diesem doch die Einsicht zugrunde, dass „es die allgemeinen Formen der logischen Idee selbst sind, wodurch die verschiedenen Arten der Urteile bestimmt werden." Entsprechend der Hegelschen Logik sind „drei Hauptarten des Urteils zu unterscheiden, welche den Stufen des Seins, des Wesens und des Begriffs entsprechen." Die Mitte ist dabei in sich gedoppelt, entsprechend dem Charakter des Wesens

21 G. W. F. Hegel, Philosophie des Rechts. Nach der Vorlesungsnachschrift K. G. v. Griesheims 1824/24, in: Ilting, Bd. 4, S. 301.
22 G. W. F. Hegel, *Philosophische Enzyklopädie für die Oberklasse*, 4, S. 56.
23 G. W. F. Hegel, *Rechts-, Pflichten- und Religionslehre für die Unterklasse*, 4, S. 207.
24 Ästh 15, 485.

als der Stufe der Differenz. „Die verschiedenen Arten des Urteils sind nicht als mit gleichem Werte nebeneinanderbestehend, sondern vielmehr als eine Stufenfolge bildend zu betrachten, und der Unterschied derselben beruht auf der logischen Bedeutung des Prädikats.“ (Enz § 171 Z). Auf dieser Grundlage entfaltet Hegel eine Stufenfolge der ‚praktischen Urteile‘, d. h. der Urteile, die sich auf Handlungen beziehen. § 114 fixiert die grundsätzliche Struktur des Rechts des Moralischen, die „Bewegung des Urteils“ (WdL 6, 309), die drei Stufen der Imputation durchläuft:[25] a) Das *abstrakte, formelle Recht der Handlung als einer mir zurechenbaren*, als einer vorsätzlichen, geprägt vom Wissen der unmittelbaren Umstände – hier wird der transitorische Status dieser ersten Stufe sichtbar, eben das abstrakt-formelle Recht der Zurechenbarkeit, welches die letzten Stufe des abstrakten Rechtes logisch antizipierte – das Verbrechen als unendliches Urteil; b1) die *Absicht* der Handlung und ihr Wert für mich und b2) das *Wohl* als der Inhalt der Handlung, als mein besonderer Zweck, gestützt auf das reflektierte Wissen, c) das *Gute* als der innere Inhalt in seiner Allgemeinheit und Objektivität mit seinem Gegensatz der *subjektiven Allgemeinheit*, das Wissen des Begriffs, das Begriffsurteil und damit letztlich die „bestimmte und erfüllte Einheit des Subjekt und des Prädikats als ihr Begriff“ (WdL 6, 309), die Transition zur logischen Form des Schlusses,[26] der denknotwendige Übergang von der Moralität zur Sittlichkeit.

Das Recht des Wissens – Handeln als wissentliches Tun

In den ersten Paragraphen seiner Theorie des moralischen Handelns als Teil der Wissenschaft vom Praktischen formuliert Hegel ein fundamentales Recht und somit eine Pflicht: *Das Recht des Wissens*. Der Fokus richtet sich auf die *innere, wissentliche* Willensbestimmung, auf die subjektiven Bestimmungsgründe des Handelns, auf meine Einsicht, meine inneren Beweggründe, auf mein Wissen und meine Zwecke, auf das ‚ethisch Richtige‘– all dies ist wesentliches Bestimmungsmoment des Rechts der Moralität. Beim Moralischen geht es um ‚die subjektive Seite des Wissens von den Umständen und der Überzeugung vom Guten sowie der inneren Absicht beim Handeln als ein Hauptmoment‘.[27] Dieses Wissen in Gestalt vernünftiger Maximen muss dem

25 Vgl. dazu: Michael Quante, Hegel's Planning Theory of Action. Hegels Konzept der Imputation bezeichnet Quante dort als „cognitivist ascriptivism“, S. 226; aufschlußreich auch Quantes „Hegel's map of our ascriptive practices“, S. 224.

26 Die *Wissenschaft der Logik* enthält den Hinweis auf den ‚Schluss des Handelns‘ und den ‚Schluss des Guten‘ im Sinne des Zusammenbringens, des Zusammenschliessens der Momente des Handlungsbegriffes, von Subjektivität und Objektivität (WdL 6, 545f.).

27 Ästh 13, 247.

moralischen Handeln inhärent sein: *die Einsicht gehört zur Absicht*, sie ist die ‚Seele' der Handlung. Das ethisch Gute hängt vom ethisch ‚Richtigen' ab und dieses Richtige ergibt sich Kant zufolge *unabhängig von den Folgen des Tuns*. „Hegel is attempting, as Kant did before, to articulate an ethics founded on the autonomy of reason."[28]

Den Gründen für mein Tätigwerden, der freien, inneren Selbstbestimmtheit, meiner inneren Bestimmung wird ausdrücklich Berechtigung zugesprochen. Nur infolge der *Selbstzuschreibung*, der *Selbstzurechnung* kann von *meiner* Handlung überhaupt die Rede sein. Anhand von § 105 RPh und der eigenhändigen Notizen Hegels kann dieses Problem aufgeklärt werden.[29] Nachdem der Standpunkt des Willens als ein für sich Unendliches und seiner für sich seienden Identität gegen das Unmittelbare und das Ansichseiende fixiert wurde, somit die erste Stufe, das abstrakte Recht zum Gegenstand der zweiten Stufe wird, kann eine präzise Unterscheidung von a) Subjekt, b) Gegenstand und c) Begriffsbestimmung vorgenommen und darin der Gedanke des *Rechts des Wissens* pointiert werden: das Subjekt *weiß* sich als frei, *weiß* die Freiheit in ihm – ich *weiß* folglich von mir als dem Für-mich-Seienden. Der Gegenstand bleibt der Wille selbst, somit sein Insichsein, das Recht des subjektiven Willens als Wissen. Ein modernes Verständnis von Freiheit lenkt die Aufmerksamkeit auf die Veranlassung der Tätigkeit, absehend von den Resultaten des Handelns – „wie die Sache innerlich in mir gewesen" (§ 105, A) –, auf mein inneres Urteil, mein inneres Zustimmen, dem Wissen als Meinigem, dem ethisch Richtigen – es geht um das Wollen von etwas, das *ich weiß*. Es steht vorher in mir, vor der tätlichen Äußerung ist es ein „Theoretisches".[30] Dies entspricht der Grundidee der deontologischen Ethik, dem Bezug der ethischen Bewertung auf das Gesollte im Sinne der ethisch richtigen Handlung, ausgedrückt in Verboten, Geboten bzw. Pflichten.[31]

Die Beurteilung ‚gut' oder böse' bezieht sich ausschließlich auf Handlungen von Subjekten, nicht auf Sachen. Es sei wiederum an § 5, die anfängliche Bestimmung des Wollens erinnert – das reine Denken seiner selbst. Einsicht, Wissen, Theoretisches, Denken –, damit wird der Unterbau der inneren Subjektbestimmtheit angezeigt. Es geht um die *wissentliche Handlung*, mit diesem

28 Vgl. dazu: Allen Wood, Hegel's Critique of Morality, in: Ludwig Siep, *Grundlinien dedr Philosophie des Rechts*, Berlin 2000, S. 147–166.

29 Die gründliche Einbeziehung dieser Notizen und (mit Einschränkungen) auch der Texte der Vorlesungsnachschriften bieten für das Erschließen des Textes wichtige Hilfen.

30 Den Trieb überhaupt versteht Hegel als „die innere, die eigentliche Selbstbewegung" (WdL 6, 76), die Einheit des In-sich-selbst-Seins und der Negativität seiner selbst.

31 Michael Quante, *Hegels Begriff der Handlung*, S. 130ff.

Wissentlichen gerät die eigentliche Schatzkammer der freien Wesen, ihr Auszeichnendes in den Blick. Es handelt sich um das ‚alleinige Gesetz, das sich der Wille jedes vernünftigen Wesens selbst auferlegt' (Kant), der Wille weiß sich als absolut geltend (Hegel). Vom moralischen Standpunkt aus sind alle das formelle Recht betreffenden Tatbestände der möglichen Verletzung seiner ignorierbar – die Moralität kann nicht Opfer von Diebstahl, Einbruch, Gewalt, Totschlag werden. „Die Gedanken sind frei", wie es in einem deutschen Volkslied heißt.[32]

Der moralische Standpunkt kann zunächst uneingeschränktes Recht und unbedingte Geltung beanspruchen. Sein Prozess entfaltet sich auf der Basis der Graduierung dieses Wissens im Dreischritt vom abstrakten, bloßen *Vorsatz* über die konkrete *Absicht* bis hin zum Recht des subjektiven Willens auf *Wissen des Guten* und zum *Ge-Wissen*, logisch gesprochen von B zu A. In dieser Form vollzieht sich der Aufstieg zum begreifenden Denken der Handlung, zum ein auf Wissen zielendes, logisch untersetztes Vorgehen unter striktem Ausschluss *aller Erschleichungen, aller Vor-Urteile, aller puren Behauptungen oder Versicherungen*. Der Mensch habe ein „Recht zu fordern, daß er das, was er getan, *gewußt hat*".[33] Es geht noch nicht um die Folgen des Handelns, sondern um die Seele als den inneren Geist der Handlung in Form der *aufsteigenden Imputation oder Imputabilität*.[34] „Das Geistige der Handlung muß absoluten Wert haben." (§ 124, A). Der Akteur wird in einem als *Denkender und Wollender* anerkannt, respektiert und geehrt.

Das Recht des Wissens und das heroische Selbstbewußtsein in Werken der Kunst

Die Moralität gilt als das erste Reich des Besonderen, § 117 *RPh* bringt die Thematik dieses Moralitätskapitels prägnant auf den Begriff: Es geht um die Frage der Zurechnung, der Imputation von Taten, um das „Recht des Wissens". Auch in diesem Textabschnitt illustriert Hegel das handlungstheoretische Problem mit poetischen bzw. mythologischen Exempeln: Das Tun des Ödipus war eine Tötung, nicht Mord, Ödipus kann aus moderner Sicht nicht Vatermörder und Blutschänder sein, da solches Tun „weder in seinem Wissen

32 Als nächtliche, stille Schatten kann sie kein Jäger erschießen, kann sie niemand einsperren. Sie zerreißen alle Schranken und Mauern – „Ich denke, was ich will und was mich beglücket, mein Wunsch und Begehren kann niemand verwehren".Vgl. den Liedtext: Die Gedanken sind frei. Im ALR (Dritter Teil § 2.) lesen wir zu diesem Problemfeld die juristische Version: „Nur äußere freye Handlungen können durch Gesetze bestimmt werden."

33 Bl 91f., Herv. K. V.

34 „Imputabilität". Immanuel Kant, KrV B 476.

noch in seinem Wollen lag." (*RPh* 246/47), Seine Tat erfolgt „wissenlos", ohne Wissen, daß es sich beim Opfer um den Vater handelte. Sowohl § 118 *RPh* als auch das Handlungskapitel der *Ästhetik* traktieren die Leistungen und Vereinseitigungen sowohl des heroischen Selbstbewußtseins als auch neuzeitlicher Ethik-Konzeptionen (*RPh* § 118). Das heroische Bewußtsein insistiert unmittelbar auf die Imputation des Ganzen des Tuns, schreibt sich die Handlung in ihrer Vollständigkeit zu. Aber es ist eben Hegel zufolge aus seiner Gediegenheit „noch nicht zur Reflexion des Unterschieds von Tat und Handlung, der äußerlichen Begebenheit und dem Vorsatze und dem Wissen der Umstände" (ebd.).

Die Handlungspassage der Philosophie der Kunst beinhaltet eine treffliche Behandlung des Imputationsproblems, als Verbindung des praktisch-philosophischen mit dem poetologisch-ästhetischen Perspektive. Folgende brillante Passage dokumentiert dies und zielt auf die Differenz zwischen der antiken und der modernen Welt. Diese Stelle versammelt die Kernkomponenten des Begriffes der Handlung, wie er in der *Rechtsphilosophie* entfaltet wird:

> „Wie nun aber im Heroenzustande das Subjekt mit seinem gesamten Wollen, Tun, Vollbringen im unmittelbaren Zusammenhang bleibt, so steht es auch ungeteilt für das ein, was irgend an Folgen aus diesem Tun entspringen. Wenn wir dagegen handeln oder Handlungen beurteilen, so fordern wir, um dem Individuum eine Handlung imputieren zu können, daß es die Art seiner Handlung und die Umstände, unter welchen dieselbe vollbracht wurde, gewußt und erkannt habe [...] so nimmt der heutige Mensch nicht den gesamten Umfang dessen, was er getan hat, auf sich, sondern er weist den Teil seiner Tat von sich ab, welcher durch ein Nichtwissen oder Verkennen der Umstände selber anders geworden ist, als er in seinem Willen lag, und rechnet sich nur das zu, was er gewußt und in Beziehung auf dieses Wissen mit Vorsatz und Absicht vollbracht hat. Der heroische Charakter aber macht diese Unterscheidung nicht, sondern steht für das Ganze seiner Tat mit seiner ganzen Individualität ein. [...] (Ästh 13, 246f.)

Auf der Grundlage ihrer Tugend als der unmittelbaren, noch nicht vermittelten Einheit von Substantialität und Partikularität, aus dieser Selbständigkeit des Charakters und der Willkür nehmen die Heroen ‚das Ganze der Handlung auf sich'. Ödipus hat ohne es zu wissen den Vater erschlagen, die ihm *zuzurechnende Handlung* war die Tötung eines älteren Mannes, nicht *Vater*mord. „Dennoch erkennt er sich die Gesamtheit dieser Frevel zu", obschon dies ‚weder in seinem Wissen noch in seinem Wollen gelegen hat'. Der *heroische* Charakter „will die Schuld nicht teilen und weiß von diesem *Gegensatze der subjektiven Absichten und der objektiven Tat und ihrer Folgen* nichts". Das Subjekt, will „was es getan hat, ganz und allein getan haben und das Geschehene vollständig ins sich hineinverlegen." (Ästh 13, 247)[35] Dem Tun dieser Heroen liegt das positiv-unendliche Urteil zugrunde, welches die äußeren Umstände des Tuns noch nicht von einem selbständig zu bestimmenden Innerlichen unterscheidet, das Äußere wird mit dem Inneren ohne Differenz gleichgesetzt, mein Tun ist mein Handeln.

Der Akteur ist sich so selbst das Gesetz, in einem deshalb vor-gesetzlichen, staatslosen Zustand, d. h. in der Heroenzeit als einer Struktur ohne öffentliche Macht können die heroischen Akteure ausdrücklich nicht als *moralische* Helden anerkannt sein, weil die Unterscheidung zwischen Tat und Handlung noch nicht vorgenommen wird, oder modern gesprochen: der Begriff der Handlung noch nicht zureichend ausdifferenziert ist.[36] Die homerischen Protagonisten agieren aus der Exklusivität ihrer Tugend, sie sind aus moderner Perspektive *outlaws*. Der Heros steht ungeteilt für das ein, was irgend an Folgen aus seinem Tun entspringt, so erscheint er als naturwüchsiger Konsequentialist. Das moderne Denken hingegen unterscheidet hinsichtlich des Handelns und der Beurteilung dessen zwischen Intention, Vorsatz und Absicht, den Folgen und den Umständen des Tuns. Um dem Individuum eine Handlung imputieren zu können, fordern wir, „daß es die Art der Handlung und die Umstände unter welchen dieselbe vollbracht wurde, gewußt und erkannt habe." (Ästh 13, 246) Die Modernen insistieren auf das Recht des Wissens, es handelt sich – so Hegel im Blick auf Sophokles' *Ödipus Rex* und *Ödipus auf Kolonos* – „um das Recht des wachen Bewußtseins, um die Berechtigung dessen, was der Mensch mit selbstbewußten Wollen vollbringt, dem gegenüber , was er unbewußt und willenlos nach der Bestimmung der Götter getan hat." Das Recht „unseres heutigen, tieferen Bewußtseins" besteht darin, solche Taten wie die des Ödipus, da ‚sie weder im eigenen Wissen noch im eigenen Wollen gelegen habe, nicht als die Taten des eigenen Selbst anzuerkennen' (Ästh 15, 545).

Diese moderne Position kann als die moralische beschrieben werden, insofern im Moralischen Vorsatz und Absicht, die subjektive Seite des Wissens von den Umständen und von der Überzeugung vom Guten ein Hauptdefiniens des Handelns ausmacht. Dies interpretiert Hegel als Fortschritt: Der Akteur steht nur für sein in diesem Sinne eigenes Handeln ein, somit wird

35 Ästh 13, 246f., Herv. K. V. In einer Anmerkung zu § 118 verweist Hegel auf Orest als poetischen Repräsentanten des heroischen Selbstbewußtseins, der sich seine Taten uneingeschränkt zuschreibt – „ Sie wollen dessen schuldig sein, was sie getan [...] daß sie selbst schuld an diesen Leiden sind – d. h. an ihrer eigenen Tat nur ergriffen werden."

36 Vgl. Klaus Vieweg, *Das Denken der Freiheit*, S. 149–228.

etwa der Gedanke einer *Kollektivschuld* (lange vor Karl Jaspers) theoretisch abgewiesen, genau wie die *Sippenhaft*, insofern der Akteur jetzt die genaue Unterscheidung zwischen subjektivem Tun und dem Tun der Familie vornehmen kann. In einer wunderschönen Stelle liefert Hegel ein Plädoyer gegen die Vererbung von Verdienst und Schuld: Daß eine Person „das ist, was seine Väter waren, litten oder verbrachen", impliziert ein vernunftloses Anheimfallen an ein blindes Geschick. „Wie bei uns [Modernen] die Taten der Ahnen die Söhne [Töchter] und Enkel nicht adeln, so verunehren auch die Verbrechen und Strafen der Vorfahren die Nachkommen nicht und vermögen nur wenig ihren subjektiven Charakter zu beflecken." Die Konfiskation von Familienvermögen z. B. hält Hegel für eine Strafe, die das Prinzip der tieferen subjektiven Freiheit, das Prinzip der Modernität verletzt. (Äst 13, 248). Allerdings verweist Hegel auf die alte plastische Totalität, die heroischen Individuen können idealer hervortreten, weil das Substantielle in ihnen unmittelbar individuell ist, und das Individuum dadurch in sich selbst substantiell – eine Facette der klassischen Kunstform mit ihrer Angemessenheit von Idee und Gestaltung, die in der Moderne unwiderruflich verlorengeht, aber die moderne Kunst jetzt ihre idealen Kunstgestalten in das mythisch-künstlerische Zeitalter versetzen kann, auch um den prosaischen Charakter der Moderne, der sich im Wechsel von der Darstellung von Verbrechen in Tragödie hin zur Kriminalgeschichte offenbart, abzumildern, verbunden mit einer Apologie des Remake: Dem romantische Künstler muß es „erlaubt bleiben, aus schon vorhandenem, aus der Geschichte, Sage, Mythe [...] ja selbst aus künstlerisch bereits verarbeiteten Stoffen immer von neuem zu schöpfen. Die Dramatik kommt aus den Konflikten wichtiger geistiger Lebensmächte, durch Verletzung der letzteren, zum ersten durch die unwissende, absichtlose Tat (Ajax), zweitens aufgrund eine absichtlichen, gewußten Verletzung (Agamemnon gegen Iphigenie, Klytämnestra gegen Agamemnon und Orest gegen die Mutter bzw. drittens durch indirekte Läsionen).

Anläßlich Orest wird schließlich die für die Zurechnung essentielle Unterscheidung dargestellt – zwischen Vorsatz und Absicht, der ersten und zweiten Imputation. Es teilen sich jetzt auch das Innere, die Imputabilität, und das Ganze der Tat, die Handlung teilt sich in Allgemeinheit und Besonderheit (Zusatz § 120 RPh). Orest tötet a) die Mutter und b) rächt den Vater. Zum einen wird das Recht des Gatten und Fürsten verteidigt, die ‚klare, wissende und sich wissende Sittlichkeit' (ebd. 59), aber in einem solchen vormodernen Zustand gilt nur das Gesetz der partiellen Tugend, nicht das Recht schlechthin. Die Kette der Rache muß durchbrochen werden, ihr liegt das logisch-defiziente Muster des unendlichen Progresses zugrunde. Dieser Übergang zum Politischen weist auf den Gedanken einer staatlichen, modernen Struktur, wo nur der Staat das Gewaltmonopol hat und ausschließlich er legitim strafen kann. Diesen Unterschied zwischen dem Antiken und dem Modernen belegt Hegel auch anhand der Verarbeitung des Iphigenie-Stoffs bei den Alten und bei Goethe, ebenfalls hinsichtlich der Deutung der Eumeniden als äußerer oder innerer Instanz – diese Dimension der Moralität kommt in folgender Stelle über die Eumeniden zum Ausdruck: „es ist die eigene Tat des Menschen und das Bewußtsein, das ihn plagt, peinigt, insofern er diese Tat als Böses in ihm weiß" (PhilRel 17, 128). Mit Hinweis auf den *Ödipus auf Kolonos* wird eine innerliche Versöhnung diagnostiziert, „die ihrer Subjektivität wegen gegen das Moderne hinstreift", dagegen haben die Helden des Euripides „nicht mehr denselben plastischen sittlichen Charakter an sich und in ihnen gibt sich (wie bei Aristophanes) schon mehr das Prinzip des Verderbens der antiken Struktur kund (PhdG 12, 318).

Resümee

Hier konnten nur einige Grundzüge des Handlungsbegriffes in Hegel praktischen Philosophie und der Ästhetik, speziell des Poetologischen, umrissen werden, im Zentrum stand dabei die Modernität dieser Konzeption von Handlung. Näher wäre an anderer Stelle zu untersuchen, in welcher Weise innerhalb der Hegelschen Systemarchitektonik der Übergang vom objektiven in den absoluten Geist, der Transfer von der Philosophie des Rechts in die Philosophie der Kunst gedacht wird, nämlich in der Philosophie der Geschichte als übergreifendem Handlungszusammenhang, vom historischen Geschehen ins Phantasiegeschehen, von der Geschichte zur poetischen Erzählung einer Geschichte.

Auf jeden Fall insistiert Hegel auf die Herausarbeitung eines vollständigen Begriffes von Handlung, das Handeln als Ganzes wird in den Blick genommen, hier ganz im Sinne des heroischen Selbstbewußtseins und seiner plastischen Totalität, seiner Gediegenheit, wie es Hegel in seinen *Grundlinien der Philosophie des Rechts* beschreibt. Dies schließt die Kritik an den beide bis heute dominanten Ethik-Konzepten ein, die Kritik an Deontologie und Konsequentialismus, folgende Wertung Hegels aus dem § 118 RPh ist dafür einschlägig: „Der Grundsatz: bei den Handlungen die Konsequenzen zu verachten, und der andere: die Handlungen aus den Folgen beurteilen und sei zum Maßstab dessen, was recht und gut sei, zu machen – ist beides gleich abstrakter Verstand." Für eine zureichende Beurteilung von Handlungen muss sowohl die Verachtung der Konsequenzen, die alleinige Berücksichtigung der Intentionen als auch die ausschließliche Orientierung an den Folgen überwunden werden. Der Begriff des Handelns kommt in beiden Konzeptionen nicht in seiner Ganzheit in den Blick, einzelne Momente werden zu alleinigen

Maßstäben der Bewertung des Handelns erhoben – „das Abstrahieren des Verstandes ist das gewaltsame Festhalten an *einer* Bestimmtheit" (Enz § 89). Mit Kantischer Terminologie: Sowohl *Eudämonie* (das Glückseligkeitsprinzip) als *Eleutheronomie* (das Freiheitsprinzip der inneren Gesetzgebung) verbleiben als einseitige Prinzipien. Diese Wertung trifft sowohl die „kategorischen Imperatoren" als auch ihre „Gegenfüßler", die Glückseligkeitslehrer.[37]

Die Hegelsche Perspektive auf die Ganzheit der Handlung bildet eine erste Komponente einer modernen Handlungstheorie, das zweite für die Modernität unverzichtbare Element liegt in der das heroische Bewußtsein überschreitenden Differenzierung der Momente der Handlung und der entsprechenden Imputabilität, der angemessenen Zuschreibung zum Akteur. Der Gewinn in der Differenzierung der Handlungsmomente bringt so die Gefahr der einseitigen Betonung eines partikularen Moment mit sich, welches das heroische Bewußtsein durch seine Gediegenheit vermeiden konnte.

In der Subjektivität sieht Hegel den modernen Heldenmut, im freien Handeln, das die Moralität als Besonderheit, als Mitte zwischen abstraktem Recht und Sittlichkeit notwendig inkludiert, das Recht des Wissens bleibt hier unverzichtbar. § 124 RPh bringt dies klar auf den Punkt: „Das Recht der Besonderheit des Subjekts [...] das Recht der subjektiven Freiheit macht den Wendepunkt in dem Unterschiede des Altertums und der modernen Zeit. Dies Recht in seiner Unendlichkeit [ist] zum allgemeinen wirklichen Prinzip einer neuen Form der Welt gemacht geworden." Zu dessen näheren Gestaltungen gehört die Liebe,[38] das Romantische und die Moralität, also die beiden Eckpunkte meiner Überlegungen, in denen die Freiheit als Kernbestimmung der Handlung fixiert wird, eines Handelns, das eben nicht als jenseits von Gut und Böse gedacht werden kann, dies wird von Hegel Theorie praktischer Urteile untersetzt.[39] „Dies Prinzip der Besonderheit, so fügt Hegel hinzu, „ist nun allerdings ein Moment des Gegensatzes und zunächst ebensowohl identisch mit dem Allgemeinen als unterschieden von ihm".[40] Auch diese Facette der Handlungsauffassung hat einen Bezug zur Theorie der modernen romantischen Kunst und der sie prägenden Unangemessenheit von Idee und Gestaltung.

Sowohl die praktisch-philosophischen Gedanken zur Strafe wie zu Vorsatz und Absicht des Tuns wie auch die korrespondierenden poetologischen

37 Jean Paul, *Palingenesien*. In: Jean Paul Werke Abt. I. Vierter Band S. 809–813.

38 Dazu der exzellente Beitrag von Herta Nagl-Docekal im vorliegenden Band.

39 Vgl.: Klaus Vieweg, *Das Denken der Freiheit*, S. 165f.

40 Erzsébet Rózsa, Besonderheit, besondere Existenz und das Problem der praktischen Individualität beim Berliner Hegel, in: *Hegels Konzeption praktischer Individualität. Von der Phänomenologie des Geistes zum enzyklopädischen System*, hg. von Kristina Engelhard und Michael Quante, Münster 2007.

Überlegungen zu den Eumeniden, zu Ödipus und Orestie belegen die Notwendigkeit der Unterscheidung zwischen Tat und Handlung, wobei die Tat bzw. das Tun als unterbestimmter Begriff genommen werden muß, auf Neudeutsch: *as a underdefined concept*. Für die Konzipierung eines ganzheitlichen und in sich differenzierten Handlungsbegriffs erscheint der kombinierte Blick auf die praktische Philosophie und die Philosophie der Kunst höchst produktiv, als eine wechselseitige Bereicherung – auch mit dem ihr zugrunde liegenden Handlungsbegriff erweist sich Hegels Ästhetik als eine Theorie der Modernität, seine gesamte Philosophie als Denken der Freiheit.

Herta Nagl-Docekal

Liebe in ‚unserer Zeit'

Unabgegoltene Elemente der Hegelschen Ästhetik

Die Liebe ist ins Gerede gekommen: In letzter Zeit wurden ihr mehr Studien gewidmet als in den Jahrzehnten davor. Doch lässt die aktuelle Debatte viele Fragen offen, wobei sich aus philosophischer Perspektive vor allem eine begriffliche Klärung als Desiderat darstellt. Der laufende Diskurs – auch in den Medien – konfrontiert mit einem Verschnitt unterschiedlicher Sprachebenen: Alltagssprachlich bezeichnet das Wort ‚Liebe' zunächst eine innige Paarbeziehung, es bleibt freilich oft auf die Sexualität eingeschränkt, wie im englischen Ausdruck ‚to make love'. Doch schon das Wort ‚Lieblosigkeit' vermittelt eine viel weitere Bedeutung, bezeichnet es doch eine Art der Verletzung, die nicht nur einem (ansonsten) geliebten Menschen zugefügt werden kann, sondern im Grunde jedem anderen. Im theologischen Kontext, v.a. christlichen Zuschnitts, hat der Ausdruck ‚Liebe' eine noch größere Bedeutungsvielfalt, deren Ausbuchstabierung von Formen zwischenmenschlicher Zuwendung, wie Eros, Philia, Agape, Amor und Caritas, über die Beziehung zwischen Mensch und Gott bis zur inner-trinitarischen Relation reicht. Die aktuelle Debatte ist vielfach auch von empirischen Zugängen – etwa psychologischer oder sozial- und ideengeschichtlicher Art – geprägt. Der Begriff ‚Liebe' wird hier oft mit einem Zeitindex verknüpft – in der These, dass die ‚romantische Liebe' eine Erfindung des 18. Jahrhunderts und inzwischen obsolet geworden sei[1]. Ausschlaggebend für das so diagnostizierte Ende ist das Phänomen der zunehmenden Vereinzelung der Einzelnen, insbesondere im urbanen Kontext, die oft von einer Abfolge mehr oder weniger kurzfristiger erotischer Beziehungen geprägt ist.

1 Vgl. Karl Lenz, „Romantische Liebe – Ende eines Beziehungsideals?", in: Kornelia Hahn und Günter Burkart (Hg.), *Liebe am Ende des 20. Jahrhunderts. Studien zur Soziologie intimer Beziehungen*, Opladen 1998, S. 65–85. Siehe auch: Niklas Luhmann, *Liebe als Passion. Zur Codierung von Intimität*, Frankfurt a. M. 1982.

Eine Problematik dieses Diskurses wird rasch deutlich: Ergebnisse sozialwissenschaftlicher empirischer Forschung werden oft unvermittelt im Sinne einer theoretischen Begriffsklärung gedeutet, und dann noch normativ gewendet – etwa in der Art der doppeldeutigen Formulierung: „So denkt man heute nicht mehr". (Die gängige Forderung einer interdisziplinären Arbeitsweise mag zu solch unkritischen Übergängen verleiten, obgleich sie darin nicht angemessen umgesetzt wird.) Dagegen gilt es den eigenständigen Anspruch einer philosophischen Begriffsbestimmung, die nicht empirisch vorgeht, zur Geltung zu bringen: Diese zielt ab auf die Idee der ‚wahren Liebe', über die wir verfügen, auch wenn sie in der Realität kaum Entsprechung findet. In indirekter Weise ist diese Idee freilich auch empirisch fassbar, etwa in dem Ton des Bedauerns, mit dem über das Zerbrechen von intimen Bindungen gesprochen wird, oder in Hoffnungen auf eine glückende Beziehung. Aus philosophischer Perspektive stellt sich also die Aufgabe auszuloten, welche Bestimmungen unsere Idee der ‚wahren Liebe' kennzeichnen. Das ist aber nicht so zu verstehen, als gehe es um einen von der Geschichte unabhängigen Begriff. So ist u. a. die These, wonach – im Vergleich zur Antike – das Christentum eine neue und anspruchsvollere Konzeption von Liebe mit sich gebracht hat,[2] zu berücksichtigen. Die Frage lautet also, wie eine für die Gegenwart angemessene Konzeption von ‚Liebe' zu denken ist, die auch eine Lebensorientierung, welche sich nicht von faktischen Trends leiten lässt, in den Blick nimmt. So gewinnen jene philosophischen Überlegungen Relevanz, die das Thema ‚Liebe' im Kontext einer entfalteten Theorie der Moderne erörtern.

Dies gilt in eminenter Weise für Hegel. Im Folgenden soll nun erkundet werden, inwiefern aus seinen Schriften und Vorlesungen zur Ästhetik Differenzierungen zu gewinnen sind, die sich für die Gegenwart fruchtbar machen lassen. Zunächst (Teil 1) wird Hegels Verständnis von ‚Liebe' als intimer Paarbeziehung[3] beleuchtet, wobei sich die verbreitete Auffassung, Hegel habe die in seinen Frühschriften vertretene Konzeption später aufgegeben,[4] als revisionsbedürftig erweisen wird. Im Weiteren (Teil 2) soll diese Hegelsche Konzeption mit heutigen Auffassungen konfrontiert und auf ihre mögliche Aktualität hin befragt werden. Dann (Teil 3) gilt es die Spannungen zu untersuchen, die sich auftun, wo Hegel – in seiner Auffassung von Ehe und Familie – die ‚Liebe' im Verhältnis zur ‚Prosa des Lebens' thematisiert. Anschlie-

2 Im Kontext der Gegenwartsphilosophie wird diese These u. a. expliziert in: Martha Nussbaum, „Beatrice's ‚Dante': Wie liebt man das Individuum?", in: Dieter Thomä (Hg.), *Analytische Philosophie der Liebe*, Paderborn 2000, S. 45–64.

3 Um der flüssigen Lesbarkeit willen bezeichnet im Folgenden das Wort ‚Liebe', wenn nicht anders spezifiziert, Hegels Auffassung der ‚wahren' Liebe in der intimen Paarbeziehung.

4 Siehe z. B.: Otto Pöggeler, *Hegels Kritik der Romantik*, Bonn 1956, S. 198.

ßend (Teil 4) wird zu fragen sein: Vertritt Hegel – *avant la lettre* – die These, dass die Liebe in „unserer Zeit“[5] keinen dauerhaften Ort hat? Oder bietet gerade seine Theorie der Liebe Ansatzpunkte für alternative Lebensentwürfe?

1. „Diese weltliche Religion des Herzens“

Zunächst also zur anspruchsvollsten Bestimmung von Liebe als intimer Paarbeziehung, die in Hegels Überlegungen zur Ästhetik formuliert ist. Inwiefern Hegel diese Bestimmung immer wieder auch unterläuft, soll erst anschließend zur Sprache kommen. Diese separierte Betrachtung ermöglicht zum einen, der Leistungsfähigkeit der Hegelschen Konzeption unbelastet nachzugehen, zum anderen, die immanente Spannung in Hegels Denken klarer hervortreten zu lassen.

Nur der Begriff des Geistes kann, wie Hegel zeigt, der intimen Paarbeziehung, die alltagssprachlich als ‚wahre Liebe‘ bezeichnet wird, gerecht werden. Das liegt daran, dass der Begriff des Geistes insgesamt in der Liebe seine zentrale Bestimmung hat – genauer gesagt, in einer prozessualen Struktur, die unsere Idee der wahren Liebe prägt. Dass Menschen mit Geist begabt sind, bedeutet zunächst, dass sie ihr Wesen verfehlen, wenn sie sich „atomistisch“[6] gegeneinander abkapseln. Was wir an sich sind, kommt erst dadurch zur Entfaltung, dass der Einzelne bereit ist zum „Aufgeben seines selbständigen Bewußtseins und seines vereinzelten Fürsichseins“.[7] In vollständiger Form kann dies nur so geschehen, dass er sich auf ein Anderes, das ebenfalls Geist ist, einlässt, um „erst im Bewußtsein des anderen sein eigenes Wissen von sich zu haben“.[8] Entscheidend ist also, dass „das Andere, in welchem der Geist bei sich selber bleibt, nur selbst wieder Geistiges, eine geistige Persönlichkeit sein“[9] kann, d. h., dass der jeweils Andere als wesensgleich anerkannt wird. Genau hierin liegt für Hegel das „wahrhafte Wesen der Liebe“; es „be-

5 Hegel bezieht sich auf seine Gegenwart immer wieder mit dem Ausdruck ‚unsere Zeit‘. Siehe z. B. Georg Wilhelm Friedrich Hegel, *Philosophie der Kunst. Vorlesung von 1826*, Frankfurt a. M. 2005, S. 86. (Im Folgenden zitiert unter: PhdK.)

6 Hegel bezeichnet die bürgerliche Gesellschaft als „System der Atomistik“, in dem die Einzelnen „als Besondere für sich sind“ und „ihre eigene Besonderheit und ihr Fürsichsein […] zu ihrem Zwecke haben“. Georg Wilhelm Friedrich Hegel, *Enzyklopädie der philosophischen Wissenschaften 1830, III*, Werke, Bd. 10, 321. (Im Folgenden zitiert unter: Enz III.)

7 Georg Wilhelm Friedrich Hegel, *Vorlesungen über die Ästhetik II*, in: G. W. F. Hegel, Werke in zwanzig Bänden, Frankfurt a. M. 1971 ff. (im Folgenden zitiert unter: Werke), Bd. 14, 182. (Im Folgenden zitiert unter: Ästh II.)

8 G. W. F. Hegel, Ästh II, S. 182.

9 G. W. F. Hegel, Ästh II, S. 155.

steht darin, das Bewußtsein seiner selbst aufzugeben, sich in einem anderen Selbst zu vergessen, doch in diesem Vergehen und Vergessen sich erst selber zu haben".[10] Hegel hat dabei ein reziprokes Verhältnis vor Augen, in das die beiden Liebenden in gleicher Weise involviert sind: „Dann lebt dies Andere nur in mir, wie ich mir nur in ihm da bin."[11] Bereits in seinen Frühschriften hatte er betont, dass gleiche Augenhöhe eine unverzichtbare Bedingung für eine glückende Liebesbeziehung ist: „[I]n der Liebe [...] ist man eins mit dem Objekt, es beherrscht nicht und wird nicht beherrscht."[12]

Entscheidend ist der umfassende Charakter: Zur ‚wahren' Liebe gehört, dass die Einzelnen sich ganz auf einander einlassen. Das bedeutet zum einen, dass sie auf den Anderen ohne Einschränkung eingehen – „auf das Ganze des Menschen"[13] –, zum anderen, dass sie keine partielle Reserviertheit zurückbehalten, so „dass das Subjekt seinem Inneren, seiner Unendlichkeit-in-sich nach in dies Verhältnis aufgeht".[14] Die Liebesbeziehung erweist sich damit als der Ort, an dem die Einzelnen sich in ihrer individuellen Besonderheit angenommen finden. In seinen *Vorlesungen über die Philosophie der Religion* hält Hegel daher fest, dass Liebe zu einem Menschen „das Verhältnis zu seiner Besonderheit"[15] ist. Kennzeichnend ist somit, dass „ich meiner ganzen Subjektivität nach, mit allem, was dieselbe ist und in sich enthält, als dieses Individuum, wie es war und ist und sein wird, das Bewußtsein eines anderen durchdringe", d. h.: „beide [...] legen in diese Identität ihre ganze Seele und Welt hinein".[16] Zur Illustration dieses Gedankens zieht Hegel Shakespeare heran: „Julia und Romeo: je mehr ich gebe, desto mehr habe ich usw. Diesen Reichtum des Lebens erwirbt die Liebe in der Auswechslung aller Gedanken, aller Mannigfaltigkeiten der Seele, indem sie unendliche Unterschiede sucht und unendliche Vereinigungen sich ausfindet, an die ganze Mannigfaltigkeit der Natur sich wendet, um aus jedem ihrer Leben die Liebe zu trinken."[17]

10 G. W. F. Hegel, Ästh II, S. 155.
11 G. W. F. Hegel, Ästh II, S. 182.
12 Georg Wilhelm Friedrich Hegel, *Entwürfe über Religion und Liebe*, in: Frühe Schriften I, Werke, Bd. 1 (S. 239–254), S. 242. (Im Folgenden zitiert unter: Entwürfe.)
13 G. W. F. Hegel, Entwürfe, S. 246.
14 G. W. F. Hegel, Ästh II, S. 183.
15 Georg Wilhelm Friedrich Hegel, *Vorlesungen über die Philosophie der Religion II*, Werke, Bd. 17, 283. (Im Folgenden zitiert unter: Rel II.)
16 G. W. F. Hegel, Ästh II, S. 182.
17 G. W. F. Hegel, Entwürfe, S. 248. Inwiefern Hegels Deutung der Shakespearschen Figuren Romeo und Julia auch einen kritischen Akzent setzt, indem die „Asymmetrie zwischen dem Substantiellen und dem Subjektiven" aufgezeigt wird, erläutert Erzsébet Rózsa, *Versöhnung und System. Zu Grundmotiven von Hegels praktischer Philosophie*, München/Jena 2005, S. 413f.

In diesem Prozess verändern sich die beiden Liebenden. Sie bringen nicht nur ihre Besonderheit – gewissermaßen von außen – in die Beziehung ein, sondern werden durch dieselbe geformt; sie erhalten erst "durch ihre Liebe ihre Subjektivität […], die ihre Persönlichkeit ist".[18] Auf diese Weise bilden sie eine geteilte Identität aus, und die Liebenden können sich wie eine einzige Person wahrnehmen. Hegel fasst diesen relationalen Modus von Identität in der *Phänomenologie des Geistes* in prägnanter Weise: „Ich, das Wir, und Wir, das Ich ist."[19] In seinen ästhetischen Überlegungen erläutert er dies dahingehend, „dass der Liebende nicht für sich existiert, nicht für sich lebt und besorgt ist, sondern die Wurzeln seines Daseins in einem anderen findet und doch in diesem anderen gerade ganz sich selbst genießt".[20] Im letzten Teil dieses Satzes klingt eine Spannung an, die Hegel immer wieder unterstreicht: dass Liebende in der Selbstaufgabe zugleich ihr Selbstbewußtsein bewahren. Am deutlichsten ist dies wohl in seiner *Rechtsphilosophie* ausgedrückt: „Die Liebe ist […] der ungeheuerste Widerspruch, den der Verstand nicht lösen kann, indem es nichts Härteres gibt als diese Punktualität des Selbstbewusstseins, die negiert wird, und die ich doch als affirmativ haben soll. Die Liebe ist die Hervorbringung und die Auflösung des Widerspruchs zugleich."[21]

Das Liebesverhältnis stellt sich so als ein permanenter Prozess dar. Die Identität der Liebenden ist nie abgeschlossen, sondern erneuert sich beständig. Deshalb hält Hegel (an der zitierten Stelle) fest, dass das Individuum sich nicht nur so angenommen weiß, „wie es war und ist", sondern auch so, „wie es […] *sein wird*".[22] Die Perspektive der dauerhaften Verbundenheit gehört damit zu den Kernelementen der Liebe. Dass er die Bedeutung der persönlichen Vertrautheit auf diese Weise unterstreicht, ermöglicht Hegel auch, jegliche naturalistische Deutung gewissermaßen mit einem Federstrich als Unterbestimmung zurückweisen. Die Geschlechtlichkeit ist in der Liebe immer schon aufgehoben; sie ist eingebunden in die „Empfindung" und hat so die Form „von vergeistigten Naturverhältnissen".[23] Entscheidend ist, „dass dies Gefühl nicht nur Trieb und Gefühl bleibt, sondern dass die Phantasie sich ihre Welt zu diesem Verhältnis ausbildet, alles andere, was sonst an Interessen, Umständen, Zwecken zum wirklichen Sein und Leben gehört, […] in diesen Kreis

18 G. W. F. Hegel, Entwürfe, S. 233.

19 Georg Wilhelm Friedrich Hegel, *Phänomenologie des Geistes*, Werke, Bd. 3, 145. (Im Folgenden zitiert unter: PhG.)

20 G. W. F. Hegel, Ästh II, S. 183.

21 Georg Wilhelm Friedrich Hegel, *Grundlinien der Philosophie des Rechts*, Werke, Bd. 7, 308 (§158). (Im Folgenden zitiert unter PhdR.)

22 G. W. F. Hegel, Ästh II, S. 182 (Hervorhebung H. N.-D.).

23 G. W. F. Hegel, Ästh II, S. 183.

reißt."[24] Die Liebe vollzieht somit eine „Bemächtigung der ganzen Existenz".[25] Dies geschieht freilich im *Medium* des Gefühls – in der „Form der in sich konzentrierten Empfindung",[26] d. h., in der „Innigkeit des Gemüts".[27]

Wenn Hegel im Blick darauf „das Schöne"[28] der Liebe hervorhebt, so ist dieser Begriff – der ansonsten der klassischen Kunst vorbehalten bleibt – systematisch mit Bedacht gewählt. Zeichnet sich insbesondere die griechische Skulptur dadurch aus, dass die Sinnlichkeit vergeistigt ist, so verhält es sich hier ähnlich. Zwar gilt für den „Geist an und für sich", dass er höher steht als der „Schein des Schönen, der sich von dem Boden des Sinnlichen und Erscheinenden nicht loszulösen vermag",[29] doch ist die Liebe ein Ort der Vermittlung von Geistigem und Sinnlichem, „[d]enn Gemüt, Herz, Empfindung, wie geistig und innerlich sie auch bleiben, haben dennoch immer einen Zusammenhang mit dem Sinnlichen und Leiblichen, so daß sie nun auch nach außen hin durch die Leiblichkeit selbst, durch Blick, Gesichtszüge, oder, vergeistigter, durch Ton und Wort das innerste Leben und Dasein des Geistes kundzutun vermögen".[30] So ist die Liebe „die geistige Schönheit als solche".[31] (Bereits in seinen Jugendschriften hatte Hegel den Begriff ‚Schönheit' in diesem Sinne verwendet. Im Blick auf den biblischen Bericht über die Begegnung Jesu mit Maria Magdalena hebt Hegel hervor, dass Jesus sagte, „sie hat ein schönes Werk an mir getan", und er erläutert, dass dieses Werk der Liebe „den feinen Duft des Geistes" verströmt habe.[32])

Wenn der Begriff ‚Geist' im Hinblick auf die Liebe verwendet wird, so sind damit zwei Aspekte ausgedrückt: Zum einen, dass sich in der liebenden Beziehung Geist verwirklicht: „In der Liebe nämlich sind nach seiten des Inhalts die Momente vorhanden, welche wir als Grundbegriffe des absoluten Geistes angaben: die versöhnte Rückkehr aus seinem Anderen zu sich selbst."[33] Das Medium, in dem sich diese Verwirklichung vollzieht, ist die Empfindung: Liebe ist „der Geist in der Form der Empfindung".[34] Der andere Aspekt ist, dass

24 G. W. F. Hegel, Ästh II, S. 183.
25 G. W. F. Hegel, Ästh II, S. 184.
26 G. W. F. Hegel, Ästh II, S. 155.
27 G. W. F. Hegel, Ästh II, S. 156.
28 G. W. F. Hegel, Ästh II, S. 183.
29 G. W. F. Hegel, Ästh II, S. 154
30 G. W. F. Hegel, Ästh II, S. 156.
31 G. W. F. Hegel, Ästh II, S. 156.
32 *Hegels theologische Jugendschriften*, hg. v. Herman Nohl, Frankfurt a. M. 1991, S. 293. (Im Folgenden zitiert unter: Nohl.) Zu Hegels Deutung von Corregios ‚Maria Magdalena' siehe: Annemarie Gethmann-Siefert, *Einführung in Hegels Ästhetik*, München 2005, S. 286f.
33 G. W. F. Hegel, Ästh II, S. 155.
34 G. W. F. Hegel, PhdK, S. 160.

sich dies nicht nur für die philosophische Betrachtung zeigt, sondern für die Liebenden selbst. Indem wir lieben, erfahren wir zugleich im Allgemeinen, was Geist ist. Hegel hält fest: „Wenn nun der Geist als Geist empfunden, angeschaut wird, nicht gewußt [...] als solcher, das heißen wir Liebe."[35] Genau hier liegt für Hegel der Kern der romantischen Malerei: Insofern sich bereits in der Leiblichkeit der Liebenden Geist ausdrückt, kann die bildliche Darstellung den Geist als solchen, den die Liebenden empfindend wahrnehmen, zum Gegenstand der Anschauung machen. (Die Grenzen der Malerei, die Hegel hinsichtlich der Temporalität der Liebe aufzeigt,[36] sprechen nicht gegen diesen Gedanken, sondern rücken die spezifische Leistung der Literatur in das Blickfeld.) Doch weist die Liebe auch über die Form der Kunst hinaus. Indem die Beteiligten selbst das Wesen des Geistes erfassen, kann Hegel die Liebe – im Kontext seiner Unterscheidung der drei Formen des absoluten Geistes – an die Religion heranrücken, auch im Blick auf Liebende, die nicht gläubig sind. Er bezeichnet die Liebe als „diese weltliche Religion des Herzens".[37]

Hegel untersucht auch, was es aus der Perspektive des Einzelnen bedeutet, sich auf einen Anderen ganz einzulassen. Hier wird – neben der Hingabe – die Trauer zu einem zentralen Thema. Indem wir diesen Menschen in seiner Einzigartigkeit lieben, erfahren wir, dass er unersetzbar ist. Ihn verloren zu haben, erfüllt daher mit „unendlichem Schmerze".[38] Von dieser Perspektive lässt Hegel sich auch in seiner Kritik an der Vereinzelung der Einzelnen unter Bedingungen der Moderne leiten: Die Individuen überlassen sich nun der Zufälligkeit und dem raschen Wandel ihrer Leidenschaften, womit „*die* Liebe zu *einer* Liebe und zu einem Genuss ohne Schmerzen verkehrt ist".[39] In seiner Selbstbezogenheit ist dem Menschen „alles Außenwelt [...]; so wechseln zwar seine Gegenstände, aber sie fehlen ihm nie [...]; daher seine Beruhigung bei Verlust und sein gewisser Trost, dass der Verlust ihm ersetzt werde, weil er ihm ersetzt werden kann."[40]

In der Kunst ist für Hegel der Zusammenhang von wahrer Liebe und Trauer am klarsten in der religiösen Malerei erfasst, speziell in der Darstellung von Mariens „Schmerz am Kreuze". Was sich ausdrückt „in diesem unendlichen Schmerze, [diesem] absoluten Seelenleiden, das ist die Liebe selbst".[41] Freilich geht es hier nicht um die Relation des liebenden Paares, sondern um die Liebe der Mutter zum Kind. Doch ist Hegels Pointe zunächst eine allge-

35 G. W. F. Hegel, PhdK, S. 160.
36 Dazu siehe: Annemarie Gethmann-Siefert, *Einführung in Hegels Ästhetik*, S. 303.
37 G. W. F. Hegel, Ästh II, S. 186.
38 G. W. F. Hegel, PhdK, S. 211.
39 G. W. F. Hegel, Rel II, S. 343 (Hervorhebung H. N.-D.).
40 G. W. F. Hegel, Entwürfe, S. 247.
41 G. W. F. Hegel, PhdK, S. 211.

meine. Er zeigt auf, dass für die romantische Malerei die Figur Mariens die Möglichkeit bot, einen Grundzug der Anforderung, die an jeden Einzelnen gestellt ist, gewissermaßen in extremer, reinster Form herauszuarbeiten: Dass es auf „Vergeistigung" ankommt, d. h. darauf, das Partikuläre der „Begierde" zu überwinden, um „diese interesselose Liebe"[42] zu verwirklichen. In diesem Sinne kann Hegel notieren, dass „die Mutter" in der romantischen Malerei „gleichsam an die Stelle des Geistes getreten ist".[43] (Freilich: dass in Hegels Augen die Gestalt einer Mutter am besten geeignet ist, bedingungslose Liebe zu verkörpern, hängt auch mit seiner Konzeption von Geschlechtscharakteren zusammen, deren Problematik noch zur Sprache kommen wird.)

Die romantische Darstellung von Maria am Kreuz bringt noch ein weiteres Element der Liebe zum Ausdruck – dass der Tod nicht das letzte Wort hat. Indem die Verbundenheit der Liebenden klar von einem rein natürlichen Verhältnis unterschieden – und als eine Relation von Geist zu Geist bestimmt – ist, liegt in der Trauer mehr als der Schmerz: „Dieses Leiden ist notwendig damit [verbunden], daß das Geistige zum Himmel erhoben wird, [...], denn das Natürliche ist ja nicht das, was das Geistige ist."[44] Die Bildnisse der trauernden Maria führen dies vor Augen: „Das Herz dieser Mutter ist gebrochen, aber sie versteinert nicht in dem Schmerze wie Niobe"[45] – „nie gelingt es dem romantischen Leiden, die Liebe zu überragen", hält Francesca Iannelli fest.[46] Mariens Ausdruck besagt vielmehr, „daß der Geist anderwärts selig ist".[47] Nun ist klar, dass es sich hier um religiöse Malerei handelt, d. h., dass Maria als Gläubige dargestellt ist. Doch was macht diesen Glauben aus? Das Zentrum der christlichen Religion bildet, wie Hegel immer wieder betont, die Überzeugung, „Gott ist die Liebe".[48] Um aber diesen Glaubenssatz verstehen zu können, muss man bereits im nicht-religiösen Kontext einen Begriff von ‚wahrer Liebe' gewonnen haben. Das heißt: Auch wenn die Glaubenslehre besagt, dass die Liebe unter Menschen von derjenigen Gottes getragen ist, knüpft doch die Vorstellung vom liebenden Gott an eine den Menschen

42 G. W. F. Hegel, PhdK, S. 161.
43 G. W. F. Hegel, PhdK, S. 161.
44 G. W. F. Hegel, PhdK, S. 160.
45 G. W. F. Hegel, PhdK, S. 211.
46 Francesca Iannelli, *Das Siegel der Moderne. Hegels Bestimmung des Hässlichen in den Vorlesungen zur Ästhetik und die Rezeption bei den Hegelianern*, München 2007, S. 90. Ersébet Rózsa erläutert, dass Hegel zufolge durch die Geschichte dieses Schmerzes „das Leben eines jeden einen (neuen) Sinn gewinnen kann". Ersébet Rózsa, *Versöhnung und System*, S. 417.
47 G. W. F. Hegel, PhdK, S. 211.
48 G. W. F. Hegel, Ästh II, S. 156. Siehe auch: Georg Wilhelm Friedrich Hegel, *Vorlesungen über die Philosophie der Kunst*, hg. v. Annemarie Gethmann-Siefert, Hamburg 2003, S. 186. (Im Folgenden zitiert unter: Hotho),

vertraute Idee an – sonst wäre sie unverständlich. Es scheint daher sinnvoll, hier die theologische Konzeption der *via eminentiae* ins Spiel zu bringen, die der Vermittlung zwischen menschlichen Begriffen und göttlichen Attributen nachgeht. Umgekehrt bedeutet dies, dass die Elemente der wahren Liebe, die Hegel in seiner Deutung der religiösen Malerei herausarbeitet, nicht allein auf Gläubige bezogen sind, da „die gewöhnliche Liebe" ebenfalls „durch die unendliche Abstraktion von aller Weltlichkeit" geprägt ist.[49]

2. *Fragen der Aktualisierung*

Wer im Kontext des heutigen, von gegenwartsphilosophischen und einzelwissenschaftlichen Positionen bestimmten Diskurses die soeben resümierte Konzeption von Liebe vertreten will, muss mit ablehnenden Reaktionen rechnen. Aber hat diese Konzeption in der Tat ihre Relevanz verloren? Nun könnte sich eine ablehnende Haltung daraus ableiten, dass der Systemanspruch Hegels als überholt gesehen wird. Aber um diese Problematik geht es hier nicht, sondern allein um die Plausibilität der Hegelschen Auffassung von Liebe als intimer Paarbeziehung. Doch wird auch diese Auffassung als solche heute vielfach als inakzeptabel eingeschätzt. Der Grund dürfte sein, dass die überwiegende Mehrzahl der realen Lebensverläufe so gedeutet wird, als ließe sich Hegels Begriff in keiner Weise darauf beziehen. Dem gegenüber ist zunächst geltend zu machen, dass Hegel klar unterscheidet zwischen der philosophisch rekonstruierten Idee von Liebe einerseits, und der Schwierigkeit ihrer Umsetzung – speziell unter Bedingungen der Moderne – andererseits. Damit spitzt sich die Frage darauf zu, ob diese Idee heute auch *als Idee* ohne Relevanz sein sollte.

In seinen Vorlesungen über die Philosophie der Religion (die er in Berlin parallel zu den Ästhetik-Vorlesungen hielt) erläutert Hegel, dass es gerade für die Menschen seiner Zeit schwierig ist, sich auf die Liebe einzulassen. Da es auf dem Boden des Christentums dazu gekommen ist, „dass das Individuum in sich unendlichen Wert hat, sich als absolute Freiheit weiß, in sich die härteste Festigkeit besitzt", bildet es den „absoluten Gegensatz", dass der Einzelne in der Liebe „zugleich diese Festigkeit aufgibt und sich in dem […] Anderen selbst erhält". Aber „die Liebe gleicht alles aus, auch den absoluten Gegensatz" – Hegel bezeichnet sie daher als „das höchste Wunder, welches dann eben der Geist selbst ist". Freilich sieht er hier die Geschlechter unterschiedlich disponiert. Die „Zumutung der Liebe" ist „für das weiche, liebende Gemüt, das Weib, […] leicht", aber „für den selbständigen Begriff, den Mann,

49 G. W. F. Hegel, Rel II, S. 301.

ist […] jene Zumutung unendlich hart".[50] Es fällt auf, dass Hegel hier die Termini „Subjekt" und „selbständiger Begriff" den Männern vorbehält, während die Frauen durch „das weiche, liebende Gemüt" charakterisiert werden, was dem „sentimentalen Weiblichkeitsentwurf"[51] des Bürgertums entspricht. Die Kennzeichnung des Mannes durch „härteste Festigkeit" knüpft an die Art, in der Hegel dessen Stellung im Konkurrenzsystem der „bürgerlichen Gesellschaft" darstellt, an. Diese Auffassung von Geschlechtsrollen ist heute zwar noch präsent, doch bestimmt sie die Lebensverhältnisse nicht mehr durchgängig. Jedenfalls ist (zumindest in den ‚westlich' geprägten Ländern) davon auszugehen, dass auch die Frau in der Berufswelt verankert ist, deren Konkurrenzsystem auch ihr „Festigkeit" abverlangt. Das spricht freilich nicht gegen die Hegelsche These von der Spannung zwischen Subjekt und Liebe – im Gegenteil: Die Liebe scheint nun für beide Geschlechter in gleicher Weise eine „Zumutung" darzustellen.

Doch ist dadurch der Anspruch, den Hegels Konzeption von Liebe formuliert, nicht widerlegt. Wie Hegel plausibel macht, kann das System der bürgerlichen Gesellschaft nicht das letzte Wort sein, wenn man sich über eine sinnvolle Form des Zusammenlebens in der Gegenwart Gedanken macht. Unter „atomistischen" Bedingungen kann das menschliche Potential nicht zur Entfaltung gebracht werden. Die gängige Ansicht, heute sei anstelle der „romantischen Liebe" nur noch eine Abfolge kurzfristiger erotischer Beziehungen möglich – und an der Zeit, entspricht der individualistischen Rhetorik, die von der neoliberalen Denkweise – und ihrer Orientierung an Konkurrenz – bestimmt ist. Sie kann daher so gedeutet werden, dass sie der ideologischen Untermauerung einer marktorientierten Gesellschaftspolitik dient. Von hier aus gesehen, gewinnt Hegels Konzeption von Liebe als intimer Paarbeziehung eine zeitkritische Bedeutung. Indem sie eine Beziehung von Geist zu Geist vor Augen führt, macht sie einen Begriff unverkürzter Menschlichkeit geltend, der auch einen alternativen, nicht von der Logik der Marktökonomie definierten Lebensentwurf in Sicht bringt.

Der in Hegels Begriff der ‚Liebe' angelegte kritische Impuls richtet sich aber nicht nur gegen die moderne Vereinzelung, sondern auch gegen die bis heute wirksame vor-moderne naturalistische Unterbestimmung von Liebe. Insbesondere im theologischen Kontext ist die Bestimmung der intimen Paarbeziehung – samt ihren normativen Implikationen – nach wie vor naturrecht-

50 G. W. F. Hegel, Rel II, S. 300 (Hegel spricht hier zwar von der religiösen Liebe, doch vergleicht er sie gerade an dieser Stelle mit der „gewöhnlichen Liebe". Ebd., S. 301).

51 Zur Fachdebatte über dieses Thema siehe: Lieselotte Steinbrügge, *Das moralische Geschlecht. Theorien und literarische Entwürfe über die Natur der Frau in der französischen Aufklärung*, Weinheim/Basel 1987.

lich dimensioniert, anstatt konsequent von einem Verständnis des Menschen als Geist auszugehen.[52] Dass dabei insbesondere die Identität von Frauen als rückgebunden an die Geschlechtsnatur behandelt wird, hat weitreichende soziale Konsequenzen, insofern geschlechterhierarchische Strukturen – auch im kirchlichen Bereich – dadurch legitimiert werden sollen. Dem gegenüber bietet Hegels These, dass Liebe sich nur zwischen Gleichen – in der Relation von Geist zu Geist – entfalten kann, ein präzises Instrument der Kritik. Deshalb kann auch feministische Philosophie – in ihrer Auseinandersetzung mit traditionellen Geschlechterordnungen und in ihrer Sondierung von plausiblen Alternativen – entscheidende argumentative Grundlagen von Hegel beziehen. Letzteres gilt darüber hinaus für die Suche nach einem angemessenen Verständnis gleichgeschlechtlicher Liebe: Dass Hegel sich gerne einer geschlechtsneutralen Sprache bedient, um die Gleichheit der Liebenden im Geist zu unterstreichen – er spricht von „dem einen" und „dem anderen" -, konnte für diese Theoriebildung fruchtbar gemacht werden.[53] Es versteht sich von selbst, dass beide Weisen der Anknüpfung an Hegel von dessen expliziten Auffassungen abweichen – doch geht es hier nicht um eine systemimmanente Interpretation, sondern um Möglichkeiten der Aneignung zentraler Differenzierungen im Kontext des Gegenwartsdiskurses.

Doch schärft eine solche Aktualisierung zugleich den Blick dafür, dass Hegels Ausführungen ebenfalls einer kritischen Sichtung bedürfen. Immer wieder unterläuft Hegel seinen im Begriff des Geistes fundierten Anspruch, indem er seinerseits die Frau naturalistisch unterbestimmt. Wie eine soeben zitierte Stelle belegt, operiert er dann unvermerkt – sogar in ein-und-demselben Satz – mit zwei Begriffen von ‚Liebe': diese ist einerseits eine ‚Zumutung', die sich an den Menschen in seiner geistigen Kompetenz richtet, andererseits im ‚liebenden Gemüt des Weibes' immer schon als Naturanlage vorhanden. Diese Art der Verortung von Liebe in der weiblichen Natur, die im Denken des 19. Jahrhunderts zunehmend in den Vordergrund rückte, hatte verhängnisvolle soziale Konsequenzen. Z. B. beruht, wie die Forschung der letzten Jahrzehnte aufgezeigt hat, das Klischee der ‚Frauenberufe', die vorwiegend kurativen Charakter haben und schlechter bezahlt sind als traditionelle ‚Männerberufe', auf eben dieser Sichtweise. Werkimmanent betrachtet, setzt sich die Mehrdeutigkeit des Begriffs ‚Liebe' in Hegels Auffassung der Familie fort.

52 Vgl. Hegels Kritik am Reduktionismus naturrechtlicher Konzeptionen: PhdR, S. 310 (§ 161, Zusatz).

53 Brigitte Buchhammer, Religion und Homosexualität. Eine Relektüre von Hegels Religionsphilosophie, in: Herta Nagl-Docekal, Wolfgang Kaltenbacher und Ludwig Nagl (Hg.), *Viele Religionen – eine Vernunft? Ein Disput zu Hegel*, Wien/Berlin 2008, S. 211–233.

Das Problem liegt dabei nicht allein in einer Naturalisierung, sondern allgemeiner darin, dass die Liebe nun als eine spezifische Kompetenz der Ehefrauen betrachtet wird und damit ihren reziproken Anspruch verliert. Die zentrale Positionierung der biblischen Frauengestalten Maria und Maria Magdalena in Hegels Bestimmung der Liebe kann auch in diesem Lichte gesehen werden.

3. *Ein* happy end *oder „Katzenjammer"?*

Dass Hegel die Wichtigkeit von Institutionalisierung unterstreicht, gehört zu den nach wie vor relevanten Elementen seiner Rechts- bzw. Sozialphilosophie. Auch wenn er dafür plädiert, die Liebesbeziehung, von der zunächst nur die beiden Beteiligten wissen, in Form der Institutionalisierung bekannt zu geben und ihr damit gesellschaftliche Anerkennung zu sichern, kann dies – insbesondere im Blick auf die der Liebe eigene Perspektive der Dauerhaftigkeit – durchaus einleuchtend sein. Doch wenn Hegel diesen Übergang in der Regel so erörtert, dass die Ehe zugleich mit der Familie, d. h., mit der Perspektive der Generativität angesprochen wird, zeigen sich Unschärfen. Auf der Basis seines Begriffs der sittlichen Substanz sieht Hegel die Familiengründung in der Weise, dass Mann und Frau in eine vorgefertigte Struktur eintreten, womit sie, genauer gesagt, die bürgerliche Konzeption von Geschlechtsrollen implementieren. Die Einzigartigkeit ihrer Bindung wird so durch die Schablone der gesellschaftlichen Erwartungen in den Hintergrund gedrängt. Die Spannung, die in Hegels Rechtsphilosophie zwischen dem Absolutheitsanspruch der Moral einerseits, und der substantiellen Sittlichkeit andererseits besteht, hat hier ein Pendent in der Spannung zwischen Liebe und Familie. Einer verbreiteten Meinung gegenüber ist festzuhalten, dass Hegel dabei nicht jahrhundertealte Klischees fortschreibt, sondern – ganz im Gegenteil – einen Grundzug der Moderne kenntlich zu machen sucht.

Mit besonderer Deutlichkeit ist diese Sichtweise in Hegels Erwägungen zur Literatur seiner Zeit ausgedrückt, insbesondere zum Roman, den er als die emblematische Kunstform der Moderne versteht. Im Roman reflektiert die Literatur Hegel zufolge die neuen Bedingungen insofern, als sie von einer für sich gefestigten „Weltlichkeit" in „Familienleben, Staatsverband, Bürgertum, Gesetz, Recht, Sitte, usw." ausgeht, d. h. von einer Realität, die sich selbst als „prosaisch"[54] darstellt. Dass dadurch der Handlungsraum der Individuen

54 Dazu siehe: Erzsébet Rózsa, Kap. 8: „Hegel über die Kunst der ‚neueren Zeit' im Spannungsfeld zwischen ‚Prosa' und ‚Innerlichkeit', in: Dies., *Hegels Konzeption praktischer Individualität. Von der ‚Phänomenologie des Geistes zum enzyklopädischen System*, Paderborn 2007, S. 214–250.

signifikant eingeschränkt ist, bildet für Hegel die Rahmenkondition für die literarischen Figuren. „Der Roman hat einen Boden, wo die Hauptmomente der Sittlichkeit fest sind, das sittliche Leben nicht mehr auf der Willkür beruht, deren Umfang jetzt klein ist. Dieser kleinliche Umfang ist das partikulare Interesse des Individuums […]; das Interesse seines Herzens kommt hier zur Sprache.“[55] Das zentrale, den Lauf des Geschehens im Roman bestimmende Thema ist demnach die „Kollision“[56] zwischen dem „Individuum als freies Subjekt“ und der „objektiven Welt“.[57] Sofern diese Kollision in der Sphäre der Liebe dargestellt wird, geht Hegel auf zwei typische literarische Muster der Auflösung ein: Die Eheschließung einerseits und die endgültige Zerstörung der Liebesbeziehung andererseits. Signifikant ist, dass die Liebe, wie Hegel sie zunächst aufgefasst hat, in beiden Fällen ein Ende findet.

Die erste Option schildert Hegel so: „Das Individuum zieht ritterlich aus und will das Gute für die Welt vollbringen, sein Ideal der Liebe befriedigen. Es gerät in Kampf mit der festen Wirklichkeit, und das Ende kann nur sein, dass das Individuum die Welt nicht anders macht, sondern […] sich seine Hörner abläuft und sich in das Objektive ergibt.“ Hier sieht Hegel nun hinsichtlich der Liebe eine entscheidende Veränderung: „Das Ende wird sein, daß es [das Individuum] in die Verkettung der Welt eintritt, sich eine Familie […] erwirbt, eine Frau, die aber – so hoch idealisiert sie war – *eine* Frau ist, nicht besser als die meisten anderen.“[58] Das literarische Sujet, das man im Blick auf den Film des 20. Jahrhunderts *happy end* genannt hat, wird damit von Hegel nicht im Sinne einer Fortsetzung der Liebesbeziehung gedeutet. Mehr noch: Die Liebe wird von diesem Ende her rückblickend als „chimärisch“ betrachtet. Hegel erläutert, dass „[u]nser Roman“ dem Don Quijote vergleichbar sei, insofern „ganz gewöhnliche Zwecke des gemeinen Lebens […, z. B.] ein Mädchen zur Gattin zu gewinnen […] durch das Aufschrauben der Phantasie […] zu etwas Unermeßlichem erhoben“ werden. Als paradigmatisch erscheint Hegel „[das, was Goethe] die Lehrjahre [nannte]“: Wenn diese „ausgelernt sind, so hört der Zweck auf; er hat das Mädchen erworben, es wird seine Gattin, wird da ein Mensch wie ein anderer […]. Da kommen nun Kinder und der ganze Katzenjammer des Lebens.“[59] Für den Mann ist schließlich die „Ehe Hauskreuz“.[60]

Worauf, genau, zielt diese geradezu zynische Tonlage ab? Ein Blick auf die Hegelsche Bewertung des modernen Institutionengefüges macht klar,

---

55 Hotho, S. 197.
56 Hegel, Ästh II, S. 186.
57 Hotho, S. 197.
58 Hotho, S. 197f. (Hervorhebung H. N.-D.)
59 G. W. F. Hegel, PhdK, S. 170.
60 G. W. F. Hegel, Ästh II, S. 220.

dass Hegel hier nicht das bürgerliche Familienarrangement in Frage stellt, sondern eine Wertschätzung der Liebe, die er als „phantastisch“[61] bezeichnet. Dem entspricht auch die Art, in der er den anderen literarischen Topos – das Zerbrechen des Liebesverhältnisses an der als feindlich erlebten „festen Wirklichkeit“ – kommentiert. Dabei kommt ein Widerspruch zutage: Während Hegel zunächst als Auszeichnung der Liebe hervorhebt, dass sie der Einzigartigkeit und Unersetzlichkeit des menschlichen Individuums gerecht wird, wendet er sich nun dagegen, dass aus dem Verlust der geliebten Person zu viel Aufhebens gemacht wird. „In der romantischen Liebe [...] dreht sich alles nur darum, daß dieser gerade diese, diese diesen liebt. Warum es just dieser oder diese Einzelne ist, das findet seinen einzigen Grund in der subjektiven Partikularität.“[62] Dieser einen Person „absolut den Vorzug zu geben, ist daher eine bloße Privatsache des subjektiven Herzens und der [...] Absonderlichkeit des Subjekts“, die Hegel auch als „unendliche Hartnäckigkeit“ und „Halsstarrigkeit“ anprangert.[63] Vor allem in Form der Abrechnung mit Schlegel bildet diese Einschätzung ein wiederkehrendes Thema des rechtsphilosophischen Denkens Hegels.[64] Für die Gründung einer Familie kommt es demnach nicht darauf an, dass ein Mann gerade „diese“, sondern dass er „eine“ Frau heiratet. In der Rolle der Ehefrau ist eine wie die andere – Hegel betont die Gleichgültigkeit der Wahl: Indem „jedem die Seine die Aphrodite und leicht noch mehr ist, so zeigt sich, dass es viele sind, welche als dasselbe gelten“.[65] Diese Gleichgültigkeitsthese lässt sich wohl nur so deuten, dass Hegel nicht an eine Aufhebung der Liebe in der Ehe – in dem von ihm sonst betonten Sinn von ‚Aufhebung‘ – denkt.

Hegels systematisches Anliegen geht hier dahin zu zeigen, dass der Liebe etwas „abgeht“, nämlich die „an und für sich seiende Allgemeinheit“, die in den „ewigen Interessen und dem objektiven Gehalt des menschlichen Daseins“ liegt: in „Familie, politischen Zwecken, Vaterland, Pflichten des Berufs, des Standes, der Freiheit, der Religiosität“.[66] Das Wort ‚Liebe‘ erfährt in die-

61 G. W. F. Hegel, PhdK, S. 170. Dass sich damit eine markante Veränderung in Hegels Deutung der Liebe vollzieht, zeigt u. a. Claudia Melica, „Der Begriff der Liebe in Hegels Bestimmung der romantischen Kunst“, in: Annemarie Gethmann-Siefert und Bernadette Collenberg-Plotnikov (Hg.), *Zwischen Philosophie und Kunstgeschichte. Beiträge zur Begründung der Kunstgeschichtsforschung bei Hegel und im Hegelianismus*, München 2008, S. 274.

62 G. W. F. Hegel, Ästh II, S. 188.

63 G. W. F. Hegel, Ästh II, S. 189.

64 Die Frage, ob Hegel dabei Schlegel gerecht wird, braucht im vorliegenden Kontext nicht verfolgt zu werden. Dazu siehe: Otto Pöggeler, *Hegels Kritik der Romantik*, Bonn 1956, S. 198.

65 G. W. F. Hegel, Ästh II, S. 88.

66 G. W. F. Hegel, Ästh II, S. 188.

sem Kontext eine neue Verwendung: Es bezeichnet nun nicht mehr die Hinneigung zu einem bestimmten anderen, sondern zur Familie insgesamt sowie zu den ihr übergeordneten Institutionen.[67] Nicht zuletzt daran wird deutlich, dass Hegels Überlegungen eine angemessene Theorie der Ehe vermissen lassen. Indem die Eheschließung unter dem Aspekt der Familiengründung behandelt wird, richtet sich das Augenmerk nicht auf die Frage, wie sich die Beziehung von Mann und Frau in diesem institutionellen Kontext weiter ausgestaltet. Aus der *Enzyklopädie* von 1830 geht hervor, dass die beiden nun für Hegel in „das vorausgesetzte Ganze“ eingetreten sind, das näher als sittliche Substanz zu bestimmen ist. „Die Person aber weiß jene […] Substanz als ihr eigenes Wesen […]; so vollbringt sie ohne die wählende Reflexion ihre Pflicht als das Ihrige und als Seiendes und hat in dieser Notwendigkeit sich selbst und ihre wirkliche Freiheit.“ Das bedeutet: „Die Gesinnung der Individuen ist das Wissen der Substanz und der Identität aller ihrer Interessen mit dem Ganzen.“[68] Hinsichtlich der Persönlichkeit der Einzelnen zeichnet sich hier eine Veränderung ab: Während Hegel die Liebe als intime Beziehung durch das ‚Wunder‘ charakterisiert, das darin liegt, dass die beiden eins werden und doch zugleich besondere bleiben, schreibt er nun im Blick auf die Ehe: „Die Persönlichkeiten verbinden sich hier zu einer Person […]. Die fernere Folge ist die Gemeinsamkeit der persönlichen und partikularen Interessen.“[69] Die Lebendigkeit des Austauschs von immer neuen Inhalten, durch die sich die Liebe des Paares für Hegel zunächst auszeichnet, scheint hier zum Stillstand gekommen. Die beiden sind erst dann wieder im „Verhältnis von Personen gegeneinander“, wenn sie sich so weit voneinander entfremdet haben, dass sie sich scheiden lassen.[70]

Dem entsprechend ist auch hinsichtlich des „objektiven Gehalts des menschlichen Daseins“ eine deutliche Veränderung zu verfolgen. Hatte Hegel zunächst erläutert, dass die beiden Liebenden ihre ganze Welt in ihre Beziehung einbringen und reziprok austauschen, erscheinen nun Kernbereiche der Welt – die Sphären von Politik, Recht, Beruf, usw. – als dem Horizont der Ehe entzogen. Den bürgerlichen Geschlechtsrollen entsprechend, bilden diese Sphären die Domäne der Männer, wie Hegel dies insbesondere in seiner Rechtsphilosophie klarstellt: „Der Mann hat […] sein wirkliches substantielles Leben im Staate, der Wissenschaft und dergleichen, und sonst im Kampfe

67 Hegel unterscheidet „die Liebe zu Familie, Staat, etc.“ und die Liebe „als romantische Leidenschaft“. PhdK, S. 163.
68 G. W. F. Hegel, Enz III, S. 318.
69 G. W. F. Hegel, Enz III, S. 320.
70 G. W. F. Hegel, Enz III, S. 321.

und der Arbeit mit der Außenwelt".[71] Von hier aus ist es nur konsequent, wenn jetzt die Begriffe ‚Individuum' und ‚Liebe' einseitig geschlechtlich konnotiert werden (wie oben erwähnt). In deutlicher Abweichung von der (formalen) Gleichheitsanforderung, die Hegels Konzeption der Liebe kennzeichnet, wird nun die Entfaltung einer ausgeprägten Individualität nur mehr von den Männern, die ihren Platz in der Öffentlichkeit zu behaupten haben, erwartet. „Frauen können wohl gebildet sein, aber für die höheren Wissenschaften, die Philosophie und für gewisse Produktionen der Kunst, die ein Allgemeines fordern, sind sie nicht gemacht."[72] Dem entsprechend „entbehrt" die Frau in der Ehe „das Moment, sich als dieses Selbst im Anderen zu erkennen".[73] Ihr wird hier die – naturalistisch unterbestimmte – kurative Liebe zugeordnet.[74] (Signifikanter Weise verwendet Hegel den Allgemeinbegriff ‚Frau' oft dort, wo er sich speziell auf die Position der ‚Ehefrau' bezieht.) Rückblickend wird dieses geschlechtsspezifische Verständnis von Liebe bereits auf das Mädchen projiziert: „Liebe" ist demnach „vornehmlich die Empfindung des Mädchens".[75] In diesem Kontext erweist sich die Ambivalenz in Hegels Deutung der Darstellung von Maria, der Mutter Jesu, und Maria Magdalena in der christlichen Malerei als signifikant: Dass nämlich die beiden Frauengestalten zum einen als Modell der durch das Christentum in die Welt gebrachten Idee von bedingungsloser Liebe – d. h., als das für jeden Einzelnen gültige Modell – gesehen werden, zum anderen aber als paradigmatisch für die „Naturinnigkeit",[76] von der „nur ein Weib voll Liebe"[77] getragen sein kann.

4. *Mit Hegel über ‚unsere Zeit' hinaus*

Es kommt nun darauf an, wie man diese Überlegungen Hegels heute liest. Betrachtet man sie als normative Anforderung, so liegt auf der Hand, dass die darin vertretene hierarchische Geschlechterordnung den moralischen Standards der Gegenwart nicht gerecht wird. Dem entsprechend hält etwa Elisabeth Weisser-Lohmann fest, dass die Ehekonzeption Hegels „aus heutiger Sicht fragwürdig ist", wobei sie hervorhebt: „Gegen die natürliche Differenz

71 G. W. F. Hegel, PhdR, S. 319 (§ 166).
72 G. W. F. Hegel, PhdR, S. 319 (§ 166).
73 G. W. F. Hegel, PhG, S. 337.
74 Für eine kritische Untersuchung der Konzeption der ‚Geschlechtsrollen' siehe: Kap. 1, Zur Anthropologie der Geschlechter, in: Herta Nagl-Docekal, *Feministische Philosophie. Ergebnisse, Probleme, Perspektiven.* Frankfurt a. M. [2]2004, S. 17–68.
75 G. W. F. Hegel, PhdR, S. 312 (§ 162).
76 G. W. F. Hegel, Ästh II, S. 158.
77 Nohl, S. 293.

steht der bürgerliche Status der Familienmitglieder, demgemäß zwischen den Personen Gleichheit herrscht. Als rechtliche Verbindung setzt die Ehe bürgerliche Individuen voraus, die als Personen gleich sind und die als Subjekte das Recht haben, bei der Lebensgestaltung individuelle Zwecke zu verfolgen."[78] – Doch ist auch eine andere Lesart möglich. Hegel bietet eine präzise Darstellung der Spannungen, die die Dimension von Ehe und Familie belasten – vielleicht heute mehr als in jener Phase der Moderne, die er ‚unsere Zeit‘ nennt.[79] Insofern der Begriff ‚Familie‘ vielfach noch immer im Sinn der bürgerlichen Konzeption einer Arbeitsteilung zwischen den Geschlechtern verstanden wird – so wie dies in kirchlichen (insbesondere neo-thomistischen) Schriften häufig geschieht –, ist das Problem der Vereinbarkeit von Liebe als intimer Paarbeziehung und Ehe akut. Wenn Hegel das Familienleben als ‚prosaisch‘ und von ‚Katzenjammer‘ erfüllt bezeichnet, so klingt darin an, dass die Implementierung der polarisierten Geschlechtsrollen die immer gleichen alltäglichen Situationen und Verwerfungen mit sich bringt (wie sie in populären Medien bis heute tausendfach karikiert – jedoch nicht ernsthaft analysiert – werden). Freilich ist die Realität stets reicher, als es eine derartige Skizze zum Ausdruck bringt – gerade auch für Hegel; dennoch ist hier thematisiert, dass der „empfindende Geist",[80] die „Innigkeit", in diesem institutionellen Kontext gefährdet ist. Wenn sich heute der Trend verstärkt, dass die ‚romantische Liebe‘ aus der herkömmlich verfassten Familie auswandert, oder dass sie sich durch Verweigerung der Institutionalisierung zu schützen bzw. zu erhalten sucht (was nur eine andere Ausdrucksart desselben Phänomens ist), so bietet Hegel einen wichtigen Schlüssel der Erklärung. Andererseits zeigt er anhand der „modernen Dramen und anderen Kunstdarstellungen" die Tendenz auf, dass die – außerhalb institutioneller Formen bleibende – Liebe von der „Zufälligkeit" der „Leidenschaft"[81] her gesehen wird. Das heißt: Das von Hegel gezeichnete Bild ‚unserer Zeit‘ konfrontiert mit dem Problem, dass vielfach sowohl die Ehe als auch die Liebe unter-bestimmt bleibt.

Doch hat seine Ästhetik nicht allein diese diagnostische Relevanz. Wurde im Bisherigen mehrfach aufgezeigt, in welcher Weise Hegel seine komplexe

78 Elisabeth Weisser-Lohmann, *Rechtsphilosophie als praktische Philosophie. Hegels Grundlinien der Philosophie des Rechts und die Grundlegung der praktischen Philosophie*, München 2011, S. 210.

79 Dass Hegels Sozialphilosophie auch in Sinne der Kritischen Theorie gelesen werden könne, betonte u. a. Seyla Benhabib: „Hegel, die Frauen und die Ironie", in: Herta Nagl-Docekal und Herlinde Pauer-Studer (Hg.), *Denken der Geschlechterdifferenz. Neue Fragen und Perspektiven der Feministsichen Philosophie*, Wien 1990, S. 19–39.

80 G. W. F. Hegel, Enz III, S. 320.

81 G. W. F. Hegel, PhdR, S. 311 (§ 162). Vgl. Hegels abschätzige Bemerkung über „Liebe als besondere Leidenschaft": PhdK, S. 163.

Bestimmung der Liebe selbst unterläuft, so gibt dies Anlass zur Frage, wie eine konsequente Implementierung dieser anspruchsvollen Konzeption unter heutigen Voraussetzungen aussehen könnte. Hegels Plädoyer für eine Institutionalisierung der liebenden Bindung hat, wie bereits notiert, nach wie vor Plausibilität – nicht nur, aber auch im Blick auf mögliche Kinder, für deren Betreuung ein stabiler familiärer Rahmen offenkundig optimal ist. Doch die Form dieser Institution ist damit nicht *eo ipso* ausgemacht. Demnach wäre zu überlegen, welche Konzeption von ‚Ehe' bzw. ‚Familie' Bedingungen schaffen könnte, die ein Fortbestehen von Liebe als Herzensbindung begünstigen. Diese Frage nur zu stellen, bedeutet bereits, über die alltägliche Weise der Thematisierung hinauszugehen, in der die Option ‚Familie' primär unter dem Gesichtspunkt von ‚pro' und ‚contra' betrachtet wird, während eine Erörterung, um *welche Form* von Familie es sich denn handeln soll, unterbleibt. Jedenfalls scheint die zunehmende Verweigerung einer Institutionalisierung damit zusammenzuhängen, dass die Begriffe ‚Ehe' und ‚Familie' üblicherweise mit der herkömmlichen bürgerlichen Geschlechterordnung assoziiert werden. Von hier aus wird ein spezifischer Aspekt der Kontroverse zwischen Hegel und den Romantikern deutlich: Wenn für diese, wie Hegel in seiner Kritik an Schlegel und Schleiermacher moniert, „die Zeremonie der Eheschließung überflüssig und eine Formalität sei, die weggelassen werden könne", da sie nur der „Beglaubigung des bürgerlichen Verhältnisses" diene,[82] so steht dahinter auch, dass den Frauen im Kontext der romantischen Bewegung eine Anerkennung als selbständige Individuen – z. B. als Künstlerinnen – zuteilwurde, die mit Hegels Sicht der Ehefrau nicht kompatibel war. (Hegels Äußerung anlässlich des Todes von Caroline Schlegel-Schelling lässt diesbezüglich nichts an Deutlichkeit zu wünschen übrig.[83])

Andererseits bietet gerade Hegels Auffassung von ‚Liebe' Ansatzpunkte für alternative Entwürfe. Wenn sich die Bindung der Liebenden durch Lebendigkeit auszeichnet, und wenn dies bedeutet, dass die beiden ihre Welt gemeinsam gestalten, so folgt, konsequent weiter gedacht, dass es auch an ihnen liegt, untereinander zu vereinbaren, wie sie die Rechtsbegriffe ‚Ehe' und ‚Familie' in ihrem Leben umsetzen wollen. Aus der Perspektive der Liebe ist z. B. nicht einzusehen, warum die beiden „ohne die wählende Reflexion ihre Pflicht tun" sollen, da im Kontext einer Relation von Geist zu Geist auch die Verteilung von Aufgaben ein Thema der Verständigung bilden kann.

82 G. W. F. Hegel, PhdR, S. 316f.

83 G. W. F. Hegel schreibt über Caroline Schlegel-Schelling, „deren Tod wir neulich hier vernommen, und von der einige hier die These aufgestellt haben, daß der Teufel sie geholt habe". Hegel an Niethammer, am 4.10.1809. *Briefe von und an Hegel*, hg. v. Johannes Hoffmeister, Bd. 1, Hamburg 1952, S. 297.

Andernfalls würden diese als ein Fremdes, Totes zwischen ihnen stehen. (Es legt sich nahe, an diesem Punkt die in Hegels Jugendschriften formulierte These mit zu berücksichtigen: „An Liebenden ist keine Materie, sie sind ein lebendiges Ganze".[84]) Hegels Überlegungen lassen sich damit auf jene rezenten Forschungen beziehen, die aufzeigen, dass es eine Reihe unterschiedlicher Ebenen sind, die innerhalb der Familie eine solche Verständigung erfordern. Wie zahlreiche Autorinnen und Autoren einsichtig gemacht haben, ist die Familie ein Ort der Verteilung von Geld, Arbeit (im Sinne von Hausarbeit und kurativen Pflichten) und Freizeit, womit ein jeweils spezifisches Konfliktpotential gegeben ist.[85] Doch zugleich kommt von Hegel her eine Grenze dieser Debatte in Sicht: Im Blick darauf, dass die innerfamiliären Verteilungsprobleme hier unter dem Gesichtspunkt von Gerechtigkeit erörtert werden – *Spheres of Justice*[86] lautet dem entsprechend der Titel von Michael Walzers Buch –, gilt es Hegels Vorbehalt zu beachten, wonach die Idee der Gerechtigkeit, insofern sie auf allgemeine Regeln abzielt, an diejenige einer liebenden Zuwendung nicht heranreicht. Wie Hegel hervorhebt, ziehen Regelungen von der Art des Rechts – man könnte unter Verwendung der heute gängigen Wortwahl hinzusetzen: selbst dann, wenn sie gemeinsam ‚ausverhandelt' worden sind – mit hoher Wahrscheinlichkeit weitere Konflikte nach sich. In seinen *Theologischen Jugendschriften* hatte er pointiert aufgezeigt, dass das rechtliche Denken in „einen Zorn der Rechtschaffenheit, eine hassende Strenge der Pflichtgemäßheit" münden kann.[87] Dagegen hat die Idee eines Sich-Einlassens auf die Einzigartigkeit des geliebten Menschen – die auch die laufenden Veränderungen der Einzelnen in den Blick nimmt (wie er/sie „sein wird") – einen flexiblen Charakter. Sie läuft auf die „Erhebung über die ganze Sphäre der Gerechtigkeit oder Ungerechtigkeit durch Liebe" hinaus.[88]

Insgesamt scheint es im Blick auf die heutige Debattenlage wichtig herauszuarbeiten, dass das Thema ‚Liebe' mit rechtsphilosophischen Mitteln nicht angemessen erfasst werden kann. Das zeigt sich z. B., wenn man betrachtet, wie im heutigen Diskurs über das „negotiating" zwischen den Ehepartnern der Gedanke der Reziprozität im Vordergrund steht. Auch darüber weist die

84 G. W. F. Hegel, Entwürfe, S. 246.

85 Michael Walzer, *Sphären der Gerechtigkeit. Ein Plädoyer für Pluralität und Gleichheit*, Frankfurt a. M. 1992; Nancy Fraser, „Die Gleichheit der Geschlechter und das Wohlfahrtssystem", in: Herta Nagl-Docekal und Herlinde Pauer-Studer (Hg.), *Differenz und Lebensqualität*, Frankfurt a.M. 1996, 469-500; Angelika Krebs, *Arbeit und Liebe. Die philosophischen Grundlagen sozialer Gerechtigkeit*, Frankfurt a. M. 2002.

86 New York 1983.

87 Nohl, S. 287.

88 Nohl, S. 271. (Hegel interpretiert hier die Gegenüberstellung von Gesetz und Liebe in der Bergpredigt, Mt 5–7.)

Hegelsche Unterscheidung von ‚Liebe' und ‚Gesetz' hinaus. Während es aus der Perspektive der Gerechtigkeit auf das wechselseitige Einräumen gleicher Rechte und Aufbürden gleicher Pflichten ankommt, verhält es sich bei der Liebe anders. Wohl ist Reziprozität ein wesentliches Element der Idee einer glückenden Beziehung, aber lediglich in der Form, dass sie seitens der Einzelnen zwar erhofft, nicht aber zur Bedingung ihrer liebenden Zuwendung gemacht werden kann. Hegel betont immer wieder, dass wahre Liebe bedingungslos ist. Hier wird klar: Wenn er diesen Aspekt an den zentralen biblischen Figuren, wie sie in der christlichen Malerei dargestellt sind, hervorhebt, so ist dies nicht einer empirischen kunsthistorischen Perspektive geschuldet, sondern seiner systematischen, geist-philosophischen Zugangsweise. Die Logik der Liebe ist nicht die des Vertrags, sondern der bedingungslosen „Hingebung".[89]

Feministische Kritik hat – nicht nur mit Bezug auf Hegel – moniert, dass der Gedanke der bedingungslosen Hingebung in der Regel weiblich konnotiert ist und daher, sozialtheoretisch betrachtet, eine legitimierende Funktion für die einseitige Belastung von Frauen bzw. für deren Selbst-Ausbeutung hat. Diese Kritik ist wohl-fundiert. Freilich gilt es zu bedenken: Es ist ein wesentlicher Unterschied, ob bedingungslose Liebe auf der Basis gesellschaftlicher Usancen von einer bestimmten Gruppe von Menschen eingefordert wird – im Sinne eines heteronomen Anspruchs –, oder ob sie dem eigenen Impuls der liebenden Person entspringt. Nur in diesem zweiten, auf alle Liebenden (nicht allein auf Frauen) zugeschnittenen Verständnis ist Hingabe mit Hegels Konzeption von Liebe kompatibel. Demgemäß hat in wahrer Liebe nicht die Frage ‚Werde ich geliebt?' Priorität, sondern die Erfahrung ‚ich liebe', die sich in der rückhaltlosen Hinwendung zu einer bestimmten Person manifestiert.[90]

In der zeitgenössischen sozialphilosophischen Debatte, die sich an der Theorie des liberalen Rechtsstaats orientiert, droht der Aspekt der Hingabe marginalisiert zu werden. Da diese Theorie in den Einzelnen – als Vertragspartnern – ihren Ausgangspunkt hat, wird der Liebe im Sinn einer „starken Gefühlsbindung" primär insofern Bedeutung beigemessen, als sie der Ausbildung der Selbständigkeit und eines „positiven Selbstbezugs" der Ein-

89 Hegel bedient sich dieses Ausdrucks immer wieder. Siehe z. B. Hotho, S. 192, und Ästh II, S. 182.

90 Im Blick auf die heutige Debatte zu normativen Fragen gilt es in analoger Weise die Differenz von Moral und Recht zur Geltung zu bringen, für deren präzise Formulierung insbesondere Kant herangezogen werden kann: Der kategorische Imperativ fordert – im Unterschied zur Reziprozität des Rechts – zu einer Haltung der Bedingungslosigkeit auf. Näheres dazu: Herta Nagl-Docekal, „Moral und Religion aus der Optik der heutigen rechtsphilosophischen Debatte", in: *Deutsche Zeitschrift für Philosophie*, 56 (2008), 6, S. 843–855.

zelnen dient. Wenn etwa Axel Honneth drei Formen der Anerkennung unterscheidet, die im Spiel sein müssen, sollen die Individuen über jenes Maß an „Selbstvertrauen", „Selbstachtung" und „Selbstschätzung" verfügen, das die Vorbedingung eines selbstbestimmten bzw. guten Lebens ist, so wird die Liebe unter dem Gesichtspunkt der Funktion gesehen, die sie dafür erfüllen kann. In den Vordergrund der Reflexion zur Liebe rückt damit die emotionale, sorgende Zuwendung, die den Kindern in der „Familie oder einer anderen Primärgruppe" entgegengebracht wird.[91] So wird das Thema ‚Liebe' hier auf den kurativen Aspekt beschränkt und nicht in einem umfassenden Sinn erörtert.

Doch während Hegels Vorbehalt gegenüber einer rechtsphilosophischen Unterbestimmung von Liebe einleuchtend ist, gilt es andererseits zu bedenken, dass seine Sicht des modernen Staates an einem entscheidenden Punkt ihrerseits unterbestimmt bleibt. Hegel thematisiert nicht, dass im liberalen Verfassungsstaat die Gesetze verhandelbar sind, so dass Ehe und Familie nicht schlicht „das vorausgesetzte Ganze" darstellen, in das die Einzelnen einzutreten haben. Der ‚Boden der Weltlichkeit' ist in der Moderne nicht ganz so fest, wie Hegel es in seiner Deutung der literarischen Form des Romans annimmt. Doch auch unter dieser Perspektive hat seine Bestimmung der Liebe Relevanz: Sie kann den Staatsbürgerinnen und Staatsbürgern als Leitfaden dienen, um gesetzliche Regelungen von Ehe und Familie zu etablieren, die die Voraussetzung schaffen, dass die Herzensbindung auch in diesem institutionellen Kontext weiter entfaltet werden kann. Ein wesentliches Element dieses Leitfadens macht die Abkehr von der Konzeption von Geschlechtsrollen aus: Jegliche Auffassung dieser Art bringt ja die Forderung mit sich, die für die Liebe kennzeichnende Hinwendung zur Besonderheit des Anderen zu unterlaufen, so dass die individuellen Interessen, Talente und Bedürfnisse nicht in vollem Umfange Berücksichtigung und Unterstützung finden. Wenn man in Hegels Kritik an den Romantikern liest: „Es ist die Frechheit und der sie unterstützende Verstand",[92] worauf die Ablehnung der bürgerlichen Ehe beruht, so wäre nun festzuhalten, dass für die Implementierung von Hegels eigener Konzeption der Liebe durchaus etwas von dieser ‚Frechheit' erforderlich ist.

Wenn oben angemerkt wurde, dass Hegel die Eheschließung nicht gerade als ‚happy end' darstellt, so bedarf dies einer Ergänzung. Hegels Deutung hat mit dem populären Film des 20. Jahrhunderts dennoch etwas gemeinsam, insofern auch darin das ‚happy end' als ein *Ende* erscheint, wobei sug-

91 Axel Honneth, *Kampf um Anerkennung. Zur moralischen Grammatik sozialer Konflikte*, Frankfurt a. M. 1992, S. 148–211. Dazu siehe: Ludwig Siep, *Aktualität und Grenzen der praktischen Philosophie Hegels*, München 2010, S. 205–264.

92 G. W. F. Hegel, PhdR, S. 316 (§ 164).

geriert wird, dass der komplexe Beziehungsprozess der Liebe mit der Heirat abgeschlossen ist – im Sinne der märchenhaften Vorstellung ‚and they lived happily ever after'. Hingegen ist in Hegels Konzeption der wahren Liebe ein Abschluss nicht angelegt – jedenfalls nicht als ein glückliches (happy) Ende. Im Kontext der heutigen ästhetischen Theorie würde Hegels Konzeption vielmehr den Beziehungen in jenem Typus von Filmen entsprechen, die Stanley Cavell als *remarriage comedies* bezeichnet.[93] Cavell bezieht sich damit auf Hollywood-Filme der 1930er und 1940er Jahre, in denen die Eheschließung – die sonst das ‚happy end' bildet – bereits vollzogen ist, und das Paar nun in eine Ehekrise gerät, die auf Scheidung zuzulaufen scheint. Durchaus auf der Linie der Hegelschen Auffassung erläutert Cavell, auf welche Weise die Institutionalisierung mit Liebe als Herzensbindung kompatibel ist. Das Paar kommt dadurch „back together",[94] dass die Beziehung nach dem Muster eines permanenten Gesprächs[95] gestaltet wird, das imstande ist, klischeehafte Vorstellungen und Erwartungen zu verflüssigen. Cavell bezieht sich dabei explizit auf Hegel: „Our films may be understood as parables of a phase of the development of consciousness where the struggle is for the reciprocity or equality of consciousness between a woman and a man, a study of the conditions under which this fight for recognition (as Hegel put it) or demand for acknowledgement (as I have put it) is a struggle for mutual freedom."[96]

Bezieht man Hegels Überlegungen auf diese zeitgenössische Sicht des liebenden Paares, so zeigt sich erneut, dass sich von seinem Denken her Themen in den Vordergrund rücken lassen, die in der gegenwärtigen Debatte häufig unterbelichtet bleiben. Dies gilt etwa für die Bedeutung, die Hegel der Vergebung zuspricht. Bereits in seinen theologischen Frühschriften hatte er den Zusammenhang von Liebe und Vergebung erörtert. Indem einer den anderen verletzt hat, sind beide in die Vereinzelung zurück gefallen. Nun kann man keinen verletzenden Akt als solchen ungeschehen machen, aber die Liebe vermag eine vollständige Versöhnung zu leisten: „Anderen verzeihen kann nur […] die Liebe, und diese ist ganz."[97] Die Wichtigkeit dieses Themas hat – vor dem Hintergrund der Erfahrungen des 20. Jahrhunderts – Hannah Arendt betont, freilich ohne Bezugnahme auf Hegel. „[I]n der menschlichen

93 Stanley Cavell, *Pursuits of Happiness. The Hollywood Comedy of Remarriage*, Cambridge, Mass./London 1981.

94 Ebd., S. 2.

95 Cavell erklärt, „that these films are themselves investigations of […] ideas of conversation". Ebd., S. 7.

96 Stanley Cavell, *Pursuits of Happiness*, 17. Dazu siehe: Ludwig Nagl, „Stanley Cavells Philosophie des Films", in: *Deutsche Zeitschrift für Philosophie*, 50 (2002), 1, S. 163–174.

97 Nohl, S. 393.

Fähigkeit, zu verzeihen" liegt für sie das „Heilmittel gegen Unwiderruflichkeit – dagegen, dass man Getanes nicht rückgängig machen kann [...]. Könnten wir einander nicht vergeben, d. h. uns gegenseitig von den Folgen unserer Taten wieder entbinden, so beschränkte sich unsere Fähigkeit zu handeln gewissermaßen auf eine einzige Tat, deren Folgen uns bis an unser Lebensende im wahrsten Sinn des Wortes verfolgen würden".[98] So ist das Verzeihen eine Bedingung dafür, dass wir über die Zeit hinweg mit anderen verbunden sein können. Dabei ist das spezifische Auf-einander-verwiesen-Sein zu beachten: „Niemand kann sich selbst verzeihen";[99] dagegen kann die Vergebung „von den Folgen dieser Vergangenheit sowohl denjenigen befreien, der verzeiht, wie den, dem verziehen wird".[100] In der umfassendsten Form ist dies für Arendt in der Liebesbeziehung möglich, da das Verzeihen ein Sich-einlassen auf eine Person erfordert, insofern es ein Akt „eminent persönlicher Art" ist: „Ausschlaggebend ist [...], dass in der Verzeihung zwar eine Schuld vergeben wird, diese Schuld aber sozusagen nicht im Mittelpunkt der Handlung steht; in ihrem Mittelpunkt steht der Schuldige selbst, um dessentwillen der Verzeihende vergibt. Das Vergeben bezieht sich nur auf die Person und niemals auf eine Sache."[101] Unter dieser Perspektive greift Arendt die Meinung auf, „dass nur die Liebe die Macht hat zu vergeben". Für diese These spricht ihres Erachtens, dass der Liebe ein „unvergleichlicher Blick für das Wer der Person" eignet.[102]

Das Thema ‚Vergebung' weist freilich zugleich über den Nah-Raum der intimen Bindung hinaus – für Hegel ebenso wie für Arendt: Vergebung ist für ein sinnvolles menschliches Zusammenleben insgesamt unverzichtbar. Damit kommt – allgemeiner gesagt – in Sicht, dass die Hegelsche Konzeption von Liebe, wie sie zunächst im Blick auf die Herzensverbindung des Paares entwickelt wurde, Elemente enthält, die auch für die Bezugnahme der Einzelnen zu allen übrigen Menschen Relevanz haben. Zwar verhält es sich, wie Hegel betont, so, dass wir uns nur auf sehr wenige Menschen ganz einzulassen vermögen; doch zugleich leitet diese Idee der Liebe dazu an, alle Einzelnen so zu betrachten, dass sie in ihrer Einzigartigkeit wert sind, geliebt zu werden. Wenn am Beginn der vorliegenden Untersuchung von den vielen Bedeutungen des Wortes ‚Liebe' die Rede war, so zeigt sich nun in Hegels Überlegungen eine argumentative Brücke, die von der Intimität der Zweierbeziehung

98 Hannah Arendt, *Vita activa oder Vom tätigen Leben*, München/Zürich 1981, S. 301f.

99 Ebd., S. 302.

100 Ebd., S. 307.

101 Ebd., S. 308.

102 Hannah Arendt, *Vita activa*, S. 309. Arendt bezieht sich zwar hier nicht explizit auf Hegel, doch entspricht ihre Ansicht, dass Liebe wesentlich durch ein Auf-einander-Eingehen bestimmt ist, ganz den Hegelschen Überlegungen.

zur christlichen Konzeption der Nächstenliebe reicht. Hegel erläutert ja die durch das Christentum hervorgebrachte Sicht des Menschen dahingehend: „[D]as wirkliche, einzelne Subjekt in seiner inneren Lebendigkeit ist es, das unendlichen Wert erhält."[103] Damit gewinnt auch das (oben dargestellte) kritische Potential des Hegelschen Liebesbegriffs einen umfassenden Radius. Was zunächst im Blick auf gängige Unterbestimmungen im Bereich intimer Beziehungen festzustellen war, kann nun auch hinsichtlich der gegenwärtigen sozialen Vorstellungen und Praktiken im allgemeinen gesagt werden: dass sie von Hegels Konzeption der Liebe her mit dem Anspruch auf unverkürzte Humanität zu konfrontieren sind.

103 G. W. F. Hegel, Ästh II, S. 131.

Teil IV: Ästhetische Theorie im Kontext der Moderne

István M. Fehér

„Das sinnliche Scheinen der Idee"

Gadamer und Hegel – Zwei Arten einer Metaphysik des Schönen[1]

„Das Schöne bestimmt sich [...] als das sinnliche *Scheinen* der Idee",[2] so lautet die berühmte, schon lange bekannte Formel in Hegels *Ästhetik*, wie sie uns durch die Edition der ersten Ausgabe der Werke Hegels, der sogenannten Freundesvereinsausgabe, überliefert worden ist. Diese Definition des Schönen, die für einen erheblichen Teil der Hegel-Forschung auch als treffende Kurzformel für die systematische Bestimmung des Kunstschönen, also der Kunst insgesamt, gilt und dementsprechend immer wieder in Anspruch genommen zu werden pflegt, ist seit einiger Zeit im Hinblick auf ihre Authentizität unter Verdacht geraten. Deren Verfasserschaft hat insbesondere Annemarie Gethmann-Siefert in einer Reihe eingehender Nachforschungen und daran anschließender Publikationen infrage gestellt. Es gehe bei dieser Definition um eine, wie es heißt, „an Platon orientierte Bestimmung der Idee des Schönen", die „die Kunst nur als eine sinnliche Abschattung dieser Idee, als ‚sinnliches *Scheinen* der Idee'" bestimme, wobei der Anschein erweckt werde, „als habe Hegel die Kunst ebenso wie Platon wegen ihrer Sinnlichkeit und ihres Scheincharakters von vornherein der Idee, damit der Philosophie gegenüber abwerten wollen", womit auch einer „Herabsetzung der Sinnlichkeit"[3]

1 Die vorliegende Arbeit basiert auf Forschungen, die im Rahmen der Förderung des OTKA durchgeführt wurden (Projektnummer: OTKA K-75840), und stellt die überarbeitete und erweiterte Fassung des Vortragstextes dar.

2 Georg Wilhelm Friedrich Hegel, *Vorlesungen über die Ästhetik I*, in: *Werke in zwanzig Bänden*, Theorie Werkausgabe, auf der Grundlage der Werke v. 1832–1845 neu edierte Ausgabe, Redaktion: Eva Moldenhauer und Karl Markus Michel, Frankfurt a. M. 1970, Bd. 13, S. 151. – Diese Ausgabe wird fortan unter der Sigle TW mit Angabe der Band- und Seitenzahl zitiert. – Weitere Abkürzungen: GA = Martin Heidegger: *Gesamtausgabe*, Frankfurt a. M. 1975ff. (zitiert mit Angabe der Band- und Seitenzahl); GW = Hans-Georg Gadamer, *Gesammelte Werke*, Bde. 1–10, Tübingen 1986–1995 (zitiert mit Angabe der Band- und Seitenzahl); HN = Georg Wilhelm Friedrich Hegel, *Vorlesungen über die Philosophie der Kunst. Berlin 1823. Nachgeschrieben von Heinrich Gustav Hotho*, hg. v. Annemarie Gethmann-Siefert (G. W. F. Hegel, *Vorlesungen. Ausgewählte Nachschrifte und Manuskripte*, Bd. 2), Hamburg 1998.

3 Annemarie Gethmann-Siefert, *Einführung in Hegels Ästhetik*, München 2005, S. 29, Anm. 19, sowie S. 30.

Vorschub geleistet würde. Diese Bestimmung, heißt es anderswo, könne wohl „zur Depotenzierung der Kunst hinsichtlich ihrer geschichtlichen Funktionen und Leistungsmöglichkeiten verleiten lassen".[4] „Auf der anderen Seite" gelte „diese Definition als so treffend, daß man in ihr die gesamte Hegelsche Ästhetik auf den Begriff gebracht sieht". Die Infragestellung der Verfasserschaft erfolgt hauptsächlich aufgrund des Befundes, dass „[d]iese grundlegende Bestimmung des Ideals, die in der Druckfassung der *Ästhetik* eine so zentrale Stelle einnimmt, [...] in allen bisherigen bekannten Quellen zu Hegels Berliner Vorlesungen ebensowenig auffindbar [ist] wie in den von ihm selbst publizierten Äußerungen zur Kunst."[5]

Es ließe sich fragen, ob diese Negativität, dieser Mangel, auch schon eindeutig die Nicht-Authentizität der berühmten Bestimmung nachzuweisen vermag, aber die Frage nach der Verfasserschaft soll mich im Weiteren nicht beschäftigen. Ich möchte vielmehr der Sache eine andere Seite abgewinnen, indem im Folgenden statt der Verfasserschaft dem Sinn der Bestimmung nachgegangen werden soll: Das Infragestellen einer Passage als (von einem Autor stammenden) *Originaltext* braucht nämlich nicht unbedingt mit seiner Infragestellung als *interpretierender Text* gleichbedeutend zu sein. Die Frage, ob die Bestimmung „sinnliches Scheinen der Idee" dem Wortlaut nach von Hegel selber stammt – ob sie nun bejahend oder verneinend beantwortet werden soll –, ist wohl zu unterscheiden von der Frage, ob sie etwas Charakteristisches oder Treffendes in Bezug auf Hegels Ästhetik zu vermitteln vermag. Beide Fragen fallen demnach nicht miteinander zusammen; ja es kann grundsätzlich auch der Fall sein, dass ein interpretierender Text vielsagender und bedeutender/bedeutungsvoller ist als ein zweifelsohne vom Autor stammender Originaltext. Die Frage, die hier gestellt werden soll, ist, anders gesagt, nicht eine philologische, die es mit Authentizität und Verfasserschaft zu tun hat, sondern vielmehr eine hermeneutische, die auf Sinn und Interpretation aus ist. Meine Leitfrage bezieht sich also auf den möglichen Sinn der berühmten Bestimmung, nicht auf deren Autorschaft, und versucht, den besagten Sinn von Gadamers Hermeneutik her zu erschließen. Denn in der Hermeneutik Gadamers haben wir es mit einer Rehabilitierung bzw. ontologischen Aufwertung des Ästhetischen, mithin einer Metaphysik des Schönen

4 Annemarie Gethmann-Siefert, Einleitung: Gestalt und Wirkung von Hegels Ästhetik, in: HN, S. CXX. Zum Folgenden ebd. Das Abwertungs- bzw. Depotenzierungs-Argument wird später dahingehend präzisiert, Hegel werte „nicht etwa die Kunst aufgrund ihrer Sinnlichkeit ab, sondern betont durchgängig, daß gerade ihre *spezifische* Sinnlichkeit sie ‚würdig' mache, Gegenstand der philosophischen Betrachtung zu werden" (ebd., S. CXXVI).

5 Annemarie Gethmann-Siefert, Einleitung: Gestalt und Wirkung von Hegels Ästhetik, in: HN, S. CXX.

zu tun, einer an der Wahrheit orientierten, metaphysisch verstandenen Ästhetik, die im Rückblick auch auf die Stellung von Hegels Ästhetik sowie die infrage stehende Bestimmung des „sinnlichen Scheinens der Idee“ ein charakteristisches Licht zu werfen vermag. In meinem Beitrag soll zuerst Gadamers hermeneutische Auffassung der Ästhetik und des Schönen oder, wenn man will, deren hermeneutische Aufhebung und metaphysische Rehabilitierung rekonstruiert werden (I.); darauf folgt in einem zweiten Schritt der Rückgriff bzw. Rückgang auf Hegel (II.), wobei die Positionen Gadamers und Hegels als zwei Arten einer Metaphysik des Schönen herausgestellt werden sollen. Am Ende versuche ich die Differenzen zwischen Gadamer und Hegel kurz zu skizzieren (III).

I.

Aus der Sicht Gadamers stellt die durch Kants *Kritik der Urteilskraft* (oder in deren Nachfolge) vollzogene Selbstbesinnung der Ästhetik eine „Subjektivierung“ dar. Wenn im Titel des auf das Humanismuskapitel folgenden zweiten Kapitels seines Hauptwerks *Wahrheit und Methode* von der „Subjektivierung der Ästhetik“ die Rede ist, so muss zunächst der Genitiv richtig verstanden werden. Man muss sich klarmachen, dass die Ästhetik, wie sie in Anlehnung an Kant im 19. Jahrhundert als Kunstphilosophie entwickelt wird, in sich selbst eine Subjektivierung darstellt. Die Entstehung einer die Thematik der Kunst beinhaltenden Ästhetik, wie sie im Ausgang von der transzendentalen Rechtfertigung der ästhetischen Urteilskraft die Autonomie des ästhetischen Bewusstseins begründete, ist nach Gadamer insgesamt als Subjektivierung zu verstehen. Der Preis für das Autonomwerden der Ästhetik ist die „Subjektivierung“. Diese besagt vor allem: Verzicht auf den Wahrheits- und damit auch den Erkenntnisanspruch.[6]

6 Dies wird klar an den ästhetischen Entwürfen des jungen Lukács, der den umgekehrten Versuch unternimmt, die Ästhetik als Kunstphilosophie in Anlehnung an Kants transzendentalphilosophische Fragestellung zu begründen. Da es ihm um die Autonomie der Ästhetik als Kunstphilosophie, die „Beschränkung der ästhetischen Setzung auf das Kunstwerk“, geht, muss er von seiner konsequent kantischen Perspektive her auf die „reinliche Scheidung des ästhetischen Geltens sowohl von autonomen Geltungsformen anderer Art, also von *Theorie* und Ethik, wie von den anderen Möglichkeiten einer *Metaphysik*“ bestehen und demzufolge allen Versuchen kritisch gegenüberstehen, die, wie z. B. der Hegels, eine „dynamische Vereinigung von theoretischer und ästhetischer Formstruktur“ aufweisen, wenn sie eben „die Aufhebung der ästhetischen Wesensart der Kunst“ mit sich bringen. Lukács muss also die „Unfähigkeit“ des Idealismus Hegels beanstanden, „die Setzung des ästhetischen Gegenstandes zu vollziehen“; deren Grund liege eben „in der Durchdrungenheit sei-

So wenig Gadamer die überlieferte Selbstinterpretation der Hermeneutik übernimmt, sondern sie im Anschluss an Heideggers ontologische Perspektive vielmehr zu hinterfagen bestrebt ist, so wenig ist er bereit, dem von der Ästhetik bereitgestellten Verständnis der Kunst zu folgen.[7] Infrage gestellt werden in der Tat nicht lediglich leitende zeitgenössische ästhetische Begriffe, sondern gar deren ganzer Fragehorizont, somit der Bereich des Ästhetischen selbst. Gadamer steht so dem Prozess, in dem sich die Ästhetik in der Neuzeit zur autonomen philosophischen Disziplin entwickelt hat, äußerst kritisch gegenüber und sucht ihn dadurch rückgängig zu machen, dass er ihre versteckten Voraussetzungen, denen sie ihr eigenes Disziplin-Werden verdankt, ans Tageslicht bringt. Das ist eine wahrliche Abbau-Arbeit, im Sinne der Heideggerschen Destruktion, wobei es gilt, den zur Selbstbesinnung und Selbstentfaltung der Ästhetik führenden Weg aufs Neue zu gehen, in der kritischen Absicht, ihn von Grund auf abzubauen.[8] So haben wir es an diesem Punkt

---

ner ursprünglichen, allgemeinen, auf den ganzen *Kosmos des Erkennbaren* gerichteten Setzungsart von ästhetischen Formelementen" (Georg Lukács, *Heidelberger Ästhetik [1916–1918]*, in: *Werke*, Bd. 17, hg. v. György Márkus und Frank Benseler, Darmstadt/Neuwied 1974, S. 9, 10, 192, 207; Hervorhebung I. M. F.). Gadamer, der sich gegen die „Subjektivierung" der Ästhetik wendet, geht den umgekehrten Weg und kommt folgerichtig, wie im Folgenden noch zu zeigen sein wird, zu einer Metapyhsik des Schönen (GW 1, S. 481ff.). Trotz der umgekehrten Fragerichtungen, oder vielleicht eben deshalb, ist das ganz ähnliche Vorverständnis der Ästhetik Kants und seiner transzendentalphilosophischen Perspektive (der Gadamer entgegentritt, an die aber Lukács anschließt) an sich bemerkenswert und aufschlussreich.

7 Heidegger hat schon wesentliche Schritte in Richtung einer Hinterfragung der ästhetischen Grundbegriffe getan und wichtige Vorarbeiten auch dadurch geleistet, dass er die Kunst mit der Wahrheit in Zusammenhang und dabei die alleinige Herrschaft der Erkenntniswahrheit infrage gestellt hat. Siehe z. B.: Der Ursprung des Kunstwerkes, in: *Holzwege*, GA 5, S.12, 36ff., 49ff., 59 („Kunst ist ein [...] Geschehen der Wahrheit"), 67. Gadamer ist sich der Tragweite der Heideggerschen Ansätze und deren Wirkung auf ihn selbst voll bewusst: „Heideggers Durchbruch durch die traditionelle Begrifflichkeit der Metaphysik und der Ästhetik hat hier einen neuen Zugang eröffnet, indem er das Kunstwerk als Ins-Werk-Setzen der Wahrheit interpretierte und die sinnlich-sittliche Einheit des Kunstwerks gegen alle ontologischen Dualismen verteidigte" (Von der Wahrheit des Wortes, GW 8, S. 37–57; hier S. 45). „Die eigentliche Sensation, die Heideggers neuer Denkversuch bedeutete, war die überraschend neue Begrifflichkeit [...]". Er gewährte „Einsicht in die Vorurteile, die im Begriff einer philosophischen Ästhetik liegen. Es bedarf einer Überwindung des Begriffs der Ästhetik selbst" (Die Wahrheit des Kunstwerks, GW 3, S. 249–261; hier S. 252, 253).

8 Darin kann man Heideggers Wirkung sehen. Positive Arbeit, d. h. Aufbau-Arbeit, und negativer Abbau hängen für Heidegger zusammen. Kritik an der Geschichte, an der von der Geschichte her übernommenen Begrifflichkeit, d. h. *Destruktion*, besagt phänomenologische Erschließung bzw. Auflockerung jener ursprünglichen Erfahrungen, aus denen die Philosophen der Tradition ihre sachlichen Einsichten und

mit der paradoxen Sachlage zu tun, dass „bei allen positiven Einsichten zur Kunst [...] die Eröffnungspartie von ‚Wahrheit und Methode' eher eine Anti-Ästhetik als eine Ästhetik" bietet.[9] „Um der Kunst gerecht zu werden", so sagt Gadamer in der Tat, „muß die Ästhetik über sich selbst hinausgehen und die ‚Reinheit' des Ästhetischen preisgeben."[10] Fragt man nach dem „Wohin" des „Über-Sich-selbst-Hinausgehens der Ästhetik", so lautet darauf Gadamers Antwort ganz eindeutig: *„Die Ästhetik muß in der Hermeneutik aufgehen"*.[11]

Zur Ausbildung der Autonomie des Ästhetischen – des von Gadamer so genannten „ästhetischen Bewußtseins" mit seiner „ästhetischen Abstraktion" und „Unterscheidung" – gehört im Wesentlichen der vorherige Verzicht auf Erkenntnis und Wahrheit. Kants wesentliches Anliegen, „eine autonome, vom Maßstab des Begriffs befreite Grundlegung der Ästhetik zu leisten, und *die Frage nach der Wahrheit im Bereiche der Kunst nicht zu stellen*", kam „dem Irrationalismus und dem Geniekult des 19. Jahrhunderts entgegen".[12]

Für das dergestalt zustandekommene „ästhetische Bewußtsein" ist es kennzeichnend, dass es die Kunst unter Kategorien wie „Nachahmung, Schein, Entwirklichung, Illusion, Zauber, Traum" versteht – unter Begriffen, die alle „Bezug auf ein eigentliches Sein" voraussetzen, „von dem das ästhetische Sein

---

begrifflichen Bestimmungen geschöpft haben – eine Abbau-Arbeit, die jedoch unmittelbar dem Aufbau dient, die „dem Bestand dessen, was sie ‚abbaut', sich immer verpflichtet weiß" (GA 59, S. 5). 1923 wird die Destruktion als „kritischer Abbau der Tradition" angesprochen; vgl. *Ontologie (Hermeneutik der Faktizität)*, GA 63, S. 75f. Über Reduktion, Konstruktion und Destruktion vgl. *Die Grundprobleme der Phänomenologie*, GA 24, § 5, S. 26 ff. Vgl. insbesondere die folgende Überlegung: „[...] gehört notwendig zur begrifflichen Interpretation [...] eine *Destruktion*, d. h. ein kritischer *Abbau* der überkommenen und zunächst notwendig zu verwendenden Begriffe auf die Quellen, aus denen sie geschöpft sind. *Erst durch die Destruktion kann sich die Ontologie [...] der Echtheit ihrer Begriffe voll versichern.* [...] Konstruktion der Philosophie ist notwendig Destruktion, d. h. ein im historischen Rückgang auf die Tradition vollzogener *Abbau* des Überlieferten, was keine Negation und Verurteilung der Tradition zur Nichtigkeit, sondern umgekehrt gerade positive Aneignung ihrer bedeutet" (ebd., S. 31; Hervorhebung I. M. F.). Das Thema der Destruktion durchdringt die frühe Vorlesung des Wintersemesters 1919/20 und des Sommersemesters 1920. – Heideggers Stichwort, so schreibt Gadamer, „hieß Destruktion, Destruktion vor allem der Begrifflichkeit, in der sich die neuere Philosophie bewegte". Heideggers Umgang mit der Geschichte der Philosophie vollzog sich „in kritischer Absicht, aber zugleich in intensiver phänomenologischer Erneuerung, Destruktion und Konstruktion in einem" (Hans-Georg Gadamer, Die Geschichte der Philosophie, in: GW 3, S. 297–307; hier S. 299). Es gilt einzusehen, wie sehr dieses „Stichwort" Heideggers auch im philosophischen Werk Gadamers eine Rolle spielt.

9 Jean Grondin, *Einführung in die philosophische Hermeneutik*, Darmstadt 1991, S. 143.
10 GW 1, S. 98.
11 GW 1, S. 170.
12 GW 1, S. 65.

unterschieden sei".[13] Die Kunst „als Kunst des schönen Scheins" wird hiermit so etwas wie „der praktischen Wirklichkeit entgegengesetzt *und aus diesem Gegensatz verstanden*".[14] Die Selbstbegründung der Ästhetik als Philosophie der Kunst versteht diese am Leitfaden eines ontologischen Gegensatzes. „Die Abdrängung der ontologischen Bestimmung des Ästhetischen auf den Begriff des ästhetischen Scheins hat also ihren theoretischen Grund darin, daß die Herrschaft des naturwissenschaftlichen Vorbildes zur Diskreditierung aller Erkenntnismöglichkeiten führt".[15] Soll aber, so fragt Gadamer, „in der Kunst keine Erkenntnis liegen? Liegt nicht in der Erfahrung der Kunst ein Anspruch auf Wahrheit, der von der Wissenschaft gewiß verschieden, aber ebenso gewiß ihm nicht unterlegen ist? Und ist nicht die Aufgabe der Ästhetik darin gelegen, eben das zu begründen, daß die Erfahrung der Kunst eine Erkenntnisweise eigener Art ist [...], aber doch Erkenntnis, das heißt Vermittlung von Wahrheit?"[16]

Diese Fragestellung bildet die entscheidende Überlegung und somit auch den Ausgangspunkt für Gadamers eigene positive Erörterungen. Die Abbau-Arbeit, die an der Ästhetik bzw. dem ästhetischen Bewusstsein und seinen ontologischen Grundlagen in den ersten zwei Kapiteln des ersten Abschnitts des Hauptwerks geleistet wird, dient im folgenden dritten Kapitel einer (wie der Titel es formuliert) „Wiedergewinnung der Frage nach der Wahrheit der Kunst" – wiedergewonnen werden muß sie ja wegen des durch die „Subjektivierung der Ästhetik" erlittenen Wahrheitsverlustes –, um angesichts dieser Wiedergewinnung selbst nach den Schritten der Vorbereitung nunmehr zu der eigentlichen Aufbau-Arbeit, der im zweiten Abschnitt ausführlich ausgearbeiteten „Ontologie des Kunstwerks und ihre[r] hermeneutische[n] Bedeutung" (so der Titel), überzugehen.

Das Charakteristische an Gadamers Kunstverständnis besteht also darin, den Wahrheitsbegriff für die Kunst zu reklamieren, wieder in Anspruch zu nehmen, und zwar einen solchen, welcher der Kunst eigen ist und nicht etwa durch Seitenblicke auf Methoden der Naturwissenschaften gewonnen wird. Die ganze Wahrheitsfrage soll sogar, wie es eingangs heißt, „an der Erfahrung der Kunst" freigelegt werden. Im Gegensatz zur neuzeitlichen „Abdrängung

13 GW 1, S. 89.
14 GW 1, S. 88 (Hervorhebung I. M. F.).
15 GW 1, S. 89f.
16 GW 1, S. 103. Vgl. ebd., S. 2: „Daß an einem Kunstwerk Wahrheit erfahren wird, die uns auf keinem anderen Wege erreichbar ist, macht die philosophische Bedeutung der Kunst aus [...]". Ferner GW 1, S. 47: „Aber geht es an, den Begriff der Wahrheit der begrifflichen Erkenntnis vorzubehalten? Muß man nicht auch anerkennen, daß das Kunstwerk Wahrheit habe?"

der ontologischen Bestimmung des Ästhetischen“ handelt es sich bei Gadamer also um eine ontologische Rehabilitierung oder Aufwertung der Kunst.

Hierzu müssen allerdings die überlieferten ästhetischen Grundbegriffe wie *Spiel, Mimesis/Nachahmung* und *Bild* ontologisch neu interpretiert werden. Das Gemeinsame in diesen Neuinterpretationen Gadamers kann darin zusammengefasst werden, dass, während all diese Begriffe im überlieferten ästhetischen Horizont eine ontologisch zweitrangige Stellung einnahmen (Spiel ist etwas, das mit dem Ernst der Wirklichkeit nichts zu tun hat, ebenso ist das Bild keine eigentliche Wirklichkeit, sondern eben deren Bild, und Nachahmung ist der Wirklichkeit auf gleiche Weise sekundär), ihnen nun, hermeneutisch neu gefasst, eine ontologisch ausgezeichnete Stellung und Bedeutung zukommt.

Wenn Gadamer zur Entfaltung seiner Ontologie des Kunstwerks das „Spiel als Leitfaden der ontologischen Explikation“ nimmt (so der Titel des ersten Kapitels), so lässt er immerhin gleich am Anfang keinen Zweifel daran aufkommen, dass Spiel hier nicht etwa in dem überlieferten Gegensatz „Spiel – Wirklichkeit“ verstanden wird; es kommt ihm vielmehr darauf an, „diesen Begriff von der subjektiven Bedeutung abzulösen, die er bei Kant und Schiller hat und die gesamte neuere Ästhetik und Anthropologie beherrscht“.[17] Wesentlich ist vor allem, dass im Spiel kein Subjekt und kein Objekt einander gegenüberstehen – „es ist kein Subjekt dabei festgehalten, das da spielt“.[18] „Die Seinsweise des Spieles läßt nicht zu, daß sich der Spielende zu dem Spiel wie zu einem Gegenstande verhält.“[19] Wäre dies der Fall, so bliebe der Spielende mit sich selbst identisch, wie es beim Verhalten eines erkenntistheoretisch eingestellten Subjekts zu einem naturwissenschaftlichen Gegenstand geschieht. Der Spielende geht demgegenüber im Spiel völlig auf. Eine wohl „subjektiv“ zu nennende „Unterscheidung seiner selbst von dem Spiel“ kann nicht als „das wahrhafte Sein des Spiels“ angesehen werden: „Das Spiel selbst ist vielmehr derart *Verwandlung*, daß für niemanden die *Identität* dessen, der da spielt, fortbesteht“.[20]

17 GW 1, S. 107.
18 GW 1, S. 109.
19 GW 1, S. 108.
20 GW 1, S. 117 (Hervorhebung I. M. F.). Das steht im engsten Zusammenhang mit dem für Gadamers Hermeneutik zentralen Verstehensbegriff, der im Wesentlichen wie folgt zusammengefasst werden kann: Wo etwas verstanden wird, dort kann der Verstehende nicht mit sich selbst *identisch* bleiben, sondern er selbst wird in seinem Sein vom je Verstandenen wesenhaft mit betroffen. Dagegen setzt die vom naturwissenschaftlichen Experiment avisierte „Objektivität“ eine vorherige Trennung von Subjekt und Objekt voraus, wobei das Subjekt das Objekt von sich selbst entfernt, es sich selbst gegenüberstellt, somit es allererst zum „Gegenstand“ werden lässt; und das für ein Wissen, durch das sich das Objekt kontrollieren, beherr-

So viel in aller Kürze zu Gadamers Neuinterpretation des Begriffs Spiel. Was die „Nachahmung“ und das „Bild“ angeht, so scheinen beide Begriffe auf den ersten Blick – ebenso wie der Begriff Spiel – ihrem herkömmlichen Sinne nach einen Bezug auf eine „wahre Wirklichkeit“ oder, wie Gadamer sagt, einen „Bezug auf ein eigentliches Sein“ vorauszusetzen[21] (das sie eben „nachahmen“ bzw. „abbilden“) und deswegen gewissermaßen naturgemäß dazu berufen zu sein, der genannten Abwertung zu dienen. Eben deshalb kommt dem Versuch, sie ontologisch umzuinterpretieren und auf diese Weise „wiederzugewinnen“, eine besondere Bedeutung zu.

Spiel und Nachahmung verweisen nun gegenseitig aufeinander, wobei sich der Begriff der Nachahmung dadurch auszeichnet, dass er schon der antiken Kunsttheorie zugrundegelegt wurde. Gadamer geht davon aus, dass Nachahmung sehr wohl einen „Erkenntnissinn“ hat, nur muss man ihn in genuin phänomenologischer Naivität suchen. Dann sieht man nämlich Folgendes: „Nachahmend beginnt das kleine Kind zu spielen, indem es bestätigt, was es kennt und sich selbst damit bestätigt“.[22] Die Nachahmung ist selber ein Spiel und wie das Spiel ist auch die Nachahmung eine Darstellung, in der das Dargestellte da ist.[23] „Wer etwas nachahmt, läßt das da sein, was er kennt und

schen lässt, während das Subjekt mit sich selbst *identisch* bleibt. Dass die Geisteswissenschaften für Gadamer im Element der Bildung begründet werden, besagt, dass es hier nicht wie in den Naturwissenschaften bloß um Kenntnisse oder deren Bereicherung geht (Kenntnisse, die dann der Beherrschung der Natur dienen, während man sich selbt *identisch* bleibt), sondern um Kenntnisse, durch die man gebildet wird, und zwar im doppelten Sinne: Ein gebildeter Mensch hat nämlich nicht nur Kennntnisse, sondern er wird durch sie zugleich zu einem *verwandelten* Menschen. Das Spiel hat mit der Bildung auch das gemeinsam, dass „die Bewegung, die Spiel ist, [...] kein Ziel [hat], in dem sie endet“; ebensowenig kennt nun die Bildung „außerhalb ihrer gelegene Ziele“ (GW 1, S. 109, 17). Wenn Gadamer gegen so etwas wie ein „Bildungsziel“ sein Misstrauen bewahrt, so könnten wir sagen, so etwas wie ein „Spielziel“ wäre ebenso ein offensichtliches Missverständnis (etwa in der Form der Frage: „Weshalb, zu welchem Zweck wird das Schauspiel gespielt?“)

21 Vgl. GW 1, S. 89, wo Gadamer den Begriff der Nachahmung auch ausdrücklich erwähnt.

22 GW 1, S. 119.

23 Vgl. GW 1, S. 119. Darstellung ist ein Grundbegriff der Kunsttheorie, ja der ganzen Hermeneutik Gadamers, der eine eigene Untersuchung wert wäre, auf den aber hier nicht näher eingegangen werden kann. „Das Spiel ist wirklich darauf beschränkt, sich darzustellen. Seine Seinsweise ist also Selbstdarstellung.“ (GW 1, S. 113). Später wird die „Seinsart des Kunstwerkes“, ja „das ästhetische Sein“ selbst als „Darstellung“ bzw. „Sichdarstellen“ charakterisiert (GW 1, S. 121, 492). Wesentlich für diesen Begriff ist das Fehlen der „Zweckzusammenhänge“ (GW 1, S. 113) und dies führt ihn in die Nähe der Parallele zwischen Spiel und Bildung. „Was wir mit „Darstellung“ meinen“, so lautet eine charakteristische Stelle, „ist [...] ein universelles ontologisches Strukturmoment des Ästhetischen, ein Seinsvorgang

wie er es kennt.“[24] Eben dies macht nun den Erkenntnissinn der Mimesis aus, dass sie *Wiedererkennung* ist.[25] Dabei muss jedoch der Charakter der Wiedererkennung richtig verstanden werden; er ist nicht einfach eine Art „Wiederholung“ Wiederholung dessen, was man schon kennt und was demzufolge nichts Neues bringt. Ganz im Gegenteil. Bei genauerem Hinsehen erweist sich das Wiedererkennen als eigentliches Erkennen.

Nachahmung ist demnach weniger „abbildende Wiederholung“ als vielmehr Erkennen, ja wesentliches Erkennen oder „Erkenntnis des Wesens“.[26] Im Wiedererkennen gibt es nicht nur u. a. *auch* ein Erkennen, viel eher umgekehrt: Alles Erkennen, was diesen Namen verdient, ist Wiedererkennen. Durch es wird „*mehr* erkannt [...] als nur das Bekannte“.[27] Diese hermeneutische Auffassung des Erkennens (hermeneutisch in dem Sinne, dass sie sich stillschweigend auf den Begriff des Vorverständnisses, hier: des Bekannten, stützt) impliziert, dass eigentlich nur erkannt werden kann, was vorher schon irgendwie bekannt ist. Dieses Verhältnis zwischen Bekanntem und Erkanntem war bereits Hegel nicht „unbekannt“ – „Das Bekannte überhaupt ist darum, weil es bekannt ist, nicht erkannt“, heißt es in der Vorrede der *Phänomenologie*[28] – und bringt Heideggers Auffassung des Verhältnisses zwischen Verstehen und Auslegen, nach der Auslegung als „Ausbildung des Verste-

und nicht etwa ein Erlebnisvorgang, der im Augenblick der künstlerischen Schöpfung geschähe und von dem aufnehmenden Gemüt jeweils nur wiederholt würde“ (GW 1, S. 164). Ein anderer wesentlicher Aspekt der Darstellung liegt darin, eine Art Wiederholung des Gleichen zu sein. „Die Darstellung hat auf eine unauflösbare, unauslöschliche Art den Charakter der Wiederholung des Gleichen. Wiederholung meint freilich nicht, dass etwas im eigentlichen Sinne wiederholt, d. h. auf ein Ursprüngliches zurückgeführt würde. Vielmehr ist jede Wiederholung gleich ursprünglich zu dem Werk selbst.“ (GW 1, S. 127f.)

24 GW 1, S. 118.

25 GW 1, S. 119. Wenn jemand einen anderen „nachahmt“, können wir nur sofern erraten, dass es da um Nachahmung geht, wenn wir denjenigen, der da „nachgeahmt“ wird, schon kennen. Dann aber ist es wirklich so, dass bei der Nachahmung schon vorherige Kenntnisse ins Spiel kommen müssen und dass andererseits die Nachahmung denjenigen da sein lässt, den er kennt und wie er ihn kennt.

26 GW 1, S. 120: Vgl. ebd.: „Wer nachahmt, muß weglassen und hervorheben.“ Siehe außerdem ebd., S. 119: „In der Wiedererkenntnis tritt das, was wir kennen, gleichsam wie durch eine Erleuchtung aus aller Zufälligkeit und Variabilität der Umstände, die es bedingen, heraus und wird in *seinem Wesen* erfaßt.“ (Hervorhebung I. M. F.)

27 GW 1, S. 119.

28 Vgl. G. W. F. Hegel, *Phänomenologie des Geistes*, neu hg. v. Hans-Friedrich Wessels und Heinrich Clairmont, mit einer Einleitung von Wolfgang Bonsiepen, Hamburg 1988, S. 25: „Das Bekannte überhaupt ist darum, weil es bekannt ist, nicht erkannt.“ Voraussetzung dieser Forderung Hegels nach Erkennen ist offensichtlich, dass nur das erkannt werden kann, was zuvor schon bekannt war. Vgl. noch ebd., S. 11:

hens" sich „je schon im Verstandenen bewegen und aus ihm her sich nähren muß",[29] nicht nur angemessen, sondern auf eine neue und beeindruckende Weise wieder zur Geltung. Das völlig Unbekannte kann demnach unmöglich „Gegenstand" des Erkennens werden.[30]

Vor dem Hintergund dieser phänomenologisch-hermeneutischen Explikation des ursprünglichen Sinnes der Mimesis ist diese alles andere als bloße „Nachahmung" ohne jeglichen Erkenntniswert. „Nachahmung hat [...] als Darstellung eine *ausgezeichnete Erkenntnisfunktion*." „In Wahrheit ist in der Darstellung der Kunst *Wiedererkenntnis* am Werk, die den Charakter echter *Wesenserkenntnis* hat."[31] Nachahmung ist so wenig „bloß Wiederholung", dass sie vielmehr als „Hervorholung" zu charakterisieren ist.[32] „In der Darstellung des Spieles [...] wird hervorgeholt und ans Licht gebracht, was sich sonst ständig verhüllt und entzieht".[33]

Das im Zusammenhang der Nachahmung Ausgeführte gilt nun ebenso vom Begriff des Bildes. Was Gadamer etwas provozierend die ästhetische Nichtunterscheidung nennt, ist auch „ein Wesenszug aller Bilderfahrung".[34] Die ontologische Relevanz („Seinsvalenz" genannt) des Bildes wird von seinem Unterschied vom Abbild her sichtbar gemacht. Während das Abbild nur „ein verschwindendes Sein" hat, indem sich seine Funktion darin erschöpft, im Verweisen auf das Original, das Urbild, sich selbst aufzuheben (das ist z. B. der Fall bei einem Passfoto), als Mittel mit der Erreichung seines Zwecks zu verschwinden, ist das Bild dagegen etwas, dessen Bestimmung nicht und nie „in seiner Selbstaufhebung" liegen kann.[35] In diesem Sinne ist das Verhältnis des Bildes zum Urbild ein wesentlich anderes als im Falle des Abbildes. Letzteres tritt in seiner Verweisungsfunktion hinter dem Urbild ganz zurück, das Bild dagegen ist das, worin das Urbild zur Darstellung kommt und dadurch

„[...] das Verständige ist das schon Bekannte und das Gemeinschaftliche der Wissenschaft und des unwissenschaftlichen Bewußtseins [...]".

29 *Sein und Zeit*, Tübingen [15]1979, S. 148, 152.

30 Vgl. bei Heidegger auch: *Prolegomena zur Geschichte des Zeitbegriffs*, GA 20, S. 222: „Alles Erkennen ist nur Aneignung und Vollzugsart des schon durch andere primäre Verhaltungen Entdeckten."

31 GW 1, S. 120. Der letzte Teil des Satzes lässt sich m. E. auch als eine Erklärung dafür lesen, warum die Kunstthematik der Historie (also den Geisteswissenschaften) vorausgehen muss.

32 GW 1, S. 120.

33 GW 1, S. 118. In dieser Charakterisierung dürfte Heideggers Wahrheitsbegriff als Unverborgenheit eine Rolle spielen.

34 GW 1, S. 144.

35 GW 1, S. 143.

„gleichsam einen Zuwachs an Sein“ erfährt.[36] „So paradox es klingt: Das Urbild wird erst vom Bilde her zum Bilde – und doch ist das Bild nichts als die Erscheinung des Urbildes.“[37] „Das Bild ist ein *Seinsvorgang* – in ihm kommt Sein zur sinnvoll-sichtbaren Erscheinung“ – das ist Gadamers zusammenfassendes Wort über die nunmehr ontologisch rehabilitierte Stellung des Bildes.[38] Dieses Konzept impliziert eine spekulative Auffassung der Sinnlichkeit, die in die Nähe der Ästhetik Hegels rückt. – „Die ‚Idealität‘ des Kunstwerks ist nicht durch die Beziehung auf eine Idee als ein nachzuahmendes, wiederzugebendes Sein zu bestimmen, sondern wie bei Hegel, als das ‚Scheinen‘ der Idee selbst“,[39] heißt es. Und ihre Vollendung findet sie in der am Ende des Werks skizzenhaft entwickelten Metaphysik des Schönen.[40]

Der Hinweis auf die berühmte Hegelsche Definition ist als Zusammenfassung der ihm vorausgehenden und hier kurz rekonstruierten Auslegung anzusehen. Am Ende seines Hauptwerks kommt Gadamer auf dem Wege einer „ontologischen Wende der Hermeneutik“ in die Nachbarschaft metaphysischer Folgerungen. Der Begriff des Schönen, erinnert er, war „ehedem ein universaler metaphysischer Begriff und hatte innerhalb der Metaphsik, d. h. der allgemeinen Lehre vom Sein, eine Funktion, die keineswegs auf das Ästhetische im engeren Sinne beschränkt war“.[41] Die Bestimmung des Schönen sei „eine universale ontologische“ gewesen.[42] Was er mit „Darstellung“ gemeint hat, sei „jedenfalls ein universelles ontologisches Strukturmoment des Ästhetischen, ein Seinsvorgang und nicht etwa ein Erlebnisvorgang“.[43] Es gibt einen „metaphysischen Rang des Schönen, wie wir ihn in der griechischen Philosophie finden“,[44] und Gadamer geht es darum, auf ihn zurückzugreifen. Diese, wie Gadamer sie nennt, „Metaphysik des Schönen“[45] falle jedoch mit dem neuzeitlichen ästhetischen Rationalismus nicht zusammen. Im Unterschied etwa zum Guten habe das Schöne „in seinem eigenen Wesen Erscheinendes zu

36 GW 1, S. 145. Vgl. GW 1, S. 153: „Jedes Bild ist ein Seinszuwachs“, ferner GW 1, S. 158f. Gadamer verwendet auch den Ausdruck „Seinsvorgang“ (vgl. z. B. GW 1, S. 148f., 152, 156, 164).
37 GW 1, S. 147.
38 GW 1, S. 149 (Hervorhebung I. M. F.).
39 GW 1, S. 149.
40 Vgl. GW 1, S. 481ff., wörtlich GW 1, 484. Darauf wird zuvor schon in GW 1, 164 (= WM 152) verwiesen. Vgl. ferner: Text und Interpretation, in: GW 2, S. 330–360; hier S. 360; „Wort und Bild – ‚so wahr, so seiend‘“, GW 8, S. 373–399; hier S. 380f.
41 GW 1, S. 481.
42 GW 1, S. 483.
43 GW 1, S. 164.
44 GW 1, S. 484.
45 GW 1, S. 484, zweimal, siehe auch S. 488.

sein".[46] „Es hat seine eigene Helligkeit, so daß wir hier nicht von entstellten Abbildern verführt werden".[47] (Letzteres mag sehr wohl beim Guten der Fall sein; etwas sieht gut aus, ist es aber nicht; hingegen dass etwas schön aussieht, es aber nicht ist, ist unmöglich). Plato hat im *Phaidros* das Schöne „das am meisten Hervorleuchtende (*to ekphanestaton*)" genannt und Gadamer fügt hinzu: „,Hervorscheinen' ist also nicht nur eine der Eigenschaften dessen, was schön ist, sondern macht sein eigentliches Wesen aus".[48] „Schönheit ist nicht einfach Symmetrie, sondern der Vorschein selbst, der auf ihr beruht. Sie ist von der Art des Scheinens. Scheinen aber heißt: auf etwas scheinen und so an dem, worauf der Schein fällt, selber zum Erscheinen kommen. Schönheit hat die Seinsweise des Lichtes. Das meint nicht nur, dass ohne Licht nichts Schönes erscheinen, nichts schön sein kann. Es meint auch, daß die Schönheit des Schönen *als* Licht, als Glanz an ihm erscheint. Sie bringt sich selbst zur Erscheinung. [...] Licht ist ja nicht die Helle dessen, was es bescheint, sondern, indem es anderes sichtbar sein läßt, ist es selbst sichtbar, und es ist auf keine andere Weise sichtbar, als indem es anderes sichtbar macht".[49] Die „ontologische Struktur des Schönen" sei als „Vorscheinen" zu bezeichnen[50] und so hat „die Erscheinung des Schönen [...] *‚Ereignischarakter'*".[51] Das Schöne „macht sich selbst offenbar [...] Es ist nicht etwas für sich und etwas anderes für andere. Es ist auch nicht an etwas anderem [...]. Daraus folgt nun, daß in Hinsicht auf das Schönsein das Schöne immer ontologisch als ‚Bild' verstanden werden muß. Es macht keinen Unterschied, ob ‚es selbst' oder sein Abbild erscheint".[52] – Dieser Rückverweis bezieht sich offensichtlich auf die Analyse des Bildes, die im vorausgehenden Teil des Hauptwerks unter dem Titel „Die Seinsvalenz des Bildes" vollzogen wurde und deren Fazit sich als eine „‚Ontologie' des Bildes"[53] bezeichnen lässt; Bild ist kein „Spiegelbild" und somit „ein bloßer Schein";[54] es besagt „keine bloße Minderung an Sein",[55] sondern es ist als „Seinsvorgang"[56] vielmehr ein „Zuwachs an Sein".[57] *Ontologische Bildauffassung und Metaphysik des Schönen gehören also bei Gadamer eng zusammen,* sie verweisen gegenseitig auf einander oder genauer formuliert: Der am Ende

46 GW 1, S. 484.
47 GW 1, S. 485.
48 GW 1, S. 485, 486.
49 GW 1, S. 486.
50 GW 1, S. 487.
51 GW 1, S. 488.
52 GW 1, S. 491.
53 GW 1, S. 147.
54 GW 1, S. 144.
55 GW 1, S. 145.
56 GW 1, S. 145, 148f.
57 GW 1, S. 145.

des Hauptwerks skizzierten Metaphysik des Schönen liegt die zuvor entwickelte ontologische Bildauffassung oder einfach Bildontologie zugrunde. Am Ende des Bildkapitels sucht Gadamer sein Bildverständnis mit Hinweis auf Hegels berühmte Definition zu erläutern und an diesem Punkt könnten wir sagen, dass ebenso auch umgekehrt gilt: Durch Gadamers Interpretation des Bildes und seinen Entwurf einer Metaphysik des Schönen lässt sich wohl die berühmte Definition erläutern. Wichtig ist dabei, „Scheinen“, wie es in der berühmten Definition auftaucht, nicht im Sinne des bloßen Scheins oder der Enttäuschung zu verstehen, im Gegensatz zu so etwas wie Wirklichkeit, sondern eben als Hervorscheinen, Hervorleuchten. Das „Scheinen“ ist hier als Seinsvorgang zu verstehen, das sinnliche Scheinen wird metaphysisch verstanden, wobei wir es an diesem Punkt ebenso mit einer metaphysischen Auffassung der Sinnlichkeit zu tun haben. Dies ist insofern ungewöhnlich, als das Metaphysische traditionell eben mit dem Übersinnlichen gleichgesetzt zu werden pflegt und das Sinnliche im Sinne der empirischen Erfahrung als Gegensatz zu – und nicht als Ausdruck von – Metaphysischem geltend gemacht wird. Ästhetik und Metaphysik werden hier vorneuzeitlich miteinander verbunden.

Ein kurzer Hinweis soll genügen, um daran zu erinnern, dass sich Gadamers Interpretation im Wesenlichen auf Heideggers Kunstwerkaufsatz stützt. Die Verknüpfung des Schönen mit dem Scheinen und der Zusammenhang beider mit der Wahrheit wurde von Heidegger klar herausgestellt. Hierzu ein Beleg: „Das [...] Licht fügt sein Scheinen ins Werk. Das ins Werk gefügte *Scheinen* ist *das Schöne. Schönheit* ist eine Weise, wie *Wahrheit* als Unverborgenheit west.“[58] Charakteristisch für das Verständnis des unzertrennlichen Ineinander von Schönheit und Wahrheit sind folgende Ausführungen: „Die Wahrheit ist die Unverborgenheit des Seienden als des Seienden. Die Wahrheit ist die Wahrheit des Seins. Die Schönheit kommt nicht *neben* dieser Wahrheit vor. Wenn die Wahrheit sich in das Werk setzt, erscheint sie. Das Erscheinen ist – als dieses Sein der Wahrheit im Werk und als Werk – die Schönheit. So gehört das Schöne in das Sichereignen der Wahrheit. Es ist nicht nur relativ auf das Gefallen und lediglich als dessen Gegenstand [...]“.[59] Gadamers Anknüpfung an Heidegger und dessen Kritik der subjektivistischen Auffassung der Ästhetik ist an diesem Punkt ganz klar und wird von ihm auch anerkannt, indem er seine Zustimmung zu Heideggers Darstellung wie folgt zum Ausdruck bringt: „Heidegger hat seinerseits mit Recht den Begriffszusammenhang von *„schön“ und „scheinen“* geltend gemacht, der in Hegels berühmter Wendung

58 Martin Heidegger GA 5, S. 43 (Hervorhebung I. M. F.).
59 Ebd., S. 69 (Hervorhebung I. M. F.).

vom *sinnlichen Scheinen der Idee* anklingt."[60] Und dass das Sinnliche nicht im Sinne der bloßen Empirie, des bloßen Scheins, sondern vielmehr metaphysisch verstanden werden soll, hat Heidegger in seinen Nietzsche-Vorlesungen mit Nachdruck behauptet: „Das Sinnliche ist nicht mehr das ‚Scheinbare', nicht mehr das Verdunkelte, es ist das allein Reale, also das ‚Wahre'".[61] „Das Schöne wird [bei Platon] das Hervorscheinendste genannt [...] Das Schöne ist seinem eigensten Wesen nach das im sinnlichen Bereich Hervorscheinendste, das Aufglänzendste, derart, daß es als dieses Geleucht zugleich das Sein aufleuchten läßt."[62] Heidegger hat übrigens seine Auslegung des Zusammenhangs von „schön" und „Scheinen" im Briefwechsel, den er mit Emil Staiger in Bezug auf Mörikes Gedicht „Auf eine Lampe" geführt hat, weiter bekräftigt.[63]

Um zu Gadamer zurückzukommen, lässt sich als vorläufiges Fazit festhalten: Gadamer hat wie kaum ein anderer seit dem Tod Hegels eine Verknüpfung von Ästhetik und Metaphysik oder eine metaphysische Ästhetik zu entwickeln versucht. Angesichts der neuzeitlichen Subjektivierung des Ästhetischen ging es ihm im Wesentlichen um eine metaphysische Rehabilitierung des Schönen. Er war bestrebt, gegen alle subjektivistischen Kunstauffassungen und ästhetischen Theorien die „Objektivität" des Schönen und damit dessen metaphysischen Rang zu restituieren und wieder zur Geltung zu bringen. Dass seine Ausführungen auch im Sinne einer Erläuterung der berühmten Hegelschen Definition, die er gelegentlich auch zitiert und der er sich auf seine Weise verpflichtet weiß, verstanden werden dürfen, sollte, wie ich glaube, einleuchten. Bei der Heideggerschen-Gadamerschen Interpretation der Sinnlichkeit bzw. des sinnlichen Scheinens kann von einer „Herabsetzung der Sinnlichkeit" oder „Depotenzierung der Kunst" keine Rede sein, eher umgekehrt, sie lässt sich wohl als Aufwertung verstehen. Dies schon deshalb, weil das Schöne mit dem Wahren verknüpft, damit dem Kunstwerk Erkenntnissinn und Wahrheitsfähigkeit zugesprochen wird. Dass Gadamers Interpretation des Scheinens bzw. des sinnlichen Scheinens im Sinne Hegels sein dürfte, möchte ich nun in einem zweiten Schritt anhand einiger Hegelscher Texte nahelegen, die entweder aus Vorlesungsnachschriften stammen oder angesichts ihrer Authentizität nicht infrage gestellt worden sind. Die Thesen, die damit belegt werden sollen, sind folgende:

60 Hans-Georg Gadamer, GW 2, S. 360 (Hervorhebung I. M. F.).

61 Martin Heidegger, *Nietzsche*, Pfullingen 1961, Band 1, S. 245.

62 Ebd., S. 228.

63 Vgl. Heidegger GA 13, S. 93ff., bes. S. 96: „Aber dieses ‚Scheinen' ist niemals ein bloßer ‚Schein' (im Sinne von ‚es scheint, als ob ...')", ferner S. 97: „Außerdem müssen wir beachten, daß für uns die Sagekraft des Wortes ‚scheinen' verlorengegangen ist, wenngleich wir noch sagen: ‚die Sonne scheint'".

1. Es handelt sich in beiden Fällen um eine metaphysische Ästhetik, in deren Zentrum eine Metaphysik des Schönen steht, dabei um eine metaphysische (statt empiristische) Auffassung der Sinnlichkeit. Hieraus folgt:
2. Scheinen bzw. sinnliches Scheinen von etwas ist so wenig als eine ontologische Herabsetzung oder Minderung anzusehen, dass es vielmehr eine Aufwertung, einen (wie sich Gadamer ausdrückt) Seinsvorgang oder Zuwachs an Sein besagt.
3. Es gibt eine gegenseitige Verknüpfung von Schönem und Wahrem und eine Ablehnung einer einseitig subjektivistischen Auffassung des Schönen bzw. des Ästhetischen.

II.

Bereits in seiner ersten Berliner Ästhetik-Vorlesung 1820/21 macht Hegel seine Auffassung des Zusammenhangs von „schön“ und „Scheinen“ deutlich: „*Schön kommt von Scheinen*; d. h. der Begriff kommt auf zum Scheinen [...] im Schönen ist das Seyn als Schein gesetzt; denn der Begriff dringt durch die Äußerlichkeit hindurch, *scheint*. Also *steht das Scheinen höher als das Seyn*; denn erst durch dieses *Hervortreten* an die Äußerlichkeit erhält das Wesen ein Seyn, d. h. *es scheint*; also ist die Wahrheit selbst dies Scheinen.“[64] Die Behauptung, *das Scheinen stehe höher als das Sein*, macht eindeutig, dass es sich unmöglich um bloßen Schein als Täuschung handeln könne. Dies wird auch dadurch bestätigt, dass das Schöne vom Scheinen her expliziert, in dasselbe versetzt wird – dies schließt ebenfalls aus, Scheinen im herabstufenden Sinne als bloßen Schein zu verstehen. Scheinen sei, wie die Bestimmung lautet, so etwas wie „durchdringen des Begriffs durch die Äußerlichkeit hindurch“; diese Formulierung stellt eine Dynamik, eine Bewegung dar, die Gadamers Formulierung „Seinsvorgang“ ihrerseits angemessen zu fassen scheint. Die metaphysische Aufwertung des Scheinens könnte kaum von etwas anderem besser charakterisiert werden als der Behauptung, *das Scheinen stehe höher als das Sein*. Im Hervortreten wird auch das Strukturmoment greifbar, das bei Gadamer und Heidegger als „hervorleuchten“, „hervorscheinen“ zur Sprache gebracht werden soll. Auch die metaphysische Aufwertung des Scheinens legen die in der Vorlesung von 1823 in Hothos Nachschrift zu findenden Ausdrücke wie *„das sich in sich vertiefende Scheinen“* bzw. *„höchste Grad des Scheinens“* nahe – ein bloßer Schein könnte sich kaum in sich vertiefen. Das *„sich in sich vertiefen“*

64 Annemarie Gethmann-Siefert, Einleitung: Gestalt und Wirkung von Hegels Ästhetik, in: HN, S. CXVI (Hervorhebung I. M. F.).

und Gadamers Ausdruck, *„Zuwachs an Sein"* zeigen dem Sinne nach offensichtliche Parallelen.

Die einleitenden Teile der Vorlesung von 1823 setzen in Hothos Nachschrift gleich mit einer Erörterung des Begriffs des Scheins bzw. des Sinnes der Beziehung, die zwischen ihm und der Kunst besteht, an. Dies zeigt, dass Hegel für die systematische Verortung der Kunst nach wie vor auf den Begriff Schein rekurriert bzw. ihn immer wieder in Anspruch nimmt.

> „Was nun den Umstand betrifft, daß die Kunst Schein hervorbringe, und ihn zur Weise ihrer Existenz habe, so ist dies richtig; [...] Aber was der Schein sei, welches Verhältnis er zum Wesen habe, darüber ist zu sagen, daß alles Wesen, alle Wahrheit erscheinen müsse, um nicht eine leere Abstraktion zu sein. [...]. Der Schein aber ist kein Unwesentliches, sondern wesentliches Moment des Wesens selbst. Das Wahre ist im Geiste für sich, scheint in sich, ist da für Andere. [...] Und nur in der Art und Weise des Scheins wird demnach die Kunst ihre Eigentümlichkeit haben, nicht im Scheinen überhaupt. Dieser Schein, der der Kunst angehört, kann [...] als eine Täuschung angesehen werden; und zwar im Vergleich [mit] der äußerlichen Welt, wie sie uns in ihrer Materialität umgibt, und auch im Vergleich mit unserer inneren, sinnlichen Welt. Das Äußerliche sprechen wir nicht als Täuschung an, auch nicht was in unserem Inneren, im Bewußtsein liegt. Alles solches sprechen wir als Wirklichkeit an. Den Schein der Kunst können wir gegen diese Wirklichkeit als Täuschung bestimmen, aber [wir] *könnten mit mehr Recht behaupten, daß, was wir sonst als Wirklichkeit gelten lassen, eine stärkere Täuschung, ein unwahrerer Schein als der Kunst sei.*"[65]

Der Schein wird hier ganz klar nicht so etwas wie der Wirklichkeit gegenübergestellt. Ganz im Gegenteil. Der Sinn desjenigen Scheins, der für die Charakterisierung der Kunst in Anspruch genommen wird, ist der denkbar entfernteste von der Bedeutung des Scheins im Sinne bloßen Scheins. Wenn Gadamer das von ihm so genannte „ästhetische Bewußtsein" deshalb kritisiert, weil es die Kunst unter Kategorien wie „Schein, Entwirklichung, Illusion, Zauber, Traum" begreift – unter Begriffen, die alle „Bezug auf ein eigentliches Sein" voraussetzen –, dann bewegt sich seine Kunstaufassung in dieselbe – metaphysische, antisubjektivistische – Richtung wie die Hegels.

Im weiteren Verlauf der Vorlesung begegnen wir auch dem Begriff des Sinnlichen und es ist nicht unwesentlich, dass er vorwiegend auf den Schein bezogen wird, wodurch wir in die Nähe des berühmten Ausdrucks „sinnliches Scheinen" kommen.

---

65 HN, S. 2 (Hervorhebung I. M. F.).

„Das Sinnliche [...]ist in der Kunst *zum Schein erhoben*, und die Kunst steht in der Mitte somit zwischen dem Sinnlichen als solchen und dem reinen Gedanken; das Sinnliche in ihr ist nicht das Unmittelbare, in sich Selbständige des Materiellen, wie Stein, Pflanze und organisches Leben, sondern das Sinnliche ist für ein Ideelles, aber nicht das abstrakt Ideelle des Gedankens. – Es ist der rein sinnliche Schein und in näherer Form die Gestalt. [...].“[66]

Im letzten Teil des Zitats taucht der Begriff „sinnlicher Schein“ auf. So wenig Schein mit bloßem Schein gleichzusetzten ist, so wenig ist „das Sinnliche“ mit dem „Unmittelbaren“ gleichbedeutend. Zum Schein kann etwas außerdem im Sinne des bloßen Scheins wohl nur *degradiert*, kaum aber *„erhoben“* werden. So ist Hegels Sprachgebrauch auch an diesem Punkt eindeutig und einleuchtend. Der Ausdruck *zum Schein erhoben* meint demnach eine Auszeichnung bzw. eine Aufwertung des Scheinbegriffes. Wenn „das Sinnliche [...] *zum Schein erhoben*“ wird, so kommen „sinnlich“ und „scheinen“ einander nahe und die beiden strukturellen Schwerpunkte des Satzes lassen sich ungezwungen zusammenfassen im Audruck „sinnliches Scheinen“. Denn wenn „das Sinnliche [...] *zum Schein erhoben*“ wird, so haben wir es dabei dem Sinn nach mit „sinnlichem Scheinen“ zu tun und der berühmte Ausdruck steht mit einem Schlage vor uns.

III.

Bisher wurde versucht, den möglichen Sinn der berühmten Bestimmung „Sinnliches Scheinen der Idee“ von der Hermeneutik Gadamers ausgehend zu erschließen und dabei gelegentlich auch Parallelen zwischen Gadamer und Hegel zu zeigen, wobei die These lautete, dass wir es in beiden Fällen mit einer Metaphysik des Schönen zu tun haben, einer metaphysischen Theorie der Sinnlichkeit oder einer an der Wahrheit orientierten metaphysisch verstandenen Ästhetik. Neben den Parallelen bzw. über sie hinaus gibt es aber auch nicht unwesentliche Unterschiede und im Schlussteil meines Beitrags soll kurz darauf eingegangen werden. Wenn wir es, nach dem Untertitel meines Beitrags, bei Gadamer und Hegel mit zwei Arten einer Metaphysik des Schönen zu tun haben, so impliziert dies auch Differenzen, ja vielleicht nicht unwesentliche Abweichungen und dies soll nun kurz dargestellt werden.

Eine Metaphysik des Schönen beinhaltet die „Objektivität“ des Schönen und sowohl Hegel als auch Gadamer ist es gemeinsam, die subjektivistische

66 HN, S. 20f. (Hervorhebung I. M. F.).

Auffassung des Ästhetischen abzulehnen. Die ontologisch aufgewertete Auffassung des Scheinens veranlasst Hegel an einem Punkt seiner Vorlesung von 1823, davon ausgehend seine ganze Lehre als „objektiven Idealismus" zu kennzeichnen. „Wir können nun sagen, dieser Idealismus sei ein objektiver Idealismus; das Ideelle *macht sich scheinen, macht* seine materielle Existenz immer *zum Scheinen* und dadurch *erscheint* seine Freiheit, seine Idealität."[67] Die spezifische Struktur des Scheinens erscheint Hegel offensichtlich dazu bestens geeignet, mit Bezug auf sie seine Philosophie als „objektiven Idealismus" zu identifizieren. Und es leuchtet auch ein: Diese Philosophie ist Idealismus, denn ihr Gegenstand ist die Idee, eine solche aber, die gegenüber etwa den regulativen Ideen Kants nicht so schwach und ohnmächtig ist, in einem Jenseits ein für allemal verschlossen zu bleiben, sondern sie hat die Kraft, in die Objektivität auch ein- und hervorzutreten, hervorzuleuchten, durch die Sinnlichkeit bzw. Äußerlichkeit hindurch durchzudringen, zu erscheinen, oder kurz: zu scheinen. Gadamers Interpretation vermag an diesem Punkt nicht nur auf die berühmte Definiton, sondern sogar auf die ganze Philosophie Hegels einen markanten Blick zu werfen.

Die Bezeichnung seiner Philosophie als „objektiver Idealismus" ist aber nicht das letzte Wort Hegels. Ehe hierauf eingegangen wird, sei ein antizipierender Hinweis vorausgeschickt, der einen Bedeutungswechsel im Sinngehalt des Begriffs des Sinnlichen anzeigt. Das Sinnliche wird an einer Stelle der Vorlesung 1823 plötzlich negativ als „nur sinnlich" gekennzeichnet:

> „In der klassischen Kunst ist der Begriff des Schönen realisiert; schöner kann nichts werden. Aber das Reich des Schönen selbst ist für sich noch *unvollkommen,* weil der freie Begriff *nur sinnlich* in ihm vorhanden [ist] und keine geistige Realität in sich selbst hat. Diese *Unangemessenheit* fordert vom Geist, sie aufzuheben und *in sich* selbst zu leben und in keinem *Anderen* seiner [...] Hier vollendet sich die *Innerlichkeit in sich.*"[68]

Durch diese Äußerung spricht nicht mehr der Philosoph des objektiven Idealismus, wohl aber der des absoluten Idealismus. Dies erklärt zugleich, warum sich das Reich des Schönen und der Kunst für Hegel als *unvollkommen* erweisen muss. Die Lehre, die die Metaphysik des Schönen behauptet, ist zu Recht als *objektiver* Idealismus zu bezeichnen. Der *absolute* Idealismus hat aber den Boden bzw. das Reich der Sinnlichkeit, des sinnlichen Scheinens zu verlassen, hat die Kunst zu verabschieden, muss über sie hinaus- und in die zwei anderen Gestalten des absoluten Geistes, die der Religion und der Philosophie, übergehen, um letztendlich in der letzteren sich in die Innerlichkeit des reinen

67 HN, S. 53. Vgl. ebd., S. 51.
68 HN, S. 179 (Hervorhebung I. M. F.).

Gedankens zurückzuziehen und, alle Entäußerung zurücknehmend, um in dem für die Philosophie eigenen Grau in Grau sich in die Farblosigkeit des sich selbt denkenden Gedankens, des sich selbst begreifenden Begriffs der Philosophie in die einzig und allein ihr selbst angemessene Form zurückzufinden und so für ewig bei sich selbst zu sein und zu bleiben.

„Nur sinnlich“: diese Wendung klingt im zitierten Text etwas überraschend, denn in den bisher angeführten Kontexten hatte das Sinnliche ebenso wie das Scheinen einen vorwiegend positiven Sinn. Das Reich des Schönen, die Welt der Kunstwerke schien auf ihre eigene Weise harmonisch oder vollendet zu sein. Eine Verdoppelung, die doch Einheit ist, eine gegenseitige Durchdringung von Intellektuellem und Sinnlichem, Geistigem und Körperlichem. Über diesen Punkt scheinen Hegel und Gadamer sich einig zu sein. Der Akzent fällt für Hegel jedoch auf den Charakter der Verdoppelung, Entzweiung. Der Geist ist für Hegel im Sinnlichen letzten Endes doch nicht zu Hause, der Geist kann und will nur im Geiste leben.

Darüber wissen auch Gadamer und Heidegger einiges, können Hegel jedoch an diesem Punkt nicht mehr folgen. Sie stellen nämlich die Frage, ob der Standpunkt des unendlichen Geistes für den je endlichen Menschen überhaupt zugänglich sei – die Frage, ob die Hermeneutik der endlich-geschichtlichen Faktizität menschlicher Existenz es ermöglicht oder plausibel macht, sich in das Reich des reinen Gedankens zurückzuziehen.

Gadamer interpretiert das im „sinnlichen Scheinen der Idee“ befindliche Scheinen als „wechselnder Schein“.[69] Die im Wechseln mitklingende Dynamik, die wir auch im Hervorscheinen, Hervorleuchten aufzufinden gemeint haben, ist als Dynamik zugleich auch Spannung, alles andere als ruhendes Sein. Die Kategorien der an der endlich-geschichtlichen Faktizität menschlicher Existenz orientierten Hermeneutik sind für Heidegger vorwiegend „Bewegungskategorien“[70] und haben dementsprechend den Charakter der

69 GW 8, S. 391: „Die platonische Schönheitslehre [...] hat über Plotin ihre Nachfolge bis Hegel gefunden, wenn man nach Hegel die Kunst als das ‚sinnliche Scheinen der Idee‘ beschreibt. [...] Plotin hat dabei das Schöne der Kunst schon immer mit im Auge, das wir bei Plato und Aristoteles nur beiläufig erwähnt fanden. Für uns ist es wesentlich, daß es sich hier um ein *Er-scheinen* handelt. Als *Scheinen* ist es seinem Wesen nach ein *wechselnder Schein*. Und doch gibt es das einzigartige Hervorscheinen des Schönen wie den Zauber der Kunst [...]“ (Hervorhebung I. M. F.).

70 Vgl. Martin Heidegger, GA 61, S. 117ff. Das entspricht nämlich am ehesten dem Charakter ihres „Gegenstandes“. Wie Heidegger hierzu schreibt: „Als eine prinzipielle Bestimmtheit des in Rede stehenden Gegenstandes (faktisches Leben) ist die *Bewegtheit* angesetzt“ (ebd., S. 116; Hervorhebung im Original; vgl. noch ebd., S. 93). Vgl. *Sein und Zeit*, S. 177ff., 374f., 389, 392.

„formalen Anzeige",[71] typisch vor allem ist das „Vorlaufen zum Tode".[72] Für Hegel ist all das Unvollkommenheit. Das sinnlich-ästhetische Sein ist für ihn noch nicht ruhendes Sein, nicht vollkommenes Bei-sich-selbst-sein. Hegels Metaphysik des Begriffs und seine Lehre von der Hierarchie des absoluten Geistes müssen deshalb die Welt der Kunst hinter sich lassen. Das ästhetische Sein stellt als sinnliches Scheinen noch keine wahrhafte Zurücknahme aller Entäußerung dar, sondern es ist selbst eine ausgezeichnete Art Entäußerung des Außer-sich-seins.

Die Lehre von der Idee ist Idealismus, die Lehre von der in der Objektivität erscheinenden Idee ist objektiver Idealismus, wurde gesagt. Diese Kennzeichnung vermag wohl Hegels Selbstverständnis angemessen zu charakterisieren, sie erfasst aber nicht die ganze Lehre Hegels. Die Bezeichnung, die am ehesten Hegels Selbstverständnis zu entsprechen scheint, ist demnach nicht die des objektiven, sondern die des absoluten Idealismus. „Der Standpunkt des Begriffs", schreibt Hegel in der *Enzyklopädie*, „ist überhaupt der des *absoluten Idealismus*, und die Philosophie ist begreifendes Erkennen, insofern,

71 Vgl. z. B. Martin Heidegger, GA 9, S. 10f. „Alle philosophischen Begriffe sind *formal anzeigend*", heißt es 1929/30 (Martin Heidegger, GA 29/30, S. 425). Durch das Konzept der „formalen Anzeige" versucht Heidegger, die Frage nach der philosophischen Begriffsbildung und „Methode" zu beantworten. Das Thema taucht in den frühen Vorlesungen immer wieder auf. Siehe Martin Heidegger, GA 58, S. 248f.; GA 59, S. 29, 61f., 74, 85, 97, 173, 190; GA 9, S 9ff., 29; GA 60, S. 54ff.; GA 61, S. 20, 32ff., 60, 66f., 113, 116, 134, 141, 175; GA 63, S. 80 („Die *formale Anzeige* ist immer mißverstanden, wenn sie als allgemeiner Satz genommen und mit ihr konstruktiv dialektisch deduziert und phantasiert wird"), 85; GA 21, S. 410; GA 29/30, S. 421ff., 441ff., 491. Vgl. Hans-Georg Gadamer, GW 3, S. 316. Aus der umfangreichen Literatur siehe: Daniel O. Dahlstrom, Heidegger's Method: Philosophical Concepts As Formal Indications, in: *The Review of Metaphysics* 47, Number 4 (June 1994), S. 775–795; Th. C. Wouter Oudemanns, Heidegger's „logische Untersuchungen", in: *Heidegger Studies* 6, 1990, S. 85–105, hier S. 93ff., Otto Pöggeler, Heideggers logische Untersuchungen, in: ders., *Heidegger in seiner Zeit*, München 1999, S. 19–38. – Die „formale Anzeige" ist nach Theodore Kisiel „the very heart and soul of the early Heidegger" (Theodore Kisiel, *The Genesis of Heidegger's Being and Time*, Berkeley/Los Angeles/London 1993, S.172). Siehe neuerdings mehrere Aufsätze des Bandes *A Companion to Heidegger's Phenomenology of Religious Life*, hg. v. Sean J. McGrath und Andrzej Wiercinski, Amsterdam/New York 2010 (*Elementa – Schriften zur Philosophie und ihrer Problemgeschichte*, vol. 80), so Sean J. McGrath, Formal Indication, Irony, and the Risk of Saying Nothing (ebd., S. 179–205), Jean Greisch, Heidegger's Methodological Principles for Understanding Religious Phenomena (ebd., S. 137–138, bes. S. 141ff.), Jennifer Anna Gosetti-Ferencei, The Poetics of World: Origins of Poetic Theory in Heidegger's *Phenomenology of Religious Life* (ebd., S. 239–262), sowie Gerhard Ruff, Present History: Reflections on Martin Heidegger's Approach to Early Christianity (ebd., S. 233–238, hier bes. S. 236: „The first part of the lecture [...] culminates in Heidegger's central methodological concept: formal indication").

72 Vgl. Martin Heidegger, GA 29/30, S. 425f.

als in ihr alles, was dem sonstigen Bewußtsein als ein Seiendes und in seiner Unmittelbarkeit Selbständiges gilt, bloß als ein ideelles Moment gewußt wird [...].“[73] „Der Satz“, so heißt es in der *Logik*, „daß das Endliche ideell ist, macht den Idealismus aus. Der Idealismus der Philosophie besteht in nichts anderem als darin, *das Endliche nicht als ein wahrhaft Seiendes anzuerkennen*“.[74]

Um die Gegenüberstellung von Hegel und Heidegger bzw. Gadamer pointiert und zugespitzt zu formulieren, lässt sich sagen: Das Wesen der Philosophie besteht für sie in nichts anderem als eben darin, *nur und ausschließlich das Endliche als ein wahrhaft Seiendes anzuerkennen*. Schellings Behauptung, das Absolute habe „kein Prädikat [...] als eben das der Prädikatlosigkeit“,[75] veranlasst Heidegger in seinen Schelling-Vorlesungen von 1936, daraus folgendes Fazit zu ziehen: „Wenn das Seyn vom Absoluten nicht gesagt werden kann, dann liegt darin, daß das Wesen alles Seyns die Endlichkeit ist [...]“.[76]

„Das Ergebnis des Schönen“, schreibt Gadamer, setzt „die Endlichkeit der menschlichen Existenz grundsätzlich voraus. Man kann sich geradezu fragen, ob für einen unendlichen Geist das Schöne so erfahren werden kann wie von uns. Kann er etwas anderes sehen als die Schönheit des Ganzen, das vor ihm liegt?“[77] Ich meine nun, Hegel hätte keine allzu große Schwierigkeiten damit gehabt, diesen Überlegungen grundsätzlich zuzustimmen. Nur zieht er daraus die umgekehrte Konsequenz, nämlich die, das Ästhetische zu verabschieden, es überwinden zu müssen. Ihm ist das eben der Grund, weshalb er von seiner Perspektive her nicht umhin kann, über die Ästhetik, über das Schöne und die Kunst hinauszugehen. „Der ‚Vorschein‘ des Schönen“, setzt Gadamer seinen eben zitierten Gedankengang fort, „scheint der menschlich-endlichen Erfahrung vorbehalten“. Denn das Hervorleuchten des Schönen – ebenso wie das Einleuchten des hermeneutischen Verstehens – hat Geschehenscharakter, hat einen Rezipienten, Empfangenden, und dessen Passivität (sozusagen eine aktiv hingebende Passivität) zur Voraussetzung. „Das Schöne nimmt für sich ein“, schreibt Gadamer, ist „wie eine Bezauberung“[78] – ein unendlicher Geist könnte nun offensichtlich kaum „eingenommen“ oder „be-

73 G. W. F. Hegel, *Enzyklopädie der philosophischen Wissenschaften im Grundriss. Erster Teil: Die Wissenschaft der Logik,* § 160, TW 8, S. 307.

74 G. W. F. Hegel, *Wissenschaft der Logik, I.*, TW 5, S. 172 (Hervorhebung I. M. F.)

75 Friedrich Wilhelm Joseph Schelling, *Philosophische Untersuchungen über das Wesen der menschlichen Freiheit und die damit zusammenhängenden Gegenstände,* in: *Schellings Sämmtliche Werke,* hg. v. Karl Friedrich August Schelling, Stuttgart/Augsburg, 1856–61, Bd. VII, S. 406.

76 Martin Heidegger, *Schellings Abhandlung über das Wesen der menschlichen Freiheit (1809),* hg. v. Hildegard Feick, Tübingen 1971, S. 195 (= Heidegger, GA 42, S. 280).

77 Hans-Georg Gadamer, GW 1, S. 489.

78 Ebd.

zaubert" werden, für ihn könnte es schlechthin und überhaupt kein Anderes geben. Das Hervorleuchten des Schönen ist ereignishaft, aber das Ereignis ist und bleibt, auch und gerade im Sinne Heideggers, im Grunde endlich.[79]

Wird all dem Rechnung getragen, so scheint Gadamer völlig recht zu haben, wenn er als Fazit seiner Überlegungen festhält: „Es erscheint von hier aus als folgerichtig, daß für Hegels Philosophie des unendlichen Wissens die Kunst eine Form der Vorstellung ist, die im Begriff und in der Philosophie ihre Aufhebung findet".[80]

An diesem Punkt scheiden sich die Wege, wir scheinen bei etwas Letztem angelangt zu sein – bei letzten Voraussetzungen, die nicht mehr hinterfragbar sind, und es bleibt nur noch vom Gesagten das Fazit zu ziehen.

Es handelt sich um zwei Arten einer Metaphysik des Schönen. Aus Gadamers Sicht ist die von ihm im Anschluss an und in Auseinandersetzung mit Hegel skizzierte Metaphysik des Schönen die einzige Metaphysik, die es für den endlichen Menschen beim Bestehen auf seine Endlichkeit geben kann. Aus der Sicht Hegels gibt es ebenfalls eine Metaphysik des Schönen, eine Metaphysik, die die Objektivität des Schönen behauptet, diese ist ihm aber keineswegs die einzige – sie ist eine Metaphysik des Schönen, neben der eine Metaphysik des Begriffs, des reinen begrifflichen Denkens steht, in welcher sie aufgehoben und übertroffen wird. Es handelt sich hier um letzte Voraussetzungen dessen, was Philosophie eigentlich sei, um die Selbstverständigung der Philosophie über sich selbst: Diese ist und bleibt aus der Sicht Heideggers und Gadamers eine endliche Bemühung des endlichen Menschen.

Die Grundfrage der Philosophie, die Seinsfrage, soll, wie es in Heideggers Kant-Buch heißt, „eine Wesensbeziehung zur Endlichkeit des Menschen haben";[81] denn „Existenz ist als Seinsart in sich Endlichkeit [...] Dergleichen wie Sein gibt es nur und muß es geben, wo Endlichkeit existent geworden ist".[82] Philosophie ist demnach „eine endliche Möglichkeit eines endlichen

79 Vgl. Martin Heidegger, GA 14, S. 50, Anm., 59: „Insofern für Hegel der Mensch der Ort des Zu-sich-selbst-kommens des Absoluten ist, führt das zur Aufhebung der Endlichkeit des Menschen. Bei Heidegger hingegen wird die Endlichkeit – und zwar nicht nur die des Menschen, sondern die des Ereignisses selbst – gerade sichtbar gemacht." Siehe ferner ebd., S. 64.

80 Hans-Georg Gadamer, GW 1, S. 490.

81 Martin Heidegger, GA 3, S. 225. Vgl. ebd., S. 229: „wir brauchen gar nicht erst nach einem Bezug des Seinsverständnisses zur Endlichkeit im Menschen zu fragen, es selbst *ist* das innerste Wesen der Endlichkeit"; das Seinsverständnis ist sogar „das Endlichste im Endlichen" (Hervorhebung im Original). Das von Heidegger so genannte „metaphysische Urfaktum" besteht darin, „daß das Endlichste in seiner Endlichkeit zwar bekannt, aber gleichwohl nicht begriffen ist" (GA 25, S. 233; vgl. noch ebd., 1ff.).

82 Martin Heidegger, GA 3, S. 228.

Seienden“[83] oder, anders ausgedrückt, „eine menschliche, d. h. endliche Möglichkeit“.[84] Und gegen Ende seines hermeneutischen Hauptwerks formuliert Gadamer seinerseits ebenso eindeutig und unmissverständlich: „Das Ergebnis des Schönen wie das hermeneutische Geschehen setzen beide die Endlichkeit der menschlichen Existenz voraus“.[85] Nicht zuletzt und nicht von ungefähr taucht der im Anschluss an Plato gegebene Hinweis, die Götter philosophieren ja nicht, bei beiden auf.[86]

„Eine Philosophie“, so heißt es dagegen bei Hegel, „welche dem endlichen Dasein als solchem wahrhaftes, absolutes Sein zuschriebe, verdiente den Namen Philosophie nicht“.[87] Beide Seiten müssen somit, von ihrem eigensten

83 Martin Heidegger, GA 27, S. 3 (vollständiger zitiert in Anm. 85).

84 Martin Heidegger, GA 27, S. 24. Wesentlich ist noch Heideggers darauf folgende Erläuterung: „Der griechische Ausdruck ist zugleich Anzeichen für das innerste und längst nicht in seiner zentralen Funktion erfaßte Wesen der Philosophie: ihre *Endlichkeit*. Diese ist nicht damit begriffen, daß man in scheinbarer Bescheidenheit und in einer gewissen Rührung schließlich eingesteht, unser Wissen sei Stückwerk. Die Philosophie ist nicht deshalb endlich, weil sie nie zu Ende kommt. Die Endlichkeit liegt nicht am Ende, sondern am Anfang der Philosophie, das heißt die Endlichkeit muß in ihrem Wesen in den Begriff der Philosophie aufgenommen werden“ (ebd., S. 24; Hervorhebung I. M. F.). Siehe noch z. B. Martin Heidegger GA 29/30, S. 45: „Wahrheit [ist] ein Schicksal der Endlichkeit des Menschen“; *Einführung in die Metaphysik*, GA 40, S. 11: „Die Philosophie ist eine der wenigen eigenständigen schöpferischen Möglichkeiten und zuweilen Notwendigkeiten des menschlich-geschichtlichen Daseins“.

85 Hans-Georg Gadamer, GW 1, S. 489.

86 Plato, Symp. 204 a 1. Vgl. Gadamer, GW 1, S. 490: „Der aristotelische Gott (auch der Hegelsche Geist) hat die ‚Philosophie‘, diese Bewegung der endlichen Existenz, hinter sich gelassen. Keiner der Götter philosophiert, sagt Plato.“ In Bezug auf Heidegger siehe GA 27, S. 3: „Gott braucht nicht zu philosophieren. Ein Gott, der philosophierte, wäre kein Gott, weil das Wesen der Philosophie ist, eine endliche Möglichkeit eines endlichen Seienden zu sein“; ebd., S. 260: „Schon in der Scholastik, bei Thomas z. B., herrscht Klarheit darüber, [...] daß Gott nicht denken kann, denn alles Denken ist der Index der Endlichkeit“ (vgl. auch ebd., S. 262); GA 3, S. 280: „Denn Ontologie ist ein Index der Endlichkeit. Gott hat sie nicht“; GA 29/30, S. 28: „[...] wenn uns versichert wäre, daß wir, daß jeder von uns ein Gott oder Gott selbst sei. Dann wäre auch schon die Philosophie schlechterdings überflüssig geworden und unsere Erörterung über sie erst recht. Denn Gott philosophiert nicht, wenn anders, wie es schon der Name sagt, Philosophie, diese Liebe zu … als Heimweh nach … [...] in der Endlichkeit sich halten muß.“ GA 65, S. 439: „‚Die Götter‘ bedürfen der Philosophie, nicht als ob *sie selbst* philosophieren müßten um ihrer Götterung willen, sondern Philosophie muß sein, *wenn* ‚die Götter‘ noch einmal in die Entscheidung kommen sollen und die Geschichte ihren Wesensgrund erlangen soll.“ Ebenso verhält es sich für Heidegger mit der Theologie, vgl. GA 62, S. 107: „Gott selbst braucht keine Theologie, seine Existenz ist nicht durch den Glauben begründet“.

87 G. W. F. Hegel, *Wissenschaft der Logik, I.*, TW 5, S. 172.

grundsätzlichen – nicht mehr hinterfragbaren, d. h. grund-losen oder abgründigen – Ausgangspunkt aus die andere (deren allerersten Ausgangspunkt) als Nicht-Philosophie bezeichnen. Da es hier um die Selbstverständigung der Philosophie über sich selbst, hiermit um allererste, von nichts Weiterem ableitbare Prinzipien geht, dürfte es in dieser Streitsache keine obere Entscheidungsinstanz mehr geben.[88] Eine Über-Philosophie bliebe, falls es so etwas geben sollte, immer noch Philosophie. Anders gesagt, oberste Prinzipien bleiben einfach unhinterfragbar und unhintergehbar – darin mag man nun einmal die *Endlichkeit* philosophischen Bemühens erblicken.[89]

88 Die systematische Stellung dieser Streitsache lässt sich wohl durch Fichtes Darlegung des Streits zwischen Dogmatismus und Idealismus erläutern: „Keines dieser beiden Systeme kann das entgegengesetzte direct widerlegen: denn ihr Streit ist ein Streit über das erste, nicht weiter abzuleitende Princip; jedes von beiden widerlegt, wenn ihm nur das seinige zugestanden wird, das des anderen; jedes läugnet dem entgegengesetzten alles ab, und sie haben gar keinen Punct gemein, von welchem aus sie sich einander gegenseitig verständigen und sich vereinigen könnten. Wenn sie auch über die Worte eines Satzes einig zu seyn schienen, so nimmt jedes sie in einem anderen Sinne" („Erste Einleitung in die Wissenschaftslehre", *Fichtes Werke*, hg. v. Immanuel Hermann Fichte, Fotomechanischer Nachdruck, Berlin 1971, Bd. 1, S. 417–449, hier S. 429).

89 Darin liegt auch die Konsequenz einer notwendigen *Pluralität* philosophischer Systeme begründet. *Systematisch* scheint Heideggers Überlegung unüberwindlich zu sein, „daß gerade die in Absicht auf die Begründung der Metaphysik geforderte Herausarbeitung des innersten Wesens der Endlichkeit grundsätzlich *selbst immer endlich* sein muß und *nie absolut* werden kann". Es wäre ein völliges Missverständnis zu meinen, es wäre möglich, am Ende doch eine „versteckterweise angesetzte ‚an sich wahre' absolute Erkentnis der Endlichkeit zu gewinnen" (GA 3, S. 236; Hervorhebung I. M. F.). – Als maßgebend für die Beziehung unserer Gegenwart zu Hegel dürften wohl diejenigen Überlegungen Gadamers angesehen werden können, die er anlässlich der Verleihung des Hegel-Preises der Stadt Stuttgart 1979 angestellt hat: „Wir stehen voller Bewunderung vor Hegels großer Synthese von Christentum und Philosophie, von Natur und Geist, von griechischer Metaphysik und Transzendentalphilosophie, die Hegel als absolutes Wissen entwarf. Aber sie geht nicht in uns auf. Die anderthalb Jahrhunderte, die uns von Hegel trennen, lassen sich nicht verleugnen." Nicht weniger beachtenswert sind einige seiner ergänzenden Bemerkungen: „Das alte griechische ‚Erkenne dich selbst!' gilt auch noch für uns. Es meint ja: ‚Erkenne, daß du kein Gott, sondern ein Mensch bist'. Was Selbsterkenntnis wirklich ist, ist jedenfalls nicht die vollendete Durchsichtigkeit des Wissens, sondern die Einsicht, die Grenzen annehmen zu müssen, die *endlichen Wesen* gesetzt sind." (Hans-Georg Gadamer, Das Erbe Hegels, in: Hans-Georg Gadamer, Jürgen Habermas, *Das Erbe Hegels. Zwei Reden aus Anlass des Hegel-Preises*, Frankfurt a. M. 1979, S. 35–83, hier S. 56, 62; siehe jetzt in Gadamer, GW 4, S. 463–483, hier S. 471, 473f.; Hervorhebung I. M. F.)

Alberto L. Siani

Hegels Genealogie der Moderne zwischen Ästhetik und Anästhetik[1]

1.

In einem kürzlich erschienenen Vortragstext hat Ludwig Siep[2] auf die Mehrdeutigkeit des Wortes „Moderne" bei Hegel aufmerksam gemacht und behauptet, dass die hegelsche Verwendung des Wortes eher eine – im hegelschen Sinne – Vorstellungs- als eine Begriffsnatur habe. Die Bedeutung Hegels für die Debatte um das Selbstverständnis der Moderne sollte demnach anders gedacht werden, als es z. B. Jürgen Habermas tut, indem er behauptet, die Frage der Moderne sei untrennbar mit dem Namen Hegel verbunden, weil bei ihm die Moderne zu einem philosophischen Begriff geworden sei.[3] Es ist kaum umstritten, dass Hegel für die Bestimmung der Moderne ein eindeutiges Prinzip bietet: die subjektive Freiheit. Welche genaue Funktion Hegel zufolge diesem Prinzip zukommt (eine geschichtsphilosophische, politikphilosophische, funktionalistische, begriffsgeschichtliche o. a.), darf aber nicht als ebenso eindeutig betrachtet werden, genauso wenig wie die exakte chronologische Gliederung, der es zugrunde liegt.[4] Ein Prinzip, das nicht dazu

---

1 Diese Arbeit ist im Rahmen eines Postdoc-Forschungsaufenthalts an der Universität Münster entstanden, der großzügig von der Alexander von Humboldt-Stiftung, bei der ich mich bedanken möchte, finanziert worden ist. Für die vielen Anregungen und Hinweise danke ich Leonardo Amoroso, Gianluca Garelli, Annemarie Gethmann-Siefert, Claudia Melica, Alain Patrick Olivier, Michael Quante, Federico Sanguinetti, Ludwig Siep, Klaus Vieweg, Elisabeth Weisser-Lohmann. Mein Dank gilt auch Nadine Mooren für die sprachliche Überarbeitung.

2 Ludwig Siep, *Hegels praktische Philosophie und das „Projekt der Moderne"*, Baden-Baden 2011, S. 11–15.

3 Vgl. Jürgen Habermas, Hegels Begriff der Moderne, in: ders., *Der philosophische Diskurs der Moderne. Zwölf Vorlesungen*, Frankfurt a. M. 1985. Vgl. auch Robert B. Pippin, *Modernism as a Philosophical Problem. On the Dissatisfactions of European High Culture*, Oxford 1999, S. 11.

4 In einer Diskussion hat Klaus Vieweg den Einwand erhoben, dass Hegel sowohl das Prinzip der Moderne als auch seinen chronologischen Umfang in den *Vorlesungen über die Philosophie der Geschichte* genau als „christlich-germanische Welt" bestimmt. Die „christlich-germanische Welt" ist sicherlich in einer sehr umfassenden

geeignet ist, einen bestimmten empirischen Umfang abzudecken, kann nicht als ein explizit thematisierter Begriff betrachtet werden.[5] Der Streit um den chronologischen Umfang der Moderne bei Hegel sowie über das zu ihrer Bestimmung auszuwählende Wort (Begriff, Idee, Vorstellung, Projekt usw.) läuft Gefahr, abstrakt und nicht wirklich produktiv zu sein. Das schließt aber nicht aus, dass man einen anderen, indirekten Weg wählen kann.

Im Folgenden werde ich nicht direkt die hegelsche Idee, die Vorstellung oder den Begriff der Moderne thematisieren, sondern die Art und Weise, wie das hegelsche Prinzip der Moderne, nämlich die subjektive Freiheit, in bestimmten Gestaltungen zu rekonstruieren ist, so wie etwa auch Siep bezüglich der praktischen Philosophie verfährt. Selbst wenn Hegel die Moderne nicht vollständig und eindeutig zum Thema gemacht hat, kann man doch über seine Brauchbarkeit für die aktuelle Debatte urteilen, indem man auf bestimmte Themen oder Thesen zurückgreift, die quasi die Kontur eines allgemeinen Mosaiks ausmachen, das Hegel selbst nicht eindeutig entworfen hat. Aufgrund dieser methodologischen Prämisse sind nun die zu verwendenden Hauptbegriffe sowie meine Beweisziele zu erklären.

2.

Die im Titel angekündigte Wahl des Wortes „Genealogie" mit Bezug auf Hegels Reflexion über die Moderne ist als prozedural und nicht als radikal skeptische Folge der oben beschriebenen Schwierigkeit zu verstehen. Das Wort verweist auf keine systematisch abgeschlossene Theorie, sondern meint die Erforschung der vielschichtigen Genese einer Gestalt, die nicht nur mit einem bloß historischen Ziel, sondern auch mit einer kritischen Prüfung bestimmter

Bedeutung die „moderne" Welt. Jedoch verwendet Hegel innerhalb dieser Bestimmung auch genauere, chronologisch begrenztere Bestimmungen der Moderne, z. B. wenn er von „modernen Staaten" (vgl. u. a. *Grundlinien der Philosophie des Rechts*, § 260, Anm.) redet, wo er unter „modern" zweifellos nicht die ganze christlich-germanische Welt versteht (vgl. auch Ludwig Siep, *Hegels praktische Philosophie und das „Projekt der Moderne"*, S. 12). Ich bleibe also der Meinung, dass Hegel zwar ein Prinzip, aber keinen echten und präzisen Begriff der Moderne erarbeitet. Dem Einwand von Vieweg verdanke ich jedenfalls die Einsicht in die Notwendigkeit einer schärferen Unterscheidung zwischen prinzipieller und begrifflicher Ebene sowie eine vernünftige Sicherheit, dass Ersteres in diesem Fall als unbestritten gelten kann.

5 Deswegen habe ich im letzten Abschnitt des letzten Kapitels meines Buches *Il destino della modernità. Arte e politica in Hegel*, Pisa 2011, wo ich Bezug auf Habermas' These nehme, eher die problematische Seite als den begrifflichen Charakter betont.

Legitimitätsansprüche zu tun hat.[6] Zudem gibt der Ausdruck „Genealogie der Moderne" den Sinn der Notwendigkeit wieder, dass zur Bestimmung bzw. zum „Projekt" der Moderne immer das Nachdenken und die Selbstvergewisserung über ihre Genese gehören. Mit Joachim Ritter gesprochen, gehören in der modernen europäischen Identität Herkunft und Zukunft zusammen, jedoch nur in dem Sinne, dass man zugleich philosophisch und politisch auch an ihrer Entzweiung festhält.[7] Denn zumindest eines ist bei Hegel klar: Die Moderne ist nicht die unmittelbare Manifestation eines starren, positiv gegebenen Prinzips, sondern das multidimensionale Resultat eines komplexen Prozesses, der seine Vollendung und Anerkennbarkeit nur an jenem Resultat hat, genauso wie das Resultat seinen vollen Sinn nur in der Erinnerung jenes Prozesses erhält. Das Wort Genealogie scheint zunächst eher eine polemisch gegen Hegels vermeintlich optimistische und teleologische Auffassung der Geschichte gerichtete lexikalische Auswahl zu sein; trotzdem, oder vielleicht eben darum, halte ich es für gut geeignet, um einen Zugang zu Hegels Auffassung der Moderne zu eröffnen.[8]

---

6 Zum „genealogischen Denken" bei Hegel vgl. die Aufsätze in Birgit Sandkaulen, Volker Gerhardt, Walter Jaeschke, *Gestalten des Bewusstseins. Genealogisches Denken im Kontext Hegels*, Hamburg 2009 (= *Hegel-Studien*, Beiheft 52), und darin zunächst die allgemeinen Bemerkungen im ersten Abschnitt von Gunnar Hindrichs, *Hegels genealogische Reflexion der Kunst*.

7 Vgl. u. a. Hegel und die französische Revolution sowie Europäisierung als europäisches Problem, in: Joachim Ritter, *Metaphysik und Politik. Studien zu Aristoteles und Hegel*, erw. Neuausgabe, Frankfurt a. M. 2003. Ich danke Elisabeth Weisser-Lohmann, die mich darauf aufmerksam gemacht hat, dass Ritter die Entzweiung und deren systematischen Ort sozusagen verabsolutiert, indem er „Hegels Lehre vom ‚Inneren Staatsrecht' ebenso unberücksichtigt [lässt] wie die Bildungsinstitutionen der ‚Bürgerlichen Gesellschaft', die die egoistischen Interessen einschränken und politisches Handeln im Sinne des Allgemeinen auf den Weg bringen" (Elisabeth Weisser-Lohmann, *Rechtsphilosophie als praktische Philosophie. Hegels* Grundlinien der Philosophie des Rechts *und die Grundlegung der praktischen Philosophie*, München 2011, S. 38). Nun ist sicherlich Ritters Stellungnahme in dieser Hinsicht einseitig, wahr ist es jedoch auch, dass Hegels Theorie der bürgerlichen Gesellschaft von Spannungen gekennzeichnet ist, die zumindest philosophisch nicht versöhnt werden (können): Man denke exemplarisch an den Fall des Pöbels. Die Diskussion dieses Themas muss aber hier ausgelassen werden (vgl. aber unten, Fn. 38). Es reicht hier zu sagen, dass ich Ritters allgemeiner Position in einem geschichtsphilosophischen und systematischen Sinne zustimme, darüber hinaus aber seiner Wiedergabe der hegelschen politischen Philosophie nicht ganz zustimme (dies ist für meine gegenwärtigen Zwecke übrigens irrelevant).

8 Damit will ich weder behaupten, dass Hegels Methode als genealogisch aufzufassen ist, noch dass mein Ansatz andere Strategien ausschließt bzw. dass es sinnlos ist, nach einem Begriff, einer Idee u. a. der Moderne bei Hegel zu fragen. Mein derzeitiger allgemeiner Fokus ist es vielmehr, den Beitrag Hegels zum Selbstverständnis des modernen Europas zu erläutern und zu diesem Zweck scheint es mir

In dieser Arbeit möchte ich zur näheren Bestimmung dieser Genealogie einen Beitrag leisten. Ich beziehe mich zunächst auf den Ort der Entstehung des Prinzips der subjektiven Freiheit als Prinzip der Moderne, nämlich die Kunstreligion (Abschnitt 3). Hegels Diskussion der Kunstreligion betrachte ich als paradigmatischen Fall der für die hegelsche Genealogie der Moderne typischen und problematischen Koexistenz zweier Stoßrichtungen, die ich, an Odo Marquard anknüpfend, als „ästhetische" und „anästhetische" bezeichne. Bei Marquard hat diese Gegenüberstellung zwei Funktionen. Zum einen ist Kunst – *Aesthetica* – „Antwort auf das an der Wirklichkeit, das selber nicht Kunst und nicht ästhetisch und in diesem Sinne an-ästhetisch ist. Darum gehört zur philosophischen Ästhetik der nichtästhetische Blick auf die Wirklichkeit: zu den Aesthetica gehören – als notwendige Ergänzung und Fundierung – Anaesthetica".[9] Zum zweiten warnt diese Opposition „vor der Gefahr des Umschlags des Ästhetischen in das Anästhetische: vor der Verwandlung von Sensibilität in Unempfindlichkeit, von Kunst in Betäubung".[10] Wenn aber zu den *Aesthetica Anaesthetica* gehören und, schon terminologisch, auch umgekehrt, dann haben beide Termini erst dann einen nachvollziehbaren Sinn, wenn sie als aufeinander bezogene Bestimmungen verstanden werden. Diesen Punkt gilt es an dieser Stelle festzuhalten.

Indem ich hier von Ästhetik und Anästhetik rede, behalte ich diesen Sinn, radikalisiere ihn jedoch, da ich darunter auch politisch-kulturelle Prozesse verstehe und das Begriffspaar auf Hegels Genealogie der Moderne anwende.[11] Ich unterscheide zunächst zwischen Adjektiv- und Substantivformen. „Ästhetik" bedeutet hier das gleiche wie bei Hegel, nämlich Philosophie der Kunst. Ich verstehe unter „ästhetisch" aber nicht nur das, was mit der *Ais-*

im Moment vorteilhafter, auf einen direkten Ansatz zu verzichten und auf diese Weise einige damit zusammenhängende Schwierigkeiten durch die Umkehrung der Perspektive, die in der Rede von einer „Genealogie" m. E. am besten sichtbar wird, zu umgehen.

9 Odo Marquard, *Aesthetica und Anaesthetica. Philosophische Überlegungen*, München 2003, S. 11.

10 Ebd., S. 12.

11 Ich möchte hier schon betonen, dass der reine Gebrauch dieses Oppositionspaars meinerseits keinen versteckten Bezug auf andere theoretische Konstellationen bzw. Diskussionen (wie die Postmodernedebatte) impliziert. Auch wenn meine Kategorien am Ende den Anspruch haben, zu einer breiteren, nicht nur Hegel-spezifischen Debatte beitragen zu können, sind sie zunächst nur in Bezug auf die hier zitierten Texte und vorgelegten Erklärung zu verstehen. Für einen sehr interessanten Vorschlag bezüglich Ästhetik und Anästhetik vgl. Alain Patrick Olivier, Esthétique et anesthétique: l'avenir de l'oeuvre d'art, in: ders. (Hg.), *Handeln und Erkennen. Beiträge zur Ästhetik, Ethik und Phänomenologie*, Festschrift für Annemarie Gethmann-Siefert (erscheint 2012 bei Fink, München), der allerdings ein ganz anderes Erkenntnisinteresse verfolgt.

thesis, der Kunst und der Sinnlichkeit, sondern auch, mit Verweis auf Hegels Auffassung der substantiellen Sittlichkeit als Form der griechischen Welt, das, was mit der mythologisch-anschaulich verfassten und nicht (völlig) diskursiv rekonstruierbaren Unmittelbarkeit und Positivität bestimmter Gegebenheiten (auch sittlicher, religiöser und politischer Natur) zu tun hat. Unter „anästhetisch" verstehe ich folglich nicht nur das, was an der Wirklichkeit nicht ästhetisch ist, sondern auch diejenigen nicht-ästhetischen Prozesse, die das Ästhetische rationalisieren, d. h., es zunächst als ästhetisch verstehen lassen, und somit Spaltung und Vermittlung da einführen, wo harmonische und unmittelbare Einheit war. Anästhetik heißt hier die allgemeine Tendenz zur progressiver Logifizierung und Rationalisierung der Formen des absoluten Geistes bei Hegel und wird somit metaphilosophisch verwendet. Wo es dagegen um das Anästhetische im Sinne von „Umschlag in Betäubung" geht, werde ich das explizit kenntlich machen. Insgesamt ergeben sich also zwei Oppositionspaare: ästhetisch/anästhetisch und Ästhetik/Anästhetik, wobei zu bemerken ist, dass nur ersteres ein echtes Oppositionspaar darstellt. Denn die Ästhetik ist nicht der Anästhetik entgegengesetzt, sondern, wie unten zu zeigen ist, entsteht erst in ihrem Rahmen, während ästhetisch und anästhetisch zwei Formen der Realität bezeichnen, die nur im Rahmen eines Anästhetisierungsprozesses sichtbar und unterscheidbar werden.

Die Anwendung des Begriffspaars Ästhetik-Anästhetik auf Hegels Genealogie der Moderne ergibt zunächst Folgendes. Einerseits ist die Genealogie der Moderne eine ästhetische, denn sie wird in und durch ästhetische Formen vollzogen (auffallend ist hier der Fall der Tragödie). Andererseits arbeitet die Kunstreligion auf allen ihren Stufen an der Überwindung der Kunst als adäquate Gestalt des Absoluten und insgesamt der ästhetischen Handlungsorientierung und Sittlichkeitsgrundlegung: Die Genealogie der Moderne ist somit auch als ein Prozess der Anästhetik zu verstehen. Die Lage ist aber noch komplexer, denn eigentlich ist die Kunst der Kunstreligion keine Kunst im ästhetischen Sinne des Wortes und die Moderne nicht nur das Zeitalter einer anästhetischen Auffassung von Gott, dem Absoluten, den allgemeingültigen Prinzipien, sondern auch das Zeitalter des Triumphs der Ästhetik als philosophischer Disziplin. Den verwickelten Sinn dieser begrifflichen Gegenüberstellung für Hegels Genealogie der Moderne zu präzisieren ist das erste, interpretatorische Beweisziel meines Beitrags (Abschnitte 4–5).

Darüber hinaus verfolge ich das zweite, systematische Beweisziel (Abschnitt 6) am Beispiel der genannten Spannung von Ästhetischem und Anästhetischem zu zeigen, dass und inwiefern die hegelsche Philosophie für uns zumindest einige minimale, doch unverzichtbare Adäquatheitsbedingungen erfüllt, wodurch ihr Beitrag zum heutigen Selbstverständnis der Moderne ernst zu nehmen und vielleicht brauchbarer als andere, scheinbar fortschrittlicheren Ansätze ist. Ein adäquater Ansatz muss nicht nur die Prozesse, die die Moderne charakterisieren (Säkularisierung, Partikularisierung des Gemeinwesens, Emanzipation aus tradierten positiven Praxen und Überzeugungen, Behauptung individueller unantastbarer Rechte usw.), deuten können, sondern auch zur Bestimmung der aktuellen Identität der Kulturen (der europäische[n] bzw. der okzidentale[n]: das ist ein weiteres Problem) beitragen, die das Resultat der Genealogie der Moderne darstellen und dabei als Ausgangspunkt für die Auseinandersetzung mit problematischen Fragen dienen können (Identität und Differenzen der Kulturen, Begründung normativer Ebenen, Umgang mit religionspolitischen und ethischen Problemen usw.). Ein für uns aktueller und adäquater Ansatz muss also Herkunft und Zukunft der in der Moderne entstandenen Kulturen zusammen denken können. Ich vertrete hier, wieder an Marquard[12] anknüpfend, die These, dass die Erfüllung dieser Bedingungen nur von einem Ansatz geleistet werden kann, innerhalb dessen Rationalisierung und Pluralisierung sich nicht gegenseitig ausschließen, sondern vielmehr implizieren, bedingen und entfalten. Ansätze, die entweder abstrakt rationalistisch oder abstrakt atomistisch sind, sowie Ansätze, die die beiden Prozesse als voneinander unabhängig verstehen, sind grundsätzlich nicht in der Lage, der Komplexität der Moderne Rechnung zu tragen und zu ihrer näheren Bestimmung beizutragen.

Um zunächst den Zusammenhang meiner beiden Ziele zu explizieren, sei meine These hier kurz zusammengefasst. Bei Hegel gibt es eine strenge Korrelation zwischen der Behauptung der subjektiven Freiheit als Prinzip der Moderne und dem Bedürfnis nach progressiver Anästhetisierung der Formen des absoluten Geistes und der menschlichen Selbstvergewisserung. Wenn keine Unterscheidung zwischen Ästhetischem und Anästhetischem möglich bzw. sinnvoll ist, dann ist das Prinzip der subjektiven Freiheit gefährdet bzw. als solches noch nicht gewusst und etabliert (wie etwa im Kontext der substantiellen Sittlichkeit der griechischen Welt), denn es ist nicht möglich, die jeweiligen Praxen oder Gestaltungen als auf die subjektive Freiheit begründet zu rekonstruieren und nicht als traditionell und positiv („ästhetisch") legitimiert. Im Rahmen der Moderne entsteht also das Bedürfnis nach anästhetischen Denkformen, die erst in der Lage sind, zwischen dem Ästhetischen und Anästhetischen zu unterscheiden und somit das Recht auf subjektive Einsicht in die Vernünftigkeit der jeweiligen Praxen oder Gestaltungen jeglicher Natur zu garantieren. Der Rationalisierungsprozess ist also der Moderne wesentlich. Dieser Prozess verursacht aber gleichzeitig eine Pluralisierung, denn er führt da Spaltung und Entzweiung ein, wo zuvor ein Zustand der unmittelbaren und unreflektierten Harmonie war. Im Fall der Kunst heißt

12 Vgl. Odo Marquard, *Aesthetica und Anaesthetica*, S. 7.

dies, dass *die* Kunst nicht mehr absolut ist, sondern zerfällt in eine Pluralität gleichberechtigter, aber sehr differenzierter Kunstpraxen, die jeweils partiell sind und deswegen die Entwicklung eines allgemeinen philosophischen Diskurses erfordern (Ästhetik). Diese dialektische Einheit von Rationalisierung und Pluralisierung gilt nicht nur im Falle der Kunst, sondern ist ein allgemeiner, wesentlicher Zug der Bestimmung der Moderne, dem Hegel zumindest prinzipiell völlig genügt, eben weil er ein anästhetisches Selbstverständnis der Philosophie hat, das aber nicht in den Versuch der Durchsetzung eines abstrakten und einseitigen Rationalismus umschlägt, sondern das Recht der Pluralität und der Besonderheit als in der Vernunft begründet einsieht.[13]

3.

Hegel zufolge macht bekanntlich „das Recht der *subjektiven Freiheit* [...] den Wende- und Mittelpunkt in dem Unterschiede des *Altertums* und der *modernen* Zeit"[14] aus. Dieses Recht wurde zwar „im Christentum ausgesprochen und zum allgemeinen wirklichen Prinzip einer neuen Form der Welt gemacht",[15] doch es wurde in der griechischen schönen bzw. Kunstreligion vorbereitet und sogar geboren. Eben in Bezug auf sie spricht Hegel in der *Phänomenologie* von der „Nacht, worin die Substanz verrathen ward, und sich zum Subjecte machte".[16] Noch genauer: „Durch die Religion der Kunst ist der Geist aus der Form der *Substanz* in die des *Subjects* getreten".[17] Erst in der Kunstreligion erhält der Geist das Bewusstsein von sich selbst, wenn auch in einer unzureichenden Gestalt: Deswegen ist im späteren System Hegels die Kunst die erste Form des absoluten Geistes. Die Kunstreligion bildet den Übergangspunkt von dem Geist als Substanz zum Geist als Subjekt. Vorher war der Geist – in der natürlichen Religion bzw. in der orientalischen symbolischen Kunst – nur in äußerlichen, ja natürlichen Formen – also als Nicht-Geist – sich selbst gegenwärtig. Er erfasste sich selbst nicht als das Subjekt, sondern als eine vom

13 Dies fällt bei Hegels Erfassung des Prinzips der modernen Staaten (und man bemerke schon hier die Verwendung der Pluralform!) besonders deutlich auf: „Das Prinzip der modernen Staaten hat diese ungeheure Stärke und Tiefe, das Prinzip der Subjektivität sich zum *selbständigen Extreme* der persönlichen Besonderheit vollenden zu lassen und zugleich es in die *substantielle Einheit zurückzuführen* und so in ihm selbst diese zu erhalten" (*Grundlinien der Philosophie des Rechts*, § 260, Anm.).

14 *Grundlinien der Philosophie des Rechts*, § 124, Anm. Dass das Recht der subjektiven Freiheit allen Gestaltungen der Moderne zugrunde liegt, wird von Hegel in der Folge jener Passage ausdrücklich behauptet.

15 Ebd.

16 *Phänomenologie des Geistes*, GW, Bd. 9, S. 377.

17 Ebd., S. 400.

Subjekt getrennte Substanz. In der Kunstreligion erwacht er aus der „Nacht" des Verrats in Form des Subjekts.

Geschichtlich gesehen entspricht dieser Übergang der ersten Stufe, in der die Moderne ihre eigene Genealogie deutlich anerkennen kann. Hegel sagt in den *Vorlesungen über die Philosophie der Geschichte*: „Bei den Griechen fühlen wir uns sogleich heimatlich, denn wir sind auf dem Boden des Geistes, und wenn der nationale Ursprung sowie der Unterschied der Sprachen sich weiter bis nach Indien verfolgen läßt, so ist doch das eigentliche Aufsteigen und die wahre Wiedergeburt des Geistes erst in Griechenland zu suchen".[18] Diese und weitere Charakterisierungen der griechischen Welt als das eigentliche Jugendalter unserer eigenen Geschichte sind wohl bekannt, genauso wie die Verwendung ästhetischer Kategorien für ihre Analyse, die von Hegels frühen Schriften bis zu den Berliner Werken und Vorlesungen keineswegs nur eine poetische Konzession an die Gräkophilie seiner Zeit ist, sondern für ihn ein systematisch-strukturelles Charakteristikum darstellt.

Die griechische Welt ist die Welt der unmittelbaren und spontanen Einheit der Gestalt des Geistes und der Gestalt des Bewusstseins.[19] Die Autorität, die dem Individuum die Normen seiner Handlung gibt, ist nicht die Innerlichkeit des Bewusstseins und die Reflexion, aber auch nicht die Äußerlichkeit eines fremden übermächtigen Gottes (wie z. B. Hegel zufolge in der jüdischen Welt). Der Geist ist hier „das freye Volk, worin die Sitte die Substanz aller ausmacht, deren Wirklichkeit und Daseyn alle und jeder einzelne als seinen Willen und That weiß".[20] Die schöne, äußerliche Form des Kunstwerks ist die dieser Welt adäquate Manifestation des absoluten Geistes. Gleichzeitig aber arbeitet die Kunstreligion an der Zerstörung dieser Welt und ihrer selbst. Die widersprüchliche „ästhetische" Mischung von menschlichen und göttlichen Elementen in der Form des Kunstwerks wird am Ende dem einzigen, geistigen Gott der offenbaren Religion den Platz lassen müssen.[21] Die Antike gebärt also das Prinzip der Moderne und das tut sie durch und innerhalb der Kunstreligion, die ihrerseits schon das problematische innere Nebeneinanderbeste-

18 *Vorlesungen über die Philosophie der Geschichte*, TW, Bd. 12, S. 275.

19 Vgl. auch Terry P. Pinkard, Autorität und Kunst-Religion, in: Klaus Vieweg, Wolfgang Welsch (Hg.), *Hegels* Phänomenologie des Geistes. *Ein kooperativer Kommentar zu einem Schlüsselwerk der Moderne*, Frankfurt a. M. 2008, S. 547.

20 *Phänomenologie des Geistes*, S. 376.

21 „Die Aufgabe, im Begreifen der Verwirklichung von Freiheit Fortschritte zu machen beziehungsweise den *Begriff* der Freiheit in die Praxis zu verlegen und auszuführen, [kann] nicht länger durch eine rein ästhetische Lösung erfüllt werden. […] Damit ein erfolgreiches Verständnis der Rechtfertigung grundlegender Normen möglich ist, muß dieses Verständnis in eine Lebensform eingebettet werden, deren Autorität nicht auf Schönheit, sondern auf etwas Prosaischerem beruht" (Terry P. Pinkard, *Autorität und Kunst-Religion*, S. 560).

hen ästhetischer Komponenten und anästhetischer Spannungen aufweist, das nur die Begriffsform bewältigen können wird.

4.

Es ist nun klar, dass dieser Anästhetisierungsprozess Hegel zufolge keineswegs mit dem Übergang zur geoffenbarten Religion sein Ende gefunden hat, sondern mit ihm nur die volle Fähigkeit der Kunst zur Handlungsorientierung und Selbstvergewisserung zu Ende gekommen ist. Als Moment des absoluten Geistes ist die Kunst nur effektiv, solange sie ihre eigene (ästhetische) Grundlage zu zerstören in der Lage ist. Die ganze Kunstreligion artikuliert sich aus dem Bedürfnis, den Geist von immer komplexeren ästhetischen Formen zu befreien (hier wäre es auch interessant, Hegels Analyse der Sprache im Kontext der Kunstreligion zu erörtern[22]). Mit der Komödie ist diese Aufgabe vollzogen und die absolute Funktion der Kunst vollendet. Die Aufgabe wird, um dies ganz schematisch aufzufassen, der geoffenbarten Religion und dann der Philosophie zugetraut. Die geoffenbarte Religion hat eine ähnliche Entwicklung genommen wie die Kunst: Der massive Gebrauch von ästhetischen Elementen in der katholischen Welt hat zwar das Christentum verbreitet und geholfen, es durchzusetzen, hat aber am Ende eine unüberwindliche Bewusstseinsspaltung produziert, die – Hegel zufolge – den Fortschritt in der romanisch-katholischen Welt verhindert hat. Die Reformation hat dann dieses Prinzip überwunden, indem sie das Göttliche in der innerlichen Subjektivität des Menschen gefunden hat, aber die Behauptung dieses Prinzips hat die Form der Religion als auf der Vorstellung basierend als überwunden angezeigt.

Aber selbst die Philosophie ist nicht ohne Weiteres in der Lage, mit diesem Bedürfnis nach progressiver Überwindung der ausschlaggebenden und verbindlichen Funktion des Ästhetischen zurechtzukommen. Es ist eben kein Zufall, wenn Hegel in Kontexten (wie seinen Vorreden), wo er sich metaphilosophisch mit seiner Zeit auseinandersetzt, gleichzeitig gegen mit ästhetischen Elementen, Gefühlen usw. begründeten philosophischen Weltvorstellungen heftig polemisiert. Nur ein System, das von keinem positiv gegebenen äußerlichen Element ausgeht und damit nach einem *logischen* Anfang der Wissenschaft strebt, der, wie er in der *Wissenschaft der Logik* sagt, „im *reinen Wissen*

22 Für einige Anregungen vgl. das letzte Kapitel von Gianluca Garelli, *Lo spirito in figura. Il tema dell'estetico nella „Fenomenologia dello spirito" di Hegel*, Bologna 2010.

gemacht werden soll",[23] ist völlig in der Lage, das Grundprinzip der Moderne und der Philosophie selbst (nämlich die Subjektivität) zu artikulieren.

Auch deswegen formuliert Hegel in der Vorrede der *Phänomenologie* seinen philosophischen Ansatz auf so radikale Weise: „Daran mitzuarbeiten, daß die Philosophie der Form der Wissenschaft näher komme, – dem Ziele, ihren Nahmen der *Liebe* zum Wissen ablegen zu können und *wirkliches* Wissen zu seyn, – ist es, was ich mir vorgesetzt".[24] Ob dieser Satz nur eine Polemik gegen die Anti-Kognitivisten seiner Zeit (wie Jacobi)[25] oder aber etwas mehr enthält (so meine Meinung) und ob das spätere hegelsche System diesen Vorsatz verwirklicht, kann hier offenbleiben. Wichtig ist, dass die für das Selbstverständnis der Moderne adäquate Form des Absoluten eine im oben definierten Sinne „anästhetische" ist.

5.

Kann man infolgedessen behaupten, dass die Rede vom Ende der Kunst derart radikalisiert werden muss, dass sie sogar das Ende des Ästhetischen meint?[26] Dieser Frage wenden sich nun meine Überlegungen zu.

Wenn nach dem Ende der Kunst und der Religion sogar die Philosophie, also eine wesentlich konzeptuelle und diskursive Form, jede Kontamination mit ästhetischen, positiv gegebenen und nicht diskursiv nachvollziehbaren Voraussetzungen und Methoden vermeiden muss, dann scheint es angebracht, vom Ende des Ästhetischen zu reden, und zwar, wie im Falle des Endes der Kunst, nicht im Sinne des Endes seiner Existenz oder Legitimität, sondern im Sinne seines Vergangenheitscharakters seiner höchsten Möglichkeit nach.[27] Kann diese Rede so weit gehen, dass am Ende Hegels Genealogie der Moderne, ja sein ganzes Werk, demnach als ein Projekt der Anästhetik nicht nur in metaphilosophischem Sinne, sondern auch auf einer normativen Ebene zu verstehen wäre? Dementsprechend müsste man der Gesamtheit des Ästhe-

23 *Wissenschaft der Logik, Erstes Buch. Die Lehre vom Seyn*, GW, Bd. 21, S. 54.

24 *Phänomenologie des Geistes*, S. 11. Eine schöne Interpretation dieses Satzes findet sich in der Einleitung des Buchs von Garelli.

25 Ich danke Michael Quante für den Verweis auf diese mögliche Alternative.

26 Vgl. nochmals die Einleitung von Garelli sowie die dort zu findenden Literaturangaben.

27 Vgl. Annemarie Gethmann-Siefert, *Einführung in Hegels Ästhetik*, München 2005, S. 11. Zur Bedeutung dieser These und zur Widerlegung von „dogmatischen" Interpretationen vgl. des Weiteren u. a. von der Verfasserin Eine Diskussion ohne Ende: zu Hegels These vom Ende der Kunst, in: *Hegel-Studien* 16 (1981) und Hegels These vom Ende der Kunst und der „Klassizismus" der Ästhetik, in: *Hegel-Studien* 19 (1984).

tischen jeden Wert abstreiten und nach einer durchgängigen, totalitären Logifizierung der Pluralität menschlicher Praxen und Orientierungsstiftungen streben, quasi im Sinne einer „Furie des Verschwindens". Wenn der Versuch einer philosophisch-rationalistischen Abwertung bzw. Ersetzung aller ästhetischen menschlichen Verhältnisse und Praxen durch philosophische Konstrukte von der metaphilosophischen Anästhetik notwendig abhinge, dann stünden wir vor einem Schluss, der einer aktualisierenden-systematischen Auseinandersetzung mit Hegels Idee der Moderne Schwierigkeiten bereiten würde. Denn ein solcher rationalistischer Apriorismus und Totalitarismus wäre keineswegs in der Lage, mit dem für die Moderne wesentlichen Pluralisierungsprozess zurechtzukommen. Bekanntlich gibt es eine weitreichende interpretative Tradition, die zu diesem Schluss gekommen ist.

Viele tiefgreifende Untersuchungen haben dagegen m. E. befriedigend bewiesen, dass ein solcher Schluss mit Hegels eigenen philosophischen Vorsätzen inkompatibel ist.[28] Deswegen möchte ich diesen allgemeinen Punkt hier nicht weiter verfolgen. Stattdessen möchte ich einen vielleicht wenig auffallenden Punkt ansprechen, der zum hier verfolgten genealogischen Verfahren gut passt und der zur Begründung der These dienen kann, dass die metaphilosophische Anästhetik die Voraussetzung für die parallel verlaufende dialektische Entfaltung von Rationalisierung und Pluralisierung ausmacht. Hegel zufolge ist das Zeitalter des Endes des Ästhetischen zugleich das Zeitalter der höchsten Relevanz der Ästhetik als philosophischer Disziplin, denn er sagt nicht nur: „Die Philosophie der Kunst macht im Kreise der ganzen Philosophie ein notwendiges Glied aus", sondern auch: „Die Wissenschaft der Kunst [ist] mehr [zum] Bedürfnis [geworden] als in alter Zeit. Wir achten und haben die Kunst, sehen sie aber als kein Letztes an, sondern denken über sie [nach]".[29] Interessanterweise macht Hegel diese Bemerkung in einem Zusammenhang, wo es um die Widerlegung der „Verirrung, die Kunst als die absolute Weise anzunehmen",[30] geht. Und tatsächlich sagt er genau nach jener Bemerkung: „Dies Denken kann nicht die Absicht haben, [die Kunst, A. L. S.] wieder hervorzurufen, sondern [nur die,] ihre Leistung zu erkennen".[31] Der Anästhetisierungsprozess bringt die Notwendigkeit der Ästhetik als Disziplin mit sich, die erst die Möglichkeit bietet, die Leistung der Kunst zu erkennen. Denn die

28 Eine exemplarische Widerlegung der These der Notwendigkeit des Abhängigkeitsverhältnisses von ontologischer und ethisch-normativer Ebene in Hegels politischer und Sozialphilosophie findet sich bei Michael Quante, *Die Wirklichkeit des Geistes. Studien zu Hegel*, Frankfurt a. M. 2011, S. 273ff.

29 *Vorlesungen über die Philosophie der Kunst*, Berlin 1823 (nachgeschrieben von Heinrich Gustav Hotho), hg. von Annemarie Gethmann-Siefert, Hamburg 2003, S. 6.

30 Ebd., S. 5.

31 Ebd., S. 6.

Kunst als solche ist nicht mehr selbstgenügsam, zumindest was ihren Bezug zur Wahrheit bzw. zum Absoluten angeht: Sie ist nunmehr partiell geworden in dem Sinne, dass sie auf die diskursive Ebene des Denkens verweist und dieser auch bedarf, um ihre eigene Leistungsfähigkeit erkennen und ausüben zu können. Es wird keine Ästhetik als Disziplin dort gebraucht, wo die Kunst eine angemessene Gestalt des absoluten Geistes ist. Da fallen *Aesthetica* und *Anaesthetica* zusammen, pointierter formuliert: Dieser Unterschied ergibt innerhalb eines solchen Zusammenhangs keinen Sinn. Erst im Rahmen eines Prozess der Anästhetisierung wird es notwendig, über die Ästhetik als Disziplin zu verfügen, denn erst in diesem Kontext erhält der Unterschied zwischen *Aesthetica* und *Anaesthetica* einen Sinn. Aber der Sinn dieses Unterschieds kann nicht der sein, die für uns vergangene höchste Leistungsfähigkeit der Kunst wieder zu aktivieren, sondern der, die aktuelle Lage der Kunst als „ästhetisch" zu bezeichnen. Das Nachdenken über die Kunst und die Anerkennung ihrer Leistung dient auch dazu, romantisierenden Versuchungen den Weg zu versperren. Oder, mit Marquard gesagt: Die Ästhetisierung der Kunst ist ein notwendiger Schutz gegen die Ästhetisierung der Wirklichkeit und die Anästhetisierung (im Sinne von Betäubung) des Menschen.[32]

Hegels Genealogie der Moderne ist, nach dieser eher normativen Perspektive, weder unter dem Schlagwort des Hervorrufens der höchsten Möglichkeit des „Ästhetischen" noch unter dem Schlagwort „Anästhetik" einzuordnen, sondern gehört zu dem Bedürfnis nach Rationalisierung der Art und Weise, über das Ästhetische und nach einer pluralistischen Auffassung der Praxen innerhalb des Ästhetischen nachzudenken. Die Kehrseite der Ästhetisierung der Kunst durch ihre Rationalisierung ist nämlich, wie gezeigt worden ist,[33] ihre Befreiung und Pluralisierung, und das Bedürfnis nach Rationalisierung entsteht erst aufgrund eines Pluralisierungsprozesses. Nur eine Kunst, die „absolut", selbstgenügsam und in diesem Sinne „monokratisch" ist, erfordert keinen Rationalisierungsprozess.

Was die Kunst angeht, kann man die konkreten Folgen dieses doppelten

32 Vgl. Odo Marquard, *Aesthetica und Anaesthetica*, S. 12. Marquards Kompensationsthese kann in diesem Zusammenhang nicht thematisiert werden: Es sei nur darauf hingewiesen, dass sie m. E. nur eine der möglichen Folgen dieses gesamten systematischen Apparats darstellt.

33 Vgl. zunächst, auch für weitere Literaturangaben, Annemarie Gethmann-Sieferts Thematisierung der „Welt der Künste" im dritten Kapitel ihrer *Einführung in Hegels Ästhetik*. Für eine Analyse der letzten Phase der romantischen Kunst („Formalismus der Subjektivität") im Sinne einer völlig befreiten, der Moderne angemessenen Kunstform verweise ich auf meinen Aufsatz *Das unmögliche Mosaik des Menschlichen. Zur Überwindung des Romantischen durch den Formalismus der Subjektivität in Hegels Ästhetik*, in Alain Patrick Olivier, Elisabeth Weisser-Lohmann (Hg.), *Kunst – Religion – Politik* (erscheint München 2013).

Prozesses auf folgende Weise skizzieren. Die Kunst ist als Form des Selbstbewusstseins des Geistes nunmehr inadäquat, ebenso als allgemeine Grundlage der Sittlichkeit und als Rechtfertigung des Objektiven, des staatlichen Lebens usw. Sie ist aber adäquat und effektiv als Ausdruck der besonderen Individualität, der besonderen Manifestationen des *Humanus* und als Paradigma der individuellen Bildung.[34] Die Kunst darf keinen Anspruch erheben, auf dem Boden des Allgemeinen und der Sittlichkeit auf verbindliche Weise einzugreifen. Andererseits wird ihr aber aus denselben Gründen ein eigener Wirkungsbereich zugestanden: d. h. der Staat darf keinen Anspruch darauf erheben, sie ideologisch und propagandistisch zu instrumentalisieren oder auch nur inhaltlich zu leiten. Ebenso muss die Philosophie die Kunst nicht als ihr eigenes „Organon" (im Sinne Schellings) betrachten, aber andererseits darf die Philosophie keinen normativen Anspruch an sie erheben. Die hegelsche Genealogie erklärt den Übergang von der Kunst als adäquate Gestalt des Absoluten und Grundlage der Sittlichkeit (im alten Griechenland) zum Ort des unverbindlichen individuellen Ausdrucks und der Bildung in der Moderne als unumkehrbar.[35]

---

34 Die zentrale Relevanz solcher Themen in Hegels Philosophie hat u. a. Erzsébet Rózsa bewiesen: siehe v. a. ihre diesbezüglichen Aufsätze in *Hegels Konzeption praktischer Individualität. Von der* Phänomenologie des Geistes *zum enzyklopädischen System*, hg. von Kristina Engelhard und M. Quante, Paderborn 2007.

35 Vgl. auch, mit Fokus auf das Verhältnis von Recht und Kunst, meinen Beitrag *Filosofia del diritto e morte dell'arte in Hegel*, in: Francesca Iannelli (Hg.), *Arte, Religione e Politica nella Filosofia di G. W. F. Hegel* (erscheint 2012, ETS, Pisa). Den Sinn dieser „Unumkehrbarkeit" kann man auch ausdrücken, indem man die moderne Welt als Welt der Erinnerung bestimmt, wie es etwa Dieter Henrich tut, auch in Polemik gegen Adorno und Marcuse: „Wir wissen, was Hegels eigene Antwort an die war, die die Treue zur Hoffnung forderten: Die moderne Welt muß die Welt der *Erinnerung* sein. In ihr kennt sie die schönen Verhältnisse [...]. An ihrer Stelle in der Realität sind aber Verhältnisse getreten, deren Verfassung sinnlich erfahrbare Konkordanz ausschließt, die aber dennoch reicher in sich, differenzierter und im Hegelschen Sinne des Begriffes von Wahrheit somit die ‚wahren' sind: Die Verhältnisse des Rechtes. Wer meint, daß sich die Modernität in irgendeiner ihrer möglichen Formen, ihre Freiheitsbegriffe und das System ihrer Gesellschaft durch ästhetische Kategorien fassen lassen, der muß lernen, daß er damit einen Angriff gegen die Rechtsverhältnisse selber begründet. In ganz anderer Sprache: Das Lustprinzip hat für immer die Möglichkeit verloren, reale Allgemeinheit zu strukturieren oder zu kommunizieren" (Die Aktualität von Hegels Ästhetik, in: ders., *Fixpunkte. Abhandlungen und Essays zur Theorie der Kunst*, Frankfurt a. M. 1993, S. 162).

6.

In diesem letzten Abschnitt ziele ich darauf ab, ausgehend vom besonderen Fall der Ästhetisierung der Kunst, einen generellen Punkt bezüglich der hegelschen Genealogie der Moderne festzustellen, nämlich dass es Hegel gelingt, die oben genannten Adäquatheitsbedingungen dank seiner metaphilosophischen Anästhetik zu erfüllen. Das Werden der Kunst zum Gegenstand einer philosophischen Disziplin, nämlich der Ästhetik, ist nur eines von vielen Elementen innerhalb von Hegels Genealogie der Moderne. Diese führt mit sich bzw. erfordert zunächst eine Neubestimmung und somit eine gegenseitige Begrenzung von Bereichen und Kompetenzfeldern, die aber nicht äußerlich und intellektuell ist, sondern zumindest nach Hegels Absicht der Vernunft selbst entspringt. Die *Enzyklopädie der philosophischen Wissenschaften* ist nicht nur ein Werk der holistisch-begrifflichen Versöhnung, sondern auch ein solches der Bereichstrennung durch die philosophische Grundlegung und Verortung.[36] Diese Aufgabe der systematischen Bereichstrennung und Verortung ist – gemäß Hegels Absicht – mit seinem System vollendet. Um aber konsequent, und d. h. auch wirklich zu sein, muss die Arbeit der philosophischen Grundlegung, Verortung und Kompetenzenteilung die stets wechselnden Gestaltungen und Strukturierungen der Wirklichkeit jeweils angemessen deuten, genauso wie die Wirklichkeit selbst in ihren jeweiligen Gestaltungen der philosophischen Einsicht ihre vernünftige Struktur aufweisen können muss, damit sie als „modern", d. h. als auf subjektiver Freiheit begründet anerkannt werden kann.[37] Stetige Vermittlung und Anerkennung

36 Wie letztlich auch Quante betont hat, sind die jeweiligen „regionalen" Grundprinzipien der einzelnen Systemteile das Resultat einer kategorialen Entwicklung, was Hegel erlaubt (nicht nur in der praktischen Philosophie, sondern überall), eine kognitivistische und rationalistische Position zu vertreten: vgl. *Die Wirklichkeit des Geistes. Studien zu Hegel*, S. 24f. Das regionale Prinzip der praktischen Philosophie ist bekanntlich der freie Wille; als regionales Grundprinzip der Ästhetik sollte das Ideal verstanden werden, und zwar ohne weitere Spezifizierung, denn die klassische Schönheit ist nicht die einzige Möglichkeit des Ideals. Dass es auch ein romantisches Ideal gibt, das andere Charakteristika aufweist, wird von Hegel ausdrücklich behauptet (vgl. z. B. *Vorlesungen über die Philosophie der Kunst*, S. 185f., sowie allgemeiner Francesca Iannelli, Hegels Konzeption der nicht-mehr-schönen Kunst in der Vorlesung von 1826, in: Annemarie Gethmann-Siefert, Lu de Vos, Bernadet Collenberg-Plotnikov (Hg.), *Die geschichtliche Bedeutung der Kunst und die Bestimmung der Künste*, München 2005).

37 Bei Hegel beruht diese Notwendigkeit letztlich auf den Letztbegründungsanspruch der Philosophie, der seinerseits dem Kontext seiner antiskeptizistischen Strategie zugehört. Ob und wodurch dieser für uns sicherlich problematische Anspruch aufgegeben oder zumindest umgestaltet werden kann, ohne die innere Plausibilität und Kohärenz des hegelschen Systems zu verletzen, ist eine spannende und höchst

der strukturellen Spaltungen machen das Prinzip der Moderne aus und nicht eine spannungslose Einheit. Nur diese Anerkennung garantiert das Recht der subjektiven Freiheit und die jeweilige wirkliche Versöhnung. Und umgekehrt ist die Anerkennung der Pluralität der Gestaltungen nur durch einen Prozess der rationalen Vermittlung sinnvoll.[38]

Mit anderen Worten – damit komme ich zu meinem systematischen Beweisziel – geht der Prozess der Rationalisierung immer dialektisch mit dem der Pluralisierung einher. Beide sind nur ausgehend von ihrer wechselseitigen Abhängigkeit und nicht als abstrakt zu verstehen. Die Stärke des Begriffs ist eben die, durch seine Allgemeinheit eine Pluralität von Gestalten und Manifestationen sich entwickeln zu lassen, ohne sie entweder in intellektuelle, mechanische Käfige oder in empirisch-positiv bzw. traditionell gegebenen Legitimationsstrukturen zu sperren. Die hegelsche Genealogie weist das Ästhetische nicht zurück, sondern führt erstmals ein Bestimmungskriterium ein, um Ästhetisches und Anästhetisches im Sinne ihrer Kompetenzteilung erstens unterscheiden und dann zusammenzuhalten und fruchtbar miteinander in Verbindung setzen zu können, genau wie es bezüglich der Reflexion über die Rolle der modernen Kunst der Fall ist. Eben deswegen bietet die Ästhetik einen privilegierten Zugang zu einer Theorie der Moderne. (Man sollte übrigens nicht vergessen, dass die Debatten um die Moderne im Rahmen ästhetischer Reflexionen entstanden sind.)

Das gilt aber auch und insbesondere im Falle der Philosophie selber: Auf einer metaphilosophischen Ebene ist es notwendig, an der hegelschen Polemik gegen nicht kognitivistisch und begrifflich rechtfertigbare (und insofern „ästhetische") Vorgehensweisen und Strategien festzuhalten, damit dann die

relevante Frage, die aber hier nicht diskutiert werden kann. Für eine pragmatistische Lösung verweise ich auf die Analyse von Michael Quante, *Die Wirklichkeit des Geistes*, Einleitung (v. a. S. 32f.) und Kap. 3 (v. a. S. 86–88).

38 Politik- und praktisch-philosophisch heißt dies auch, dass der Raum der individuellen Meinungs-, Kritik- und Handlungsfreiheit einerseits und die Einbettung in einen sozialen und institutionellen normativen Rahmen andererseits in einem Verhältnis der jeweiligen dialektischen Spannung und Versöhnung koexistieren können müssen, ohne einander zu verdrängen bzw. sich aufeinander reduzieren zu lassen. Die hegelsche Philosophie ist m. E. in der Lage, die systematischen Bedingungen dieses Verhältnisses zu rekonstruieren und zu garantieren und dies dadurch, dass sie 1) die konkrete präskriptive Determination jenes Spielraums nicht als ihre eigene Aufgabe versteht und 2) den objektiven Geist nicht verabsolutiert, sondern seine strukturellen, philosophisch nicht zu versöhnenden innere Spannungen anerkennt. Vgl. Michael Quante, *Die Wirklichkeit des Geistes*, Kap. 12 und 13, sowie mein *Il destino della modernità*, v. a. Kap. 3 und 4: Unabhängig voneinander haben Quante und ich beide diese „Fragilität des Objektiven" zum zentralen Thema gemacht, wenn auch auf verschiedenen Wegen und unter unterschiedlichen Voraussetzungen (vgl. S. 290–291 von Quantes Buch und S. 137–142 meines Buchs).

Philosophie der Pluralität der Gestaltungen der Moderne Rechnung tragen kann. Man kann übrigens Hegels Philosophie selbst kritisieren, indem man an ihr manche ideologischen oder idiosynkratischen Verzerrungen aufzeigt, die völlig oder zum Teil nicht begrifflich nachvollziehbar sind, wie beispielweise m. E. die Rechtfertigung der Monarchie oder die Konzeption der Rolle der Frau und des Wesens der Familie. Dies gilt nicht nur für die rechtfertigende oder kritische Rekonstruktion der zur Zeit Hegels tradierten Gestalten, sondern auch für die Rekonstruktion anderer, auch gegenwärtiger Praxen oder Handlungsformen, die sich als Gestaltungen der subjektiven Freiheit verstehen lassen müssen, um auf einer normativen Ebene gerechtfertigt werden zu können.[39]

Aber wenn man auf die Notwendigkeit derartiger rationalisierender Kriterien, die dem Prozess der Anästhetik entspringen, verzichten will, dann läuft man Gefahr, das Ästhetische und das Anästhetische miteinander zu verwechseln, und ästhetische Elemente da wieder einzuführen, wo sie eigentlich nicht hingehören. Die Möglichkeit dieser Gefahr besteht m. E. nicht nur bei Hegels direkten polemischen Zielscheiben (Romantiker, Philosophen der Intuition und des Gefühls, reaktionäre Denker à la von Haller usw.), sondern noch heute bei denjenigen Denkern oder Strömungen, die die Härte und die Nüchternheit eines „starken" begrifflichen Denkens zurückweisen. Diese Zurückweisung realisiert das Gegenteil ihrer Absichten. Sie präsentiert sich als Verteidigung des Pluralismus gegen die vermeintliche totalitäre Eindimensionalität der Moderne, leistet aber diese Verteidigung nicht, denn wenn dem Pluralismus die Rationalisierung fehlt, dann bleibt er nur absoluter Relativismus, angesichts dessen es eigentlich nicht mehr möglich ist, zwischen Handlungsfreiheit und selbstbewusster Orientierung einerseits und Zufälligkeit, Positivität und Tradition andererseits zu unterscheiden.[40]

39 Vgl. Elisabeth Weisser-Lohmann, *Rechtsphilosophie als praktische Philosophie*, S. 269.

40 Das andere Extrem, die Moderne nur mit einem Rationalisierungsprozess zu verbinden und dadurch zu deuten, ist ebenso abstrakt und zu kurz greifend, besitzt heute jedoch sicherlich eine viel geringere Anziehungskraft. Selbstverständlich gibt es auch Ansätze, paradigmatisch den von Heidegger, die das Subjektivitätsprinzip als solches zurückweisen und dabei auch für eine erneute, nicht ästhetisch gedachte, sondern veritative und substantielle Funktion der Kunst plädieren. Da ist die Unangemessenheit zu einer positiven und nicht nur kritischen Bestimmung der Moderne (zumindest als dialektische Einheit von Rationalisierung und Pluralisierung) absichtlich und selbstbewusst, aber dafür m. E. nicht weniger bedrohlich. Für eine Kritik Heideggers in diesem Zusammenhang und mit Blick auf Hegels Ästhetik verweise ich auf meinen Beitrag Eine Kunstreligion für Europa? Heidegger und Hölderlin, in: Albert Meier, Alessandro Costazza, Gérard Laudin (Hg.), *Akten der trilateralen Forschungskonferenz: „Kunstreligion"* 2010 (erscheint Berlin/New York 2012).

Solche Strategien erfüllen also nicht einmal die minimalen Bedingungen einer zur Verteidigung und progressiven Entfaltung des Rechts der subjektiven Freiheit adäquaten Geistesform. Hegels Genealogie der Moderne, für deren Konturierung, wie ich glaube, die Untersuchung der Frage nach der Beziehung von Ästhetik und Anästhetik einen wichtigen, hier selbstverständlich nicht erschöpfend behandelten Beitrag leisten kann, ermöglicht es dagegen, einen gleichzeitig rationalisierungs- und pluralisierungstauglichen Ansatz zu entfalten und die Moderne zunächst als dialektische, dynamische Einheit von Rationalisierungs- und Pluralisierungsprozessen zu bestimmen.[41] Dieser Ansatz ist m. E. für die Auseinandersetzung mit aktuellen philosophischen, politischen und ethischen Themen viel vorteilhafter als z. B. die teilweise für die Postmoderne charakteristische Verflechtung von *Aesthetica* und *Anaesthetica*, die den Gefahren der Ästhetisierung der Wirklichkeit und der Anästhetisierung des Menschen nicht völlig entkommt.

41 Damit ist natürlich noch nicht die Definition eines umfassenden Begriffs von Moderne beansprucht, sondern lediglich die Bestimmung eines noch sehr allgemeinen systematischen Rahmens, der weitere Untersuchungen erfordert, wozu er die notwendigen Adäquatheitsbedingungen schafft.

Alain Patrick Olivier

Die Philosophie Victor Cousins und die Genese der französischen Ästhetik[1]

Die Frage nach der Kunst erfordert, um richtig behandelt werden zu können, dass man sich „nicht allein der Geschichte der Philosophie, der großen Logik oder Enzyklopädie Hegels, den Vorlesungen über die Ästhetik" zuwendet. Man muss auch die Organisation der Lehre der Philosophie in Erwägung ziehen und sich nach Derrida

> „an der Verflechtung orientieren, auf die der Eigenname Victor Cousins hinweist, eines zutiefst französischen politischen und philosophischen Mannes, der sich für einen entschiedenen Hegelianer hielt und unablässig Hegel nach Frankreich *verpflanzen* – so ungefähr sein Ausdruck – wollte, nachdem er ihn wenigstens schriftlich und mit Nachdruck gebeten hatte, ihn, Cousin, und durch ihn die französische Philosophie zu befruchten".[2]

Cousin hatte eine bestimmende Rolle beim Aufbau der modernen Universität und bei der Gründung der philosophischen Institutionen. Das Verständnis der Frage nach der Kunst und des Kunstwerks würde deshalb eine „Dekonstruktion" nicht nur der Diskurse, sondern auch der Praktiken dieses Cousinismus erfordern. In diesem Beitrag möchte ich die Philosophie Cousins näher untersuchen und die Frage stellen, inwiefern die französische Ästhetik die Form einer „Verpflanzung" der deutschen Ästhetik angenommen hat, inwiefern sie sich auf das Projekt der Moderne bezieht und welche Prinzipien es sind, die in diesem Zusammenhang ihre Wissenschaftlichkeit ausmachen.

1 Die vorliegende Studie ist als Fortsetzung einer durch die Alexander von Humboldt-Stiftung geförderte Forschung über die Rezeption der Hegelschen Ästhetik in Frankreich entstanden, die zur Entdeckung und Publikation eines unbekannten Manuskripts zur Hegelschen Vorlesung von 1823 im Nachlaß von Victor Cousin führte. Vgl. Georg Wilhelm Friedrich Hegel, *Esthétique. Cahier de notes inédit de Victor Cousin*, hg. v. Alain Patrick Olivier, Vorwort von Annemarie Gethmann-Siefert, Paris 2005 (deutsche Übersetzung in Vorber.).

2 Jacques Derrida, *Die Wahrheit in der Malerei*, hg. v. Peter Engelmann, Wien 1992. S. 35.

Die Prinzipien einer Wissenschaft der Ästhetik hat Cousin in den Vorlesungen über die Grundlage unserer Ideen vom Wahren, Schönen und Guten dargelegt, die dann zu einem der einflussreichsten Bücher der französischen Philosophie im 19. Jahrhundert geworden sind.[3] Nicht nur durch seine Schriften und Vorlesungen, sondern auch durch seine institutionelle Tätigkeit hat er zur Entwicklung einer solchen Wissenschaft beigetragen, etwa wenn die Académie des sciences morales et politiques eine Preisfrage zu den Prinzipien des Schönen stellt oder wenn er die Übersetzungen der deutschen modernen Philosophie und besonders der Hegelschen Ästhetik organisiert, die von seinem Schüler Charles Bénard übernommen wurde.[4] Die Schüler Cousins haben im Laufe des Jahrhunderts die Ästhetik weiter gepflegt. Doch hat auch ein langer Prozess der Undankbarkeit der Philosophie Cousins gegenüber begonnen, der letztlich zum heutigen Zustand geführt hat, in dem die französischen Institutionen der Philosophie ihren genialen Gründer fast vergessen haben. Obwohl die wissenschaftliche Konzeption Cousins in den Strukturen dessen, was „französische Philosophie" und „französische Ästhetik" heißt, immer noch wirkt – wenngleich auf unsichtbare und stillschweigende Weise –, wird sie in den Mauern der französischen Universität fast als schändlich betrachtet.

Man hat mit Recht behauptet, dass die Ästhetik Cousins der erste Versuch in der ästhetischen Theorie war, der in Frankreich unternommen wurde. Doch hat Cousin selbst die Ästhetik nicht fortentwickelt und kein vergleichbares Werk wie die Hegelsche Ästhetik hinterlassen. Dies ist ein möglicher Grund, warum er die Preisfrage bei der Akademie organisiert hat. Es handelte sich offensichtlich darum, eine französische Ästhetik zu fördern, die in ihrer Wissenschaftlichkeit mit dem deutschen Modell konkurrieren könnte. Schließlich musste die Akademie in ihrem Bericht feststellen, dass die Wissenschaft des Schönen in Frankreich keine sehr gepflegte Wissenschaft war, dass sie eher immer noch die Sache derjenigen deutschen Philosophen war, die sie ein Jahrhundert zuvor begründet hatten.[5]

3 Victor Cousin, *Cours de philosophie professé à la faculté des lettres pendant l'année 1818. Sur le fondement des idées absolues du vrai, du beau et du bien*, hg. v. Adolphe Garnier. Paris 1836. Faksimile-Nachdruck, Genf 2000. – *Histoire des derniers systèmes de la philosophie modernes sur les idées du vrai, du beau et du bien*, Neuauflage Paris 1846. – *Du vrai, du beau, du bien*, Paris [29]1904.

4 G. W. F. Hegel, *Cours d'esthétique. Analysé et traduit en partie par Charles Bénard*, 5 Bände. Paris 1840–1852. – Zur Rezeption dieser Übersetzung in Italien vgl. im vorliegenden Band den Aufsatz von Francesca Iannelli.

5 Jules Barthélémy Saint-Hilaire, *Rapport fait au nom de la section de philosophie sur le concours relatif à la question du beau. Lu dans les séances des 16 et 20 avril 1859. In: Mémoires de l'Académie des sciences morales et politiques de l'Institut impérial de France*, Paris 1862, Bd. XI, S. 137.

1. *Der Transfer der Ästhetik und die deutsche Philosophie*

Die Genese der Ästhetik in Frankreich ist nämlich von der Rezeption der deutschen Philosophie nicht zu trennen. Der Transfer soll aber zu einer neuen Entwicklung beitragen. In seiner Schrift über Cousins Philosophie hat Schelling betont, dass die Operation der Übersetzung eine wesentliche Änderung der deutschen Philosophie bedeutet, die nicht mehr in einem Idiom verortet bleibt, sondern in einen Boden eingepflanzt wurde, auf dem die philosophischen Bedingungen ganz andere sind. Von deutscher Seite bedeutet die Anerkennung durch die französische Philosophie, einen Ansatzpunkt für die allgemeine Verständigung zu gewinnen, ohne den sich keine Wahrheit feststellen lässt.[6] Der Transfer führte nicht nur zu einer Verbreitung in einer anderen Nation, sondern auch zur Wirkung in anderen Kreisen der Gesellschaft, nämlich in den Kreisen der neueren Literatur und der Kunst. Hier hat man sich sehr früh die Cousinische Lehre angeeignet und sie zu einer neuen theoretischen sowie sozialen Lehre weiterentwickelt. Hier entsteht die Forderung der „l'art pour l'art", d. h. jener Theorie der modernen Kunst, die wiederum einen neuen Transfer in die deutsche Theorie und Praxis der Kunst veranlasst hat.[7] Doch kann man sich fragen, ob der Transfer im künstlerischen und kunstkritischen, im wissenschaftlichen und akademischen Bereich, also auf dem Gebiet der Ästhetik und der Philosophie, ebenso erfolgreich war oder ob die Philosophie Cousins womöglich ein Hindernis für die Entwicklung einer wissenschaftlichen Ästhetik war. Die französische Ästhetik stößt nämlich auf drei epistemologische Hindernisse.

1. Das erste Hindernis ist der Nationalismus. Die Ästhetik sollte die französische Tradition der Philosophie fortsetzen, sodass man in der Verpflanzung den ursprünglichen Boden nicht spürt. Letztlich wurde die Ästhetik auch als eine deutsche Sache angesehen, die im Bereich der französischen Institutionen keinen Platz haben sollte. In Frankreich meinte man vor und nach der Revolution, dass man keine Ästhetik braucht, weil man die schönen Künste ohne Rekurs auf eine Wissenschaft produzieren könne.[8] Dagegen erklärt

---

6 Friedrich Wilhelm Joseph Schelling, Vorrede, in: *Victor Cousin über französische und deutsche Philosophie*, aus dem Französischen von Hubert Beckers, Stuttgart/Tübingen 1834, S. V.

7 Roman Luckscheiter (Hg.), *L'art pour l'art. Der Beginn der modernen Kunstdebatte in französischen Quellen der Jahre 1818 bis 1847*, Bielefeld 2003. – Stefan Hartung, Victor Cousins ästhetische Theorie. Eine nur relative Autonomie des Schönen und ihre Rezeption durch Baudelaire, in : *Zeitschrift für französische Sprache und Literatur*, 1997, vol. 107, Heft 2, S. 173–213.

8 Elisabeth Décultot (Hg.), *Esthétique: histoire d'un transfert franco-allemand (Ästhetik: Geschichte eines deutsch-französischen Transfers), Revue de Morale et de Métaphysique* 2 (2002).

Cousin in seinen Vorlesungen von 1818, dass sowohl die Kunst als auch die „haute critique“, nämlich die Ästhetik im 18. Jahrhundert eine deutsche Eigentümlichkeit bilde.[9] Diese Auffassung verschwindet bei ihm in dem Maße, wie seine politische Verantwortung größer wird. In der letzten Version von *Du Vrai, du Beau, du Bien* ist nicht mehr von deutscher Kunst und von Deutschem Idealismus die Rede, stattdessen fügt Cousin ein „patriotisches“ Kapitel über die französische Kunst des 17. Jahrhunderts hinzu.[10] Ähnliche Modifikationen finden sich auch in den verschiedenen Fassungen seines Berichts über seine Deutschlandreise, über seine Bekanntschaft mit Hegel in Heidelberg und seine Beziehung zu ihm sowie zu den anderen deutschen Philosophen.[11] Ein solcher Nationalismus betrifft auch den Inhalt der Ästhetik, die sich ebenfalls an der angeblich französischen und cartesianischen Tradition der Psychologie und nicht an der deutschen Methode der Metaphysik orientieren sollte.

2. Zum nationalistischen kommt noch ein ideologisches Hindernis hinzu. Der Grund, warum Cousin die deutsche Philosophie nicht erwähnt, aber studiert und „eingepflanzt“ hat, liegt darin, dass der deutsche Idealismus, insbesondere die Hegelsche Philosophie, eine gefährliche revolutionäre Ideologie für das ganze konservative Europa darstellt. Nach 1848 wirft man der Hegelschen Schule vor, dass sie für die politischen Unruhen verantwortlich sei. Paul Valéry warnt noch im 20. Jahrhundert vor diesem katastrophalen Einfluss: „Kant qui genuit Hegel, qui genuit Marx, qui genuit ...“[12] Der deutsche Idealismus im Kontext des politischen und religiösen Rückschritts ist Ausdruck einer Moderne, die in allen ihren objektiven Erscheinungen zu bekämpfen ist. Die moderne Philosophie setzt voraus, dass die Gesellschaften die Prinzipien

– der Reformation,
– der Aufklärung und
– der Französischen Revolution

annehmen. Cousin hat in seinem Briefwechsel mit dem Papst versucht zu erreichen, dass seine Philosophie vom Vatikan anerkannt wird, doch sie wurde

9 Victor Cousin, *Histoire de la philosophie du XVIIIe siècle* (*Geschichte der Philosophie im 18. Jahrhundert*), Bd. 1, Paris 1829, S. 27.

10 Victor Cousin, *Du vrai, du beau, du bien* (*Vom Wahren, Schönen, Guten*), 10. Vorlesung, S. 206–256, sowie Addendum, S. 463–491.

11 Victor Cousin, *Souvenirs d'Allemagne (Erinnerungen aus Deutschland)*, hg. v. Dominique Bourel, Paris 2011 (zuerst in: *Revue des deux mondes*, 1854, in: *Fragments philosophiques (Philosophische Fragmente)*, Bd. 5, Paris 1866, S. 45–219.) Eine Schilderung der Reise durch Deutschland findet man bereits in der Vorrede zur 2. Auflage der *Fragments philosophiques*, Paris 1833.

12 Paul Valéry, La crise de l'esprit (Die Krise des Geistes), in: *Variété*, Paris ^{4}1924, S. 21.

eben als moderne Philosophie von Pius IX indiziert.[13] Um eine solche Anerkennung zu erlangen, musste Cousin u. a. aber auf seine These der Autonomie der Kunst teilweise verzichten, sodass die Verteidiger der „L'art pour l'art" sich gegen die akademische Konzeption erklärt haben, die ihr doch zuvor den Weg geöffnet hatte. Baudelaires *Les Fleurs du Mal* lassen sich unter diesen Umständen als die radikalste Widerlegung der von Cousin behaupteten Einheit der Ideen des Schönen und des Guten, d. h. der notwendigen Übereinstimmung der Kunst mit der Moral und der Religion verstehen.[14]

Das Verhältnis zur Kirche steht im Vordergrund, denn das Cousin-Moment in der Geschichte der Philosophie und der Ästhetik entspricht einem Umsturz, nach dem die Philosophie nicht mehr von der kirchlichen, sondern nur von der staatlichen Macht kontrolliert wird. Sie musste dementsprechend eine akademische und säkularisierte Form finden, wobei auch ihr Inhalt neu gestaltet wurde, da die Theologie in den staatlichen Universitäten ersetzt werden sollte. Die institutionalisierte Philosophie musste sich insofern zwischen der kirchlichen Hegemonie einerseits und der politischen Macht andererseits positionieren. Der Ruhm Cousins während der Juli-Monarchie und seine Herrschaft über die französische Philosophie im ganzen Jahrhundert darf nicht die Verfolgungen vergessen lassen, welche er als Intellektueller erlebt hat: die Entlassung aus der Ecole Normale Supérieure, die Schließung dieser Institution, die Verhaftung in Deutschland, der Rückzug unter Napoléon III. All diese politischen Maßnahmen sind als Auswirkungen der von Cousin propagierten und von ihm schlicht „liberal" genannten Philosophie zu verstehen. Es handelt sich eigentlich um eine Philosophie, welche die Gesellschaft auf ihre eigene vernünftige Prinzipien zu gründen meint. Cousin ist insofern der Nachfolger der Philosophie des 18. Jahrhunderts, deren Ziel es war, die Moderne hervorzubringen, das Mittelalter in die Geschichte zu verweisen, um die Ideen der aus dem 17. Jahrhundert geerbten wissenschaftlichen, politischen und religiösen Revolutionen zu verwirklichen und so die Vernunft von allen Fesseln äußerlicher Autorität zu befreien.[15] Die Ästhetik bildet einen wesentlichen Teil dieses Vorhabens.

3. Schließlich gibt es aber eben deswegen noch ein drittes innerwissenschaftliches Hindernis, das darin besteht, dass die Ästhetik eben in der Philo-

---

13 Jules Barthélémy Saint-Hilaire, *M. Victor Cousin, sa vie et sa correspondance (Herr Victor Cousin, sein Leben und seine Briefe)*, Paris 1895, Bd. 2.

14 Vgl. Stefan Hartung, Victor Cousins ästhetische Theorie. – Vgl. Charles Baudelaire, Les Fleurs du mal (Die Blumen des Bösen), in: *Revue des deux mondes*, Juni 1855. Die ersten Gedichte aus der Sammlung erschienen zum ersten Mal in dieser Zeitschrift, in der Cousin auch den größten Teil seiner Aufsätze veröffentlicht hat (siehe Anm. 20 und 28).

15 Victor Cousin, *Histoire de la philosophie du XVIIIe siècle*, Bd. I, S. 6ff.

sophie des 18. Jahrhunderts, d. h. im Materialismus und Sensualismus ihren Ursprung hat. Beides wurde dann im idealistischen Rahmen der philosophischen Institutionen des 19. Jahrhunderts problematisch. Cousin war es, der die Fahne des Spiritualismus hisste; die französische Ästhetik wurde durch eine spiritualistische Struktur geprägt, welche sie lange behalten hat. Doch lässt sich diese Philosophie nur aus der Perspektive des Materialismus deuten. Cousin sieht in der Ästhetik neben der Chemie, der politischen Ökonomie und der Pädagogik eine der wissenschaftlichen Erfindungen des 18. Jahrhunderts, welches das Jahrhundert der materialistischen Philosophie ist. Man kann sogar behaupten, dass die Funktion dieser als Wissenschaft des Schönen im platonischen bzw. hegelschen Sinne, d. h. als Wissenschaft der Idee neu bestimmte Ästhetik die Möglichkeit bildet, das materialistische Erbe eben durch seine eigene Negation weiterzuführen, um im 19. Jahrhundert eine neue Einstellung zu begründen, die als „platonischer Materialismus“ oder als „Ideenmaterialismus“ im Sinne von Badiou bezeichnet werden kann.[16] Die Ästhetik als Wissenschaft des Schönen behält dementsprechend eine doppelte Funktion: den Sensualismus zu kritisieren und den Sensualismus zu rechtfertigen und dies auf einer metaphysischen Ebene. Die Philosophie des 18. Jahrhunderts ist also aufzuheben, ebenso wie die deutsche Philosophie, wie die Französische Revolution aufzuheben sind. Der Materialismus musste zugleich beerdigt und erlöst werden. Auch so kann man die Genese der französischen Ästhetik im 19. Jahrhundert verstehen.

2. *Die Frage nach der Genese der Ästhetik*

Die Untersuchung der Genese der französischen Ästhetik zeigt, dass die klassische Ästhetik des 18. Jahrhunderts im Grunde genommen eine bloße „Vorgeschichte“ der eigentlichen Ästhetik, d. h. der modernen Ästhetik des 19. Jahrhunderts bildet. Erst die Letztere liefert den Begriff der Kunst nach unserer idealistischen Auffassung. Alle Diskurse über das Schöne und die schönen Künste im klassischen Denken bereiten den Boden für das Auftreten eines auf den Begriff der „schöpferischen Subjektivität“ gegründeten Verständnisses der Kunst. Dieser epistemologische Bruch erfolgt erst nach 1815, und zwar mit und durch die Äußerungen Cousins.[17]

16 Alain Badiou, *Second manifeste pour la philosophie*, Paris 2010, S. 56. Dt.: *Zweites Manifest für die Philosophie*, Wien 2010.

17 Annie Becq, *Genèse de l'esthétique française moderne, De la raison classique à l'Imagination créatrice, 1680–1814 (Die Genese der modernen französischen Ästhetik. Von der klassischen Vernunft zur schöpferischen Einbildungskraft)*, Paris 1994, S. 37.

Der Übergang besteht zunächst in einer Änderung der theoretischen Praxis der Ästhetik und der sozialen Struktur des Diskurses. Die Ästhetik nimmt in der Moderne eine wissenschaftliche Form an im Sinne einer universitären und staatlichen Form. Die Ästhetik des 18. Jahrhunderts war vor allem eine Tätigkeit der bürgerlichen Gesellschaft, die sich grundsätzlich von der Universität trennte, wie etwa bei Diderot. Dieser soziale Unterschied entspricht auch einem Formunterschied. Die Ästhetik entwickelt sich wesentlich durch die weltliche Literatur und die Geschmackskritik. Sie ist kein von Professoren unterrichtetes Fach, wie etwa in Deutschland mit Kant und Hegel, sondern wird durch unabhängige Intellektuelle weitergeführt – gemäß einer Tradition der Aufklärung, die sich bis ins 20. Jahrhundert fortgesetzt hat. Der ästhetische Diskurs hat also seinen Ort in den Salons oder in den Werkstätten, in den Kreisen der Kunst und der Literatur und er steht insofern sowohl der Form als dem Inhalt nach außerhalb des theologisch-politischen Kreises der Universität.

Welches war, dem Inhalt nach, das philosophische Prinzip der Ästhetik im 18. Jahrhundert? Die Ästhetik war sowohl in der schottischen als auch in der französischen Philosophie eine Wissenschaft der Empfindung des Schönen und Erhabenen; in der deutschen Philosophie wird sie aber zur Philosophie der Kunst und des Kunstwerks, und zwar im Sinne einer Wissenschaft des Absoluten. Dieser Übergang von einer Ästhetik des Schönen zu einer Ästhetik der Kunst ist auch in der Entwicklung der Cousinischen Philosophie sichtbar.

1) Der erste Aufsatz von Cousin befasst sich nämlich ausschließlich mit der Frage nach dem „Idealschönen und dem Realschönen", wobei der Begriff der Kunst hier unbeachtet bleibt.[18] Ähnliches gilt für die Schrift über das Schöne seines Jüngers Jouffroy. Die erste ästhetische Theorie der französischen Philosophie nimmt die schottischen Theorien von Beattie und die Kantischen Untersuchungen über das Erhabene als ihr Material.[19] In Cousins Vorlesungen über die Philosophie des 18. Jahrhunderts wird die Ästhetik als Wissenschaft des Schönen im Hutcheson-Kapitel behandelt, weil hier die Philosophie des Schönen einen neuen Anfang findet. Sie sei nicht mehr platonisch, sondern cartesianisch als eine Philosophie der Empfindung zu verstehen. Im „Kampf des Sensualismus und des Idealismus", welcher das Prinzip der Geschichte der Philosophie ausmacht, vertreten aber die schottische Philosophie sowie die kantische Philosophie nach Cousin den Idealismus.[20]

---

18 Victor Cousin, Du beau réel et du beau idéal (Vom Realschönen und vom Idealschönen), in: *Archives philosophiques, politiques et littéraires*, 1818, S. 5–16.

19 Nach dem erhaltenen Material für die Vorlesungen von 1817–1818 im Nachlaß Victor Cousins, Paris, Bibilothèque de la Sorbonne.

20 Victor Cousin, *Du vrai, du beau, du bien*, S. 13.

2) Doch wäre es unrichtig zu behaupten, dass Cousin die Frage nach der Kunst nicht behandelt habe. Cousin hat den Begriff der „Kunst als Kunst" eingeführt, ohne den keine Kunst und keine Theorie der Kunst möglich wäre. Da der Begriff der Kunst ein Produkt der modernen deutschen Philosophie ist, hat Cousin dem Deutschen Idealismus nicht nur die metaphysischen Kategorien der Idee des Schönen und des Ideals, sondern vor allem den Begriff der Kunst als Ausdruck der Idee entliehen. Auch die Prinzipen einer Wissenschaft der Kunst als allgemeine Kunstgeschichte und das System der einzelnen Künste hat er übernommen und fruchtbar gemacht.

Diese Entwicklung lässt sich in Cousins späterem Aufsatz „Vom Schönen und von der Kunst" (1845) verfolgen.[21] Die Begriffe des Schönen und der Kunst werden hier in zwei klar unterschiedenen Teilen behandelt. Diese Studie bildet mit dem Aufsatz über „die französische Kunst des 17. Jahrhunderts" den „ästhetischen" Mittelteil der Druckfassung seiner Vorlesungen über das Wahre, das Schöne und das Gute. In seinem Bericht über die Preisfrage der Akademie über die Prinzipien des Schönen schreibt auch Barthélémy Saint-Hilaire, dass das Schöne vor allem in den Kunstwerken zu untersuchen sei, d. h. die Ästhetik sollte nicht nur als eine Wissenschaft des Schönen, sondern vor allem als eine Wissenschaft der Kunst verstanden werden.[22]

Doch wird das Paradigma des Schönen stärker betont als das Paradigma der Kunst, wie die Bestimmung durch die Académie française (d. h. wieder durch Cousin) es zeigt. Die Ästhetik sei die Wissenschaft, welche „die Eigenschaften des Schönen in den Produktionen der Natur sowie der Kunst zu untersuchen und zu bestimmen" hat.[23] Cousin hat den hegelschen Gestus also nicht übernommen, das Naturschöne aus dem Bereich der Ästhetik auszuschließen, um sich auf das Kunstschöne, wenn nicht auf die reine schöne oder nicht mehr schöne Kunst zu konzentrieren. So stellt die französische Ästhetik zwei unterschiedliche, wenn nicht widersprüchliche Begrifflichkeiten nebeneinander, obwohl die Aufgabe der Preisfrage sowie die Bestimmung aus dem *Dictionnaire* und das Vorlesungsbuch darin übereinstimmen, dass das Schöne hier im platonischen Sinne zu verstehen sei.

3) Dieser Vorrang der platonischen Auffassung des Schönen im Unterschied zur Hegelschen Kunstlehre lässt sich deutlich im Bericht der Akademie sowie in Cousins letzter Fassung seiner Vorlesungen über die Geschichte der

---

21 Victor Cousin, Du Beau et de l'Art, in : *Revue des Deux Mondes*, 1845, S. 773ff. Vom Schönen und von der Kunst, in: Roman Luckschreiter, *L'art pour l'art*. Siehe auch: *Du vrai, du beau, du bien*.

22 Jules Barthélémy Saint-Hilaire, *Rapport*.

23 *Dictionnaire de l'Académie française (Wörterbuch der Französischen Akademie)*, Paris 1835, S. 682. (Cousin ist seit 1830 Mitglied dieser Akademie.)

Philosophie erkennen.[24] Jetzt wird die Ästhetik nicht mehr als ein Produkt der modernen Philosophie, sondern als ein Produkt der antiken Philosophie modern reflektiert. Dass sie epistemologisch als ein Gebiet der Geschichte der antiken Philosophie aufgefasst wurde, ist nicht ohne institutionelle Folgen gewesen. Der Preisträger der Akademie für die Frage über die Ästhetik, Charles Lévêque, war nämlich Dozent der Geschichte der antiken Philosophie am Collège de France. Erst mit Victor Basch wurde an der Sorbonne ein Lehrstuhl für die Ästhetik gegründet mit Bezug zur Geschichte der neueren deutschen Philosophie. Abgesehen von den ideologischen Voraussetzungen besagt dies aber für die Epistemologie, dass die Ästhetik ein Gebiet der Geschichte der Philosophie überhaupt wird, und wir werden zum Schluss sehen warum.

3. *Die Wissenschaftlichkeit der Ästhetik*

Die Gründung einer wissenschaftlichen Ästhetik erfordert nicht nur, dass ihr Gegenstand, sondern auch dass ihre wissenschaftliche Form bestimmt wird. Betrachtet man die Preisfrage der Akademie unabhängig von ihrem Inhalt, dann stellt sich heraus, dass das wissenschaftliche Projekt darin besteht,

1) die Prinzipien einer Wissenschaft zu bestimmen,
2) diese Prinzipien durch Tatsachen aus der Erfahrung zu verifizieren und
3) die vorläufigen Systeme dieser Wissenschaft zu untersuchen.[25]

Dies entspricht einer Methode, die Cousin in der Darstellung seines Systems die „philosophische Wissenschaft" nennt.[26] Diese Wissenschaft wird in einer allgemeinen Weise verstanden und ihre Gebiete beschränken sich nicht auf diejenigen der Naturwissenschaft und der Mathematik, sondern betreffen ebenso sehr die Geisteswissenschaft und insofern auch die Kunstwissenschaft. Die moderne, d. h. postcartesianische Philosophie wird nämlich als eine „science humaine" verstanden, ebenso wie die Astrologie, die Physiologie und die Medizin. Die Methode ist die „Analyse des Gedankens und des Geistes, welcher dessen Subjekt ist".[27]

Die philosophische Wissenschaft wird von Cousin nach den drei Ideen des Wahren, des Schönen und des Guten gegliedert. „Die Idee des Schönen

---

24 Victor Cousin, *Histoire générale de la philosophie, depuis les temps les plus anciens jusqu'à la fin du XVIIIe siècle (Allgemeine Geschichte der Philosophie von der älteren Zeiten bis zum Ende des 18. Jahrhunderts)*, Paris 1863.

25 Jules Barthélémy Saint-Hilaire, *Rapport*.

26 Victor Cousin, *Du vrai, du beau, du bien*, S. 2.

27 Ebd., S. 3.

ist diese Wissenschaft, die sich in Deutschland Ästhetik nennt".[28] Auf diesem speziellen Gebiet der Ästhetik wird die Wissenschaft in einem weiten Sinne begriffen, doch unterscheidet sie sich sowohl von der Kunstkritik als auch der Kunstpraxis. Für die Akademie handelt es sich nicht darum, „unmittelbar auf die zeitgenössische Kunst zu wirken", sondern nur darum, an „die ewigen Prinzipien zu erinnern, worauf die Wissenschaft beruht".[29] Die Wissenschaft ist also eine theoretische Praxis, die sich auf die Bestimmung der allgemeinen Prinzipien beschränkt. Insofern wird die wissenschaftliche Ästhetik weder als Metaphysik noch als positive Wissenschaft verstanden, obwohl ihre Prinzipien auch durch die Erfahrung bestätigt werden sollen.

Paul Janet sagt, dass Cousin die Ästhetik als Wissenschaft konstituiert hat, u. a. weil er seinen Gegenstand, nämlich das Schöne im Kontext der Bestimmung des menschlichen Geistes, der Natur und der Kunst, unterschiedlich behandelt hat.[30] Wenn die Ästhetik das Schöne nicht nur im Geiste und in der Kunst – der Methode der Psychologie oder der Geisteswissenschaft folgend –, sondern auch in der Natur untersucht, dann stellt sich aber die Frage nach ihrer Beziehung zur Naturwissenschaft bzw. nach der Gültigkeit einer Anwendung der psychologischen Methode auf diesem Gebiet. Es ist offensichtlich, dass die Philosophie im Allgemeinen und die Ästhetik im Besonderen eine Rolle in der Bestimmung der Naturwissenschaften hat, und zwar als Kritik des Mechanismus, d. h. des Materialismus derselben. Die Frage nach dem Schönen wirkt hier als mögliche Verteidigung des Idealismus. Die Ästhetik trägt insofern zu einer mehr oder weniger klaren Restauration der aristotelischen Auffassung der Teleologie in der Natur bei, die der Determinismus aufgehoben hatte. Ein junger und begabter, früh gestorbener Student namens Papillon hat sich so zunächst für die Epistemologie der Naturwissenschaft interessiert, bevor er bei Cousin und Lévêque die Grundlage einer Kritik derselben gefunden hat. Diese Kritik führt er vom Standpunkt des „Spiritualismus" aus und eben deswegen nimmt seine Untersuchung nicht die Form der „Wissenschaft" an, sondern die der „Philosophie".[31] Hier werden also die Termini „Wissenschaft" und „Philosophie" einander entgegengesetzt, die noch im 18. Jahrhundert synonym waren. Unter solchen Umständen beansprucht die Philosophie eine höhere Form von Vernünftigkeit und Wissenschaftlichkeit einerseits, möchte sich aber andererseits auf den Standpunkt des Gemeinsin-

28 Ebd., S. 12.

29 Jules Barthélémy Saint-Hilaire, *Rapport*, S. 138.

30 Paul Janet, *Victor Cousin et son œuvre (Victor Cousin und sein Werk)*, Paris 1885, S. 92.

31 Fernand Papillon, *Histoire de la philosophie moderne dans ses rapports avec le développement des sciences de la nature (Geschichte der modernen Philosophie in ihrer Beziehungen zur Entwicklung der Naturwissenschaften)*, hg. v. Charles Lévêque, 2 Bde, Paris 1876.

nes, wenn nicht der kindlichen Weltanschauung[32] stellen, deren Wissenschaftlichkeit aber dann fragwürdig erscheint.

Doch lässt sich die französische Philosophie bzw. die Ästhetik nicht auf einen psychologischen Mystizismus und einen regressiven Antinaturalismus reduzieren. Der Vernünftigkeitskern und die Positivität müssen auch in Betracht gezogen werden. Die wissenschaftliche Form der Philosophie ist allerdings bei Cousin nicht nur diejenige der Psychologie, sondern auch diejenige der Geschichte, insbesondere der Geschichte der Gedankensysteme. Darin besteht die Wissenschaftlichkeit des Spiritualismus.[33] Der Beitrag Cousins zur Geschichte der Wissenschaften besteht nicht nur aus allgemeinen Untersuchungen über die Prinzipien der Philosophien, des Schönen insbesondere, sondern auch aus verschiedenen positiven Studien auf dem Gebiet der Geschichte überhaupt, der Kunst- und der Literaturgeschichte, aber vor allem der Geschichte der Philosophie. In seiner Rede über den Physiker Joseph Fourier unterscheidet Cousin drei Epochen der Wissenschaft, diejenige der Beobachtung, diejenige des Kalküls und diejenige, in der der Wissenschaftler einen Platz in der Geschichte der Wissenschaften einnimmt. Was Fourier zu einem Wissenschaftler macht, ist dementsprechend nicht nur der Reichtum seiner Beobachtungen, auch nicht die „Schönheit" seiner Kalküle und seiner Gesetze, sondern vor allem die Möglichkeit, dass er sich einer historischen Kontinuität der Wissenschaft einordnen kann.[34] Wenn man diese Konzeption auf die Kunstwissenschaft anwendet, würde dies heißen, dass die Ästhetik nicht nur eine Wissenschaft ist, weil sie Prinzipien hat, die sie auch verifiziert, sondern weil sie eine spezifische Form der Geschichte der Systeme ermöglicht. So wurde auch von der Akademie gefordert, dass man die Ästhetik sowohl nach ihren Prinzipien als auch nach der Geschichte der vorläufigen Systeme betrachtet, und zwar in Form eines „examen critique", einer kritischen Untersuchung.[35]

Wenn die Ästhetik als Philosophie der Kunst erst mit der Philosophie Cousins „eingepflanzt" wurde, kann sie die Form einer Geschichte der Systeme nur dadurch annehmen, dass sie eine Wissenschaft des Schönen bildet. So hat auch Cousin Elemente für eine solche der Geschichte der ästhetischen Systeme gegeben. Die Ästhetik habe, so heißt es in der Vorlesung von 1829, ihre Ansätze in der Philosophie des 18. Jahrhunderts gefunden, denn erst seitdem

32 Charles Lévêque, *Etudes de philosophie grecque et latine (Studien über die griechische und lateinische Philosophie)*, Paris 1864.

33 Ferdinand Papillon, *Histoire de la philosophie moderne*.

34 Victor Cousin, Discours de réception à l'Académie française (Antrittsrede bei der Französischen Akademie), in: *Fragments littéraires*, Paris 1843.

35 Barthélémy Saint-Hilaire, *Rapport*.

wird die Frage nach dem Schönen analysiert, um damit eine „science régulière“, eine gesetzmäßige Wissenschaft zu begründen, die „ihre Prinzipien, ihre Bildung, ihre Fortschritte“ besitzt, wie sie vor allem in Deutschland entwickelt wurde.[36] In der Vorlesung von 1818 werden Diderot und der Pater André erwähnt.[37] Nur sei die Philosophie allzu materialistisch und unsystematisch.[38] So gibt er der Ästhetik einen materialistischen und einen cartesianischen Ursprung. (In den Vorlesungen über die Geschichte des 18. Jahrhunderts sagt Cousin, dass die Ästhetik eine Erfindung dieses Jahrhunderts ist, denn erst da hat man die Schönheit nicht nur bewundert, sondern auch ihren Ursachen und ihren Charakter in den Werken des Geistes systematisch erforscht. Man hat seine Prinzipien und Fortschritte usw. erkannt.[39]) Wenn die Ästhetik erst mit dem Cousinismus sich als Wissenschaft der Kunst konstituiert, kann diese Geschichte der Ästhetik aber nur keimend sein. Ist sie jedoch doch als Wissenschaft des Schönen bestimmt, so hat sie ihnen Ursprung, wie oben schon gesagt, im antiken Platonismus.[40] Wenn wir uns aber die Frage stellen, welche Rolle der Rezeption der Hegelschen Ästhetik in diesem Zusammenhang zukommt und inwiefern diese zu einer Theorie der Moderne beitragen könnte, dann lässt sich feststellen, dass sie als Wissenschaft, und zwar als Wissenschaft der Wissenschaft – Geschichte der modernen Philosophie –, zur Theorie der Moderne beiträgt. Insofern bildet sie nicht nur eine Reflexion, sondern ist auch als Selbstbestimmung durch die Vernunft Teil des Projekts der Moderne. Eben dieses Modell des Selbstverstehens in der wissenschaftlichen Form der Geschichte, der Universität und des Staats ist nach Lyotard mit der Postmoderne in eine Krise geraten.[41] Die Wissenschaft der Ästhetik bzw. ihre Erweite-

---

36 Victor Cousin, *Philosophie du XVIIIe siècle*, S. 27.

37 Victor Cousin, *Cours de philosophie professé* , S. 194. Es fehlt Diderot die Methode und die Tiefe. Auch Quatremère de Quincy. Für Deutschland wird Winckelmann mit seinen Studien über die Kunst genannt, für England nur die Beobachtungen über einige Künste (ebd.).

38 Eine ähnliche Darstellung der Genese der Ästhetik liegt auch den Darstellungen der Schüler zugrunde. Vgl. Charles Lévêque, *La science du beau (Die Wissenschaft des Schönen)*, Paris 1860. – Charles Bénard, L'esthétique dans la philosophie française et dans l'enseignement public en France (Die Ästhetik in der französischen Philosophie und im öffentlichen Bildungssystem Frankreichs), in: *Revue politique et littéraire*, 13.3.1875. – Paul Janet, *Victor Cousin et son œuvre*.

39 Victor Cousin, *Philosophie du XVIIIe siècle*, S. 28.

40 Victor Cousin, *Du vrai, du beau, du bien*, S. 12: „Die Details gehören zur Kunst- und Literaturkritik, die allgemeinen Prinzipien haben dagegen in der Forschung und Lehre der Philosophen von Platon und Aristoteles bis Hutcheson und Kant mehr oder weniger großen Platz immer gehabt“.

41 Jean-François Lyotard, *Das postmoderne Wissen: ein Bericht*, hg. von Peter Engelmann, Wien [6]2009.

rung zur Anästhetik[42] würde aber hier wieder beginnen können, um von der Krise der Prinzipien des modernen Wissens und der modernen Gesellschaften auszugehen, wenn auch die Ästhetik und die Kunstkritik am Anfang des Diskurses der Moderne bereits standen. Der Rekurs auf die ästhetischen Ideen und auf den deutschen Idealismus hat sich dabei noch für die französische Philosophie des 20. Jahrhunderts, wie im 19. Jahrhundert, als entscheidend erwiesen, um mit und gegen Hegel die Moderne in der postrevolutionären Zeit zugleich zu kritisieren und fortzusetzen.

42 Wolfgang Welsch, *Ästhetisches Denken*, 6. erweiterte Aufl., Stuttgart 2003, besonders S. 83–98. Im Bezug zur Ästhetik des Deutschen Idealismus siehe auch Alain Patrick Olivier, Esthétique et anesthétique: l'avenir de l'œuvre d'art (Ästhetik und Anästhetik: die Zukunft des Kunstwerks), in: *Etudes germaniques*, 64 (2009), 4, S. 751–763.

Sándor Radnóti

Kalt Schäferspiel

Der Mann von Geschmack und der Philosoph – Hazlitt und Hegel

An einer Stelle der von Hotho herausgegebenen *Ästhetik* Hegels wird erwähnt, dass der griechische bildhauerische Kanon früherer Jahrhunderte – also die Skulpturen, die von Winckelmann und Lessing noch hochgeschätzt waren – eine Abwertung erfahren, seitdem man in den letzten Jahrzehnten „im Ausdruck tiefere und in den Formen lebendigere und gründlichere Werke"[1] kennenlernen konnte. Diese Behauptung deutet auf die Wahrnehmung des kulturellen Schocks der *Elgin Marbles* hin. Die ungeheure europäische Wirkung der neu bekanntgewordenen Werke taucht wahrscheinlich auch in den Original-Vorlesungsmitschriften auf, wo Hegel 1826 über die Kopien der in den neueren Zeiten verbreiteten Phidias-Werke spricht.[2] Aber auch sonst haben wir keinen Grund, die Glaubwürdigkeit des Gedankenganges in Zweifel zu ziehen: Hegel zitiert nämlich – um seine Behauptung zu untermauern – den Bericht eines anonymen englischen Reisenden, der in der Ausgabe vom 26. Juli 1825 des *Morning Chronicle* (1769–1862) erschienen war – wir wissen übrigens, dass der Philosoph diese berühmte Zeitung wohl kannte, es sind sogar von ihm selbst gefertigte Auszüge aus zwei Artikeln von 1826 erhalten geblieben.[3]

---

1 Georg Wilhelm Friedrich Hegel, *Vorlesungen über die Ästhetik II*, Frankfurt a. M. 1995, S. 421.

2 „In den neuern Zeiten hat man von den originellen Werken des Phidias [Abgüsse] nach Europa gebracht" – notiert Hotho 1826. G. W. F. Hegel, *Philosophie der Kunst. Vorlesung von 1826*, hg. v. Annemarie Gethmann-Siefert, Jeong-Im Kwon und Karsten Berr, Frankfurt a. M., 2005, S. 123. Vgl. G. W. F. Hegel, *Philosophie der Kunst oder Ästhetik: nach Hegel, im Sommer 1826*, Mitschrift v. Carl Hermann Victor von Kehler, hg. v. Annemarie Gethmann-Siefert und Bernadette Collenberg-Plotnikov, München 2004, S. 176.

3 Vgl. Helmut Schneider, Neue Quellen zu Hegels Ästhetik, in: *Hegel-Studien* 19 (1984), S. 27ff. Eine Studie berichtet über eine Londoner Macbeth-Vorstellung und kritisiert den komischen Charakter der Hexen, eine andere erläutert das römische Konzert der berühmten zeitgenössischen Sängerin Angelica Catalani.

Der englische Reisende, der den *Apollo von Belvedere* einen theatralischen Stutzer nannte, war William Hazlitt,[4] der berühmte Essayist und Kritiker. Diese Tatsache war meines Wissens bis dato weder in der Hegel- noch in der Hazlitt-Forschung bekannt – da ich aber kein Philologe bin, kann ich es nicht mit Sicherheit behaupten.[5] Im Zeitalter der Internet-Philologie messe ich der Entdeckung dieser Tatsache keine allzu große Bedeutung bei. Viel merkwürdiger ist es, dass Hegel – auch ohne Namensnennung – die interessanten Bemerkungen eines wirklich bedeutenden, ihm aber in jeder Hinsicht fern stehenden Zeitgenossen wahrzunehmen vermag.

Hegel betrachtet die Bemerkung des anonymen Verfassers im Reisebericht als Urteil eines Kunstkenners. Welchen Stellenwert hat aber der Kunstkenner in seiner ästhetischen Theorie? Die Rezeptionsphänomenologie Hegels hat zwei Seiten, eine geschichtliche und eine zeitgenössische. Im geschichtlichen Sinn steht der Kunstgenuss, der die großen Perioden der Vergangenheit charakterisierte, dem modernen Kunstgenuss gegenüber. Drücken die Kunstwerke den Geist eines Zeitalters und eines Volks unmittelbar aus, so erfordern sie

---

4 „... in a room near the centre (called the Tribune) stand the Venus of Medici, with some other statues and pictures not unworthy to do her homage. I do not know what to say of the Venus, nor is it necessary to say much, where all the world have already formed an opinion for themselves; yet, perhaps, this opinion which seems the most universal, is the least so, and the opinion of all the world means that of no one individual in it. The end of criticism, however is rather to direct attention to objects of taste, than to dictate to it. Besides, one has seen the Venus so often and in so many shapes, that custom has blinded one equally to its merits or defects. Instead of giving an opinion, one is disposed to turn round and ask, ‚What do *you* think of it?' It is like a passage in the ‚Elegant Extracts', which one has read and admired, till one does not know what to make of it, or how to affix any meaning to the words: beauty and sweetness end in an unmeaning commonplace! If I might notwithstanding hazard a hypercriticism, I should say, that it is a little too much like an exquisite marble doll. I should conjecture (for it is only a conjecture where familiarity has neutralised the capacity of judging) that there is a want of sentiment, of character, a balance of pretensions as well as of attitude, a good deal of insipidity, and an over-gentility. There is no expression of mental refinement, nor much of voluptuous blandishment. There is great softness, sweatness, symmetry, and timid grace – a faultless tameness, a negative perfection. The Apollo Belvedere is positively bad, a theatrical coxcomb, and ill made, I mean compared with the Theseus." Notes of a Journey through France and Italy. No. XVIII, in: *The Morning Chronicle*, 26.07.1825. Siehe später in William Hazlitt, Notes of a Journey through France and Italy [1826] = *The Complete Works of William Hazlitt*, Vol. X, edited R. Howe after the edition of Alfred Rayney Waller and Arnold Glover, Centenary Edition, London 1930, S. 222.

5 Auf diese Tatsache habe ich das erste Mal in einem Kapitel meines auf Ungarisch erschienenen Winckelmann-Buches aufmerksam gemacht (2010). Vgl. auf Deutsch: Sándor Radnóti, Originalität/Authentizität bei Winckelmann, in: Susanne Knaller, Harro Müller (Hg.), *Authentizität. Diskussion eines ästhetischen Begriffs*, München 2006, S. 230.

keine Reflexion. Die Sachkenntnis hat in solchen Fällen lediglich auf der Seite des Künstlers Bedeutung und auch da sogar nur im technischen Sinn. Die Werke führen mit dem Rezipienten – als mit einem getrennten, partikularen Ich, das sich in seiner Eigenartigkeit und Zufälligkeit vom Allgemeinen losgelöst hatte – auch im Allgemeinen gar keinen Dialog. Eine solche Kontaktaufnahme wäre sowohl auf der Seite des Rezipienten als auch auf der des Kunstwerks mit einem Wort Hegels eine *Selbstgefälligkeit*.[6] Das mittelbare, reflektierende Urteil charakterisiert die Modernität. Die modernen Kunstwerke können aufgrund ihrer Partialität und der vielfältigen Art ihrer Wahrnehmung nur mithilfe der Auslegung rezipiert werden, die Reflexion umfasst aber auch die ganze Kunst der Vergangenheit, da sie – gerade infolge ihres Vergangenseins – „auch die echte Wahrheit und Lebendigkeit für uns verloren"[7] hat und ihr Geist einer Rekonstruktion bedarf. Man kann drei Typen des reflektierenden Urteils unterscheiden, und zwar sowohl in hierarchisierender Weise als auch zum Teil in der dialektischen, zum Teil in der zeitlichen Entwicklung. Es gibt das Urteil des Mannes von Geschmack, das des Kunstkenners und das des Philosophen, der die Kunstwerke aufgrund der hegelschen Kunstauffassung zu begreifen und auszulegen vermag. „Den Mann von Geschmack hat der Kenner abgelöst, und die Kennerschaft also leistet viel; zwar ist sie nicht das höchste, aber ein notwendiges Moment".[8]

Die kritische Spitze dieser Konzeption richtet sich gegen den Begriff des Geschmacks. „Wo der Genius auftritt, tritt der Geschmack zurück."[9] Das ist ein Bruch mit der geschmacksphilosophischen Tradition des 18. Jahrhunderts, die teils damit begründet wird, dass Hegel – im Gegensatz zur Rezeption – das Kunstwerk selbst in den Mittelpunkt stellt, teils aber damit, dass er – im Gegensatz zu den naturhaften, sinnlichen Relationen der Kunst – die geistige Seite derselben betonen will. Im Wort „Geschmack" steckt eine Art Sinn und zwar ein solcher, der keinen Platz bei den von Hegel theoretisch genannten Sinnen finden konnte. Auch der Schönheitssinn bleibt eine unmittelbare sinnliche Art der Perzeption und seine Reflektiertheit vermag nicht die Oberfläche zu durchdringen. Der Sinn wird auf einer weiteren Stufe der Rezeption vom Wissen abgelöst, das heißt das Erkennen des Kunstwerks selbst in seiner Objektivität. Die wirklichen Bezüge der Geschmackstheorien – die ästhetische Politik und die ästhetische Moralphilosophie sowie die Perspektiven der Ge-

6 G. W. F. Hegel, *Vorlesungen über die Philosophie der Kunst, 1823. Nachschrift von H. G. Hotho*, hg. v. Annemarie Gethmann-Siefert, Hamburg 1998, S. 232, und *Vorlesungen über die Ästhetik II.*

7 G. W. F. Hegel, *Vorlesungen über die Ästhetik I*, Frankfurt a. M. 1994, S. 25.

8 G. W. F. Hegel, *Vorlesungen über die Philosophie der Kunst, 1823*,S. 17.

9 Ebd., S. 16.

schmacksbildung aus der Sicht der gesellschaftlichen Zusammenarbeit und Harmonie – haben für Hegel keine Bedeutung, weil die hier auftauchenden Probleme bei ihm zu der Welt des objektiven Geistes gehören und im institutionalisierten Leben eine prosaische Lösung erfahren.

Hazlitt ist aber der Mann des Geschmacks. Zu seiner Tradition gehört die Geschmackstheorie der vorangehenden englischen Generationen, das bedeutet aber nicht, dass er selber eine Geschmacksphilosophie hätte. Die philosophische Verallgemeinerung der Geschmackserscheinung war vom Beginn des 17. Jahrhunderts an mit der Forderung motiviert worden, dass die Vorzüglichkeit der Einzelnen nicht etwa Folge der Wohlgeborenheit oder der physischen Abstammung sein soll, sondern prinzipiell durch die für jeden erreichbare eigene Leistung und Kultiviertheit bestimmt werden muss. Dieser gegen die aristokratische Weltanschauung gerichtete Begriff hatte immer eine demokratische (die menschliche Gleichheit betonende) und eine meritorische (das Außergewöhnliche der persönlichen Vorzüglichkeit hervorhebende) Seite. Die ästhetische Politik war jedenfalls im Zeitalter der Aufklärung an der ersteren, also an der Betonung der Möglichkeit der Gleichheit interessiert. Es kann gesagt werden, dass die nivellierende Institution dieses Zeitalters – neben dem Markt – der Geschmack gewesen war.

Nach der Französischen Revolution (und was die Zeitgenossen vielleicht noch nicht wissen konnten: nach der Verabschiedung der Unabhängigkeitserklärung von Amerika) konnte dieser Prozess nicht fortgeführt werden. Es traten Ideen der wesentlich festeren Institutionalisierung der Gleichheit ans Tageslicht, aber – in komplementärer Weise – auch das Bewusstsein und Selbstbewusstsein der Ungleichheit der Teilnahme am vorzüglichen Geschmack wurde stärker, ja sogar auch das Bewusstsein, dass das Geniale Folge einer privilegierten Geburt sein könnte. Hazlitt schreibt dazu: „Das Prinzip des allgemeinen Wahlrechts kann bei den Regierungsangelegenheiten, die die gemeinsamen Gefühle und Interessen der Gesellschaft betreffen, angewendet werden, aber nicht in Bezug auf die Geschmacksangelegenheiten, weil bei diesen lediglich im Besitz der feinsten Wahrnehmungen eine Entscheidung getroffen werden kann.“[10]

Eine der möglichen Folgen dieses Wandels war zweifellos, dass vom Geschmack mehr Wissenschaftlichkeit und Fachwissen erwartet wurde. Richard Payne Knight publizierte z. B. 1805 ein typisches Buch über die Prinzipien des Geschmacks für connaisseur (also Kenner), das den Geschmackskonsens

10 William Hazlitt, Whether the Fine Arts are Promoted by Academies, in: William Hazlitt, *Selected Writings*, hg. v. Jon Cook, Oxford 1991, S. 263.

grundsätzlich in Abrede stellte.[11] Diese Entwicklungen rechtfertigen aber keineswegs die Konzeption Hegels, die den Geschmacksbegriff als etwas Veraltetes und Oberflächliches betrachtet hatte. Es ist zwar richtig, dass die Sonne der Geschmacksphilosophie mit dem 19. Jahrhundert untergegangen ist, und zwar nicht nur aus den erwähnten politisch-ästhetischen Gründen, sondern hauptsächlich deswegen, weil ihre wichtigste Voraussetzung (ihr stillschweigend schon immer mitgemeinter universal-normativer Charakter) von der ständig allgemeiner werdenden Geschmackspluralität relativiert und eine ursprünglich philosophische Frage in eine soziologische Erscheinung simultaner Geschmacksgemeinschaften umgewandelt worden war. Der Geschmack blieb aber weiterhin substanzieller Teil und wichtiges Element unserer Persönlichkeit.

Betrachten wir nun in dieser Hinsicht, was der von Hegel zitierte Gedanke Hazlitts in der Welt von Hegel und Hazlitt bedeutet. Hegel stellt fest, dass das Bekanntwerden der Metopen, Friese und Giebelfiguren des athenischen Parthenon (die infolge des Erwerbs von Lord Elgin nach längeren Abenteuern nach England gelangt, ab 1807 zu besichtigen und 1816 sogar in den Besitz des British Museums übergegangen waren[12]) die Geschichte der antiken Kunst verändert hatte. Aber wurde dadurch auch die Theorie Hegels modifiziert? Seine wichtige Behauptung bestand ja darin, dass die Kunstwerke des alten Kanon (also im Wesentlichen die Marmorskulpturen von Belvedere, vor allem der Apollo und die Laokoon-Gruppe, sowie die Venus Medici und die Skulpturen der Niobe-Gruppe) „in ihrem Werte etwas heruntergedrückt wurden, und man setzt sie in eine schon spätere Zeit, in welcher die Glätte der Ausarbeitung schon das Gefällige und Angenehme im Auge hat und nicht mehr im strengen echten Stil beharrt".[13]

Hegel besichtigte die *Elgin Marbles* nicht, diese hatten also keinen Einfluss auf seine Theorie über die antike Skulpturenkunst. Sie stützte sich nämlich in hohem Ausmaß auf Winckelmann und aus diesem Grund teilte sie auch jene Eigenschaft der *Geschichte der Kunst des Altertums,* dass sie durch den Begriff „hoher Stil" in Wirklichkeit auf eine leere Stelle hindeutete, die höchstens mit verlorengegangenen und nur fiktiven Kunstwerken hätte ausgefüllt werden können. „The high style is both essence and absence" – schrieb Alex Potts über

11 Vgl. Richard Payne Knight, *An Analytical Inquiry into the Principles of Taste*, London [3]1806, S. 6f. und passim.

12 In Bezug auf das Unternehmen von Lord Elgin ist immer noch das wichtigste Geschichtswerk das von William St. Clair, *Lord Elgin and the Marbles*, Oxford [3]1998 [1967].

13 G. W. F. Hegel, *Vorlesungen über die Ästhetik II*, S. 431.

Winckelmann.[14] Die Beispiele des „Göttlichen, das in seine stille Größe versenkt ist",[15] „die hohe, rein in sich versenkte bewegungslose Göttlichkeit"[16] sowie der „Bilder des olympischen Jupiter, der Pallas in Athene, der Juno in Argos"[17] – all das sind Kunstwerke, die ihm lediglich aus Beschreibungen bekannt waren. Die *Elgin Marbles* versprachen den Kulturmenschen der damaligen Zeit, dass sie die erwähnte leere Stelle wirklich ausfüllen könnten (das ganze Material wurde Phidias zugeschrieben), aber als Hoch- und Tiefreliefs bzw. Gebäudeskulpturen konnten sie nicht in den hegelschen Gedankengang eingefügt werden, der eine von jeder konkreten Funktion abstrahierte, in sich stehende Plastik annahm und auf dem Idealtyp eines Tempelraums aufgebaut war, der die Rundplastiken vorteilhaft hervorheben konnte. Es kann paradox klingen, aber was die *Elgin Marbles* betrifft, harmoniert gerade diese Auffassung mit der heute gängigen wissenschaftlichen Betrachtungsweise: Es kann sein, dass Phidias bei deren Entwurf eine Rolle gespielt hatte, aber keinesfalls bei deren Ausführung – er befasste sich nämlich in dieser Zeit mit der Schaffung der kolossalen Athena Parthenos.[18]

Das Bekanntwerden der *Elgin Marbles* führt also bei Hegel zur Erweiterung des Wissensstandes, aber nicht zur Änderung des Geschmacks. Die feine Bemerkung über die Abwertung des winckelmannschen Kanon, der in der Hotho-Redaktion einige Seiten später eine Laokoon-Analyse folgt, in der bereits auch die Begriffe *Gesuchtheit* und *Manier* auftauchen,[19] kann nicht darüber hinwegtäuschen, dass die Kunstwerke des alten Kanon in verschiedenen Zusammenhängen wieder im positiven Sinn erwähnt werden.[20]

---

14 Alex Potts, *Flesh and the Ideal. Winckelmann and the Origins of Art History*, New Haven/London ²2000 [1994], S. 70.

15 G. W. F. Hegel, *Philosophie der Kunst. Vorlesung von 1826*, S. 120.

16 G. W. F. Hegel: *Philosophie der Kunst oder Ästhetik: nach Hegel, im Sommer 1826*, Mitschrift v. Carl Hermann Victor von Kehler, S. 172.

17 G. W. F. Hegel, *Philosophie der Kunst. Vorlesung von 1826*, S. 121. Vgl. G. W. F. Hegel, *Philosophie der Kunst oder Ästhetik: nach Hegel, im Sommer 1826*, S. 173., und Anm. 353, S. 286.

18 Vgl. Ian Jenkins, *Greek Architecture and its Sculpture in the British Museum*, The British Museum Press, London 2006.; Brian F. Cook: *The Elgin Marbles*. The British Museum Press, London 1997.

19 Vgl. G. W. F. Hegel, *Vorlesungen über die Ästhetik II*, S. 434.

20 Die notwendige – akut gewordene – und unbedingt zu verrichtende Arbeit, dass die Mitschriften von kunstphilosophischen Vorlesungen, die im Jahrzehnt nach 1820 von Hegel sogar viermal gehalten worden waren, aufgearbeitet und mit der posthum erschienenen, von Hotho redigierten *Ästhetik* verglichen werden sollte – nun, das frustriert jeden, der über die ästhetischen Gedankengänge Hegels nachzudenken gedenkt; außer vielleicht jene, die sich gerade mit dieser Thematik befassen. Im Zusammenhang mit der *Laokoon*-Analyse könnte auch die Möglichkeit in den Blick genommen werden – wenn nicht der Annahme widersprechende, mir unbekannte

Das Bekanntwerden der *Elgin Marbles* hatte die Geister in Bezug auf die Gültigkeit des bisherigen Kanon tatsächlich zum Nachdenken angeregt; der größte Verlierer dieses Prozesses wurde aber der von Winckelmann über alle Grenzen hinaus propagierte *Apollo von Belvedere*. Auch die englische parlamentarische Untersuchungskommission, die über den Erwerb der Sammlung zu befinden hatte, wollte in erster Linie prüfen, ob diese Werke nun wertvoller sind vor allem als der Apollo oder andere Skulpturen von Belvedere.[21] William Hazlitt hatte den Apollo und die andere Werke des Kanon wiederholt scharf kritisiert (wie es übrigens auch sein Freund Stendhal tat[22]). Beide stellten dieses Werk – als hochwertigere Kunst – der damals mit Theseus (oder Herkules) identifizierten Figur D. gegenüber, die sich in der östlichen Giebelgruppe des Parthenon befunden hatte. Hazlitt wurde auch durch Michelangelos Adam an den Elgin-Theseus erinnert.[23]

Was sind die Eigentümlichkeiten jenes neuen Geschmacks, dessen wichtigste – aus der klassischen Kunst stammende – Bezugspunkte gerade die *Elgin Marbles* verkörpern? Idealisierung der Naturnachahmung, Natürlichkeit statt Idealisierung, Fragmentierung und Unvollendetheit statt Vollkommenheitsideal, Übersensibilität statt Künstlichkeit und Pedanterie. Den Haupt-

---

zeitgenössische schriftliche Zeugnisse existieren –, dass die antiken kunstgeschichtlichen Kenntnisse Hegels von Hotho modernisiert worden sein dürften. Aber durch anderthalb Jahrhunderte hindurch war, von wenigen Zweifeln abgesehen, die Ausgabe von Hotho *die maßgebliche* Ästhetik Hegels. Dieser Text wirkte, dieser wurde fortgeführt, mit diesem hat man gerungen und aufgrund dieses Textes konnte der einflussreiche Vertreter der antiphilosophischen Rhetorik, Paul de Man, behaupten: „Wether we know it, or like it, most of us are Hegelians", und weiter: „... the name ‚Hegel' stands here for an all-encompassing vessel in which ... many currents have gathered and been preserved" (Sign and Symbol in Hegels *Aesthetics*, in: *Aesthetic Ideology*, Minneapolis/London 1996, S. 92ff.). Die neue Rekonstruktion Hegels macht „Hegel" nicht ungültig. Das philosophische Gegenstück dieser Behauptung könnte eine neue Hotho-Ausgabe sein, die die restaurierende Arbeit von Hotho allen zur Verfügung stehenden Hörer-Mitschriften sowie den eingefügten Schriften Hegels gegenüberstellen würde. Diese Bemühung wäre jener Vorgehensweise ähnlich, wie die neu publizierte Ausgabe von Winckelmanns *Geschichte der Kunst des Alterthums* (Mainz/R.: Philipp von Zabern, 2002ff.) die äußerst abweichende erste Variante der posthum erschienenen zweiten Ausgabe gegenüberstellt. Ich muss zugeben: eine wesentlich kompliziertere Herausforderung.

21 Vgl. *Report from the Select Committee of the House of Commons on the Earl of Elgin's Collections of Sculptured Marbles &c*, London 1816.

22 Vgl. Stendhal, Promenades dans Rome, in : *Voyages en Italie*, Paris 1973. S. 702, 779f.

23 Vgl. William Hazlitt, Notes of a Journey through France and Italy, S. 241. In der Ausgabe von Hotho erwähnt Hegel – wenn es nicht um ein Missverständnis handelt – das ohne Kopf figurierende Gegenstück dieser Skulptur, nämlich die Figur A. im westlichen Tympanon als die Gestalt des liegenden Flussgottes (wie es auch heute angenommen wird). Vgl. G. W. F. Hegel, *Vorlesungen über die Ästhetik* II.

werken des bisherigen griechischen Kanon werden Gespreiztheit und Geschmacklosigkeit (insipidity) vorgeworfen.[24] Die Entdeckung, dass alle diese Kunstwerke römische Kopien sind, fiel mit der radikalen Aufwertung der Originalität zusammen. Es führte zum völligen Zusammenbruch des fachmännischen Ansehens von Richard Payne Knight, dass er die *Elgin Marbles* ohne eingehende Prüfung als römische Kunstwerke aus der Hadrian-Zeit identifizierte; dieser Missgriff konnte weder durch spätere Korrekturen noch dadurch berichtigt werden, dass er als Erster die grundsätzlichen qualitativen und stilistischen Unterschiede der einzelnen Stücke erkannt hatte.[25] Grob gesprochen: Aus dem *Apollo von Belvedere* wurde der Held des Neoklassizismus, während das plastische Erbe des Parthenon – an der Spitze mit der am meisten unversehrt erhalten gebliebenen, liegenden Giebelskulptur, die heute (und das ist symbolträchtig) mit Dionysos identifiziert wird – die Altertumsvorstellungen der Romantik beeinflusst hatte. Denken wir dabei nicht nur an das Sonnett *On Seeing the Elgin Marbles for the First Time* von John Keats, sondern auch an das Gedicht *Ode auf eine griechische Urne*, deren Ekphrasis – die Opferszene der fiktiven Urne – vom Fries des Parthenon angeregt worden war. Können wir uns an den sonderbaren, ironischen Widerspruch dieses großartigen Gedichts erinnern, wobei die klassische Verewigung, die Vereinigung von Wahrheit und Schönheit gleichsam den Tod bedeutet? „dost tease us out of thought / As doth eternity: Cold Pastoral!" „du rufst in uns Gedanken, / Wie Ewigkeit es tut: kalt Schäferspiel!"[26] Die antike Götterwelt schrumpft zum Schäferspiel zusammen, kühlt als solches ab und erlangt Ewigkeit in diesem Meisterwerk der melancholischen Ironie.

Es ist offensichtlich, dass uns diese Überlegungen weit weg führen von Hegel, dem großen Gegner der Romantik. Was nun Hazlitt betrifft, steht außer Zweifel, dass er Natur und Kunst in Zusammenhang zu bringen gedenkt. Er bemängelt an einer Stelle den Ernst und die Strenge des Apollo. Seine Beine – sagt er – scheinen sich mit ihrer Schönheit zu zieren und wahren ihr Gleichgewicht, indem sie miteinander Gespräche führen, als wären sie Reime eines Gedichts. „Die *Elgin Marbles* sind harmonische, flüssige, abwechslungsreiche Prosa. Mit einem Wort: sie sind, als wären sie der Natur entlehnte Güsse. Alle Güsse der Natur – auch die minderwertigen – haben den gleichen Stil."[27] Hazlitt bekämpft die Idealität der griechischen Skulptur. Die Wahrheit ist, sagt er,

---

24 Vgl. z. B. Notes of a Journey …, S. 168f., Fine Arts, in: *The Complete Works of William Hazlitt*, hg. v, P. P. Howe, Vol. XVIII, London/Toronto 1933, S. 115; On the Elgin Marbles [1822], S. 145 und passim.

25 Vgl. Frank J. Messmann, Richard Payne Knight and the Elgin Marbles Controversy, in: *British Journal of Aesthetics* (1973), S. 13(1).

26 John Keats, *Gedichte*, übertragen von Gisela Etzel, Leipzig 1910.

27 William Hazlitt, Notes of a Journey through France and Italy, S. 169.

gerade das Gegenteil: Das sind keine idealen Abstrahierungen, sondern sie sind (und das steigert ihre Schönheit) völlig lokal und national, wie die Figuren an einem chinesischen Paravent (Chinese screen) oder ein Kupferstich, der einen Negerhäuptling in einem Reiseführer darstellt.[28] „Antike Porträts von Persönlichkeiten standen oft höher als Verkörperungen ihrer Götter."[29]

Im Hörsaal von Hegel konnte man solche Gedanken nicht kennenlernen, da für ihn das Schöne in der Kunst eindeutig höher bewertet wurde als das Schöne in der Natur, und im Sinne seiner antimimetischen Theorie besteht das Wesen der griechischen Plastik in ihrer Idealität bzw. in der Schaffung von göttlichen Individuen. Das Porträt bedeutet den Verfall des Klassischen. Das Ideal der Kunst ist der antropomorph(isiert)e Gott. So wird aus dem Künstler im klassischen Altertum – wie wir das an einer berühmten Stelle lesen – „der Meister des Gottes".[30]

Es gibt aber in den Vorstellungen über Kunst von Hegel und Hazlitt einen inhaltlich gemeinsamen, obwohl funktionell gegensätzlichen Zug: die Vergangenheitsbezogenheit der Bildhauerei und die Modernität der Malerei. Hegel betrachtet die Plastik als paradigmatische Gattung der klassischen Kunst. Was wohl – wie im Fall anderer Kunstgattungen – gar nicht bedeuten soll, dass er die Bedeutung der Plastik in anderen Zeiten nicht anerkennen würde. Und doch: „Es gibt eine symbolische und klassische Baukunst, in der Poesie haben wir symbolische, klassische und romantische Poesie. Bei der Skulptur ist dies nicht von Wichtigkeit" – dürfte er 1826 nach einer Hörermitschrift gesagt haben.[31]

Hazlitt gibt direkt zu, dass er – bevor er die *Elgin Marbles* sah – überhaupt keine Skulptur gemocht hatte.[32] „Die Bildhauerei zieht mich nicht an – im Gegensatz zur Malerei ..."[33] Die Malerei vermag das moderne Naturerlebnis zu vergegenwärtigen. Sie ahmt die Natur einfach vollkommener nach. „Ein gutes Gemälde ist einem lebendigen Menschen ähnlich; aber sogar die meisterhafteste Skulptur der Welt kann nur einem steingewordenen Menschen ähnlich sein."[34]

---

28 Vgl. William Hazlitt, Fine Arts, in: *The Complete Works of William Hazlitt*, hg. v. Percival Presland Howe, Vol XVIII, London/Toronto 1933, S. 112. Diese Schrift erschien 1816 im 1. Supplementband zur 4. und 5. Ausgabe der *Encyclopedia Britannica*.

29 Ebd., S. 112f.

30 *Enz.* § 560.

31 Von der Pfordten 1826, Ms. 57. Zitiert nach Annemarie Gethmann-Siefert, Einleitung: Gestalt und Wirkung von Hegels Ästhetik, in: G. W. F. Hegel, *Vorlesungen über die Philosophie der Kunst, 1823. Nachschrift von H. G. Hotho*, S. CLXXXVI.

32 William Hazlitt, On The Pleasure Of Painting [1819], in: *Table Talk, Essays on Men and Manners* (1822).

33 William Hazlitt, Notes of a Journey ..., S. 162.

34 Ebd., S. 163.

Auch Hegel befasst sich mit der abstrakten Kälte der Bildhauerei. „Das klassische Ideal ist kalt, für sich, in sich abgeschlossen, seine Gestalt ist seine eigene; von ihr gibt es nichts frei. Der bestimmte Charakter beherrscht alle Züge. Das Ideal ist zurückhaltend, nicht aufnehmend, ein abgeschlossenes Eins für sich und daher Anderes von sich weisend."[35] Und noch deutlicher sagt die *Ästhetik* von 1835: „Man kann es den Menschen nicht übelnehmen, wenn sie für die hohen Skulpturwerke nicht das hohe Interesse zeigen, das dieselben verdienen. Denn wir müssen es erst lernen, sie zu schätzen ... Ein Genuß aber, der erst aus Studium, Nachdenken, gelehrter Kenntnis und vielfachem Beobachten hervorgehen kann, ist nicht der unmittelbare Zweck der Kunst ... Einheimischer wird uns deshalb sogleich bei der Malerei."[36] Das widerspricht natürlich nicht der Tatsache, dass für Hegel keine schönere Kunst vorstellbar ist als die erwähnte, liefert aber ein gewichtiges Argument dafür, dass der Philosoph sich keine Schönheitsästhetik, sondern eine Kunstwerkästhetik vorgestellt hatte.

Diese Ähnlichkeit kann kulturgeschichtlich damit begründet werden, dass die Spitzenleistungen des Barock, also des letzten Skulpturen schaffenden Zeitalters infolge der klassizistischen Wende, Opfer der Geschmackszensur geworden waren. Der unglücklichste Prügelknabe war sowohl in der englischen als auch der deutschen Tradition Gianlorenzo Bernini – Shaftesbury nannte ihn „den Apostaten, d. h. den Abtrünnigen der Bildhauerei"[37] und Winckelmann bezeichnete ihn als „Kunstverderber".[38] Die Zurückhaltung war aber auch bei der Beurteilung der plastischen Leistung von Michelangelo anzutreffen. Zu dem allem trug die Initiative von Herder Wesentliches bei: Er war der erste, der in seiner Studie *Plastik* (1768–70) theoretisch die Plastik und die Malerei getrennt hatte, indem er beiden Gattungen jeweils andere Funktionen zuschrieb (nämlich die der Wahrheit bzw. die des Traumes) und beide temporalisierte; dadurch hatte er die erste Allegorie des Gegensatzes von Antike und Moderne geschaffen.[39]

35 G. W. F. Hegel, *Vorlesungen über die Philosophie der Kunst, 1823*, S. 185.

36 G. W. F. Hegel, *Vorlesungen über die Ästhetik III*, Frankfurt a. M. 1993, S. 17.

37 Shaftesbury, Plasticks, in: *Second Characters or The Language of Forms*, hg. v. Benjamin Rand, Cambridge 1914, S. 152.

38 Johann Joachim Winckelmann, Erinnerung über die Betrachtung der Werke der Kunst, in: *Kleine Schriften – Vorreden – Entwürfe*, hg. v. Walter Rehm, Berlin/New York ²2002 [1967], S. 152.

39 Vgl. Johann Gottfried Herder, Plastik. Einige Wahrnehmungen über Form und Gestalt aus Pygmalions bildendem Träume, in: Helmut Pfotenhauer, Peter Sprengel (Hg.), *Klassik und Klassizismus*, Frankfurt a. M. 1995.

Aber hinter den Ähnlichkeiten, die in der Geschmacks-, Kenner- und Theoriekultur der Zeit wohlbegründet waren, steckt ein radikaler Gegensatz, was das „cold pastoral", die Beurteilung der Kälte und Distanz der griechischen Skulpturenwelt betrifft.

Hazlitt ist ein Kenner, stellt aber sein Wissen in den Dienst seines Geschmacks. Er betrachtet die alten Kunstwerke als Gegenstände der gegenwärtigen Rezeption und fügt sie ein in die Einheit seines persönlichen Geschmacks. Die Gespreiztheit des Apollo, sein „dünkelhafter Auftritt", die „marble doll"-haftigkeit der *Venus Medici,* die anmutige Aneinanderreihung der gewundenen Formen des Leids in der Laokoon-Gruppe[40] – das alles sind Geschmacksurteile wie die Entzückung, die die *Elgin Marbles* herbeiführen. Das bedeutet, dass für ihn die zeitgenössische Wirkung eines Kunstwerks Priorität genießt. Das Geschmacksurteil ist ein Ereignis, das in unserer Zeit, in der Zeit des Rezipienten eintritt, dessen Zweck in Bezug auf die Kunstwerke der Vergangenheit sei, dass ihnen in der Geschmackswelt des Kenners ein Platz zugewiesen wird. Das negative Urteil schließt den Gegenstand gleichsam aus der Gegenwart aus, macht ihn zum Dokument der Vergangenheit oder lediglich als Beispiel des schlechten Geschmacks gegenwärtig. Das positive Urteil hingegen verwandelt das Werk der Vergangenheit, macht es gegenwärtig – deswegen haben die *Elgin Marbles* keinen „Stil". „Der Geschmack ist in der Kunst ein Können oder eine Leidenschaft, um einen Gegenstand zu bestimmen" – schreibt Hazlitt.[41] Wichtig ist diesbezüglich die Bezeichnung „power or passion". Das Geschmacksurteil kann weder gerechtfertigt noch kann es abgeleitet werden, aber es wird von der ganzen Persönlichkeit des Rezipienten bekräftigt oder entkräftet. Seine letzte Schlussfolgerung lautet also: „mein Geschmack kann schlecht sein, ja sogar lächerlich – er ist aber so". („My taste may be wrong; nay, even ridiculous – yet such it is."[42])

Das Kunstwerk ist nach Hegel in der Moderne notwendigerweise dem reflexiven Urteil ausgeliefert. Den Grund dafür kann aber (zumindest bezüglich der Vergangenheit) nicht der Geschmack liefern, sondern nur das objektive Urteil, das sich auf die Vollkommenheit des Kunstwerks bezieht (d. h. auf die höchste Bestimmung, die das Werk in der Welt des absoluten Geistes restlos zu erfüllen hat). Diese Voraussetzung selbst zieht eine Grenze zwischen der Vergangenheit und der Gegenwart – „das Ende der Kunst" bedeutet nur, dass das Werk nunmehr keine transzendente Bestimmung hat, seine Aufgabe nicht darin besteht, die absolute Wahrheit zu vergegenwärtigen – es

40 William Hazlitt, Notes of a Journey ..., S. 222, Fine Arts, S. 113.

41 William Hazlitt, On Gusto, in: *Selected Writings*, S. 266.

42 William Hazlitt, Notes of a Journey ..., S. 273.

wurde „befreit", wurde (in anderer Hinsicht) autonom.[43] Der Humanus kann sich – im Zeichen seiner neuen Heiligkeit – mit was auch immer befassen, er kann sein Interesse auf was auch immer lenken. Hegel selbst hatte dies restlos verwirklicht: Er las Homer anders als Goethe, er sah – oder stellte sich zumindest – die griechischen Skulpturen anders vor als seine angehimmelten niederländischen Maler.

Diese Weggabelung bietet zwei Möglichkeiten. Der eine Weg führt dahin, dass wir „die höchste Bestimmung der Kunst" in die Gegenwart zurückzuschmuggeln versuchen: Das war das Angebot der *Theorie des Romans*, der *Philosophie der neuen Musik*, der *The Modernist Painting* und ex negativo das *Des Ursprungs des Kunstwerks*. Die andere Möglichkeit: Wir schaffen im Laufe des Kunstgenusses die Kälte und Ferne der Vergangenheit ab. Auf diesem Weg ist aber die Rehabilitierung des hinfälligen und fehlbaren persönlichen Geschmacks unvermeidlich.

43 Bei diesem Punkt teile ich im Wesentlichen die Auffassung von György Márkus, Hegel and the End of Art, in: György Márkus, *Culture, Science, Society. The Constitution of Cultural Modernity*, Leiden/Boston 2011, S. 415–436.

Die Autorinnen und Autoren dieses Bandes

István M. Fehér ist Professor für Philosophie an der Eötvös-Universität Budapest und an der Andrássy Deutschsprachigen Universität Budapest. Er ist Mitglied in wissenschaftlichen Beiräten internationaler philosophischer Gesellschaften und Fachzeitschriften. Stipendien bzw. längere Forschungsaufenthalte in Italien, Deutschland, und den Vereinigten Staaten. – Buchpublikationen (u. a.): *Jean-Paul Sartre* (Budapest, 1980); *Martin Heidegger* (Budapest, 1984, 2. stark erw. Aufl. 1992); *Heidegger und der Skeptizismus* (Budapest, 1998); *Hermeneutische Studien* (Budapest, 2001); *Schelling – Humboldt: Idealismus und Universität. Mit Ausblicken auf Heidegger und die Hermeneutik* (Frankfurt a. M./New York, 2007). Hg. (u. a.): *Wege und Irrwege des neueren Umganges mit Heideggers Werk. Ein deutsch-ungarisches Symposium* (Berlin, 1991); *Kunst, Hermeneutik, Philosophie: Das Denken Hans-Georg Gadamers im Zusammenhang des 20. Jahrhunderts* (Heidelberg, 2003); (Mithg.) *Die Philosophie und die Gestalt der europäischen Universität* (Schellingiana, Bd. 18, Stuttgart, 2008).

Annemarie Gethmann-Siefert ist Professor für Philosophie an der Fernuniversität Hagen i. R. Buchveröffentlichungen (u. a.): *Das Verhältnis von Philosophie und Theologie im Denken Martin Heideggers* (1975); *Die Funktion der Kunst in der Geschichte. Untersuchungen zu Hegels Ästhetik* (1984); *Einführug in die philosophische Ästhetik (1995); Einführung in Hegels Ästhetik* (2005). Herausgeberin von: *Philosophie und Poesie* (1988); *Phänomen versus System* (1993); *G. W. F. Hegel: Vorlesungen über die Philosophie der Kunst. Berlin 1823, nachgeschrieben von G.H. Hotho* (1998, Studienausgabe 2003); Hg. mit O. Pöggeler: *Kunsterfahrung und Kulturpolitik im Berlin Hegels* (1983); *Heidegger und die praktische Philosophie* (1987, 2. Aufl. 1989), *Welt und Wirkung von Hegels Ästhetik* (1983); *Kunst als Kulturgut. Die Bildersammlung der Brüder Boisseree – Ein Schritt in der Begründung des Museums* (1995); Hg. mit C. F. Gethmann: *Philosophie und Technik* (2000); Hg. mit E. Weisser-Lohmann: *Kultur – Kunst – Öffentlichkeit. Philosophische Perspektiven auf praktische Probleme* (2001); Hg. mit J. Mittelstraß: *Die Philosophie und die*

Wissenschaften. Zum Werk Oskar Beckers (2002). Hg. mit U. Franke: *Kulturpolitik und Kunstgeschichte. Perspektiven der Hegelschen Ästhetik* (2005)

Francesca Iannelli ist wissenschaftliche Assistentin für Ästhetik an der Università degli Studi Roma Tre. Zu ihren wichtigsten Veröffentlichungen gehören: *Oltre Antigone. Figure della soggettività nella Fenomenologia dello spirito di G. W. F. Hegel* (Rom, 2006). *Das Siegel der Moderne. Hegels Bestimmung des Hässlichen in den Vorlesungen zur Ästhetik und die Rezeption bei den Hegelianern* (München, 2007). *Dissonanze Contemporanee* (Macerata, 2010). Sie hat mit K. Berr an der Edition von G. W. F. Hegel: *Philosophie der Kunst oder Ästhetik. Nach Hegel. Im Sommer 1826,* hg. von A. Gethmann-Siefert und B. Collenberg-Plotnikov (München, 2004) mitgewirkt. Sie ist außerdem Herausgeberin der folgenden Texte: H. G. Hotho: *Aesthetick.* In: *Hegel-Studien,* 37 (2004). *Zwei Briefe Heinrich Gustav Hothos an Friedrich Theodor Vischer (1845 und 1855) sowie ein Brief Vischers an Kuno Fischer (1849) aus der Universitätsbibliothek Tübingen.* In: Zwischen Philosophie und Kunstgeschichte, hg. von A. Gethmann-Siefert, B. Collenberg-Plotnikov und L. de Vos (München, 2008).

Ludwig Nagl ist Ao. Univ.-Prof. i. R. am Institut für Philosophie der Universität Wien. Buchpublikationen (Auswahl): *Das verhüllte Absolute. Essays zur zeitgenössischen Religionsphilosophie* (2010); *Viele Religionen – eine Vernunft. Ein Disput zu Hegel* (Mithg., 2008); *Systematische Medienphilosophie* (Mithg., 2005); *Film Denken* (Mithg., 2004); *Religion nach der Religionskritik* (Hg., 2003); *Nach der Philosophie – Essays von Stanley Cavell* (Mithg., 2. Auflage 2001); *Wittgenstein's Legacy: Pragmatism or Deconstruction* (Mithg., 2001); *Filmästhetik* (Hg., 1999); *Pragmatismus* (1998); *Charles Sanders Peirce* (1992); *Philosophie und Psychoanalyse* (Mithg., 1990; 2. Auflage 1997); *Die Philosophen und Freud* (Mithg., 1988); *Wo steht die analytische Philosophie heute?* (Mithg., 1986); *Gesellschaft und Autonomie. Studien zur Entwicklung der Sozialtheorie von Hegel bis Habermas* (1983). Aufsatz zum Thema des Beitrages in diesem Band: „‚The Jamesian open space'. Charles Taylor und der Pragmatismus", in: *Unerfüllte Moderne. Festschrift für Charles Taylor* (Frankfurt a. M., 2011).

Herta Nagl-Docekal ist Univ.-Prof. i. R. am Institut für Philosophie der Universität Wien, wirkl. Mitgl. der Österreichischen Akademie der Wissenschaften und Membre tit. des Institut International de Philosophie (Paris). Neuere Bücher: *Viele Religionen – eine Vernunft? Ein Disput zu Hegel* (Mithg., 2008); *Jenseits der Säkularisierung. Religionsphilosophische Studien* (Mithg., 2008); *Glauben und Wissen. Ein Symposium mit Jürgen Habermas* (Mithg., 2007); *Geschichtsphilosophie und Kulturkritik* (Mithg., 2003); *Feministische Philosophie. Ergebnisse, Probleme, Perspektiven* (2000 u. 2004; USA 2004, Japan 2006, Ungarn 2006, Tschechien 2007); *Continental*

Philosophy in Feminist Perspective (Mithg., 2000); *Der Sinn des Historischen* (Mithg., 1996); *Politische Theorie. Differenz und Lebensqualität* (Mithg., 1996); *Jenseits der Geschlechtermoral. Beiträge zur feministischen Ethik* (Mithg., 1993); *Postkoloniales Philosophieren: Afrika* (Mithg., 1992).

Alain Patrick Olivier ist Forscher am Centre de Recherches sur Hegel et l'Idéalisme Allemand, Universität Poitiers, und Vize-Präsident der Association Humboldt France. Buchveröffentlichungen: *Hegel et la musique. De l'expérience esthétique à la spéculation philosophique* (2003); *Hegel, la genèse de l'esthétique* (2009). Herausgeber von: *Hegel. Esthétique. Cahier de notes de Victor Cousin* (2005).

Sándor Radnóti ist Universitätsprofessor für Kunstphilosophie an der Universität ELTE, Budapest. Ausgewählte Publikationen: *Komm und siehe! Die Entstehung des modernen Kunstbegriffes – Winckelmann und die Folgen* (Monographie auf Ungarisch, 2010); *The Fake. Forgery and its Place in Art* (Lanham, MD, 1999); *Stilepoche. Theorie und Diskussion. Eine interdisziplinäre Anthologie von Winckelmann bis heute.* (Mit Peter Por, Frankfurt, 1990); „The Glass Cabinet: An essay about the place of the Hungarian crown. Philosophy of Museum", in: *Acta Historiae Artium* (2002); „The Bookman" (über Jean Paul), in: J. Grumley & P. Cittenden (eds.): *Culture and Enlightenment (*Ashgate, 2002); „The Origins of a New Reception of Antiquity", in: E. Marosi and G. Klaniczay (eds.): *The Nineteenth-Century Process of „Musealization" in Hungary and Europe* (ColBud Workshop Series 17, 2006).

Erzsébet Rózsa ist Professorin am Institut für Philosophie der Universität Debrecen und Leiterin der interdisziplinären Doktorschule für Humanwissenschaften. Sie publizierte rund 200 Schriften auf ungarisch, deutsch, englisch, japanisch. Wichtigere Bücher: *Hegel gazdaságfilozófiája [Hegels Wirtschaftsphilosophie]* (Budapest, 1993; *Heller Ágnes – a fronézis filozófusa [Ágnes Heller – Philosophin der Phronesis]* (Budapest,1997); *Vermittlung und Versöhnung. Die Aktualität von Hegels Denken für ein zusammenwachsendes Europa* (Hg. M. Quante und E. Rózsa, Münster, 2001); *Versöhnung und System. Zu Grundmotiven von Hegels praktischer Philosophie* (München, 2005); *Hegels Konzeption praktischer Individualität. Von der Phänomenologie des Geistes zum enzyklopädischen System* (Paderborn, 2007); *A modern világ prózája. Hegel-tanulmányok. [Die Prosa der modernen Welt]* (Hegel-Studien, Debrecen, 2009). *Modern Individuality in Hegel's Practical Philosophy.* (Leiden-Boston, 2012); *Anthropologie und Technik. Ein deutsch-ungarischer Dialog* (Hg. M. Quante und E. Rózsa, München, 2012).

Alberto L. Siani studierte von 2001 bis 2006 an der Scuola Normale Superiore di Pisa und an der Università di Pisa (2004 Bachelor-Diplom, 2006 Magister-Diplom). Ab 2006 Promotion in Fach Philosophie an der Scuola Normale in Ko-Betreuung mit der FernUniversität Hagen, abgeschlossen 2010. Seit Februar 2011 ist er, finanziert durch ein Forschungsstipendium (Postdoc) der Alexander von Humboldt-Stiftung, mit einem Forschungsprojekt zu „Hegels Idee der Moderne und das aktuelle Europa“ für 24 Monate Gastwissenschaftler am Lehrstuhl für praktische Philosophie (Prof. Dr. Michael Quante) des Philosophischen Seminars der WWU Münster, wo er zurzeit auch lehrt. Er hat zwei Monographien auf Italienisch veröffentlicht: *Kant e Platone. Dal mondo delle idee all'idea nel mondo* (2007) und *Il destino della modernità. Arte e politica in Hegel* (2011) und eine kommentierte italienische Übersetzung der Paragraphen zur Kunst aus Hegels *Enzyklopädie* herausgegeben: G. W. F. Hegel, *L'Arte nell'Enciclopedia* (2009). Außerdem hat er Aufsätze auf Italienisch, Deutsch und Englisch zu verschiedenen Themen in internationalen Zeitschriften und Sammelbänden veröffentlicht.

Gerrit Steunebrink ist Dozent für Metaphysik und Kultur- und Religionsphilosophie an der Radboud Universität in Nijmegen, Holland. Er publizierte über die Ästhetik und Metaphysik von Kant, Hegel und Adorno. Zusammen mit Koen Verrycken übersetzte er *Diltheys Unmöglichkeit der Metaphysik* ins Holländische. Zu seinen Forschungsschwerpunkten gehört auch das Thema Interkulturalität: Zusammen mit Evert van der Zweerde hat er das Buch *Civil Society, Religion and the Nation – Modernization in Intercultural Context: Russia, Japan, Turkey* veröffentlicht. Ferner schrieb er das Kapitel „Hegel und der Islam“ in: *Hegels Philosophy of the Historical Religions* (Hg. Timo Slootweg und Bart Labuschange), das in diesem Jahr in Leiden erscheinen wird.

Klaus Vieweg ist Professor für Philosophie am Institut für Philosophie der Friedrich-Schiller-Universität Jena. Forschungsschwerpunkte: Deutscher Idealismus, speziell Hegel; Skeptizismus; Verhältnis Philosophie und Literatur. Fellowships: Seattle, Tokyo und Kyoto, Bochum, Wien, Erlangen, Tübingen; Gastlehrtätigkeit: Universität Pisa, Universität Siena, Universidad de Antioquia Medellin, Karls Universität Prag, UNAM Mexico City, Shanghai Academy of Social Sciences. Wichtigste Publikationen: *Das Denken der Freiheit. Hegels Grundlinien der Philosophie des Rechts* (München 2012); *Skepsis und Freiheit* (München 2007); *Il pensiero della libertá* (Pisa, 2007); *La idea de la libertad. Contribuciones a la filosofia práctica de Hegel* (Mexico D. F., 2010); *Philosophie des Remis. Der junge Hegel und das Gespenst des Skepticismus* (München, 1999); *Hegels Phänomenologie des Geistes* (Hg. K. Vieweg und W. Welsch, Frankfurt a. M., 2008); *Das Interesse des Denkens – Hegel aus heutiger Sicht* (Hg. W. Welsch und K. Vieweg, München, 2003); *Inventions of the Imagination* (Hg. R. T. Gray, N. Halmi, G. Handwerk, M. Rosenthal, K. Vieweg, Seattle, 2011); *Transzendentalpoesie oder Dichtkunst mit Begriffen – Schlegel und Nietzsche* (1. Band der Friedrich-Schlegel-Studien, Paderborn, 2009); *Hegel und Nietzsche. Ein literarisch-philosophisches Gespräch* (Hg. K. Vieweg/R. Gray, Weimar, 2007); *Hegel:*

Die Philosophie der Geschichte (Hg. K. Vieweg, München 2005); *Die freie Seite der Philosophie – Skeptizismus aus Hegelscher Perspektive* (Hg. B. Bowman/K. Vieweg, Würzburg 2005); *Skepsis und literarische Imagination* (Hg. B. Hüppauf/K. Vieweg, München 2003); *Hegels Jenaer Naturphilosophie* (Hg. K. Vieweg, München 1998); *Gegen das ‚unphilosophische Unwesen' – Das Kritische Journal der Philosophie von Schelling und Hegel* (Hg. K. Vieweg, Würzburg 2002).

János Weiss ist Professor für Philosophie an der Universität Pécs. Studium der Wirtschaftswissenschaften in Pécs sowie der Philosophie in Budapest, Frankfurt am Main, Tübingen und Berlin; Promotion und Habilitation an der Akademie der Wissenschaften in Budapest; Dissertation: *Az esztétikum konstrukciója Adornónál [Die Konstitution des Ästhetischen bei Adorno]* (Budapest, 1995); Habilitation: *Die Konstitution des Staates* (Frankfurt a. M., 2000). Letzte Buchpublikationen: *Was heißt Reformation der Philosophie?* (Frankfurt a. M., 2009); *Lukács öröksége [Lukács' Erbe]* (Budapest, 2011).

Elisabeth Weisser-Lohmann, Studium der Philosophie, Geschichte und Germanistik, Promotion 1991, Habilitation 2003; 1991–1995 wissenschaftliche Mitarbeiterin am Hegel Archiv der Ruhr-Universität Bochum, Mitherausgeberin von Band 14 der Gesammelten Werke (Hegels Grundlinien der Philosophie des Rechts); 1995 wissenschaftliche Mitarbeiterin am Lehrgebiet Philosophie III der FernUniversität Hagen, 2010–2011 Vertretungsprofessur; Leitung des Forschungsschwerpunktes „Rechts- und Geschichtsphilosphie im Deutschen Idealismus". Publikationen (in Auswahl): *Georg Lukács Heidelberger Kunstphilosophie* (1992); *Eigentum und Freiheit. Zwei Grundbegriffe der praktischen Philosophie bei Hegel und den Hegelianern* (1995); *Rechtsphilosophie als praktische Philosophie* (2009); Herausgeberschaft: (mit C. Jamme) *Politik und Geschichte. Zu den Intentionen von G. W. F. Hegels Reformbill-Schrift* (1995); (mit D. Köhler) *Verfassung und Revolution. Hegels Verfassungskonzeption und die Revolutionen der Neuzeit* (2000); (mit A. Gethmann-Siefert) *Kultur Kunst Öffentlichkeit. Philosophische Perspektiven auf praktische Probleme* (2001), *Wege zur Wahrheit* (2009), (mit A. P. Olivier) *Kunst, Religion, Politik* (2013).

Personenregister